O Brasil Imperial – Vol. II

Organização
Keila Grinberg e Ricardo Salles

O Brasil Imperial – Vol. II – 1831-1889

9ª edição

Rio de Janeiro
2025

COPYRIGHT © 2009, Keila Grinberg e Ricardo Salles (orgs.)

CAPA
Sérgio Campante

PROJETO GRÁFICO DE MIOLO
Evelyn Grumach e João de Souza Leite

CIP-BRASIL. CATALOGAÇÃO NA FONTE
SINDICATO NACIONAL DOS EDITORES DE LIVROS, RJ

B83   O Brasil Imperial, volume II: 1831-1870/organização de Keila Grinberg e
9ª ed. Ricardo Salles. – 9ª ed. – Rio de Janeiro: Civilização Brasileira, 2025.

Inclui bibliografia
ISBN 978-85-200-0867-6

1. Brasil – História – Regências, 1831-1840. 2. Brasil – História – Império, II Reinado, 1840-1889. 3. Brasil – História – Império, 1822-1889. I. Grinberg, Keila, 1971-. II. Salles, Ricardo, 1950-.

                        CDD: 981.05
09-3819   CDU: 94(81)"1822/1889"

EDITORA AFILIADA

Todos os direitos reservados. Proibida a reprodução, o armazenamento ou a transmissão de partes deste livro, através de quaisquer meios, sem prévia autorização por escrito.

Este livro foi revisado segundo o Acordo Ortográfico da Língua Portuguesa de 1990.

Direitos desta edição adquiridos pela
EDITORA CIVILIZAÇÃO BRASILEIRA
Um selo da
EDITORA JOSÉ OLYMPIO LTDA.
Rua Argentina, 171 – Rio de Janeiro, RJ – 20921-380 – Tel.: (21) 2585-2000.

Seja um leitor preferencial Record.
Cadastre-se e receba informações sobre nossos lançamentos
e nossas promoções.

Atendimento e venda direta ao leitor:
sac@record.com.br

Impresso no Brasil
2025

Sumário

APRESENTAÇÃO 7
José Murilo de Carvalho

PREFÁCIO 11

CAPÍTULO I
O gigante e o espelho 13
Ilmar Rohloff de Mattos

CAPÍTULO II
O laboratório da nação: a era regencial (1831-1840) 53
Marcello Basile

CAPÍTULO III
Movimentos sociais: Pernambuco (1831-1848) 121
Marcus J. M. de Carvalho

CAPÍTULO IV
Cabanos, patriotismo e identidades: outras histórias de uma revolução 185
Magda Ricci

CAPÍTULO V
Uma certa Revolução Farroupilha 233
Sandra Jatahy Pesavento

CAPÍTULO VI
A Sabinada e a politização da cor na década de 1830 269
Keila Grinberg

CAPÍTULO VII
O fim do tráfico transatlântico de escravos para o Brasil: paradigmas em questão 297
Jaime Rodrigues

CAPÍTULO VIII
O Vale do Paraíba escravista e a formação do mercado mundial do café no século XIX 339
Rafael Marquese
Dale Tomich

CAPÍTULO IX
A Guerra do Paraguai 385
Vitor Izecksohn

CAPÍTULO X
Histórias de gênios e heróis: indivíduo e nação no Romantismo brasileiro 425
Márcia de Almeida Gonçalves

CAPÍTULO XI
A língua nacional no império do Brasil 467
Ivana Stolze Lima

SOBRE OS AUTORES 499

Apresentação

José Murilo de Carvalho

Por motivos que não são de todo claros, tem havido nos últimos 10 ou 15 anos grande incremento nos estudos sobre o século XIX brasileiro. Não que nosso Oitocentos tivesse, em algum momento, deixado de atrair a atenção dos estudiosos, historiadores ou não. Ele sempre despertou mais atenção dos pesquisadores, por exemplo, do que o período que o sucedeu, a Primeira República. Mas, seguramente, o interesse tem crescido muito, pelo menos na historiografia produzida no Centro-Sul, sobretudo no Rio de Janeiro e em São Paulo. A historiografia mineira também se volta mais para o período, embora ainda mantenha forte ênfase na colônia, sem dúvida a parte mais rica da história da região.

O aumento pode ser em parte atribuído à concentração de alunos de pós-graduação nos estados de São Paulo, Rio de Janeiro e Minas Gerais. De fato, essa concentração é grande. Em 2005, por exemplo, o Sudeste era responsável por 46% dos 50 programas de Doutorado e Mestrado em História existentes no país. Esses 46% produziram 45% das teses e dissertações defendidas nesse mesmo ano. Restringindo o cálculo apenas às teses de Doutorado, a porcentagem sobe para 66%. Mas imagino que essa razão quantitativa não explique tudo. A efeméride dos 200 anos da chegada da corte portuguesa ao Rio de Janeiro constituiu um poderoso fator para chamar a atenção para o século XIX em geral e para a monarquia em particular. Mas seu impacto na produção historiográfica, se houver, deverá verificar-se principalmente a partir de 2008, não dando conta de um fenômeno que teve origem anterior. O que a efeméride, celebrada com grande visibilidade, pelo menos no Rio de Janeiro, poderá fazer é aumentar ainda mais o interesse no século XIX. Outras razões haverá para o movimento anterior, cuja identificação, no entanto, deixo a cargo da argúcia do leitor.

Seja como for, há vários indicadores do aumento do interesse no século XIX. Um deles foi a criação em 2002 do Centro de Estudos do Oitocentos (CEO), sediado na Universidade Federal Fluminense. O Centro congrega hoje, entre permanentes e associados, cerca de 220 pesquisadores de 12 estados, com predominância dos do Rio de Janeiro e de Minas Gerais. A partir de 2003, graças a recursos de um programa de excelência (Pronex) financiado pelo CNPq e pela Faperj, o Centro vem promovendo seminários e publicações voltados para o tema da nação e da cidadania no século XIX.

Outro claro indicador do bom momento dos estudos do Oitocentos é a coleção Brasil Imperial que agora vem à luz. Composta de três robustos volumes, tem a organização de Keila Grinberg e Ricardo Salles, que também se responsabilizam por três capítulos. Ambos fazem parte do grupo de pesquisadores anteriormente mencionado, assim como o fazem vários outros colaboradores da coleção. Uma das principais marcas da publicação é o fato de que, com poucas exceções, organizadores e autores pertencem a uma nova geração de historiadores que chega à maturidade já tendo conquistado o reconhecimento de seus pares. Trata-se de uma geração totalmente formada nos programas de pós-graduação em História que se vêm difundindo por todo o país, ampliando e democratizando a pesquisa histórica entre nós.

Esses historiadores vêm construindo sua obra na sequência do trabalho de antecessores, dos quais muitas vezes foram alunos. Os antecessores constituíram a primeira geração de profissionais formados nos cursos de pós-graduação em História, inicialmente na USP, depois nos outros cursos que se iam criando, ou mesmo em universidades europeias e norte-americanas. No tocante aos estudos do século XIX, essa primeira geração produziu historiadores como Fernando Novaes, Carlos Guilherme Mota, Emilia Viotti da Costa, Ilmar Rohloff de Mattos, Maria Odila da Silva Dias, Maria Ieda Linhares e o próprio autor desta apresentação. Fora do circuito universitário, há que se mencionar também Evaldo Cabral de

APRESENTAÇÃO

Mello. Todos publicaram suas primeiras obras nas décadas de 1970 e 1980 e já tinham, por sua vez, substituído a geração anterior de historiadores do Oitocentos que não tinha formação universitária especializada. Essa última predominou até a década de 1960 e incluía expoentes da historiografia do século XIX do calibre de Oliveira Lima, Tobias Monteiro, Hélio Viana, José Honório Rodrigues, Pedro Calmon, Raimundo Faoro, Otávio Tarquínio de Sousa e João Camilo de Oliveira Torres. Pode-se dizer, então, que os autores da Coleção Brasil Imperial constituem uma terceira geração de historiadores, se começarmos nossa contagem a partir do início do século XX.

Não cabe aqui fazer um retrato dessa nova geração. Mas gostaria de apontar o que julgo ser algumas de suas principais características. A primeira tem a ver com o espaço. A melhor distribuição geográfica dos cursos de pós-graduação levou à maior nacionalização da pesquisa histórica. A nacionalização permitiu não apenas a multiplicação de bons estudos regionais, como também a de estudos nacionais sob perspectivas menos marcadas pelo centro político e econômico do país. A segunda característica tem a ver com o tempo. A geração que a antecedeu foi muito marcada pela luta ideológica, exacerbada durante os governos militares. Divergências de abordagens eram rapidamente transpostas para o campo político-ideológico, com prejuízo do diálogo acadêmico e talvez mesmo da qualidade dos trabalhos. A nova geração formou-se em ambiente menos tenso e menos polarizado, beneficiando-se de maior liberdade de debate, de melhores condições de escolha, tanto de temas como de abordagens, e de ambiente intelectual mais produtivo.

Essas características, que não hesito chamar de virtudes, marcam os três volumes e 33 capítulos organizados por Keila Grinberg e Ricardo Salles. A coleção segue a linha cronológica usada em histórias gerais do período, como a dos cinco volumes da *História geral da civilização brasileira*, organizados por Sérgio Buarque de Holanda, e como a dos capítulos sobre o Brasil Império da *Cambridge History of Latin America*, organizada por Leslie Bethell. Mas, dentro da baliza cronológica, não vemos a tradicional narrativa linear típica das histórias do período. Não vemos também a opção feita no livro sobre o século XIX publicado em

2007 pelo grupo de pesquisadores do CEO-Pronex, que consistiu em tratar o período sob o ângulo de dois temas centrais fortemente relacionados, quais sejam, nação e cidadania. Antes, e aí reside talvez a maior riqueza da coleção, os organizadores optaram por apostar na exploração de grande variedade de temas e abordagens.

Temas clássicos, como escravidão, nação, Estado, Igreja, Guerra do Paraguai, são tratados de maneira inovadora graças à exploração de novas fontes de dados ou ao uso de novas perspectivas de análise. Particularmente forte é a parte dedicada ao tráfico, à escravidão e à raça, que ocupa nada menos do que seis dos 33 capítulos da obra. Vê-se aí a marca dos organizadores, reconhecidos especialistas nesses temas. Além da retomada em termos novos de velhos tópicos, a coleção introduz assuntos pouco ou nada explorados anteriormente. Entre eles, salientam-se os da política indigenista, da língua nacional, da ecologia, da cultura popular. Faz-se também um esforço, embora incompleto, para cobrir a história regional.

O leitor da coleção terá, assim, diante de si uma rica oferta de novos temas e novas ideias sobre o Oitocentos. O século continuará sendo um desafio para seus intérpretes e para os que por ele simplesmente se interessam. Mas os três volumes agora publicados servirão sem dúvida para iluminar pontos obscuros, problematizar interpretações aceitas, abrir novos caminhos. Qual, a não ser essa, a tarefa do historiador de hoje?

Prefácio

Corria o ano de 1831. D. Pedro I, até então imperador do Brasil, havia abdicado do trono, no episódio que seria descrito por Joaquim Nabuco como um "mero desquite amigável entre o Imperador e a nação". Hoje sabemos que o tal desquite estava mais para um divórcio — nada amigável, além do mais. Realmente, o período da Regência, iniciado com a abdicação de d. Pedro I e finalizado com a confirmação de d. Pedro II como imperador do Brasil, em 1840, ficou conhecido como um dos mais conturbados da História do Brasil, dado o grande número de revoltas ocorridas em várias províncias. A ele se seguiu a época do chamado apogeu do império, que duraria até o fim da Guerra do Paraguai, em 1870, consagrada na historiografia brasileira como "o tempo saquarema" por Ilmar Rohloff de Mattos, autor do ensaio "O gigante e o espelho", que abre este segundo volume da coleção Brasil Imperial.

Refletir sobre a formação da nação brasileira nas décadas de 1830 a 1860 para além da tradicional dicotomia entre anarquia (Regência) e ordem (Segundo Reinado) é um dos objetivos do presente volume. Essa preocupação aparece no capítulo "O laboratório da nação: a era regencial (1831-1840)", de Marcello Basile, e no capítulo inicial de Ilmar de Mattos. Outro é a recusa em pensar a formação da nação a partir de um ponto de vista único, geralmente o da corte do Rio de Janeiro. Tal é a razão para a existência dos capítulos — na impossibilidade prática de incluir um texto sobre cada região do império — sobre Pernambuco, Pará, Rio Grande do Sul e Bahia, que aqui ganham análises específicas, escritas respectivamente por Marcus Carvalho, Magda Ricci, Sandra Pesavento e Keila Grinberg.

Deixar de conceber a história dessa época a partir de uma perspectiva única não significa, no entanto, abdicar de analisar os processos históricos mais amplos nos quais o Brasil estava então inserido: esta, especificamente, é a abordagem do capítulo "O Vale do Paraíba escravista e a formação do mercado mundial do café no século XIX", de Rafael Marquese e Dale Tomich, que se dedicar a analisar os dois principais pilares da economia imperial — a escravidão e o café — a partir de sua inserção no mercado global. Além desse, os capítulos "O fim do tráfico transatlântico de escravos para o Brasil: paradigmas em questão", de Jaime Rodrigues, e "A Guerra do Paraguai", de Vitor Izecksohn, examinam, do ponto de vista da política nacional e internacional, a interrupção do comércio atlântico de africanos escravizados para o Brasil e a Guerra do Paraguai.

Tema tão caro às dimensões política, econômica, social e cultural do país, a formação da nação no Brasil foi objeto específico de reflexão pelos próprios contemporâneos que aqui viveram em meados do século XIX, e que tinham, desde a década de 1830, a percepção de viverem um tempo novo. A história da construção das narrativas sobre a nação brasileira está presente em "Histórias de gênios e heróis: indivíduo e nação no romantismo brasileiro", de Márcia Gonçalves.

Tempo novo, nação nova, língua nova: se a partir do divórcio definitivo com Portugal os habitantes do Brasil seriam *brasileiros*, era fundamental que, no mínimo, todos falassem a mesma língua. Esse é o tema e o ponto principal da discussão realizada em "A língua nacional no império do Brasil", de Ivana Stolze Lima, capítulo que encerra este volume, mas não a questão. Afinal, nem todos os habitantes do Brasil do século XIX chegariam a falar português. Da mesma forma, nem todos se tornariam, de fato, cidadãos brasileiros.

CAPÍTULO I O gigante e o espelho
Ilmar Rohloff de Mattos

"Pelo dedo se conhece o gigante" poderia ter dito ou pensado um leitor ao percorrer as páginas iniciais do *Almanak administrativo mercantil e industrial da Corte e Província do Rio de Janeiro para o ano de 1849*, num tempo em que provérbios, adágios e ditados populares ainda eram fontes de aprendizagem e serviam de bons conselheiros. Naquelas páginas ocupadas pelo calendário para 1849, com toda a certeza não seria a sucessão dos dias comuns de cada um dos meses do ano, insinuando a heterogeneidade e hierarquia de atividades da vida cotidiana, o que poderia provocar o comentário de um leitor sagaz. Não eram também os dias extraordinários, os "dias de gala", grande e pequena, distinguidos por "cortejo no Paço", que punham em destaque eventos relacionados à família imperial, como o "4 de setembro. Aniversário do casamento de SS. MM. II.", e acontecimentos significativos na trajetória do Estado imperial, como o "3 de maio. Abertura da Assembleia Geral Legislativa". O que provavelmente poderia ter chamado sua atenção era o valor atribuído a alguns "feriados", os quais não se confundiam necessariamente com os "dias de gala". Seguindo determinação de decreto imperial de meados do ano anterior, o Calendário de 1849 instituía como "dias de festa nacional" apenas 25 de março — "dia em que foi jurada a Constituição do império"; 7 de setembro — "dia em que foi proclamada a independência do Brasil"; e 2 de dezembro — "natalício de S. M. I, o sr. D. Pedro II".[1] Reafirmava-se, assim, uma qualificação específica à própria etimologia de feriado — do latim *feriatus*, 'que está em festa' — como expressão do sentimento novo que perpassava a sociedade imperial desde meados da década anterior — o sentimento nacional.[2] "Festas nacionais" que se apresentavam, elas também, como representações que a sociedade imperial fazia de si e para si.

Àquele leitor arguto, porém, também não teria escapado, certamente, o fato de que a importância atribuída àquelas "festas nacionais" implicava o deslocamento de outras datas, destacadas em anos anteriores. Assim, no novo calendário, o dia 24 de setembro — "comemoração do óbito de S. M. I. o sr. d. Pedro I" — deixava de ser feriado (e, desde então, tenderia a cair no esquecimento, sabe o leitor de hoje), assim como perdia importância, por exemplo, o dia 7 de abril, ainda "dia de gala" e "feriado" no calendário de quatro anos antes, por ter sido o "dia em que se devolveu a coroa ao senhor d. Pedro II".

Segundo mudanças percebidas por um leitor arguto e sagaz, os responsáveis pelo calendário de 1849 pareciam querer enfatizar que, como expressão do poder de reis, sacerdotes e revolucionários, o calendário é um dos grandes emblemas e instrumentos de poder.[3]

No momento em que os praieiros pernambucanos começavam a viver no campo de batalha a derrota de suas pretensões revolucionárias, o novo calendário com suas "festas nacionais"[4] era um indicador do triunfo do regresso ou da reação conservadora. Todavia, ao propor aos brasileiros a lembrança em comum — uma comemoração — de determinados acontecimentos, além de contribuir para o esquecimento de outros, o calendário de 1849 não era apenas um dos dedos que permitiam conhecer o gigante, era também parte do próprio gigante, elemento constituinte de um projeto político cujos contornos se iam definindo com nitidez, embora aos que o apoiavam e mesmo aos que se lhe opunham parecesse ainda não se ter completado. Então, a monarquia — consolidada nos marcos da Carta de 1824 — e seu titular — ao qual se reservava o exercício exclusivo do Poder Moderador — eram postos em destaque, na sequência dos dias do ano, pela primeira e pela última daquelas festas, respectivamente. À segunda delas — 7 de setembro — cabia o papel de deslocar o valor que não poucos ainda insistiam em atribuir ao 7 de abril na emergência de um novo corpo político.

Se aquele leitor conservara, nos anos seguintes, o costume de percorrer as páginas iniciais do *Almanak,* organizado e redigido diligentemente a cada ano por Eduardo Laemmert, teria provavelmente observado que, desde 1858, aos feriados do império do Brasil tinha sido acrescentado "em cada província o dia do aniversário da adesão da mesma província à independência nacional"; que, no ano seguinte, o dia 7 de abril deixara de ser feriado, embora permanecesse "dia de gala"; e que, desde 1861, aquele dia era apresentado aos súditos imperiais como o da "elevação de S. M. o imperador ao trono". Acréscimos e alterações que, no fundamental, reafirmavam a plena consolidação da ordem imperial e o vigor de uma expansão incomum — uma expansão para dentro —, sob a direção saquarema. Acréscimos e alterações, ao lado de comemorações como as "festas nacionais", que revelavam o modo como uma sociedade desejava lidar com seu passado mais recente, no momento da conciliação e da transação.

Acréscimos, alterações e comemorações que se já não causavam estranheza talvez mesmo a um leitor sagaz e astuto, porque já integrado à ordem imperial, não deixarão entretanto de provocar, certamente, em outro leitor — um de hoje, não menos sagaz e arguto, que decidiu seguir pelas páginas deste volume — algumas indagações não menos instigantes. Ou será que não causa estranheza o fato de o dia 7 de abril ser apresentado, no calendário imperial, como o "dia em que se devolveu a coroa ao senhor d. Pedro II" (ou ainda como o da "elevação de S. M. o imperador ao trono"), e não como o dia da abdicação de d. Pedro I, conforme aprende ainda hoje um aluno do ensino fundamental? Ou o fato de o dia do aniversário do imperador aparecer como um dos três únicos "dias de festa nacional", ao passo que, nos dias de hoje, os aniversários das principais autoridades republicanas não constituírem feriados? Indagações que, ao lado de inúmeras outras, suscitam respostas diversas. Sob a forma dos diferentes textos que compõem este volume, tais respostas se apresentam como outros tantos dedos que permitem "conhecer o gigante", ou seja, compreender a experiência imperial brasileira, entre 1831 e 1870. Aqui, abordarei apenas as que respondem às duas últimas indagações.

Desde o rompimento com a antiga metrópole até a consolidação da ordem imperial, em meados do século XIX, incontáveis acontecimentos assinalaram a vida de homens e mulheres — livres, libertos e escravos; brancos, índios, negros e pardos; cidadãos brasileiros ou não — que habitavam o império do Brasil.⁵ Das experiências por eles vividas derivavam o valor e a importância que cada qual atribuía a acontecimentos de diferente natureza, quer deles tivessem participado de modo ativo ou não, quer estivessem próximos ou distantes dos cenários em que se desenrolaram. Todavia, o ocorrido na madrugada do dia 7 de abril de 1831 na corte imperial — algo inesperado — faria com que muitos daqueles homens e mulheres atribuíssem valor e importância especiais àquele acontecimento. Afinal, mesmo aqueles que, desde 1826, faziam acirrada oposição ao governo de d. Pedro I não tinham como expectativa a renúncia do principal mandatário do império em nome de seu filho e herdeiro. A abdicação do primeiro imperador do Brasil apresentava-se como surpresa não apenas para aqueles que, concentrados no Campo da Aclamação, no Rio de Janeiro, exigiam a renúncia do Ministério dos Marqueses. Aquele acontecimento incomum rompia um *continuum* que unia a experiência acumulada nas lutas de oposição ao monarca às expectativas naquelas lutas forjadas, as quais não continham, certamente, a possibilidade da abdicação. Um *continuum* que deveria ser constituído novamente, impondo a homens e mulheres a tarefa de interpretar a surpresa que experimentavam — aquele mínimo espaço temporal entre um antes e um depois irreversíveis.⁶ E uma interpretação logo foi apresentada: uma revolução!

> "Brasileiros! Um acontecimento extraordinário veio surpreender todos os cálculos da humana prudência; uma revolução gloriosa foi operada pelos esforços e patriótica união do povo e tropa do Rio de Janeiro, sem que fosse derramada uma só gota de sangue (...) Brasileiros! Já não devemos corar deste nome: a Independência da nossa Pátria, as suas Leis vão ser desde este dia uma realidade", dizia uma *Proclamação* em nome da Assembleia Geral aos "povos do Brasil", anunciando a nomeação da Regência provisória, ao mesmo tempo que recomendava sossego e tranqüilidade pública.⁷

A interpretação seria reiterada em diferentes momentos e com propósitos diversos. Uma semana após aquele "acontecimento extraordinário", nas páginas do jornal do boticário Ezequiel Corrêa dos Santos, intitulado significativamente *Nova Luz Brasileira*, enfatizava-se:

> Abdicou o tirano; e nas mãos da liberdade existe hoje o cetro d'ouro que o monstro havia convertido em virga-férrea. Os Brasileiros começam finalmente a possuir uma pátria; e o Brasil vai-se querendo situar na América Livre.

A interpretação não se furtava a uma proposição, como condição para se estar na América livre:

> Legisladores! É chegado o tempo de estabelecerdes a nossa Liberdade sobre bases menos frágeis; mais filosóficas e justas do que essas que regem a oprimida Europa. Em vossas mãos está hoje a felicidade presente do Povo brasileiro.[8]

Quatro anos mais tarde, no extremo sul do império, por meio de um manifesto dirigido a seus "compatriotas", o líder farroupilha Bento Gonçalves enfatizava ter sido o 7 de abril o "dia glorioso de nossa regeneração e total independência".[9]

Nas três manifestações, assim como em inúmeras outras, a interpretação do que ocorrera como revolução cumpria o papel de destacar o início de um tempo novo. A revolução de 7 de abril tornara realidade a independência do Brasil; a abdicação do primeiro imperador era o início de um tempo de liberdade; a partir daquela madrugada, o império do Brasil tinha como titular um soberano de nacionalidade brasileira e podia situar-se na América livre. De acordo com aqueles intérpretes, a revolução de 7 de abril associava, de modo íntimo e intenso, independência e liberdade, do que resultaria a felicidade dos brasileiros. Então, os brasileiros não mais deveriam duvidar de que, à maneira dos antigos gregos e romanos, deveriam empreender uma Constituição, ou seja, a eleição da forma de governo para aquele novo corpo político plenamente soberano, por meio do debate a respeito de quem e como dele deveria participar, política e militarmente. Nem de que, à maneira de seus contemporâneos, em outros locais, estavam aptos a experimentar uma nova forma de vida política que se expressava em determinadas instituições políticas, entre elas os governos eleitos em vez de hereditários e um sistema legal que, além de impor limites ao poder dos que governam, deveria garantir determinados direitos civis e políticos, e assim propiciar aos cidadãos uma correspondente esfera de liberdade.

A interpretação do ocorrido em 7 de abril como revolução não era, por certo, exclusiva. Havia os que, como o general Abreu e Lima, insistiam em dizer que o acontecimento da madrugada do dia 7 de abril de 1831 não fora senão uma sedição militar, da qual resultara "uma verdadeira calamidade para o Brasil" ao propiciar "o triunfo da demagogia sobre a realeza".[10] Não obstante, aquela primeira interpretação tenderia a prevalecer nos anos que se seguiram imediatamente à abdicação do primeiro imperador; e daí resultariam, de modo quase inevitável, comparações entre o 7 de abril e o 7 de setembro.

Não custa lembrar, neste ponto, que ao findar o ano de 1822 o dia 7 de setembro não era ainda identificado como o "dia em que foi proclamada a independência do Brasil". Foi no transcurso do Primeiro Reinado, por meio de lenta construção, que tal ocorreria, em prejuízo de outras datas, como 9 de janeiro de 1822 — o dia do Fico. Em 1826, um decreto da primeira legislatura do império tornou 7 de setembro um dia de "festividade nacional".[11] Todavia, os acontecimentos do dia 7 de abril de 1831 ameaçariam uma construção que punha em posição de destaque a figura do primeiro imperador.

Desde então, em uma espécie de desdobramento da interpretação como revolução, alguns enfatizavam ter sido o ato de 7 de abril o complemento necessário e indispensável do que ocorrera às margens do Riacho do Ipiranga — um ponto de chegada. Outros punham em destaque a novidade que revestia o acontecimento de 1831, esforçando-se por demonstrar que só naquela oportunidade passara a raiar verdadeiramente "a liberdade no horizonte do Brasil" — um ponto de partida.

Quer fosse ponto de chegada, ou de partida, aquele "acontecimento extraordinário" cumpria outro papel: possibilitava aos que o viviam concatenar um conjunto de fatos anteriores que, até então, se lhes apresentavam inevitavelmente de modo desarticulado. Assim, muitos daqueles homens e mulheres já não deixavam de concatenar à resolução do mês de julho 1822, que suspendia toda e qualquer concessão de sesmarias pelo soberano, dois outros acontecimentos que revelavam a força que a oposição liberal ganhara desde 1826 com a abertura da Assembleia Geral: a aprovação da lei de 1º de outubro de 1828, que dava "nova forma de Câmaras Municipais, marca suas atribuições, e o processo para sua eleição e dos juízes de paz", e assim as transformava em corporações meramente administrativas, e a organização do Poder Judiciário, na qual assumiam destaque a criação do Supremo Tribunal de Justiça e a promulgação do Código Criminal em 1830. Acontecimentos que tinham contribuído decididamente para solapar as bases tradicionais de poder do primeiro imperador, herdeiras da Monarquia portuguesa sob o Antigo Regime: a lógica do poder territorialista; a relação entre soberano e povo, por meio das câmaras municipais; e o monopólio da aplicação da justiça.[12]

Não só, porém, aqueles acontecimentos. Por certo, homens e mulheres não deixavam de associar também a perda de poder e prestígio de d. Pedro I aos acontecimentos mais significativos da política externa, como a sucessão do trono português, a perda da Província Cisplatina e o reconhecimento da independência. Nos dois últimos casos, sobretudo, a diplomacia britânica desempenhara papel crucial, ao afirmar, por meio de estratégias diversas, sua oposição à expansão do império do Brasil, quer em direção ao estuário platino, quer em direção ao continente negro. No que se refere às negociações para o reconhecimento da independência, a política britânica pusera um freio à crescente presença do "Brasil" na África desde 1816, frustrando o plano de tornar Angola independente, incorporando-a ao império do Brasil, ao mesmo tempo que obtivera o compromisso da extinção do tráfico negreiro para o Brasil no prazo de três anos; daquela política resultaria ainda o quase esquecimento do fato de o obá do Benim ter sido o primeiro chefe de Estado a reconhecer a independência do império do Brasil, o que se relacionava aos interesses do tráfico negreiro, antecipando-se aos EUA, a Portugal e à Grã-Bretanha.

Assim, interpretada como revolução, a abdicação de d. Pedro I não significava para aqueles homens e mulheres — em meio aos quais poderia estar incluído o leitor do *Almanak* de 1849 — apenas o início do "tempo da Regência". Era, antes, a possibilidade de cada um deles reafirmar a vontade de ser "brasileiro", já manifestada em 1822 ao seguirem a proposição de José Bonifácio de Andrada e Silva segundo a qual "brasileiro" era todo aquele que aderira à causa da independência. Mas o reafirmar de uma vontade em situação nova, porque aqueles homens e mulheres, cada qual a seu modo — assim como um leitor de hoje — podiam sentir ou compreender aquele 7 de abril representando um ponto de inflexão fundamental na passagem de uma concepção de império para outra — diferente e original.

Desse modo, ainda que "a dinastia imperante" permanecesse sendo "a do senhor d. Pedro I", conforme rezava o texto constitucional, e vários dos "dias de gala" estabelecidos pelo calendário imperial, com os cortejos no Paço, homenageassem os membros mais ilustres daquela dinastia, o império do Brasil deixava de ser conformado por concepção dinástica, que propiciava e legitimava a um só tempo organização hegemônica que transcendia os quadros étnicos ou políticos, não necessariamente contínuos no espaço. E, de modo complementar, o império do Brasil também já não tinha seu sentido definido pela tendência ao exercício de domínio ilimitado — espacial, temporal e ideológico — que também fundava aquela concepção anterior. Conformação e sentido antigos que o "rei velho" imaginara poder transmigrar para os trópicos em 1808, e que se fizeram presentes nos argumentos de natureza dinástica expostos pelo redator do *Correio Braziliense* e pelos letrados portugueses, personagens tão diferentes, em defesa dos direitos dos Bragança às colônias espanholas na América por ocasião da decisão do governo joanino de ocupar a Banda Oriental do Uruguai,[13] mas conformação e sentido tradicionais postos em xeque pela política britânica e rejeitados pela "vontade de ser brasileiro"[14] daqueles que interpretavam o ato de 7 de abril como revolução, sobretudo porque os interesses de ambos não deixavam de se coadunar, antes de tudo, com as profundas mudanças propiciadas pela "Era das Revoluções" e pela "Era da Abolição".[15] De modo concreto, naquele momento, o império do Brasil fora forçado a abdicar a um domínio ilimitado em termos espaciais. Desde então, ao império do Brasil correspondia, e só deveria corresponder, um território vasto e contíguo, herdado da colonização portuguesa na América. E a esse território se agregava atributo novo: um território nacional. Décadas depois, o saquarema José Antonio Pimenta Bueno, marquês de São Vicente, assim apresentaria o valor atribuído a este território vasto e contíguo:

> O território do Império não constitui somente a sua mais valiosa propriedade; a integridade, a indivisibilidade dele é de mais a mais não só um direito fundamental, mas um dogma político. É um atributo sagrado de seu poder e de sua independência; é uma das bases primordiais de sua grandeza interior e exterior.[16]

Neste ponto, três considerações devem ser feitas de modo a melhor compreender o campo de possibilidades no qual aqueles homens e mulheres se moviam com seus sonhos e utopias, projetos políticos e interesses particulares.

A primeira delas diz respeito a um nome. Não obstante a radical mudança de sentido e concepção de império, aqueles que protagonizaram os acontecimentos de 1831, em particular a facção moderada que assumiu o controle do governo do Rio de Janeiro, não cogitaram, ao que parece, em mudar a denominação atribuída ao novo corpo político desde 1822 — império do Brasil. Ela tinha sido utilizada pelos letrados portugueses, desde as últimas décadas do século XVIII, para designar aquela que, sem dúvida, já era a parte mais importante, por sua extensão e potencialidades, de um todo — a monarquia portuguesa —, cujos domínios se espalhavam pelas "quatro partes do mundo". No momento em que os acontecimentos de 1822 conduziram à ruptura, a denominação reino do Brasil, que prevalecia desde a constituição do Reino Unido em 1815, foi preterida em proveito de "império do Brasil. Por influência de José Bonifácio, mas talvez não apenas dele, a força política preponderante no Rio de Janeiro — os "aristocratas" do Partido Brasileiro — optou por preservá-la, provavelmente por buscar inspiração e semelhanças na experiência napoleônica, conforme o revela a coroação do novo imperador em toda a sua pompa e majestade. A associação dos dois impérios insinuava semelhança entre as denominações "franceses" e "brasileiros": "franceses" eram todos os que, independentemente de sua pátria de origem, tinham aderido aos princípios revolucionários, contribuindo para a expansão que se pretendia universal; e "brasileiros" eram e deveriam ser todos os que, tendo aderido "a nossa causa", à causa da independência nas diferentes províncias do antigo reino do Brasil, contribuíam para sua expansão por todo o território que pertencia ao novo corpo político. Naquela oportunidade, a expansão de uma "causa" que se associava a um nome — império do Brasil — e a uma identidade marcadamente política — "brasileiro" — revelaria o primeiro momento de singular expansão — uma expansão para dentro —, que distinguiria a experiência imperial brasileira. Da "cabeça" do novo império — o Rio de Janeiro —, partiriam as tropas militares para combater nas províncias onde ainda prevaleciam as forças favoráveis ao "sistema das cortes de Lisboa" ou que se mostravam refratárias ao governo instituído no Rio de Janeiro. Uma guerra feita por "brasileiros", ainda que por vezes representados por tropas mercenárias, com a finalidade de expandir o número desses "brasileiros".[17] Todavia, por também significar a "Guerra de Independência", a subordinação dos interesses provinciais aos do Rio de Janeiro, ela provocaria reações variadas, das quais a manifestação do pernambucano José da Natividade Saldanha, às vésperas da Confederação do Equador, se revelava eloquente: "Antes ser livre e não ser independente do que ser independente e não ser livre."[18] Ora, a preservação de um nome pelos vitoriosos de 1831, localizados no Rio de Janeiro, e, consequentemente, da identidade política que lhe fora associada — "brasileiro" —, tornaria tensas, desde então, as relações entre o governo instituído na "cabeça" do império e as forças políticas provinciais, opondo não apenas interesses diversos, mas também diferentes identidades. Ao leitor de hoje talvez seja interessante recordar que nas manifestações a respeito da abdicação, já transcritas, aquelas emanadas do Rio de Janeiro eram dirigidas aos "brasileiros", ao passo que o líder farroupilha falava a seus "compatriotas".

A segunda consideração trata da ficção construída a partir da relação entre território e nacionalidade, conforme definida pelo texto constitucional de 1824. Representado como nacional, o território contribuía para a definição daqueles que deveriam constituir o novo corpo político: "são cidadãos brasileiros os que no Brasil tiverem nascido, quer sejam ingênuos ou libertos, ainda que os pais sejam estrangeiros".

O artigo da Carta outorgada de 1824 associava nascer e nação, recuperando de um modo particular a origem etimológica comum de ambas as palavras. "Nascer" vem de *nascor*; do mesmo verbo latino deriva *natio, onis*, que dá origem a "nação" na língua portuguesa. Ora, desde a independência de 1822, nascer era passar a pertencer a um corpo político e a uma nação, os quais também estavam nascendo. A experiência do império do Brasil não era diferente de outras experiências históricas contemporâneas. Aqui, também, o surgimento de um Estado-nação fazia do nascimento ou da natividade o alicerce de sua soberania; e ele exigia adesão inequívoca e fidelidade exclusiva daqueles que o compunham, só permitindo ou tolerando quaisquer outras identidades caso elas não colidissem com a irrestrita prioridade da lealdade nacional. Ao mesmo tempo, porém, a uma associação que era historicamente construída buscava-se dar a aparência de algo natural.[19] Se os novos cidadãos do novo império do Brasil já não eram "portugueses americanos", não deixavam de ser pernambucanos, baienses, paulistas ou mineiros; deveriam, porém, sentir, pensar e agir como brasileiros, acima de tudo. As inúmeras e diferenciadas identidades locais e regionais forjadas durante os 300 anos da colonização portuguesa eram deslocadas em proveito de uma nova identidade, a ela se articulando e subordinando, como frações de uma mesma unidade; o lugar de nascimento, antes referido a alguma localidade próxima e a mútua familiaridade — a pátria —, deslocava-se para outro espaço, incomensuravelmente mais amplo e imaginado — a nação.

De modo complementar, a relação nascimento/nação mediada pelo território permitia identificar aqueles que eram estranhos ao novo corpo político. Assim, escravos e portugueses, embora estivessem no território do império do Brasil, não eram brasileiros. No que se refere aos portugueses, o mesmo artigo sexto da Carta de 1824 determinava no item IV que também eram cidadãos brasileiros "todos os nascidos em Portugal e suas possessões, que sendo já residentes no Brasil na época em que se proclamou a independência nas províncias onde habitavam, aderiram a esta, expressa ou tacitamente, pela continuação da sua residência". O Dia do Fico simbolizava a maneira como o próprio imperador se tornara brasileiro; aos demais antigos colonizadores, isto é, aos "portugueses europeus", restava fazê-lo. O mesmo não ocorria, porém, em relação aos escravos. Caso se tornassem libertos, só os nascidos no território do império se tornavam cidadãos brasileiros; adquiriam a capacidade de votantes (eleitores de primeiro grau), embora não pudessem vir a ser eleitores de segundo grau. A situação ambígua dos libertos ficaria evidenciada de modo eloquente quando, em 1859, ou seja, nove anos após a extinção do tráfico intercontinental de escravos para o Brasil, o saquarema José Antônio Pimenta Bueno, futuro marquês de São Vicente, questionaria a atribuição de cidadania brasileira ao escravo liberto nascido fora do Brasil, opinando favoravelmente. Submetida a questão ao Conselho de Estado, o parecer contrário do relator, acolhido pelo imperador d. Pedro II, sustentava, entre outros argumentos, que muitos libertos nessas condições haviam sido deportados para fora do império, na Bahia e no Rio de Janeiro.[20]

A última das considerações remete à maneira como a sociedade imperial, plena de hierarquias e exclusões construídas durante os 300 anos de colonização, era vista por aqueles que ocupavam suas posições mais destacadas. Uma visão que expressava, antes de tudo, embora de modo não exclusivo, a importância da escravidão nessa sociedade. Assim, no império, que possuía pouco mais de cinco milhões de habitantes no momento da abdicação, os que eram livres e proprietários de escravos viam-se e eram vistos como brancos e constituíam a "boa sociedade". Era justamente a combinação particular destes atributos — a liberdade e a propriedade, além de imagem a respeito do fenótipo — o que permitia à boa sociedade distinguir-se tanto daqueles que denominava "povo mais ou menos miúdo", ou seja, os que eram livres ou libertos, e nem sempre eram vistos como brancos, como da massa de escravos. Era também a combinação desses atributos que fundava o "sentimento aristocrático" que caracterizava a sociedade imperial. Era ainda essa combinação de condições sociais e matrizes raciais, que não apenas hierarquizava os grandes estratos da sociedade imperial, como também, ao privilegiar o atributo da propriedade, estabelecia graus, definia papéis e forjava nexos de dependência no interior da "boa sociedade".

Nessa sociedade em que os atributos liberdade e nacionalidade se combinavam de modo específico, à diferença entre cidadãos brasileiros e "estrangeiros", isto é, os excluídos da sociedade civil ou porque não nascidos no território do império, ou porque não eram "pessoas" do ponto de vista jurídico, agregavam-se, entretanto, as diferenças na sociedade política entre os "cidadãos não ativos" e os "cidadãos ativos", construídas a partir do atributo propriedade. Os "cidadãos ativos" formavam "a parte a mais importante da nacionalidade", no dizer de um dos principais intérpretes do texto constitucional de 1824 — o saquarema Pimenta Bueno, marquês de São Vicente[21] —, e estavam divididos em "votantes" (os possuidores de renda mínima suficiente para eleger os membros do colégio eleitoral) e "eleitores" (os que escolhiam os deputados e senadores, sendo também elegíveis).

A boa sociedade atribuía a si própria a competência para "governar", ou seja, "dirigir física ou moralmente", nos termos em que aparecia no *Diccionario*[22] de Moraes e Silva, em 1813. Governar era "reger bem", quer a Casa (o governo econômico, em especial dos escravos), quer o Estado (o governo político). A boa sociedade constituía, assim, o que podemos denominar "mundo do governo". Aos escravos, por sua vez, cabia "trabalhar" — nas propriedades rurais e nas cidades. Eles formavam o "mundo do trabalho", enquanto o "povo mais ou menos miúdo" representava a "desordem", que ocupava o espaço da rua. Reivindicando participar ativamente do governo do Estado, cuja importância não cessava de aumentar, os cidadãos ativos seriam representados como o "povo", ao passo que o "povo mais ou menos miúdo" era representado como a "plebe". Ao rememorar quase três décadas depois os acontecimentos de 1822, nas páginas de *O libelo do povo*, panfleto que teria grande repercussão, o Timandro, pseudônimo do ainda liberal Francisco de Sales Torres Homem, destacava o valor atribuído ao povo:

a revolução da independência, que devolveu-nos à posse de nós mesmos, firmava como dogma fundamental da nova ordem social o grande princípio da soberania do povo.²³

Retorno a 1831. O tempo que se abria com a abdicação — o da Regência — parecia repetir, em escala ampliada, os anos de 1821, 1822 a 1823. Os debates entre adeptos dos diferentes projetos para a constituição de um novo corpo político transbordavam do Parlamento, de salões e gabinetes para as páginas dos pasquins, panfletos e catecismos políticos, para os teatros e para a praça pública; da corte seguiam em direção às províncias, de onde repercutiam na corte, servindo-se da palavra oral e escrita, impressa ou não, de gestos e cantigas. Debates que revelavam como os vocabulários político e social, referidos às categorias centrais da modernidade — revolução, crítica e emancipação, entre elas —, não só assumiam ritmo acelerado, como se haviam politizado e democratizado.²⁴ O desafio de empreender uma Constituição e experimentar nova forma de vida política apresentava-se como o próprio desafio da revolução, opondo "moderados", "exaltados" e "restauradores".

Décadas mais tarde, um contemporâneo daqueles acontecimentos lembraria de modo ainda vibrante aqueles anos em que quase todos pareciam empenhados na obra constituinte:

> Nasci e me criei no tempo da regência; e nesse tempo o Brasil vivia, por assim dizer, muito mais na praça pública do que mesmo no lar doméstico; ou em outros termos, vivia em uma atmosfera tão essencialmente política que o menino, que em casa muito depressa aprendia a falar liberdade e pátria, quando ia para a escola, apenas sabia soletrar a doutrina cristã, começava logo a ler e aprender a constituição política do Império.²⁵

"Uma atmosfera tão essencialmente política" que envolvia até quem se encontrava distante da pátria de origem, como era o caso de Domingos José Gonçalves de Magalhães, Francisco de Sales Torres Homem e Manuel de Araújo Porto Alegre. Movidos pelo "amor do país, e o desejo de ser útil aos seus concidadãos", eles editaram em Paris, em 1836, *Nitheroy: Revista Braziliense de Ciências, Letras e Artes*. Imbuídos de uma concepção utilitarista da cultura e das artes, assim como de crença na função da ciência a serviço do progresso, deixavam-se guiar pelo desejo de romper com o passado colonial, durante o qual, nas palavras de Magalhães,

> o Brasil descoberto em 1500 jaziu três séculos esmagado debaixo da cadeira de ferro, em que se recostava um governador colonial com todo o peso de sua insuficiência e de sua imbecilidade.[26]

Nas páginas de *Nitheroy* parecia encontrar acolhida a proposição de dez anos antes do francês Ferdinand Denis, segundo a qual "o Brasil, que sentiu necessidade de adotar instituições diferentes das que lhe haviam sido impostas pela Europa, já sente necessidade de haurir inspirações poéticas numa fonte que lhe pertença de fato".[27] Nelas, o rompimento com a "escravidão política", que permitia aos brasileiros estar na América, desdobrava-se nas críticas à escravidão civil, fundamentadas em princípios filantrópicos, em considerações a respeito dos entraves e prejuízos causados à atividade econômica e nos argumentos a respeito da incompatibilidade entre a permanência da escravidão e uma nação livre. No ano seguinte ao da publicação de *Nitheroy*, nas páginas de outra publicação — *Memória acerca do comércio de escravos e dos males da escravidão doméstica* —, Frederico Burlamaque observava que "os homens têm sempre duas doutrinas opostas: uma lhes serve para combater a opressão que suportam e a outra para justificar a opressão que exercem".[28] Todavia, os projetos de abolição da escravatura então apresentados não foram considerados, embora em geral contemplassem formas variadas de indenização aos proprietários e propusessem a abolição em processo gradual.

Naquele "tempo da Regência", particularmente em seus anos iniciais, a ampliação da esfera da liberdade se expressava tanto na prevalência da Câmara dos Deputados quanto na tendência a uma distribuição mais equilibrada das instituições do Estado pelo território, sendo os poderes atribuídos ao juiz de paz pelo Código do Processo Criminal de 1832 e a criação de assembleias legislativas provinciais pelo ato adicional de 1834 exemplos significativos. Escolhido por "eleição popular", isto é, dos cidadãos ativos da localidade, o juiz de paz mostrava-se muito próximo ao governo da casa, do que resultava, em muitos casos, a preservação de antigos privilégios, monopólios e franquias que haviam caracterizado o passado colonial. O juiz de paz constituía, talvez, o ponto nevrálgico do quadro institucional que se ia delineando com a experiência regencial, revelando a importância atribuída ao Poder Judiciário no momento de constituição do novo corpo político, sob nova concepção de império. Mas naqueles anos em que "o Brasil vivia muito mais na praça pública", a preeminência da rua em relação aos espaços da casa e do Estado não raro era vista como a possibilidade de a liberdade se confundir com igualdade, do que resultavam quer a tendência a esmaecer ou mesmo apagar as distinções no interior da sociedade política, como se aqueles que constituíam o povo tivessem adotado a proposição kantiana segundo a qual cada um deve poder exercer seu juízo livremente, quer reivindicações de "igualdade entre todas as cores" e de direitos de cidadania para os escravos nascidos no Brasil.[29] Ao mesmo tempo, como se representasse um contraponto que servia de impulso aos defensores da liberdade, a ameaça restauradora permanecia presente. Quando, em 1833, sob o impulso das forças caramurus, vitoriosas nas eleições na corte, em todas as paróquias, menos na de São José, a ameaça do retorno de d. Pedro I ao governo do império do Brasil parecia estar prestes a se concretizar, alimentando o medo que sitiava a boa sociedade imperial, Bernardo Pereira de Vasconcelos arguía, de modo agressivo:

> D. Pedro I perdeu um trono muito brilhante (...) perdeu uma dotação pingue (...) parece natural que tente voltar ao Brasil (...) o caráter de D. Pedro é extremamente volúvel (...) um dos característicos é a avareza (...) é demasiadamente mesquinho (...) um homem deste caráter deixará de aspirar ao trono do Brasil?[30]

Como se estivesse sendo repetida a experiência da França revolucionária, o "carro da revolução" parecia percorrer de modo cada vez mais acelerado não apenas as ruas da cidade do Rio de Janeiro, mas também as das principais cidades e vilas provinciais, além de adentrar os caminhos que levavam aos "sertões". Motins, rusgas, assuadas, ajuntamentos ilícitos, revoltas, rebeliões, sedições, insurreições e outros tipos de protestos ocorriam nos mais diversos pontos do império, protagonizados por baianos, pernambucanos, farroupilhas, cabanos, balaios, malês, pela boa sociedade, pela plebe, por escravos, por libertos e quantos mais.

Quase vinte anos depois desses acontecimentos, um panfleto procurava explicar os "períodos" mais significativos da trajetória política do império desde a independência, que, aliás, titulavam a publicação: *Ação; reação; transação*. Ao longo das páginas mais reveladoras dos princípios conservadores que fundamentavam a ordem imperial triunfante, Justiniano José da Rocha diria que o "período" da "ação", de 1822 a 1836, caracterizado pelo "princípio democrático" ou da "liberdade", fora necessário em sua "luta", que culminara em 1831, mas que tendera à exageração em seu "triunfo", o que comprometia a própria obra anterior da liberdade. Assim, para J. J. da Rocha, homens e mulheres que experimentavam o triunfo da "ação" acabariam, necessariamente, por reivindicar a "Reação".[31]

Se a morte do ex-imperador em Portugal, em 1834, afastava o perigo da restauração, não era suficiente, contudo, para pôr fim aos medos que afligiam a boa sociedade. Ela continuava temendo as insurreições negras, as revoltas que rompiam os laços de dependência pessoal entre agregados e senhores, os gritos de "mata marinheiro", os capoeiras, os ciganos e a malta urbana, e ainda a fragmentação territorial do império, a política antiescravista britânica e a própria continuidade da Monarquia. Medos reais e imaginários, utilizados com frequência nos argumentos e proposições daqueles que, contrários aos rumos da experiência regencial, buscavam angariar adeptos para um projeto diferente. Foi o caso de Bernardo Pereira de Vasconcelos que, em determinado momento, teria dito ser necessário "parar o carro da revolução". Outro não foi o propósito do regresso conservador ou da "reação", segundo Justiniano José da Rocha.

"Fui liberal... hoje sou regressista", dissera Vasconcelos ao discursar na Câmara dos Deputados em 1837. Tal como o político mineiro, muitos estavam mudando suas convicções a respeito da liberdade política, contribuindo decisivamente para o desaparecimento dos agrupamentos partidários dos primeiros anos da Regência. Para os regressistas ou conservadores, as noções de ordem e organização deveriam voltar a impor-se, referendando a monarquia e privilegiando o governo do Estado. Buscava-se recuperar o prestígio da coroa, sendo a antecipação da maioridade do imperador, em 1840, sua primeira manifestação contundente. Buscava-se também revalorizar o princípio da autoridade, o que impunha o aumento das prerrogativas do Executivo, em prejuízo tanto daquelas da Câmara dos Deputados quanto do papel reservado às províncias na organização política imperial, desde o ato adicional. Buscava-se ainda enfatizar a soberania nacional, deslocando o valor que os exaltados, sobretudo, atribuíam à soberania popular, bem como imprimir significado diverso ao conceito de liberdade, dissociando do caráter quantitativo que distinguia as concepções antiga e moderna, em proveito de outro mais qualitativo, que afirmava a singularidade de cada casa.[32]

No momento em que a vida política começava a abandonar a rua e o sentimento aristocrático voltava a se impor, as proposições regressistas de Vasconcelos foram desenvolvidas e postas em prática, especialmente, por três políticos da província do Rio de Janeiro, a "trindade saquarema": Paulino José Soares de Souza, futuro visconde do Uruguai; Joaquim José Rodrigues Torres, futuro visconde de Itaboraí; e Eusébio de Queirós Matoso Câmara. Tendo a seu lado a figura ímpar de Honório Hermeto Carneiro Leão e contando com o apoio do ex-regente José da Costa Carvalho, na província de São Paulo, aquela "trindade" constituiria o núcleo do grupo que deu forma e expressão à força política que, entre os últimos anos da Regência e o renascer liberal dos anos 1860, imprimiu o tom e definiu o conteúdo do Estado imperial.

Não conseguindo conter a trajetória do regresso ou da reação conservadora, aqueles que já eram identificados como progressistas ou liberais pegaram em armas. O fracasso das revoltas liberais de Minas Gerais e São Paulo, em 1842, a deposição das armas pelos farroupilhas do Rio Grande do Sul em 1845 e o esmagamento da revolta Praieira em Pernambuco em 1848 revelavam o "triunfo" do regresso. Desde então, os liberais passaram a ser conhecidos como "luzias", denominação que os estigmatizava ao lembrar a localidade de Santa Luzia, na província de Minas Gerais, onde ocorrera sua maior derrota militar, em 1842. Incapazes de fazer prevalecer seu projeto político, no qual ocupava lugar de destaque o governo da casa, os liberais ou luzias seguiriam, desde então, atrelados às propostas e ações políticas dos conservadores — em especial dos saquaremas —, fato que se expressaria em ditado de ampla divulgação durante o Segundo Reinado: "nada mais parecido com um saquarema do que um luzia no governo".

Incapazes de manter viva entre seus compatriotas a lembrança do dia 7 de abril como o início de um tempo novo, quer fosse ponto de chegada ou de partida, os luzias conformaram-se com o novo calendário para 1849, ao mesmo tempo que também eram por ele conformados. Comprovariam, cotidianamente, que a denominação "saquarema" servia para identificar tanto os conservadores fluminenses no conjunto dos demais membros do Partido Conservador quanto a direção política, intelectual e moral dada ao partido e à política imperial.[33]

Ainda assim, houve quem protestasse contra a violenta repressão imposta aos praieiros.

> Nas revoltas subseqüentes à abdicação, o que aparecia era o desencadeamento das paixões, dos instintos grosseiros da escória da população; era a luta da barbaridade contra os princípios regulares, as conveniências e necessidades da civilização. Em 1842 pelo contrário o que se via à frente do movimento a braços com o soldado mercenário era a flor da sociedade brasileira, tudo que as províncias contavam de mais honroso e eminente em ilustração, em moralidade e riqueza; espetáculo que se renova hoje em Pernambuco, com o mesmo séqüito de atrocidades e infâmias.[34]

Assim o Timandro nas páginas de O libelo do povo, em 1849, inculpava os Bragança, os saquaremas e os portugueses que dominavam a corte imperial, ao mesmo tempo que, ao enfatizar as diferenças entre as revoltas que se seguiram à abdicação, "a luta da barbaridade" e os movimentos liberais de 1842 e 1848, capitaneados pela boa sociedade, revelava a maneira comum como liberais e conservadores representavam a sociedade imperial.

O libelo do Timandro — logo identificado por seus inúmeros leitores como Francisco de Sales Torres Homem — provocaria imediata e violenta reação dos partidários da ordem ou do regresso conservador, a ponto de não poucos acusarem o talentoso ex-editor da revista *Nitheroy* de ter plagiado o panfletário francês visconde de Cormenin. Aos argumentos apresentados em *O libelo do povo* seriam contrapostos aqueles de matriz conservadora expostos por Justiniano José da Rocha em *Ação; reação; transação*, quase cinco anos depois, em momento em que o próprio Torres Homem já se tornara um ardoroso defensor da política de conciliação.

Com palavras e frases que se afastavam da truculência que distinguira aquelas reações iniciais dos conservadores, Justiniano José da Rocha referia-se ao período" de reação. Estendendo-se de 1836 a 1854, e caracterizado pelo "princípio monárquico" ou da "autoridade", constituía-se também por dois momentos, separados pela maioridade de d. Pedro II, em 1840: um de "luta", necessário, e outro de exagerado "triunfo", como o demonstrava a repressão contra os praieiros, que o autor também não deixaria de censurar.

Situados em campos opostos, porque animados por propósitos diversos no momento de suas produções, os panfletos de Torres Homem e de Justiniano José da Rocha revelavam algo mais: o lugar e o papel desempenhado pela palavra escrita, e sobretudo impressa, no movimento de uma constituição fundamental. Aqueles panfletos evidenciavam, embora evidentemente não apenas eles, o papel atribuído a autores, editores, leitores e, ainda, aos ledores, numa sociedade com apenas cerca de 1,5 milhão de indivíduos alfabetizados na população total de 10 milhões do momento em que se encerra o período abrangido por este volume.

Com efeito, era o texto impresso, sobretudo, que permitia aos que se iam constituindo como os novos dirigentes imperiais, no mesmo movimento em que empreendiam uma construção, não apenas instituir uma ordem legal e exercer jurisdição compulsória sobre um território, mas sobretudo dirigir o novo corpo político. Por isso mesmo, não bastava redigir e aprovar os textos legais; tornava-se necessário difundir suas determinações, o mais amplamente possível, por toda a extensão do império do Brasil. E outra não era a finalidade de publicações como o *Manual do cidadão*, pacientemente organizado em inúmeros volumes por Josino do Nascimento Silva, um membro do "Conselho de S. M. o Imperador", e "publicado e à venda em casa dos editores Eduardo & Henrique Laemmert".[35]

Os textos impressos, entretanto, não se restringiam à ordem legal. No mesmo ano em que surgia *O libelo do povo* (1849), como se quisesse contrastar com o texto do Timandro e, assim, revelar a "cor" diferente que distinguia "uma mudança, uma variação do estado anterior", como era costume dizer então,[36] passava a circular no Rio de Janeiro a revista *Guanabara*, sob a direção de Manuel Araújo Porto Alegre, Joaquim Manuel de Macedo e Antônio Gonçalves Dias. Na apresentação, os editores referiam-se à "época atual", ou seja, aos sucessos de 1848 tanto na França quanto no Brasil, para destacar:

> (...) convence os espíritos de que nada mais nos resta a experimentar, e que devemos concentrar todas as nossas forças para o desenvolvimento moral e intelectual, única base de um seguro e permanente progresso.

E tal desenvolvimento era possibilitado por uma publicação cujo conteúdo era

> (...) dedicado ao recreio das famílias, à mocidade das escolas, ao comércio e às artes, algumas vezes não se tornará indigno do filósofo e dos estadistas; pois com a mistura de assuntos graves e obras amenas e variadas, procurará satisfazer da melhor maneira que for possível as curtas promessas que agora faz.[37]

O que "resta[va] a experimentar", desde então, no entender daqueles editores, dizia respeito a novas práticas — a da leitura, por exemplo, não só preenchia as horas de folga e gerava novas formas de sociabilidade, como sua prática em voz alta nos "serões" das casas e sobrados senhoriais, por exemplo —, como também contribuía para "nutrir o pensamento", feliz expressão de um historiador,[38] por meio do que era lido, ouvido e argumentado. No momento em que as linhas de navegação a vapor começavam a ligar corte e províncias com mais rapidez, publicações como *Guanabara* ajudavam a tecer os fios que possibilitavam a consolidação de um determinado tipo de Estado e a constituição dos brasileiros. Por caminho diverso e em ritmo próprio, certamente menos perceptíveis de imediato, esse outro movimento contribuía para ordenar e, sobretudo, civilizar a família patriarcal, "esse potencial de desobediência civil", conforme já foi observado por outro autor.[39]

Ora, se aos saquaremas tornou-se possível o exercício de uma direção política, intelectual e moral, foi porque eles tiveram a capacidade de aliar à questão da manutenção da ordem outra não menos significativa — a da difusão de uma civilização. Exercício que, ao visar à preservação da ordem imperial, não poderia deixar de visar à conformação dos brasileiros e que, naquela experiência ímpar no conjunto da constituição dos Estados nacionais americanos que emergiam da emancipação política, assumia a característica de expansão para dentro.

No mesmo ano da criação do Imperial Colégio Pedro II e do Instituto Histórico e Geográfico do Brasil, Paulino José Soares de Sousa, futuro visconde do Uruguai, já observava, arguto, que

> enquanto certas idéias não penetram a massa da população, enquanto não se tornam populares, muito difícil é que se estabeleçam e adquiram o desenvolvimento de que são suscetíveis. Quando elas se identificam, porém, com o modo geral de sentir, as coisas com facilidade se conseguem e caminham quase por si mesmas.

Civilizar a família patriarcal, constituir a classe senhorial e conformar os brasileiros. Se, por meio de dois objetivos complementares, pretendia-se encontrar um lugar para o império do Brasil no concerto das "nações civilizadas" — e não mais, como depois do dia 7 de abril, permitir ao império "situar-se [politicamente] na América" —, as práticas de que se lançou mão para tal nem sempre se confundiriam, embora objetivos e práticas não deixassem de ter na sentença de Bernardo Pereira de Vasconcelos um pressuposto: "a África civiliza!".

O principal propugnador do regresso conservador estabelecia particular relação de implicação entre agricultura e civilização, pois se a grande lavoura de exportação de produtos coloniais dependia da mão de obra escrava negra, era a escravidão quem propiciava, no fundamental, a civilização que deveria distinguir o império do Brasil. Olhos postos no presente, Vasconcelos associava o império à escravidão, ao atualizar também essa herança colonial, reagindo à política inglesa de repressão ao tráfico negreiro intercontinental e às crescentes insurreições negras. Acompanhando de perto a política emancipacionista inglesa no Caribe, de modo a poder recolher elementos que lhes possibilitassem, talvez, definir projetos e ações tendo em perspectiva um horizonte no qual a extinção do trabalho escravo se apresentava como inevitável, embora pudesse ser postergada, os saquaremas tinham também os olhos no futuro.

Desde os anos 1826, o avanço dos cafezais pelo vale do Rio Paraíba do Sul, em ritmo cada vez mais acelerado, deslocava posseiros e moradores, expulsava e dizimava grupos indígenas remanescentes, acirrava lutas pela posse da terra. Se, em 1826, a participação da produção de café do império no mercado mundial ainda era reduzida, colocando-se atrás das produções asiáticas e africanas, além da antilhana, ela se elevaria a 40% no decorrer dos anos 1830, superando a produção de Java, e chegaria a 60% em 1854-1855 — expansão que por um lado se fazia marcante em um mercado mundial reordenado pelos interesses do capitalismo concorrencial e, por outro, pressupunha a entrada massiva de novos contingentes de africanos no império do Brasil. De fato, estima-se que, dos cerca de 1.300.000 escravos aqui chegados na primeira metade do século XIX, aproximadamente 80% teriam sido encaminhados para as províncias cafeeiras, tendo o restante desembarcado nas províncias "do Norte", particularmente na Bahia, que se beneficiavam da crise da produção açucareira nas colônias inglesas, desde a segunda metade dos anos 1830. À medida que avançavam a onda verde dos cafezais e a onda regressista, e a população livre e liberta se comprometia cada vez mais fortemente com a propriedade escrava, parecia diminuir o "desconforto" que o trabalho escravo havia provocado em outros tempos. Em plena "Era da Abolição", a força da escravidão no império do Brasil, decorrente em larga medida do dinamismo da economia cafeeira escravista, colocava o império de d. Pedro II, de modo singular e contraditório, tanto ao lado das "nações civilizadas" quanto da colônia espanhola de Cuba e das unidades federativas do sul da República dos Estados Unidos, cujas economias escravistas também experimentavam a surpreendente vitalidade, configurando o que já foi denominado "segunda escravidão".[40]

Ora, ao enfatizar que o império do Brasil ocupava "lugar" particular no concerto das "nações civilizadas", como resultado da opção pela manutenção da escravidão, aqueles homens e mulheres que se estavam tornando brasileiros evidenciavam, mediante jogo de semelhanças e diferenças, que, no decorrer dos anos 1850, ele se distinguia não só pela estabilidade política, simbolizada pela Conciliação, mas também pela extinção do tráfico negreiro intercontinental, pelas bem-sucedidas intervenções militares na área platina e pela liquidação da onerosa herança ibérica dos limites. E, ainda mais, pelos inúmeros "melhoramentos materiais" que demonstravam o avanço do "progresso" e as conquistas da "civilização", aos quais o nome do visconde de Mauá aparece quase sempre associado, bem como por obras compostas em homenagem ao imperador e outras surgidas de sua proteção. Naquele momento, Gonçalves de Magalhães concluía *A Confederação dos Tamoios*, Francisco Adolfo de Varnhagen redigia a *História geral do Brasil* e Gonçalves Dias compunha "Os Timbiras".

Jogo, porém, que não tardava em se transformar em jogo de inversões, como o proposto, ainda que em momento posterior, pelo romancista José de Alencar em *O tronco do ipê*, que, pela voz do "Conselheiro", diz querer

> que os filantropos ingleses assistissem a este espetáculo, para terem o desmentido formal de suas declamações, e verem que o proletariado de Londres não tem os cômodos e gozos do nosso escravo.[41]

A opção pela manutenção da escravidão, contudo, implicava, ainda, a opção pela convivência da nação brasileira, isto é, daqueles que se deveriam imaginar como brasileiros — com outras "nações" no mesmo território, vasto e contíguo, do Estado imperial. Conforme observou a historiadora Mary Karasch, no Rio de Janeiro imperial era utilizado com frequência o termo "nação" para identificar os escravos negros e ameríndios, embora não se deixasse de discriminar entre as "nações de cor" — os escravos nascidos no Brasil — e as "nações africanas".[42] E tal observação possibilita compreender como a utilização do termo "nação" para designar os contingentes escravizados permitia aos brasileiros melhor identificar a "sua nação", isto é, a nação brasileira, assim como os atributos que a distinguiam, dentre os quais se destacava o pertencimento ao conjunto das "nações civilizadas".

Assim, a opção pela manutenção da escravidão se apresentava aos brasileiros, no aspecto que estamos considerando, como uma espécie de espelho com dupla face, que possibilitava o jogo de semelhanças e diferenças: numa das faces, cada um dos brasileiros se espelhava nas demais "nações civilizadas"; na outra, nas "nações" que habitavam o território do império. Esse espelho não apenas atendia ao que a cada um daqueles brasileiros se apresentava como necessidade, mas também parecia refletir uma verdade.

A opção pela convivência com outras "nações" no interior de um mesmo território significava, porém, voltar as costas às propostas de constituição do "todo homogêneo", como proposto por José Bonifácio à época da emancipação política;[43] voltar as costas a uma proposta de nação constituída por homens e mulheres representados como livres e iguais juridicamente, conforme ocorria em outras experiências de construção de estados nacionais, nessa mesma época. Reafirmavam-se, assim, antigas diferenças e hierarquias, em quadro inteiramente novo: às diferenças entre livres e escravos acrescentavam-se aquelas entre escravo e cidadão; à hierarquia entre a boa sociedade e a plebe eram combinadas múltiplas hierarquias no interior de cada um daqueles segmentos; à reiteração das diferenças entre o "mundo do governo" e o "mundo do trabalho" era acrescentada a subordinação do "governo da casa" ao "governo do

Estado". No fundamental, revelava-se como a consolidação da ordem imperial e a difusão de uma civilização, sob a direção saquarema, distinguiam por políticas e práticas que não se restringiam a um exercício de dominação daquelas outras "nações" pelo governo do Estado; distinguiam-se, sobretudo, pelo exercício de direção intelectual e moral dos brasileiros, em particular daqueles que constituíam a boa sociedade e eram responsáveis pelo governo da casa, por meio da difusão dos valores, signos e símbolos imperiais, servindo-se de instrumentos diversos. Uma difusão que punha também em destaque o papel dos letrados, porque, não obstante tudo o que singularizava a experiência imperial, nela também foi fundamental o papel de três grandes narrativas na construção do Estado e da nação: uma literatura, uma história e uma língua nacionais, com seus propósitos "imperiais".[44] Conforme destacara o mesmo José de Alencar,

> (...) sobretudo compreendem os críticos a missão dos poetas, escritores e artistas, nesse período especial e ambíguo de formação de uma nacionalidade. São estes os operários incumbidos de polir o talhe e as feições da individualidade que se vai esboçando no viver de um povo.[45]

Políticas e práticas reveladoras que o Estado imperial empreendia expansão diferente, como resultado de singular combinação entre a impossibilidade de expansão territorial e a opção pela coexistência da nação brasileira com outras "nações" no interior de um mesmo território. Expansão diferente, mas permanente e constante, do Rio de Janeiro em direção às províncias, atravessando a "roça" e os "sertões; expansão que ia ao encontro dos brasileiros que pretendia forjar não mais como meros adeptos de uma causa política — e aí reside diferença fundamental entre o momento que então se vivia e aquele representado pela "Guerra de Independência" — e, sim, para os inscrever na nação brasileira e na ordem imperial, como súditos e cidadãos a um só tempo, reafirmando as diferenças que individualizavam cada qual, e, ao fazê-lo, reafirmar não só as diferenças e hierarquias entre a plebe e a boa sociedade, mas também entre as famílias que constituíam a boa sociedade, reservando o "lugar" de destaque para a principal delas — a família imperial. Uma expansão para dentro — eis o que diferencia o império do Brasil de outras experiências imperiais.

Uma expansão para dentro que pressupõe a ordem entre os integrantes da boa sociedade, ou seja, uma conciliação. A seu modo, o Timandro já a reivindicara ao insistir nas diferenças entre as revoltas da plebe, nos anos iniciais da regência, e aquelas da "flor da sociedade", e não só para condenar a repressão desencadeada pelo governo imperial. Por sua vez, Justiniano José da Rocha proclamava sua inevitabilidade no panfleto cuja inspiração, quase a própria denominação, provinha de obra semelhante da historiografia francesa da Restauração.

> O estudo refletido da história nos patenteia uma verdade, igualmente pela razão e pela ciência do político demonstrada. Na luta eterna da autoridade com a liberdade há períodos de ação; períodos de reação; por fim, períodos de transação em que se realiza o progresso do espírito humano, e se firma a conquista da civilização. As constituições modernas não são senão o trabalho definitivo dos períodos de transação.[46]

Eram essas as palavras de abertura de um texto que seguia de perto as postulações de François Guizot. Se a luta de classes ocupava posição central na história europeia, no dizer do autor de *Histoire de la civilisation*, essa luta não terminava com a vitória total de um lado e a eliminação do outro, mas sim como um processo que gerasse, ao final, em cada nação, "certo espírito geral, certa comunidade de interesses, de ideias e de sentimentos que superasse a diversidade e a guerra".[47] Assim, também nas páginas do panfleto a conclusão se tornava inevitável, apresentando-se como o ponto de chegada da trajetória política do Império desde os dias da independência: o "período" de transação constituindo a síntese que, expressando "certo espírito geral", faria o autor perguntar a seus leitores:

> ...dizei-nos onde param as antigas parcialidades, onde os seus ódios? Já de há muito desapareceram (...) e que movimento social era esse que todos os políticos pressentiam, a que obedeciam, que lhes fazia abandonar as suas posições de vencedores, senão o resultado da convicção íntima do país de que estavam extintas todas as paixões, esse esquecimento de ódios, o que são senão os sintomas evidentes de que a sociedade tem chegado a esse período feliz de calma e de reflexão que pode e deve ser aproveitado para a grande obra da transação?

Uma maneira de explicar o momento que se vivia, com o recurso à história. Em discurso que também ganharia notoriedade, Nabuco de Araújo traduziria, de maneira semelhante, a necessidade da transação. Motivava-o, por certo, o quadro político-partidário posterior à Praieira; mas não só. Ao radical sentimento antilusitano, que durante a revolta provocara a fuga de famílias portuguesas de Pernambuco para a pequena Moçâmedes, na atual Namíbia, somava-se de modo mais preocupante a instabilidade social que em 1851 e 1852 ainda distinguia a província pernambucana, onde os protestos contra uma "re-escravização", suscitados pela interpretação dos decretos que determinavam a realização de censo geral do império e a criação do registro civil de nascimentos e óbitos, evidenciavam pelos movimentos que ficariam conhecidos como Ronco da Abelha ou Revolta dos Marimbondos a outra face do poder da palavra impressa. Dizia Nabuco de Araújo em "A ponte de ouro":

> A missão do governo, e principalmente do governo que representa o princípio conservador, não é guerrear e exterminar famílias, antipatizar com nomes, destruir influências que se fundam na grande propriedade, na riqueza, nas importâncias sociais; a missão de um governo conservador deve ser aproveitar essas influências no interesse público, identificá-las com a monarquia e as instituições, dando-lhes prova de confiança para que possa dominá-las e neutralizar as exagerações. Se representais o princípio conservador, como quereis destruir a influência que se funda na grande propriedade?[48]

Assim, como o leitor de hoje provavelmente já percebeu, a transação não deve ser entendida como a simples conciliação entre o "princípio da liberdade" ou "democrático" e o "princípio da autoridade" ou "conservador". Expressando o modo como a própria sociedade se representava, ela pressupunha a relação assimétrica e hierarquizada entre o "princípio da autoridade" e o "princípio da liberdade", destacando o fato de que a condição para a existência da liberdade residia no predomínio da autoridade. Assim, o governo do Estado para exercer sua autoridade — entenda-se, uma direção — deveria estar no governo da casa; e, de modo recíproco, a liberdade do governo da casa pressupunha o predomínio do governo do Estado. Uma relação assimétrica e hierarquizada entre os dirigentes imperiais e as famílias da boa sociedade que dava relevo à figura do imperador.

Ou, dizendo de outra maneira, a transação destacava o papel da coroa na manutenção da ordem e na difusão da civilização, em uma experiência histórica na qual a um império correspondiam um único Estado, um território unificado e contíguo e uma nação (que optara por conviver com outras "nações" por ela também "imaginadas") — papel que se exercia em diferentes aspectos e sob formas variadas.

De uma parte, na condução dos negócios externos, buscando preservar e em muitos casos restaurar os interesses estabelecidos em cada uma das regiões formadas durante o processo de colonização, no momento de constituição de um mercado mundial, animado pelo capitalismo em sua fase de livre-concorrência, o que se expressava, de imediato, nas formas variadas de negociação com os interesses antiescravistas britânicos.

De outra parte, na condução dos negócios internos, promovendo a expansão dos interesses da casa, por meio de políticas específicas, mas intimamente articuladas entre si — como a de mão de obra, que tinha por objetivo preservar pelo maior tempo possível a escravidão e concomitantemente incentivava projetos de colonização estrangeira, sobretudo de origem europeia; a política de terras, cuja formulação consta na Lei de Terras de 1850, que antecedeu a extinção do tráfico intercontinental de escravos; ou a política monetária e de créditos —, que possibilitavam unir os interesses agrários, mercantis, financeiros e burocráticos, formando um poderoso bloco social e político, particularmente no que se refere aos negócios cafeeiros.

Políticas e ações referidas aos negócios internos também no plano cultural, recorrendo a meios e instituições forjados direta ou indiretamente pela coroa. Difundindo imagens, crenças e valores, construindo narrativas exemplares, elas contribuíam para romper os limites da casa, quebrando em parte o poder do déspotas (aquele que exerce o governo da casa), de modo a integrá-lo nas instituições que o governo do Estado forjava, como a Guarda Nacional, ou ainda fazê-lo participar de associações, políticas ou não, que procuravam estender os braços do poder imperial por todo o território. E, assim, não só colocar cada um daqueles senhores a par do encaminhamento de questões candentes, como a do tráfico negreiro, mas também em contato com a corte, rompendo seu particularismo por meio das folhas e dos pasquins, dos romances e do teatro, da história pátria e das corografias. Políticas e ações que faziam cada membro da casa, embora não apenas ele, sentir-se brasileiro, ainda que também pudesse continuar sentindo-se pernambucano, paulista, mineiro...; políticas e ações que o faziam associar a identidade que o diferenciava como brasileiro ao fato de pertencer também à América, não àquela América dos primeiros tempos da regência, cujas experiências políticas a contrapunham ao Velho Mundo, mas a América que se distinguia pela natureza exuberante e ímpar, "nova e virgem", que despertava em Gonçalves Dias o desejo de "fazer uma coisa exclusivamente americana — exclusivamente nossa".

Foi o interesse em contribuir para a edificação de uma nacionalidade, dizia Francisco Adolfo de Varnhagen, em carta ao próprio imperador, em 1857,

> o motivo principal por que empreendera o *Florilégio* e escrevia biografias de brasileiros de todas as províncias era para assim ir enfeixando-as todas e fazendo bater os corações dos de umas províncias em favor dos de outras, infiltrando a todos os nobres sentimentos de patriotismo *de nação*, único capaz de desterrar o provincialismo excessivo (...) Em geral busquei inspirações de

patriotismo sem ser no ódio a portugueses, ou *à estrangeira* Europa que nos beneficia com ilustrações; tratei de pôr um dique a tanta declamação e *servilismo à democracia*, e procurei ir *disciplinando* produtivamente certas idéias soltas de nacionalidade.[49]

Revelava-se ainda o papel da coroa na capacidade de, a cada instante, criar acontecimentos e impedir que outros ocorressem, administrando as fissuras e divergências políticas da boa sociedade, sempre apresentadas como expressão de exacerbadas paixões — as "exagerações" referidas por Nabuco de Araújo —, só administráveis por alguém que detinha o fundamental monopólio da responsabilidade: o imperador, porque detentor da razão. Não por outra razão, os saquaremas não se cansariam de proclamar que, na experiência parlamentarista do império do Brasil, diferente do modelo clássico, "o rei reina, governa e administra". Defendiam, assim, para o imperador, como titular do Poder Moderador, o exercício das "atribuições que a Constituição lhe confere". Todavia, tal formulação não implicava negação da independência dos poderes políticos inscritos na Carta de 1824. Implicava, porém, certamente, o reconhecimento de hierarquia entre eles: o Poder Moderador como "a chave de toda a organização política", assim como na atribuição ao Poder Executivo — do qual o imperador era o chefe, exercendo-o por seus ministros — de papel fundamental na construção de um poder forte e centralizado.

No momento da transação, a política tendia a ceder preeminência à administração. E isso se projetava na maneira como se passava a representar o território do império. Em seu *Direito público brasileiro e análise da Constituição do império*, o marquês de São Vicente o revela plenamente:

> (...) A divisão do império em províncias... não é nem devia ser de ordem constitucional; não são estados distintos, ou federados, sim circunscrições territoriais, unidades locais ou parciais de uma só e mesma unidade geral (...) Por isso mesmo que o império é um e único, que ele não é dividido em províncias senão no sentido e fim de distribuir convenientemente os órgãos da administração, de modo que em toda a extensão do país haja centros adequados e próximos para o serviço e bem ser dos respectivos habitantes.[50]

Papel da coroa que não era senão o próprio exercício da direção saquarema, que ao empreender a construção do Estado imperial tornava possível a constituição da classe senhorial. Magistrados, senadores, deputados gerais, vereadores, bispos, párocos, professores, médicos, comandantes superiores da Guarda Nacional, redatores de jornais locais — todos esses e alguns mais, nos níveis local, municipal, provincial ou geral, tinham vivido, ao longo das três décadas de construção do Estado imperial, diversas experiências que lhes permitiram aproximar-se uns dos outros, a partir de uma comunidade de interesses, assim como afastar-se de outros grupos de homens cujas intenções, projetos e propostas eram distintos dos seus, às vezes mesmo antagônicos.[51] A Constituição de 1824 os havia identificado como cidadãos ativos; eles próprios se reconheciam membros da boa sociedade; aquelas experiências vividas fizeram com que se identificassem como a classe senhorial; eram brasileiros.

Ora, era esse papel da coroa que não raro se confundia com a própria figura do imperador. Não por outra razão, por certo, era a principal figura da mais importante das famílias da boa sociedade que o calendário imperial destacava para súditos e cidadãos brasileiros ao comemorar como "festa nacional" o dia 2 de dezembro — "Natalício de S. M. I, o sr. d. Pedro II". O mesmo d. Pedro II que reinava em meio a tantos outros príncipes e reis, imaginários ou não, reunidos em um só território — reis e príncipes das congadas, cavalhadas, batuques e mesmo oriundos das elites dirigentes na África —, possibilitando a criação e recriação infindável de diferentes compreensões da realeza, assim como certa recepção positiva da monarquia.[52]

Todavia, o papel exercido pela coroa — ou pelo imperador, segundo alguns — não deixava de causar estranheza, e mesmo desconforto. No decorrer dos anos 1860, passou-se a falar com insistência da excessiva concentração de poderes nas mãos de uma pessoa. Se havia os que, embora em pequeno número, nela identificavam uma ameaça absolutista, sobrevivência do Antigo Regime, como pode ocorrer a um leitor desatento dos dias de hoje, para um número maior dos que se lhe opunham, entre os quais se incluía o antigo prócer liberal Teófilo Ottoni, aquela concentração de poderes era a expressão de um "poder pessoal", do qual resultava, inequivocamente, a limitação da liberdade e a ausência de democracia no império americano. Outros preferiam, por sua vez, referir-se ao "imperialismo", denominação que, por certo, guardava pouca ou nenhuma relação com a política do império no rio da Prata, e muito menos com qualquer forma de dominação econômica.[53] Qualquer que fosse a denominação utilizada, no fundamental elas buscavam caracterizar o regime parlamentar do império; atestavam o "renascer liberal" dos anos 1860.

Um renascer que já não mais tinha como inspiração exclusiva as páginas inflamadas de *O libelo do povo*. Como que abrindo caminho para o republicanismo que não tardaria a se manifestar, seus adeptos mais fervorosos não tinham como ídolos "os mártires da Inconfidência, os revolucionários de Pernambuco de 1817, 1824 e 1848, os fundadores da República de Piratini e os vencidos de Santa Luzia", no dizer de um estudioso.[54] Servindo-se para a difusão de suas ideias e convicções reformistas da imprensa periódica, aqueles que se opunham ao "poder pessoal" ou ao "imperialismo" encontrariam em *Atualidade* arauto privilegiado. Lançado na corte, em 1858, por Lafaiete Rodrigues Pereira e Flávio Farnese, a quem se juntaria logo depois Pedro Luis Pereira de Sousa, foi o primeiro jornal avulso vendido nas ruas, por algumas dezenas de negros-minas, escravos ou ex-escravos, acolheria em suas páginas, sob o título *Libelo inédito*, o desdobramento das críticas de Tavares Bastos à ordem imperial iniciadas em *Cartas do solitário*, em 1862.[55]

Os liberais ensaiavam voltar às ruas, com a bandeira das reformas. Alguns já estavam na rua do Ouvidor, onde as lojas elegantes continuavam a oferecer "teteias" para deleite das famílias da boa sociedade; e onde, próxima à Livraria Universal dos irmãos Laemmmert, situava-se então a de Baptiste Louis Garnier, que já se tornara o principal editor do império. Por um momento, alguns tiveram a impressão que a "guerra do López" poderia interromper o que de novo se anunciava.

Não seria bem assim. À medida que caminhava com dificuldade pelo baixo e médio curso dos rios Paraguai, Paraná e Uruguai, do gigante imperial já não chamavam a atenção os dedos, mas os pés de barro.[56]

Notas

1. *Almanak administrativo mercantil e industrial da corte e província do Rio de Janeiro para o ano de 1849*, Rio de Janeiro, Eduardo & Henrique Laemmert, 1849, p. 15.
2. Antônio Houaiss e Mauro de Salles Villar, *Dicionário Houaiss da língua portuguesa*, Rio de Janeiro, Objetiva, 2001, p. 1990.
3. *Cf.* Jacques Le Goff, "Calendário", *in Enciclopédia Einaudi*, 1. Memória/História, Lisboa, Imprensa Nacional/Casa da Moeda, 1984, p. 260-292.
4. Sobre as "festas nacionais" do império, *cf.* Lilia Moritz Schwartz, *As barbas do imperador. D. Pedro II, um monarca nos trópicos*, São Paulo, Cia. das Letras, 1998.
5. *Cf.* a respeito, entre outros, István Jancsó, *Brasil: formação do estado e da nação*, São Paulo, Hucitec, 2002.
6. Reinhardt Koselleck, *Los estratos del tiempo: estudios sobre la historia*, Barcelona, Paidós, 2001, p. 35-42.
7. Proclamação em nome da Assembleia Geral aos povos do Brasil, dando conta dos acontecimentos do dia 7 de abril de 1831 e da nomeação da Regência Provisória, e recomendando o sossego e a tranquilidade pública, *in* Paulo Bonavides e Roberto Amaral, *Textos políticos da história do Brasil*, v. 1, Brasília, Senado Federal, 2002, p. 882.
8. *Nova Luz Brasileira*, 15 de abril de 1831.
9. Paulo Bonavides e Roberto Amaral, *op. cit.*, p. 947.
10. Para a interpretação de Abreu e Lima, repetida em diversos escritos em diferentes oportunidades, *cf.* Selma Rinaldi de Mattos, *Para formar os brasileiros. O compêndio da história do Brasil de Abreu e Lima e a expansão para dentro do império do Brasil*, tese de doutorado, São Paulo, FFLCH/USP, 2007.
11. *Cf.* Cecília Helena Sales de Oliveira, *Museu Paulista da USP: novas leituras*, São Paulo, Museu Paulista/USP, 1995.
12. *Cf.* a respeito Ilmar Rohloff de Mattos, "Do império do Brasil ao Império do Brasil", *in Estudos em homenagem a Luís António de Oliveira Ramos*, Porto, Faculdade de Letras da Universidade do Porto, 2004, p. 727-736. E ainda Michel Chartier, "Impérios", *Enciclopédia Einaudi — Estado — Guerra*, v. 14, Lisboa, Imprensa Nacional/Casa da Moeda, 1989. A respeito das experiências imperiais na Idade Moderna, *cf.* Anthony Pagden, *Señores de todo el mundo. Ideologías del imperio en España, Inglaterra y Francia (en los siglos XVI, XVII y XVIII)*, Barcelona, Península, 1997.
13. *Cf.* Ilmar Rohloff de Mattos, *op. cit.*
14. Utilizada para contexto diverso, a expressão é de Antonio Cândido, *Formação da literatura brasileira (Momentos decisivos)*, 4ª ed., São Paulo, Martins, 1971.
15. *Cf.* Eric J. Hobsbawm, *A era das revoluções: Europa, 1789-1848*, Rio de Janeiro, Paz e Terra, 1977; e Robin Blackburn, *A queda do escravismo colonial: 1776-1848*, Rio de Janeiro, Record, 2002, respectivamente.

16. J. A. Pimenta Bueno, *Direito público brasileiro e análise da Constituição do império*, Brasília, Senado Federal, 1975. Sobre a importância do território, *cf.* ainda Demétrio Magnoli, *O corpo da pátria. Imaginação geográfica e política externa no Brasil (1808-1912)*, São Paulo, Ed. da Unesp/Moderna, 1997.
17. Ilmar Rohloff de Mattos, "Construtores e herdeiros. A trama dos interesses na construção da unidade política", *in* István Jancsó (org.), *Independência: história e historiografia*, São Paulo, Hucitec/Fapesp, 2005, p. 271-302.
18. *Apud* Evaldo Cabral de Mello, *A outra independência. O federalismo pernambucano de 1817 a 1824*, São Paulo, Ed. 34, 2004.
19. *Cf.* Zygmunt Bauman, *Identidade*, Rio de Janeiro, Jorge Zahar, 2005.
20. *O Conselho de Estado e a política externa. Consultas da seção dos Negócios Estrangeiros (1858-1862)*, Brasília, A Fundação, 2003.
21. J. A. Pimenta Bueno, *op. cit.*, p. 461.
22. Antonio de Moraes e Silva, *Diccionario da lingua portuguesa recopilado dos vocabulários impressos até agora, nesta segunda edição novamente emendado, e muito acrescentado*, Lisboa, 1813.
23. Francisco de Sales Torres Homem (Timandro), "O libelo do povo", *in* Raimundo Magalhães Junior, *Três panfletários do Segundo Reinado*, São Paulo, Cia. Editora Nacional, 1956.
24. *Cf.* Melvin Richter, "Avaliando um clássico contemporâneo: o Geschichtliche Grundbegriffe e a atividade acadêmica futura", *in* Marcelo Gantus Jasmin e João Feres Junior (orgs.), *História dos conceitos. Debates e perspectivas*, Rio de Janeiro, Ed. PUC-Rio/Loyola/Iuperj, 2006, p. 39-54; e Miguel Baptista Pereira, *Modernidade e tempo. Para uma leitura do discurso moderno*, Coimbra, Liv. Minerva, 1990.
25. Francisco de Paula Ferreira de Resende, *Minhas recordações*, Rio de Janeiro, José Olympio, 1944, p. 67.
26. Domingos José Gonçalves de Magalhães, "Discurso sobre a história da literatura do Brasil", *in* Afrânio Coutinho (org.), *Caminhos do pensamento crítico*, Rio de Janeiro, Cia. Ed. Americana/Prolivro, 1974, v. 1, p. 16.
27. Ferdinand Denis, "Resumo da história literária do Brasil", *in* Guilhermino César, *Historiadores e críticos do romantismo*, Rio de Janeiro, Livros Técnicos e Científicos/São Paulo, Edusp, 1978, v. 1, p. 30.
28. Frederico Burlamaque, *Memória acerca do comércio de escravos e dos males da escravidão doméstica*, Brasília, Senado Federal, 1978.
29. *Cf.* Hebe M. Mattos, *Escravidão e cidadania no Brasil monárquico*, Rio de Janeiro, Jorge Zahar, 2001; e Keila Grinberg, *O fiador dos brasileiros. Cidadania, escravidão e direito civil no tempo de Antonio Pereira Rebouças*, Rio de Janeiro, Civilização Brasileira, 2002.
30. *Apud* Octávio Tarquínio de Souza, *A vida de d. Pedro I*, v. III, 2ª ed., Rio de Janeiro, José Olympio, 1954, p. 1080.

31. Justiniano José da Rocha, "Ação, reação, transação. Duas palavras acerca da atualidade", *in* Raimundo Magalhães Junior, *op. cit.*
32. Celso Lafer, *Ensaios sobre a liberdade*, São Paulo, Perspectiva, 1980.
33. Ilmar Rohloff de Mattos, *O tempo saquarema. A formação do Estado imperial*, 5ª ed., São Paulo, Hucitec, 2004.
34. Francisco de Sales Torres Homem, *op. cit.*, p. 82.
35. Josino do Nascimento Silva, *Manual do cidadão*, 4ª ed., Rio de Janeiro, Eduardo & Henrique Laemmert, 1864.
36. Em sua fala na "Sessão pública" do primeiro aniversário do IHGB, em 1839, o secretário Januário da Cunha Barbosa já sublinhava que "(...) a opinião de certas pessoas que julgavam incapaz de medrar na Terra de Santa Cruz um estabelecimento literário de tal natureza, sem atenderem que o espírito brasileiro se tem distinguido sempre pela literatura, e que a política não pode ser por muitos tempos o estudo dominante da nossa talentosa juventude. A exaltação das idéias que ela sofrera pelos acontecimentos da nossa independência, da nossa liberdade e da nossa fundação constitucional representativa parece que já toca o ensejo em que esfriam as fogosas paixões políticas, restabelecendo-se essa natural tranqüilidade de espírito em que se concebem idéias luminosas que adiantam a marcha das ciências e das artes, inimigas sempre das comoções revolucionárias". *Revista do IHGB*, tomo I, 1839, p. 282.
37. *Apud* Bernardo Ricupero, *O romantismo e a ideia de nação no Brasil (1830-1870)*, São Paulo, Martins Fontes, 2004, p. 99-100. *Cf.* ainda a respeito das relações entre Romantismo e construção da nação, entre outros, Letícia Squeff, *O Brasil nas letras de um pintor*, Campinas, Ed. Unicamp, 2004; José Luis Jobim (org.), *Introdução ao romantismo*, Rio de Janeiro, Ed. Uerj, 1999; e Roberto Acizelo de Souza, *Introdução à historiografia da literatura brasileira*, Rio de Janeiro, Ed. Uerj, 2007.
38. Roger Chartier, "As práticas da escrita", *in História da vida privada 3: da Renascença ao século das Luzes*, São Paulo, Cia. das Letras, 1991, p. 149.
39. Jurandir Freire Costa, *Ordem médica e norma familiar*, Rio de Janeiro, Graal, 1979.
40. *Cf.* Rafael de Bivar Marquese, "Escravismo e independência: Brasil, Cuba e Estados Unidos", in István Jancsó (org.), *Independência: história e historiografia*, São Paulo, Hucitec/Fapesp, 2005.
41. José de Alencar, *O tronco do ipê, Ficção completa*, v. 3, Rio de Janeiro, Aguilar, 1965, p. 315. Para toda essa parte, *cf.* Ilmar Rohloff de Mattos, *O tempo saquarema, op. cit.*, p. 12-13.
42. Mary Karasch, *A vida dos escravos no Rio de Janeiro, 1808-1850*, São Paulo, Cia. das Letras, 2000.
43. "É tempo de irmos acabando gradualmente até [com] os últimos vestígios da escravidão entre nós, para que venhamos a formar em poucas gerações uma nação homogênea, sem o que nunca seremos verdadeiramente livres, respeitáveis e

felizes. É da maior necessidade ir acabando tanta heterogeneidade física e civil; cuidemos pois desde já em combinar sabiamente tantos elementos discordes e contrários, em amalgamar tantos metais diversos para que saia um todo homogêneo e compacto que não se esfarele ao pequeno toque de qualquer nova convulsão política." José Bonifácio de Andrada e Silva, Representação à Assembleia Constituinte e Legislativa do império do Brasil sobre a escravatura, *in* Octávio Tarquínio de Sousa (org.), *O pensamento vivo de José Bonifácio*, São Paulo, Martins, 1945.

44. Stuart Hall, *Da diáspora. Identidades e mediações culturais*, Belo Horizonte/Brasília, Ed. UFMG/Representação da Unesco no Brasil, 2003.
45. José de Alencar, "Bênção paterna", *in Sonhos d'ouro, Ficção completa*, Rio de Janeiro, Aguilar, 1965, p. 497.
46. Justiniano José da Rocha, "Ação, reação, transação. Duas palavras acerca da atualidade", *in* Raimundo Magalhães Junior, *op. cit.*, p. 163.
47. *Apud* E. Hobsbawm, *Ecos da marselhesa. Dois séculos reveem a Revolução Francesa*, São Paulo, Cia. das Letras, 1990, p. 32-33.
48. Joaquim Nabuco, *Um estadista do império*, 4ª ed., Rio de Janeiro, Aguilar, 1975, p. 145.
49. Francisco Adolfo de Varnhagen, "Carta ao imperador Dom Pedro II, 14 de julho de 1857", *in Correspondência ativa*, Rio de Janeiro, INL, 1961, p. 246 (grifos no original).
50. J. A. Pimenta Bueno, *op. cit.*
51. *Cf.* E. P. Thompson, *A formação da classe operária inglesa*, Rio de Janeiro, Paz e Terra, 1987. Sobre a constituição da classe senhorial, *cf.* Ilmar Rohloff de Mattos, *O tempo saquarema, op. cit.*
52. *Cf.* Lilia Moritz Schwartz, *op. cit.*; João José Reis, "Quilombos e revoltas escravas no Brasil", *Revista da USP*, n° 28, São Paulo, USP, 1996; e Eduardo Silva, *Dom Obá II d'África, o príncipe do povo. Vida, tempo e pensamento de um homem livre de cor*, São Paulo, Cia. das Letras, 1997.
53. *Cf.* Sergio Buarque de Holanda, "O poder pessoal", *in História geral da civilização brasileira*, tomo II, v. 5, São Paulo, Difel, 1975, p. 64.
54. Carlos Süssekind de Mendonça, *Salvador de Mendonça, democrata do império e da República*, Rio de Janeiro, MEC, 1960, p. 41.
55. *Cf.* Nelson Werneck Sodré, *A história da imprensa no Brasil*, Rio de Janeiro, Civilização Brasileira, 1966.
56. Sobre a relação entre a Guerra do Paraguai e o início da crise da direção saquarema, *cf.*, entre outros, Ricardo Salles, *Guerra do Paraguai. Escravidão e cidadania na formação do exército*, São Paulo, Paz e Terra, 1990; e *Guerra do Paraguai. Memórias & imagem*, Rio de Janeiro, Editora da Biblioteca Nacional, 2003.

CAPÍTULO II O laboratório da nação:
a era regencial (1831-1840)
Marcello Basile

Fase mais conturbada da história do Brasil, o período regencial é tradicionalmente visto sob perspectiva negativa, que o caracteriza como época anárquica e anômala, como empecilho à formação e à preservação da nação brasileira. A construção inicial dessa imagem, presente em autores que posteriormente marcaram a historiografia sobre a Regência, remonta, sobretudo, às obras de historiadores e políticos *conservadores* do Segundo Reinado, como Justiniano José da Rocha, visconde do Uruguai, Pereira da Silva, Moreira de Azevedo e Joaquim Nabuco.[1] Enfatizavam os problemas imputados ao "espírito democrático", ao excesso de liberdade, à fraqueza do governo, à insuficiência das leis, à instabilidade das instituições, à descentralização política, ao radicalismo dos grupos de oposição (*exaltados* e *caramurus*), à insubordinação das tropas, à participação da populaça, às sucessivas revoltas, à desordem generalizada, que ameaçariam a integridade nacional; quadro, enfim, que ia frontalmente de encontro à imagem de estabilidade, unidade e ordem que faziam do império e que foi amplamente legada à posteridade. Interpretação mais positiva encontra-se, por outro lado, no discurso de *liberais* como Francisco de Salles Torres Homem, Theophilo Ottoni, Cristiano Benedito Ottoni e Tavares Bastos, que retratavam a Regência como a singular fase de triunfo das liberdades necessárias ao progresso da nação; momento que teria sido abortado a partir da ascensão do "regresso".[2]

Foi, contudo, a visão anômica que, com diferentes matizes, deixou marcas mais profundas na historiografia. É o que já evidencia o notável conjunto de biografias dos "fundadores do império" produzido por Octavio Tarquinio de Souza entre as décadas de 1930 e 1950.[3] Malgrado a notória importância da obra, aí também se observa nítido olhar de reprovação para com os *exaltados*, os *caramurus* e suas propostas, as revoltas e seus participantes, e tudo que era tido como ameaça à ordem, ao governo e às instituições monárquicas; em contrapartida, é geralmente bem-vista a ação dos *moderados*, cujos valores e discurso são muitas vezes reproduzidos de maneira acrítica. Esse estudo é, ainda hoje, a maior referência sobre o assunto, evidenciando a pouca atenção merecida pela Regência por parte dos historiadores. Tanto assim que muito se deve também às obras pioneiras de Moreira de Azevedo — sobretudo as relativas às revoltas e associações —, publicadas nas décadas de 1870 e 1880, que assumem abertamente a defesa dos moderados.[4] Outro trabalho sempre citado, e bem mais recente, é o artigo de Paulo Pereira de Castro, que faz boa síntese do período, original mais pela proposta do que pelo conteúdo; apesar de pouco avançar em termos de pesquisa, apresenta visão mais equilibrada das lutas políticas regenciais.[5]

A partir do final da década de 1970, com o desenvolvimento dos cursos de pós-graduação no Brasil, novas pesquisas revigoraram os estudos sobre a Regência, abordando em profundidade objetos mais específicos e assim definindo algumas áreas temáticas.[6] Uma das mais promissoras é a que se dedica aos grupos políticos e seus espaços de ação. Refletindo a importância crucial adquirida nesse momento, a imprensa afigura-se como campo-chave de estudo. Além das clássicas análises panorâmicas e descritivas acerca da produção jornalística regencial, úteis para contato inicial com o assunto,[7] destacam-se os trabalhos de Arnaldo Contier, abordagem histórica e linguística do vocabulário político e social da imprensa de São Paulo e suas matrizes ideológicas; de Vera Fürstenau, centrado na seção de correspondência dos periódicos do Rio de Janeiro, enquanto espaço de comunicação entre os leitores e deles com as autoridades; de Ivana Lima, articulando as propostas políticas dos jornais fluminenses com as construções de identidades étnicas e designações raciais relativas à noção de mestiçagem; e de Marcello Basile, acerca dos diferentes projetos políticos veiculados na imprensa da corte.[8]

Igualmente bastante atuantes no período, as associações constituem outro vasto campo a ser explorado. Além do citado artigo de Moreira de Azevedo, que se limita a fazer um inventário das sociedades, tratam

O LABORATÓRIO DA NAÇÃO: A ERA REGENCIAL (1831-1840)

do assunto as obras de Augustin Wernet, sobre as agremiações políticas de São Paulo (sobretudo a Sociedade Defensora); de Lucia Guimarães, que aborda a Defensora do Rio de Janeiro; de Marco Morel, que traça amplo panorama do movimento associativo fluminense, incluindo as atividades maçônicas; de Marcello Basile, relativo às quatro associações representantes das facções políticas da corte; um capítulo de Manuel Correia de Andrade e outro de Silvia Fonseca, dedicados à Sociedade Federal de Pernambuco; e, enfocando duas entidades de caráter não político — a Sociedade Auxiliadora da Indústria Nacional e a Sociedade Amante da Instrução —, os estudos de José Werneck da Silva e de Genaro Rangel.[9]

Importantes para a compreensão acerca da organização das facções políticas regenciais e de suas propostas são também obras como a de Alcir Lenharo, que aponta para as ligações do grupo de produtores e comerciantes do interior de Minas Gerais dedicado ao abastecimento da corte com os *moderados*; de Wlamir Silva, sobre a construção da hegemonia *moderada* em Minas Gerais; de Marco Morel, analisando primeiro a trajetória do líder *exaltado* Cipriano Barata e depois o processo de formação do espaço público moderno fluminense, com suas redes de sociabilidade política, nas décadas de 1820 a 1840; e as já citadas de Marcello Basile.[10] Acrescente-se o trabalho de Miriam Dolhnikoff, que pretende postular que o projeto federalista não foi derrotado, mas vitorioso no império após o ato adicional, inclusive durante o Segundo Reinado, sendo isso responsável pela unidade nacional.[11] Por fim, há o estudo de Jeffrey Needell sobre as origens do Partido Conservador na Regência, com a formação do Regresso.[12]

O tema mais visitado pelos historiadores é o das revoltas regenciais. A grande maioria, entretanto, concentra-se sobre movimentos de maior amplitude nas províncias, como a Cabanagem, a Balaiada, a Sabinada, a Revolução Farroupilha e a Cabanada.[13] Alguns poucos trabalhos, todavia, já se debruçam sobre outras manifestações semelhantes (como a revolta de Pinto Madeira e Benze-Cacetes, em 1831-1832, no Ceará; a Setembrada e a Novembrada, em 1831, a Abrilada, em 1832, e as Carneiradas, em 1834-1835, todas em Pernambuco; os distúrbios de abril de 1831 e os seis levantes federalistas de 1832-1833, em Salvador; a revolta do Ano da Fumaça, em 1833, em Ouro Preto; a Rebelião Cuiabana, em 1834, no Mato Grosso; e os oito movimentos de protesto na corte, de 1831 a 1833), que, malgrado suas dimensões mais modestas, foram bem mais numerosas e disseminadas pelo império, causando, no conjunto, impacto quase tão profundo quanto o das grandes revoltas.[14] Nessa perspectiva situam-se ainda outros tipos de movimentos contestatórios, como as rebeliões escravas (Carrancas, em Minas Gerais; Malês, na Bahia; Manoel Congo, no Rio de Janeiro),[15] os conflitos cotidianos antilusitanos — estudados por Gladys Ribeiro, que evidencia a intensa participação popular em meio às disputas políticas na corte, no contexto de construção da "liberdade" e de formação da identidade nacional[16] — e a Cemiterada, na Bahia[17].

Área que começa a ser explorada, nesse entrecruzamento de manifestações políticas e sociais, é a das festividades cívicas regenciais, que cumpriram importante papel na mobilização das mais diversas camadas sociais e na afirmação dos valores nacionais. Destacam-se aí os trabalhos de Hendrik Kraay, que analisa as manifestações cívicas na Bahia e no Rio de Janeiro pós-independência, assinalando os rituais peculiares — nem sempre conforme as expectativas oficiais, mas expressando lealdade ao Estado — introduzidos pela intensa participação popular; de Carla Chamon, sobre as festas cívicas de Minas Gerais, realizadas em 1815 (celebrando a criação da fábrica de ferro do Morro do Pilar, no arraial do Tejuco), em 1831 (abdicação de d. Pedro I) e em 1845 (fim da Revolução Farroupilha); e de Marcello Basile, que aborda o processo de desenvolvimento e de retração das festas cívicas da corte enquanto instrumento de ação política.[18]

Verifica-se, portanto, que, apesar dos avanços recentes, e ao contrário do que pensa Rollie Poppino,[19] ainda há muito o que pesquisar sobre o período regencial, até para se ir além de antigas obras importantes que permanecem como referências quase únicas em temas fundamentais. Há amplo espaço aberto para novos estudos, que deem conta, particularmente, de toda a singularidade e riqueza da época em termos, sobretudo, de organização, discussão e participação políticas, tanto em relação à corte, quanto às distintas realidades provinciais.

O LABORATÓRIO DA NAÇÃO: A ERA REGENCIAL (1831-1840)

A VACÂNCIA DO TRONO E A DIVISÃO DAS ELITES REGENCIAIS

O 7 de abril — movimento que levou à abdicação de d. Pedro I, em 1831 — foi definido por Joaquim Nabuco como mero "desquite amigável entre o Imperador e a nação, entendendo-se por nação a minoria política que a representa";[20] já o inglês John Armitage, testemunha ocular do evento, julgava-o "nada mais (...) do que uma sedição militar".[21] Tais interpretações, no entanto, obscurecem a complexidade de um processo marcadamente conflituoso, que envolveu diferentes atores sociais, com expectativas diversas, negligenciando toda sua dimensão popular. Muito mais do que produto de um simples arranjo das elites, a sintomaticamente chamada Revolução do 7 de abril foi resultado não só das tramas urdidas na imprensa, no Parlamento, nas sociedades secretas e nos quartéis, mas também da forte pressão popular; participação essa manifesta nos frequentes movimentos de protesto, envolvendo até centenas de pessoas, que se multiplicaram pelas ruas da corte no mês de março e na primeira semana de abril, e que culminaram na grande mobilização do dia 6, reunindo nada menos do que cerca de quatro mil pessoas. Conforme assinalou Arnaldo Fazoli Filho, "A crise que derrubou o Primeiro Reinado contou com um ingrediente novo e sumamente representativo: a participação ativa das massas populares, ligadas, no início, aos indivíduos de mais radical oposição ao absolutismo".[22] Evento emblemático, o 7 de abril consagrou o espaço público como arena de luta dos mais diversos grupos políticos e camadas sociais, marcando a emergência de novas formas de ação política, em momento no qual, transbordando a tradicional esfera dos círculos palacianos e das instituições representativas, tornava-se pública, e se assistia a uma rápida politização das ruas.[23]

À frente desse movimento estavam os *liberais moderados* e *exaltados*, facções políticas com projetos e linhas de ação distintos, mas que então formaram um bloco de oposição a d. Pedro. Organizados já em 1826, os *moderados* reuniam uma nova geração de políticos provenientes, sobretudo, do Rio de Janeiro, Minas Gerais e São Paulo, vinculados, como apontou Lenharo, aos produtores e comerciantes do interior mineiro, ligados ao abastecimento da corte e associados a indivíduos oriundos da pequena burguesia urbana e do setor militar; grupo cuja projeção socioeconômica não correspondia à participação almejada no governo imperial.[24] Os *liberais exaltados* organizaram-se pouco depois, em torno de 1829, em meio ao acirramento da crise política; apresentavam perfil social mais heterogêneo, pertencendo, em geral, às camadas médias urbanas (em particular, profissionais liberais e funcionários públicos civis, militares e eclesiásticos) e com pouquíssima representatividade nos quadros da elite política imperial.[25]

A frágil e estratégica aliança entre os dois grupos não resistiria, porém, às consequências de seu grande feito — a abdicação celebrada como o advento de nova e auspiciosa era, como "revolução gloriosa", dia em que "começou a nossa existência nacional", fruto da "patriótica união do Povo e Tropa".[26] Todavia, o espírito inicial de congraçamento, euforia e esperança logo deu lugar a tensões e conflitos decorrentes das diferenças marcantes entre as duas facções. A vacância do Trono deflagrou violenta disputa pelo poder regencial, prontamente ocupado pelos *moderados*, que se achavam mais bem articulados politicamente. A composição da Regência Trina Provisória — escolhida na manhã de 7 de abril pelos parlamentares presentes na corte até que a Assembleia Geral, então em recesso, nomeasse outra para governar durante a menoridade de d. Pedro II — já deixava clara a direção *moderada* e a exclusão dos *exaltados*: o brigadeiro Francisco de Lima e Silva e os senadores Nicolau Pereira de Campos Vergueiro e José Joaquim Carneiro de Campos (marquês de Caravelas). Confirmou esta tendência a escolha, em junho, da Regência Trina Permanente, formada pelo mesmo Lima e Silva e pelos deputados João Braulio Muniz e José da Costa Carvalho, todos *moderados*. No mês seguinte, a nomeação de Diogo Feijó, um dos mais ortodoxos próceres daquela facção, para o Ministério da Justiça — pasta estratégica naqueles tempos de aguda instabilidade política e social, responsável pelo controle policial e pela manutenção da ordem pública — sepultou as esperanças dos *exaltados*. Para estes, "O sete de abril foi um verdadeiro *journée des dupes*", como bem definiu o então líder *exaltado* mineiro Teophilo Ottoni, que concluiu: "vi com pesar apoderarem-se os moderados do leme da revolução, eles que só na última hora tinham apelado conosco para o juízo de Deus!".[27]

Tais disputas expressavam, essencialmente, a existência de diferentes projetos políticos. Situados ao centro do campo político imperial, os *moderados* apresentavam-se como seguidores dos postulados clássicos liberais, tendo em Locke, Montesquieu, Guizot e Benjamin Constant suas principais referências doutrinárias; almejavam (e conseguiram) promover reformas político-institucionais para reduzir os poderes do imperador, conferir maiores prerrogativas à Câmara dos Deputados e autonomia ao Judiciário, e garantir a observância dos direitos (civis, sobretudo) de cidadania previstos na Constituição, instaurando uma liberdade "moderna" que não ameaçasse a ordem imperial. À esquerda do campo, adeptos de radical liberalismo de feições jacobinistas, matizadas pelo modelo de governo americano, estavam os *exaltados*, que, inspirados sobretudo em Rousseau, Montesquieu e Paine, buscavam conjugar princípios liberais clássicos com ideais democráticos; pleiteavam profundas reformas políticas e sociais, como a instauração de uma república federativa, a extensão da cidadania política e civil a todos os segmentos livres da sociedade, o fim gradual da escravidão, relativa igualdade social e até uma espécie de reforma agrária. Um terceiro grupo concorrente organizou-se logo no início da Regência, os chamados *caramurus*. Posicionados à direita do campo e alinhados à vertente conservadora do liberalismo, tributária de Burke, eram contrários a qualquer reforma na Constituição de 1824 e defendiam monarquia constitucional firmemente centralizada, nos moldes do Primeiro Reinado, em casos excepcionais chegando a nutrir anseios restauradores.[28] Tais projetos revelam concepções e propostas distintas acerca da nação que esses grupos, cada qual a sua maneira, pretendiam construir, e se inserem em uma cultura política multifacetada ou híbrida, que combinava as ideias mais avançadas do liberalismo com resíduos absolutistas do Antigo Regime.

AS ARENAS POLÍTICAS

Parlamento, imprensa, associações, manifestações cívicas e movimentos de protesto ou revolta constituíram os instrumentos principais de ação política no período regencial.

A crise oriunda das divisões no interior das elites política e intelectual possibilitou a entrada em cena de novos atores políticos e de camadas sociais até então excluídas de qualquer participação ativa, egressas não só dos setores médios urbanos, como também dos estratos de baixa condição social. Nas principais cidades do império, assiste-se à politização das ruas; a política ultrapassa o tradicional espaço dos círculos palacianos e das instituições representativas e transborda para a emergente esfera pública,[29] valorizada como instância legítima de participação, palco de desenvolvimento de uma embrionária, porém ativa, opinião pública. Esse fenômeno seria registrado, décadas depois, pelo mineiro Francisco de Paula Rezende, que vivera sua infância na Regência:

> (...) nesse tempo o Brasil vivia, por assim dizer, muito mais na praça pública do que mesmo no lar doméstico; ou, em outros termos, vivia em uma atmosfera tão essencialmente política que o menino, que em casa muito depressa aprendia a falar liberdade e pátria, quando ia para a escola, apenas sabia soletrar a doutrina cristã, começava logo a ler e aprender a constituição política do império.
>
> Daqui resultava que não só o cidadão extremamente se interessava por tudo quanto dizia respeito à vida pública; mas que não se apresentava um motivo, por mais insignificante que fosse, de regozijo nacional ou político, que imediatamente todos não se comovessem, ou que desde logo não se tratasse de cantar um *Te-Deum* mais ou menos solene e ao qual todos, homens e mulheres, não deixavam de ir assistir; ou que não fosse isto ocasião para que à noite, pelo menos, se tratasse de pôr na rua uma bonita *alvorada*, mais ou menos estrondosa.[30]

Ainda que no Parlamento os debates fossem mais circunscritos e contidos, em ambiente de austeridade preservado tanto quanto possível das ideias e ações mais radicais observadas em outras arenas políticas, Câmara e Senado não escapavam das pressões advindas do clamor público — manifestas tanto na imposição de temas à agenda política como na presença popular massiva nas sessões legislativas[31] — e tampouco das clivagens que demarcavam as facções políticas. Havia cem cadeiras na Câmara dos Deputados na segunda legislatura (1830-1833),[32] número que na terceira (1834-1837) passou para 104[33] e na quarta (1838-1841) caiu para 101, em virtude de não haver representantes do Rio Grande do Sul (devido à Revolução Farroupilha). O Senado, por sua vez, originalmente composto por 50 membros vitalícios,[34] durante todo o período regencial teve 24 senadores nomeados.[35] Se havia menos disparidade na composição política da câmara alta, com amplo predomínio dos *caramurus* e, mais tarde, dos *regressistas*, na baixa a divisão de forças era mais complexa. Dos 123 deputados (incluindo, além dos eleitos, os suplentes que assumiram vaga) que atuaram na segunda legislatura, identifiquei a tendência política de 89 (72,36%); destes, 47 (52,81%) filiavam-se aos *moderados*; 35 (39,33%) aos *caramurus*; e apenas sete (7,86%) aos *exaltados*. Os dados atestam, por um lado, a supremacia dos *moderados*, senhores do governo regencial, na Câmara dos Deputados, e, por outro, a fraquíssima representatividade dos *exaltados* no seio das instituições políticas formais, o que fazia com que, em escala nacional, a atuação política do grupo ficasse restrita às arenas informais do espaço público. Quanto aos *caramurus*, sua elevada presença na Câmara chega a surpreender, demonstrando que não tinham força só no Senado e que mesmo naquela Assembleia tinham condições de incomodar os *moderados*. Entre estes últimos havia líderes como Evaristo da Veiga, Diogo Feijó, Bernardo Pereira de Vasconcellos, José Custodio Dias, José Bento Ferreira de Mello, Odorico Mendes, Carneiro Leão, Francisco de Paula Araujo, Miranda Ribeiro e Araujo Vianna. Entre os *caramurus* sobressaíam Hollanda Cavalcanti, Martim Francisco de Andrada, Miguel Calmon, Araujo Lima, José Clemente Pereira, Francisco Montezuma, Antonio Rebouças e Lopes Gama. Na bancada *exaltada* estavam Antonio Ferreira França, seu filho Ernesto Ferreira França, Venancio Henriques de Rezende, José Lino Coutinho, Antonio de Castro Alvares, José Mendes Vianna e Luiz Augusto May.

Já na terceira legislatura, salvo poucas exceções, não havia, em geral, identidades políticas bem definidas, pois foi período de transição entre as antigas três facções e as que começaram a se esboçar a partir de 1835: o *Regresso* e o *Progresso*. Na época das eleições, realizadas em março de 1833, a maioria dos deputados eleitos (dois terços, segundo a *Aurora Fluminense*[36]) ligava-se aos *moderados*. Tal arranjo, porém, mal se sustentou durante o primeiro ano da legislatura, começando a ruir logo após a aprovação, em agosto de 1834, do ato adicional — tópico herdado do quadriênio anterior e que ainda mobilizava as antigas identidades políticas. Pouco depois, com a saída de cena de *caramurus*, *exaltados* e *moderados*, tem início o *Regresso*, articulado por ex-*moderados*, como Bernardo de Vasconcellos, Carneiro Leão e Rodrigues Torres, aos quais aderiram antigos *caramurus*, como Araujo Lima e Miguel Calmon. Mas o arranjo parlamentar do *Regresso* não se fez de hora para outra; foi processo que se estendeu de 1835 a 1837, de modo que as adesões não foram imediatas e sim conquistadas aos poucos, a partir do desgaste dos *moderados* e do novo governo. Até então, a tendência política que prevalecia na Câmara era a crescente oposição à Regência, sem que isso necessariamente implicasse incorporação ao bloco *regressista* ou a qualquer outro. O mesmo se passou com o *Progresso*, que paulatinamente surgiu em resposta ao *Regresso*, aglutinado por homens como Antonio Limpo de Abreu, Manoel do Nascimento Castro e Silva, Francisco de Souza Martins e José Thomaz Nabuco de Araujo. As disposições políticas na legislatura de 1834-1837 eram, portanto, bastante indefinidas, oscilantes e fragmentadas, convivendo confusamente *moderados*, *caramurus* e *exaltados* remanescentes, despojados de referenciais; oposicionistas e governistas sem identidade partidária; e *regressistas* e *progressistas* já constituídos. Além disso, poucos se assumiam como tais, e vários mudavam de posição, tornando muito forçado agrupar esses deputados sob rótulos de facções específicas, antecipando posturas que só mais tarde foram definidas. Somente na quarta legislatura as tendências políticas ficarão mais definidas, com a polarização entre *regressistas* e *progressistas*.[37] É nesse mesmo período que Senado e Câmara (guardando esta última sempre maior diversidade) irão, afinal, apresentar maior sintonia e caminhar juntos, empunhando firmemente a bandeira do Regresso.

A imprensa conheceu desenvolvimento sem precedentes na década de 1830. Verifica-se, em particular nesses primeiros anos, vertiginoso crescimento de publicações nos centros em que já havia tipografias — Rio de Janeiro, Bahia, Pernambuco, Maranhão, Pará, Minas Gerais, Ceará, Paraíba, São Paulo, Rio Grande do Sul e Goiás —, aos quais se vieram somar, até 1840, Santa Catarina, Alagoas, Rio Grande do Norte, Sergipe e Espírito Santo.[38] Esse desenvolvimento da imprensa vinculava-se intimamente às disputas políticas, à emergência de diferentes projetos políticos e à mobilização da opinião pública. Foi a arena na qual os debates transcorreram com maior abertura e amplitude, além de franca virulência, facilitados pela relativa liberdade de expressão e pela prática comum do anonimato. Jornais e panfletos foram os grandes responsáveis pela produção e difusão da cultura política, ultrapassando até a barreira do analfabetismo, uma vez que os impressos eram habitualmente lidos e comentados em voz alta em público, o que multiplicava seu poder de comunicação. Exerceram, assim, vigorosa pedagogia política como principais veículos de expressão de ideias e de propaganda das facções concorrentes. Importantes jornais desempenharam esse papel, como *Aurora Fluminense*, redigida por Evaristo da Veiga, *Nova Luz Brasileira*, de Ezequiel Corrêa dos Santos, *Caramuru*, de David da Fonseca Pinto, e *Sete d'Abril*, orientado por Bernardo Pereira de Vasconcellos, todos na corte; em Minas Gerais, *O Universal*, sob inspiração também deste último, *O Astro de Minas*, de Baptista Caetano de Almeida, e a *Sentinella do Serro*, de Teophilo Ottoni; em São Paulo, *Novo Farol Paulistano*, de José Manoel da Fonseca, Francisco Bernardino Ribeiro e João da Silva Carrão, *O Justiceiro*, de Diogo Feijó, e *A Voz Paulistana*, de F. S. B. Garcia; na Bahia, *Novo Diário da Bahia*, de Francisco Sabino da Rocha Vieira, *A Luz Bahiana*, de João Carneiro Rego Filho, e *O Precursor Federal*, de Luiz Gonzaga Pau Brasil; em Pernambuco, *Bússola da Liberdade*, de João Barboza Cordeiro, *O Carapuceiro*, de Lopes Gama, e *O Olindense*, redigido por Bernardo de Sousa Franco e por Alvaro e Sergio Teixeira de Macedo; no Maranhão, *Pharol Maranhense*, de José Candido de Moraes e Silva,

Chronica Maranhense, de João Francisco Lisboa, e *O Bem-te-vi*, de Estevão Raphael de Carvalho; no Pará, *Publicador Amazoniense*, de Baptista Campos, *O Desmascarador*, de Antonio Feliciano da Cunha e Oliveira, e *Sentinela Maranhense: na Guarita do Pará*, de Vicente Lavor Papagaio; no Rio Grande do Sul, *O Recopilador Liberal*, de Manoel Ruedas; *Constitucional Rio-Grandense*, de Pedro José de Almeida, e *O Inflexível*, de Joaquim José de Araujo; além dos jornais publicados em mais de uma província, como *Sentinela da Liberdade*, de Cipriano Barata, em suas "guaritas" da Bahia, do Rio de Janeiro e de Pernambuco, e *O Republico*, de Borges da Fonseca, com fases na corte e na Paraíba.

A atividade jornalística esteve atrelada a um notável surto associativo. Segundo Moreira de Azevedo, só em 1831 mais de cem associações públicas foram criadas em todo o Império.[39] Não obstante a permanência e até o reforço de formas tradicionais de sociabilidade (instituições de caridade, como irmandades religiosas e a Santa Casa da Misericórdia), prolifera então ampla e variada gama de novas entidades, de caráter político, literário, pedagógico, artístico, científico, econômico, corporativo, filantrópico e de auxílio mútuo.[40] O associativismo regencial apresentava ainda outra peculiaridade: a publicidade. Se persistiam as sociedades secretas, como a Maçonaria — que, depois de proibida por d. Pedro I em 1823, voltou à ativa em novembro de 1831, com a reabertura da loja Grande Oriente do Brasil[41] —, foram as sociedades públicas que se sobressaíram nesse momento, expressando o novo caráter do movimento associativo e outra forma de fazer política, mais imbuída do *espírito público*, caro à cultura política liberal. Os homens da época vinculavam o fenômeno ao novo tempo de liberdade advindo com a Revolução do 7 de Abril.[42] Nesse sentido, as três facções políticas do início da Regência utilizaram o novo espaço como um mecanismo de ação política, criando associações, espalhadas por todo o império, identificadas a seus interesses. Os *moderados* fizeram-se representar pela poderosa Sociedade Defensora da Liberdade e Independência Nacional; os *exaltados*, pela Sociedade Federal; e os *caramurus*, pela Sociedade Conservadora da Constituição Jurada do Império do Brasil e pela Sociedade Militar.[43] Mais do que núcleos de sociabilidade, arregimentação e propaganda política, essas entidades constituíam grupos de pressão sobre o governo e o Parlamento, afigurando-se como interlocutoras legítimas no debate político.

Toda a efervescência encontrada no Parlamento, na imprensa e nas associações ecoava intensamente, e era também referenciada, em inúmeros movimentos de rua, festivos ou de protesto. Os primeiros transcorriam, sobretudo, nas diversas ocasiões fixadas pela Regência para celebrar — e legitimar — acontecimentos tidos como marcos da história pátria. O calendário cívico decretado em 25 de outubro de 1831 estabelecia seis datas nacionais: 9 de janeiro (dia do Fico), 25 de março (juramento da Constituição de 1824), 3 de maio (instalação da Assembleia Nacional Legislativa), 7 de abril (abdicação de d. Pedro I), 7 de setembro (Independência do Brasil) e 2 de dezembro (nascimento de d. Pedro II).[44] Diversos rituais comuns, transcorridos ao longo do dia, marcavam essas festas, como paradas militares, missas solenes de ação de graça (com direito a sermão patriótico), "luminárias" públicas e particulares, espetáculos pirotécnicos, apresentações de músicas e danças, bailes, jantares, espetáculos teatrais de gala, declamações e publicações de hinos e poesias, além de gritos de vivas e morras. Tais festividades, promovidas pelo poder público, por sociedades patrióticas ou por simples particulares, contavam sempre com a presença de autoridades civis, eclesiásticas e militares, e, na corte, ministros e o próprio imperador e suas irmãs. Grande também era o concurso do povo, reunindo centenas e até alguns milhares de pessoas, de todas as camadas sociais. Os rituais cívicos regenciais, com seu potencial mobilizador de sentimentos e indivíduos, eram instrumentos privilegiados de educação política, utilizados pelo governo *moderado* para legitimar o poder monárquico, fomentar laços de união e comunhão em torno da nação, conquistar a adesão da população e cultivar as virtudes cívicas no limite da ordem. Em torno dos ideais de unidade, harmonia e consenso, simbolizados nos objetos de culto cívico, afirmavam-se valores nacionais e se construía uma memória nacional, que seria reforçada no Segundo Reinado. Todavia, em meio às intensas contendas políticas, os festejos regenciais não poderiam ficar imunes a rivalidades e conflitos. Enquanto boatos de conspirações deixavam o clima tenso às vésperas dos dias cívicos, eles eram também marcados por interpretações dissonantes sobre o significado das comemorações, protestos contra as autoridades e mesmo rusgas nas ruas. Por trás da pretensa unidade e harmonia, as festividades reproduziam e eram assim alimentadas pelas divisões e disputas entre as facções políticas, que utilizavam tais celebrações como instrumento de afirmação sobre os rivais.[45]

Nesse peculiar contexto de vacância do trono, de fraca coesão entre as elites e de intensa participação popular, as rivalidades políticas e as tensões sociais muitas vezes explodiam em manifestações violentas. Dezenas de movimentos de protesto e revolta eclodiram em todo o império durante o período regencial, apresentando aspectos e tendências diversos (ver quadro adiante). Não cabe aqui, nos limites deste trabalho, analisar detidamente cada uma dessas ações, mas apenas tecer uma visão de conjunto. Um primeiro ciclo dessas revoltas, mais característico da fase das regências trinas, é, em linhas gerais, marcado por movimentos urbanos do *povo e tropa*, de dimensões relativamente pequenas — tanto em termos de número de participantes (em média, algumas centenas), como de duração (dias ou semanas) —, pouco organizados e com motivações diversas, dentre as quais destacam: a insatisfação de *exaltados* e *caramurus* com o governo *moderado*, os anseios federalistas, o descontentamento de amplos setores militares (por motivos que iam desde a drástica redução dos efetivos e os critérios de promoção e de ocupação dos postos de comando até os baixos soldos, o recrutamento forçado e os castigos corporais, passando também pelas constantes transferências e dissoluções de unidades), a concentração de cargos administrativos e políticos em mãos dos *moderados* ou de remanescentes do Primeiro Reinado identificados aos *caramurus*, os acirrados sentimentos antilusitanos e a crise econômica (sentida, especialmente, na falta, falsificação e desvalorização da moeda de cobre, na carestia de alimentos e na alta do custo de vida). Tais movimentos, embora não tenham alcançado dimensões tão grandes como as de outros que os seguiram, foram muito mais numerosos do que esses e mais disseminados pelo país, e, no conjunto, causaram impacto semelhante.[46]

O LABORATÓRIO DA NAÇÃO: A ERA REGENCIAL (1831-1840)

Revoltas regenciais	Ano	Localização	Tendência
Revolução do 7 de abril	1831	corte	exaltada/moderada
Mata-Marotos	1831	Bahia	exaltada
Revolta do povo e da tropa	1831	corte	exaltada
Revolta do povo e da tropa	1831	Pará	caramuru
Setembrada	1831	Maranhão	exaltada
Setembrada	1831	Pernambuco	exaltada
Distúrbios do Teatro	1831	corte	exaltada
Levante da ilha das Cobras	1831	corte	exaltada
Novembrada	1831	Pernambuco	exaltada
Revolta de Pinto Madeira e Benze-Cacetes	1831-1832	Ceará	caramuru
Levantes federalistas (seis)	1831-1833	Bahia	exaltada
Sedição de Miguel de Frias e Vasconcellos	1832	corte	exaltada
Sedição do rio Negro	1832	Pará	exaltada
Revolta do Barão de Bülow	1832	corte	caramuru
Abrilada	1832	Pernambuco	caramuru
Assuadas (duas)	1832	corte	caramuru
Cabanada	1832-1835	Pernambuco e Alagoas	caramuru
Revolta do Ano da Fumaça	1833	Minas Gerais	caramuru
Carrancas	1833	Minas Gerais	escrava
Revolta do povo e da tropa	1833	Pará	exaltada
Conspiração do Paço	1833	corte	caramuru
Rusga Cuiabana	1834	Mato Grosso	exaltada
Carneiradas	1834-1835	Pernambuco	exaltada
Malês	1835	Bahia	escrava
Cabanagem	1835-1840	Pará	exaltada
Revolução Farroupilha	1835-1845	Rio Grande do Sul e Santa Catarina	"exaltada"
Sabinada	1837-1838	Bahia	exaltada
Rebelião de Manuel Congo	1838	Rio de Janeiro	escrava
Balaiada	1838-1841	Maranhão e Piauí	"exaltada"

Exceção ao perfil dessas revoltas foi a Cabanada, ocorrida fundamentalmente entre 1832 e 1835 (mas com desdobramentos até 1850), em âmbito rural, nas regiões da Zona da Mata pernambucana e do norte de Alagoas. Congregou massa heterogênea composta por camadas sociais oprimidas pela ordem latifundiária escravista (pequenos proprietários de terra, agregados, índios e escravos) e por senhores de engenho movidos por interesses políticos próprios, contando com o apoio de comerciantes portugueses de Recife e de políticos *caramurus* da corte. Liderados por Vicente Ferreira de Paula, os rebeldes declaravam lutar pela restauração de d. Pedro I e em defesa da religião católica, que acreditavam estar ameaçada por *carbonários jacobinos*. Durante três anos, empreenderam guerra de guerrilha nas matas da região, sendo afinal derrotados (após debandada dos senhores de engenho e de serem convencidos pelo bispo de Olinda de que d. Pedro I morrera e seu filho era o legítimo imperador) pelas tropas a serviço de Paes de Andrade, ex-líder da Confederação do Equador e então presidente de província de Pernambuco.[47]

A segunda onda de revoltas regenciais seguiu-se à aprovação do ato adicional, cujas medidas descentralizadoras contribuíram para o fortalecimento dos poderes provinciais, os quais, muitas vezes, não estavam bem afinados com a política do governo central. De norte a sul, movimentos de grande porte sacudiram o país. No Pará, ocorreu a mais notável e sangrenta revolta popular do império, a Cabanagem, única em que elementos oriundos de camadas de baixa condição social (seringueiros, lavradores, índios e caboclos) lograram ocupar o governo provincial durante um período de tempo relativamente extenso (nove meses), ao custo, porém, da morte de cerca de 30 mil pessoas (20% da população da província) ao final dos cinco anos de conflito; contudo, os *cabanos* não possuíam um programa de governo ou conjunto sistemático de exigências que definissem seus objetivos, transparecendo em suas proclamações apenas o ódio a portugueses, estrangeiros e maçons, a revolta contra a opressão social e a defesa da liberdade provincial, da religião católica e de d. Pedro II. No outro extremo do país, caráter bem distinto teve a Revolução Farroupilha, o mais longo movimento insurrecional do império, que, embora com ampla participação popular, foi liderado por ricos estancieiros e charqueadores; os *farroupilhas* apresentaram, desde o início, um conjunto claro de reivindicações (elevação da taxa de importação paga pelo charque platino, redução dos impostos sobre o sal e de barreira sobre a circulação dos produtos rio-grandenses nas províncias), que acabaram sendo aceitas pelo governo imperial, assim como a exigência de libertação dos escravos participantes da revolta. A Sabinada foi movimento em moldes semelhantes aos levantes do *povo e tropa* do início da Regência, mas em escala muito mais ampla, com os cerca de cinco mil rebeldes chegando a dominar Salvador por quatro meses; descontentes com a política *regressista* do governo Araujo Lima e com o alcance limitado do ato adicional, os *sabinos* tinham como principal bandeira de luta a adoção de efetivo federalismo, combatendo também o que chamavam de aristocratas, identificados aos senhores de engenho do Recôncavo Baiano. Tal como a Cabanagem, a Balaiada teve, entre os cerca de 11 mil revoltosos, líderes oriundos das camadas de baixa condição social (um vaqueiro, um cesteiro, um ex-escravo, pequenos lavradores e agregados); expressava, por um lado, a luta entre os grupos políticos locais (*bem-te-vis* e *cabanos*) pelo poder provincial e, por outro, a revolta da população sertaneja e escrava contra a opressão social.[48]

Ponto importante a destacar nesses quatro movimentos diz respeito às propostas e medidas de secessão e de república; a primeira só não ensaiada na Balaiada, e a segunda proclamada na Revolução Farroupilha (tanto no Rio Grande do Sul como em Santa Catarina) e na Sabinada. Cumpre observar, todavia, que em nenhuma dessas revoltas tais ideias parecem ter constituído objetivo prévio ou vieram depois a se converter em causa maior que congregasse os revoltosos. Salvo raríssimas e pontuais exceções, não havia ideais separatistas presentes nos projetos políticos das facções regenciais, nelas incluídos os *liberais exaltados*, que capitanearam tais levantes. Quanto à adoção da república, embora fizesse parte, sem dúvida, do projeto e dos *exaltados*, o ponto central defendido por esse grupo no tocante à forma de governo era a implementação do federalismo — de preferência republicano para a maioria, mas, se necessário (e não raro até mesmo de bom grado), monárquico. Compreende-se, assim, que tenha sido esse o motor propulsor e o intuito maior das revoltas e que as proclamações de independência ou de instauração da república tenham-se dado sempre em situações limites, constituindo resposta extremada, último recurso diante das ingerências tidas como despóticas do governo central sobre as províncias, da não satisfação a contento das demandas provinciais ou da repressão aos atos de rebeldia. Não é à toa que tais proclamações foram feitas sempre, nesses movimentos, de forma condicionada ou em caráter provisório (até a chegada de um novo presidente de província, até que as reivindicações fossem atendidas, até a maioridade de d. Pedro II, até a adesão das demais províncias) e frequentemente acompanhadas de manifestações unionistas ou monárquicas.

Uma última categoria de revoltas regenciais é constituída pelas rebeliões escravas. Embora tenha havido participação ativa de cativos e libertos em diversos outros movimentos sediciosos, houve pelo menos três protagonizados diretamente por escravos neste período: as rebeliões de Carrancas, dos Malês e de Manuel Congo. A primeira e a última sucederam-se em fazendas do interior das províncias de Minas Gerais e Rio de Janeiro (São Tomé das Letras e Vassouras, respectivamente). Ocorrida na esteira da sedição de Ouro Preto (a chamada Revolta do Ano da Fumaça), a de Carrancas envolveu dezenas de escravos, que aproveitaram a brecha gerada pelo conflito entre as elites locais para atacar fazendas e matar senhores. A de Manuel Congo mobilizou um número maior de cativos (cerca de 200), que aterrorizaram as matas da região em sua busca pela almejada liberdade em um quilombo. Por sua vez, prefigurado em uma série de pequenas rebeliões escravas ocorridas antes em Salvador, a Revolta dos Malês foi o maior levante de escravos urbanos ocorrido nas Américas, contando com várias centenas de envolvidos; a origem étnica comum de seus protagonistas e o belicismo religioso característico do islamismo propiciaram identidade cultural mais consistente e, logo, maior capacidade de integração e mobilização, o que — aliado às agitações políticas e sociais do período, à crise econômica e às facilidades de circulação geográfica de escravos e libertos no meio urbano — constituiu fatores decisivos para o engendramento do movimento.[49]

A AGENDA POLÍTICA E AS REFORMAS LIBERAIS

Visto como momento de redefinição do pacto político, o 7 de abril ensejou amplo debate público acerca dos fundamentos do governo, das instituições políticas, dos nexos entre as províncias e da ordem social. Uma vasta gama de propostas e projetos de mudanças veio então à baila — alguns concretizados, outros tratados como assuntos tabus, que deveriam ser combatidos ou ignorados. Entre os primeiros, uma série de reformas realizadas ao longo da Regência, que visavam a eliminar ou minorar resíduos tidos como absolutistas do Primeiro Reinado.

Uma das questões mais urgentes, que tanta disputa e controvérsia gerou no governo de d. Pedro I, dizia respeito às relações de força entre o Executivo e o Legislativo. Logo após a abdicação, começaram a ser discutidas na Câmara as atribuições da Regência. Os principais pontos do debate foram o caráter temporário ou permanente do novo governo, a concessão ou não de títulos nobiliárquicos e a proibição ou o direito de dissolver a Câmara. Prevaleceram os argumentos de que a conservação de um só governo até a maioridade de d. Pedro II evitaria disputas perigosas pelo poder e daria maior estabilidade à Regência; de que a concessão de títulos abria margem para distinções não baseadas no mérito, favorecendo aduladores; e de que a faculdade de dissolução da Câmara poderia desequilibrar os poderes em favor do Executivo e gerar abusos, ainda mais estando este em mãos de pessoas comuns, desprovidas da isenção imperial. Assim, no dia 14 de junho de 1831 foi sancionada a Lei de Regência, que invertia a relação de forças vigente até então, fortalecendo o poder dos deputados em detrimento dos regentes, que ficaram, então, impedidos de dissolver a Câmara, conceder anistias, outorgar títulos honoríficos, suspender as liberdades individuais, decretar estado de sítio, declarar guerra, ratificar tratados e nomear conselheiros, dependendo para tanto do Parlamento.[50]

Outra questão enfrentada logo no início da Regência foi a reforma no aparelho repressivo do Estado, que tinha o Exército, a Polícia e a Justiça como peças principais. A tradição liberal de desconfiança quanto à tendência abusiva do poder e, em especial, as ações violentas contra políticos e publicistas de oposição que marcaram a memória do Primeiro Reinado ensejaram a necessidade de restringir a força coercitiva do governo. Graças ao empenho dos *moderados* na Câmara, medidas nesse sentido começaram a ser tomadas ainda na época de d. Pedro I, com a instituição, em 1827, dos juízes de paz (já prevista na Constituição de

1824) e, em 1830, do Código Criminal. Aqueles eram magistrados não profissionais e sem remuneração, eleitos pelos *votantes* do distrito de sua jurisdição, inicialmente encarregados de promover conciliações em pequenos litígios e ações cíveis, e de manter a ordem pública local; sua criação era um ataque direto à velha magistratura profissional (predominantemente portuguesa, nomeada e controlada pelo poder central) e uma forma de descentralizar e reduzir a interferência do imperador sobre o Judiciário,[51] pois os cargos da magistratura togada dependiam da nomeação do Executivo central ou provincial.[52] O intuito de proteger a oposição das intervenções arbitrárias do governo ficou ainda patente na brandura das penas (sobretudo para crimes políticos) fixadas pelo Código Criminal, projetado por Bernardo de Vasconcellos, sob influência do utilitarismo de Bentham.

Uma das primeiras medidas de impacto da Regência foi a criação, em 18 de agosto de 1831, da Guarda Nacional. Concebida em 1830, com base na experiência das guardas cívicas de 1822 e na instituição similar francesa (também fundada em 1831), a chamada *milícia cidadã* fundamentava-se no princípio liberal de confiar a segurança da nação a seus cidadãos proprietários. Conforme salientou a *Aurora Fluminense*, a Guarda Nacional era "o melhor antemural que possa opor-se, por um lado aos abusos do poder, à tirania, por outro aos excessos da multidão, à anarquia".[53] Tinha a função precípua de coadjuvar as forças policiais e tropas de primeira linha na segurança interna e externa; mas, diante do contingente reduzido dessas corporações, iria muitas vezes substituí-las em suas funções. O serviço era obrigatório a todo cidadão brasileiro maior de 18 e menor de 60 anos, com renda para ser eleitor (Rio de Janeiro, Salvador, Recife e São Luís) ou votante (demais municípios); estavam isentas apenas autoridades administrativas, judiciárias, policiais, militares e religiosas. Até 1837, os oficiais eram eleitos por quatro anos pela própria tropa, sem qualquer critério distintivo, e, se não reeleitos, voltavam às fileiras.[54] O serviço não era remunerado, e os milicianos ainda custeavam seus uniformes e a manutenção de suas armas e equipamentos, prestando também eventuais contribuições pecuniárias. A Guarda Nacional tornou-se, assim, um importante instrumento de articulação entre os poderes central e local, constituindo-se no exemplo maior de organização litúrgica, de que fala Uricoechea.[55] Acabou convertendo-se, então, em força política, usada pelo governo na repressão às revoltas, mas, por outro lado, protagonizou vários desses movimentos.

A criação da Guarda Nacional ligava-se também à política de esvaziamento do poder das forças militares. As ações repressivas do Exército no Primeiro Reinado renderam à instituição a imagem, muito negativa, de braço armado do despotismo. Por outro lado, a atuação ativa de militares nas revoltas do início da Regência revelou a face inversa dessa imagem, tida como mais perigosa, a de instrumento da anarquia. Outro problema era a ampla presença de estrangeiros, sobretudo portugueses, nos postos de comando, havendo até unidades inteiras formadas por *mercenários* estrangeiros, que chegaram a se rebelar em sangrento motim ocorrido na corte em 1828.[56] Além disso, o sistema aristocrático de ingresso ao oficialato e o critério político de promoção vigente no Exército (e ainda mais na Marinha), definido, à maneira do Antigo Regime, por privilégios de nascimento e serviços prestados à monarquia, adicionavam outras fissuras à instituição.[57] Assim, uma primeira medida, prevista desde o final de 1830 e reiterada por decreto de 4 de maio seguinte, para conter a força política do Exército, foi a drástica redução do efetivo militar. Conforme assinalou Holloway, "o corte de mais da metade do efetivo privava muitos oficiais do que era essencial para seu status e influência: a presença de tropas em armas".[58] Era preciso também manter sob controle todo o restante da corporação, e para isso a Regência procedeu à recomposição dos cargos militares estratégicos em várias partes do império, como o de comandante das Armas, sendo os Lima e Silva os principais protagonistas.[59] Nos casos de envolvimento em distúrbios, recorreu-se largamente à transferência de corpos para outras províncias, à suspensão de promoções, à baixa forçada e até a prisão de oficiais.[60] A Guarda Nacional vinha, assim, suprir o espaço deixado pelos cortes nos efetivos militares.

O passo seguinte foi o prosseguimento da reforma do sistema judiciário. Antes acusada de instrumento dos arbítrios de d. Pedro I e agora de conivência com os *caramurus*, de venalidade e de responsável pelos recorrentes casos de impunidade, a magistratura profissional continuava a ser atacada por *moderados* e *exaltados*, chegando a ser chamada de "peste da sociedade".[61] A solução apontada era a ampliação dos poderes dos juízes de paz (já estendidos pelo Regimento das Câmaras Municipais, de 1828, que lhes confiara as funções de preparar as listas de votantes e presidir a mesa eleitoral da paróquia) e a criação do corpo de jurados (só existia júri para crimes de imprensa). Havia ainda a disposição de elaborar um Código de Processo Criminal que desse maior coerência e agilidade na execução das ações penais, evitando as controvérsias e delongas que favoreciam a impunidade. Tudo foi implementado com a promulgação deste Código, em 29 de novembro de 1832, que constituiu a grande obra jurídica dos *moderados*, expressão maior, segundo Flory, dos ideais liberais de autonomia judiciária, localismo e representação popular.[62] Além de instituir o júri e ampliar os poderes dos juízes de paz,[63] o Código de Processo introduziu, ainda, o *habeas corpus* e criou a figura do juiz municipal, nomeado por três anos pelo presidente de província, a partir de lista tríplice apresentada pela Câmara Municipal, devendo executar as ordens, sentenças e mandatos proferidos pelo juiz de direito.

A questão, todavia, que mais discussões e controvérsias suscitou em todas as arenas políticas do império foi a reforma constitucional; "o negócio mais melindroso", nas palavras do deputado *exaltado* José Lino Coutinho, "porquanto as reformas devem ser operadas de tal maneira que a unidade do império se conserve intacta".[64] Iniciado em 1830 na imprensa *exaltada* da corte, o debate federalista transbordou rapidamente para os diversos movimentos de protesto ocorridos às vésperas e depois da abdicação, e também constituiu o tema principal das associações políticas então organizadas em todo o império (algumas, aliás, criadas com essa finalidade específica, como as antagônicas sociedades Federal e Conservadora da Constituição). A polêmica ganhou enorme amplitude quando, em maio de 1831, foi instalada na Câmara dos Deputados comissão especial destinada a elaborar a proposta de reformas. O chamado projeto Miranda Ribeiro (proponente e membro da comissão, formada também por Paula Souza e Costa Carvalho, todos *moderados*) previa que o império passaria a ser monarquia federativa; além da supressão do Poder

Moderador, do Conselho de Estado e do mandato vitalício do Senado; da criação de assembleias legislativas provinciais e de intendentes com funções executivas nos municípios; da divisão das rendas públicas em nacionais e provinciais; e da mudança da Regência Trina para Una, com vice-regente e eleita pelas assembleias provinciais. Apoiado pelos *exaltados* e pela maioria dos *moderados*, e rechaçado por outra parte destes e pelos *caramurus*, o projeto foi, afinal, aprovado e enviado ao Senado em 13 de outubro de 1831.

A polêmica maior girava em torno do sistema de governo, opondo os federalistas *exaltados*, os unitários *caramurus* e os indecisos e divididos *moderados*. Para os primeiros, centralização era sinônimo de despotismo, de inoperância administrativa e de desunião das províncias, ao passo que identificavam federação à liberdade, ao bom funcionamento do governo e à manutenção da integridade nacional. Os *caramurus*, por outro lado, acreditavam que qualquer mudança na Constituição, sobretudo no sistema de governo, levaria à anarquia e à dissolução das províncias, e que o federalismo era próprio das repúblicas democráticas, sendo, portanto, incompatível com o caráter e os costumes do Brasil. Os *moderados* apresentavam posição mais ambígua a esse respeito. Antes da abdicação, tendiam a se opor às reformas, considerando que o mal não estava propriamente na Constituição de 1824, tida como bastante liberal e adequada à realidade brasileira, e sim na sua execução, visto que se achava restringida e burlada pelas arbitrariedades de d. Pedro I. Com o início da Regência e a intensificação do clamor federalista, contudo, veio o primeiro grande racha do grupo. Muitos adotaram postura cautelosa, hesitante e mesmo dúbia, como Evaristo da Veiga, que, na condição de deputado, apoiou o projeto Miranda Ribeiro na Câmara, mas, em paralelo, emitia opiniões oscilantes e ambíguas em seu jornal. Vários, porém, apoiaram decididamente as reformas, como, além dos três membros da comissão, os deputados Bernardo de Vasconcellos, Limpo de Abreu, Ferreira de Mello e Custodio Dias. Outros tinham posição contrária, como Araujo Vianna e Candido de Oliveira.[65]

A maioria dos *moderados*, todavia, acabou apoiando as reformas, como denota a rápida passagem do projeto Miranda Ribeiro na Câmara e, por fim, a aprovação do ato adicional. Mas grande parte dos que assim se posicionaram não o fizeram por convicção de princípios, já que muitos eram, pouco antes, declaradamente contrários às reformas. As razões para a mudança de rumo, ainda que hesitante e a contragosto, foram indicadas em vários discursos de parlamentares que apoiaram o projeto e na imprensa *moderada*, falando na impossibilidade de resistir à torrente federalista da opinião pública, vinda de todo o país, sobretudo das províncias do Norte. Acreditavam, então, que era preciso fazer logo as reformas pela via legal e sob certos limites, antes que o clamor das ruas falasse mais alto. Como esse fosse então insuflado pelos *exaltados*, responsáveis pela propagação da ideia, tornava-se imperioso para os *moderados* assumir a condução das reformas na Câmara e capitalizar os ganhos para si, evitando que seus adversários radicais tomassem a frente dos acontecimentos. Esvaziavam, assim, a principal bandeira de luta dos *exaltados*, ao mesmo tempo que impunham séria derrota aos *caramurus*. A apropriação da bandeira reformista pelos *moderados* — sua "abertura à esquerda", como definiu Paulo Pereira de Castro[66] — era expressão, portanto, da dificuldade que tinham em manter a posição original refratária às reformas constitucionais, sob pena de assim perder espaço político tanto para os *exaltados*, como para os *caramurus*, e de com estes últimos vir a ser identificados.[67]

Após intensos e longos debates, contudo, o Senado aprovou, em julho de 1832, uma série de emendas que derrubou o projeto Miranda Ribeiro. Foram rejeitadas as propostas de adoção da monarquia federativa, da Regência Una, da autonomia municipal, da modificação do direito de veto do monarca e do fim da vitaliciedade senatorial, do Poder Moderador e do Conselho de Estado, além de boa parte dos poderes descentralizadores conferidos às assembleias provinciais. Era a resposta dos *caramurus*, predominantes no Senado, aos *moderados* e *exaltados*.

A reação do governo e do núcleo reformista de seus asseclas foi imediata. Aproveitando também a recusa do Senado em destituir José Bonifacio do cargo de tutor do imperador e de suas irmãs,[68] foi desencadeada uma operação de golpe de Estado. À frente do plano estavam os padres deputados Feijó (então ministro da Justiça), Ferreira de Mello e

Custódio Dias, em cuja casa — a célebre Chácara da Floresta, reduto *moderado* na corte — realizou-se a reunião conspiratória, na presença de outros líderes da Câmara. O objetivo era escolher nova Regência (Una, a ser entregue a Feijó) e votar, por aclamação, a chamada Constituição de Pouso Alegre, que conservava a monarquia hereditária, mas abolia o Poder Moderador, o Conselho de Estado, o Senado vitalício e a concessão de títulos de nobreza, além de criar assembleias legislativas nas províncias.[69] Esperava-se, de um só golpe, resolver os problemas da aprovação da reforma constitucional, da remoção de José Bonifácio e, mediante a obtenção de poderes extraordinários requeridos insistentemente por Feijó, das revoltas *exaltadas* e *caramurus*. Assim, no próprio 26 de julho, o ministério pediu demissão, sendo seguido, quatro dias depois, pela Regência, conivente com o plano; ao mesmo tempo, a Guarda Nacional, comandada pelo deputado *moderado* José Maria Pinto Peixoto, e um grupo de cinco juízes de paz mobilizavam-se em apoio ao movimento. Ainda no dia 30, a Câmara, presidida por Limpo de Abreu e por sugestão de outro conspirador, Paula Araujo, declarou-se em sessão permanente, e uma comissão *ad hoc*, composta por cinco *moderados*, propôs sua conversão em Assembleia Nacional Constituinte. Todavia, quando o golpe parecia consumado, foi evitado pela inesperada intervenção do *moderado* Carneiro Leão, que fez dois eloquentes discursos conclamando seus colegas a continuarem seguindo a linha da legalidade que sempre trilharam e defendendo a realização das reformas sem desrespeito à Constituição: "Não nos apartemos, porém, dos princípios que temos aqui defendido constantemente, isto é, da legalidade. Todos nós da maioria temos pugnado por estes princípios, todos temos dito que não queremos senão as reformas legais; seria, pois, absurdo desmanchar em uma noite o que tanto nos tem custado a conservar." Por fim, propôs que os regentes ficassem nos cargos e que Câmara e Senado acelerassem as reformas. Caíram por terra, então, os apelos aterradores dos golpistas de que "a nação se acha à borda de um abismo" e de que, assim, "só as mais enérgicas medidas podem salvar a nação e o trono", uma "medida salvadora e justa, seja qual for". O discurso de Carneiro Leão rachou ainda mais os *moderados*. Unidos na oposição ao golpe, os *caramurus* aproveitaram a divisão dos rivais para derrubar a proposta de Constituinte e aprovar um pedido da Câmara pela permanência dos regentes. Estes não apenas reassumiram seus postos, como o ministério Feijó ainda foi substituído, posto que por pouco mais de um mês, por um gabinete *caramuru*, chefiado por Hollanda Cavalcanti. O episódio revela não só a divisão dos *moderados*, mas também o ambiente instável da Câmara, movido por vezes ao sabor das circunstâncias.[70]

As emendas do Senado ao projeto Miranda Ribeiro foram, todavia, recusadas pela Câmara, o que levou, em setembro, à reunião das duas casas legislativas em Assembleia Geral. A solução de compromisso a que se chegou, com a lei de 12 de outubro de 1832, rejeitava só as emendas que suprimiam as propostas de fim do Conselho de Estado e de substituição da Regência Trina por Una. Ficavam marcados os artigos da Constituição passíveis de alteração na próxima legislatura, estabelecendo-se as bases da reforma constitucional. Do projeto original, foram retiradas a extinção do Poder Moderador e do Senado vitalício, a autonomia municipal e a qualificação de monarquia federativa, e se tornou direta a eleição para regente (sem vice).

O projeto da Câmara saía, portanto, bastante afetado das negociações com o Senado, sofrendo baixas significativas (o que animou o senador *caramuru* visconde de Cairu a requerer — sem sucesso — a supressão do projeto de reformas).[71] O revés deve-se à divisão dos *moderados* sobre o assunto, com aqueles que apoiaram as reformas sendo movidos mais por conveniência ou estratégia política do que por convicção de princípios. Com isso, os antirreformistas — *caramurus* sobretudo, mas também vários *moderados* — formaram bloco mais unido e decidido do que o dos reformistas. Enquanto a Câmara — cuja composição política era mais heterogênea, não obstante o predomínio *moderado* — estava dividida a esse respeito, o Senado — grande reduto dos *caramurus* — apresentava posição bem mais uniforme, francamente contrária ou reticente às reformas.

Coube à comissão formada pelos deputados Paula Araujo, Bernardo de Vasconcellos e Limpo de Abreu a elaboração do novo projeto de reformas, apresentado na sessão de 7 de junho de 1834. Os pontos mais polêmicos nos debates diziam respeito às liberdades provinciais, particularmente às atribuições das assembleias e dos presidentes de província; enquanto os *caramurus* e alguns *moderados* pretendiam limitar os poderes do Legislativo provincial, acenando com a ameaça de anarquia, os *exaltados* e outra ala dos *moderados* defendiam sua ampliação, como anteparo à tirania. Prevaleceu a velha lógica do "justo meio", evocada, entre outros, por Vasconcellos, Evaristo, Costa Ferreira e Saturnino Oliveira: a de que era preciso dar liberdade às províncias, mas sem colocar em risco a ordem pública e a integridade nacional.[72]

Promulgado a 12 de agosto de 1834, o ato adicional à Constituição extinguia o Conselho de Estado, substituía a Regência Trina pela Una (com regente eleito, a cada quatro anos, por voto secreto e direto) e criava assembleias legislativas nas províncias (com legislaturas bienais); a elas competia legislar sobre diversos assuntos, como fixação das despesas provinciais e municipais, impostos provinciais, repartição da contribuição direta pelos municípios, fiscalização das rendas e das despesas municipais e provinciais, nomeação dos funcionários públicos, policiamento e segurança pública, instrução pública e obras públicas, ficando as resoluções da Assembleia sujeitas à sanção do presidente de província. Se não estabelecia propriamente uma federação, já que continuavam os presidentes a ser escolhidos pelo poder central e as províncias impedidas de ter Constituições próprias, o ato adicional descentralizou a administração e conferiu mais autonomia às províncias, com a criação das assembleias provinciais e a divisão das rendas públicas.[73] Todavia, a autonomia municipal foi vetada, havendo forte concentração administrativa no âmbito provincial, o que fazia com que quase toda a economia dos municípios dependesse das assembleias provinciais. Com a eleição periódica para regente uno configurava-se a chamada "experiência republicana",[74] posto que atrelada a instituições e valores monárquicos.

Entre os parlamentares que votaram contra e a favor do ato adicional, algumas posições chamam atenção. Primeiramente, confirma-se a divisão dos *moderados* entre os que se opuseram ao projeto — como Carneiro Leão, Baptista de Oliveira, Araujo Vianna e Rodrigues Torres — e os que o apoiaram (a maioria) — como Vasconcellos, Evaristo,

Ferreira de Mello, Custodio Dias, Limpo de Abreu e Saturnino. Entre os *caramurus*, não houve surpresas, visto que todos — como Araujo Lima, visconde de Goiana, os irmãos Hollanda e Luiz Cavalcanti — votaram a favor. Já entre os tradicionais defensores das reformas, os *exaltados*, se Barboza Cordeiro aprovou, curiosamente Antonio Ferreira França e seus filhos Ernesto e Cornelio votaram contra, enquanto Henriques de Rezende e Lino Coutinho abstiveram-se. Por trás da aparente contradição havia, no entanto, profunda decepção com a redução do alcance das mudanças previstas na lei de 12 de outubro de 1832, após as negociações com o Senado. Até então, todos os *exaltados* (menos Cordeiro, que ainda não era deputado) participaram ativamente das discussões referentes tanto ao projeto Miranda Ribeiro como às emendas do Senado. Depois disso, porém, uma vez consumado o rumo mais acanhado das reformas, passaram a manifestar descontentamento, indicando emendas e se opondo às medidas propostas, ou simplesmente retraíram-se.[75]

Seja como for, o ato adicional completou a série de reformas liberais realizadas pela Regência Trina Permanente. Juntas, ajudaram a remover parcela significativa dos resíduos "absolutistas" do Estado imperial, identificados à forte centralização política e administrativa. Se a descentralização operada foi, no dizer de Oliveira Lima, um "paliativo contra a federação",[76] não deixou de suscitar efeitos centrífugos, com a intensificação das disputas pelo poder — agora mais fortalecido — entre facções provinciais e os conflitos entre as assembleias e o poder central.

Muitos, todavia, almejavam mudanças mais radicais na organização política. Para a maioria dos *exaltados*, o concerto entre as províncias, a justiça social e a liberdade só estariam assegurados com a adoção do governo republicano. Desde finais do Primeiro Reinado a imprensa *exaltada* fazia insistente campanha nesse sentido, muitas vezes de forma velada e indireta (já que a Constituição, o Código Criminal e a Lei de Liberdade de Imprensa de 1830, estabelecendo a monarquia hereditária, proibiam ataques ao imperador e ao regime, assim como tentar ou propor a mudança da forma de governo),[77] outras vezes de maneira aberta e explícita. Como o jornal fluminense *Nova Luz Brasileira* que, após lançar

O LABORATÓRIO DA NAÇÃO: A ERA REGENCIAL (1831-1840)

mão de outro subterfúgio — a criação de uma "monarquia americana *sui generis*"[78] —, apontou as vantagens da república:

> É para não se aturar governos de ladrões que se inventou governo Republicano. Na República o que governa bem não ganha dez, ou doze mil cruzados por dia, como ganhava o Pedro traidor, fora o que ele roubava, e a corja que o cercava: é esta a primeira diferença. Além disto o que governa em governo Republicano é eleito como os Deputados: se governa bem, fica governando; mas se governa mal vai tratar de outro ofício (...) Nas Repúblicas bem dirigidas castiga-se a quem governa mal (...) Só nas Repúblicas como a dos Estados Unidos é que se vê Justiça. Canais de navegação, Escolas, Hospitais & c. em abundância para todos: é governo de que não gostam mal-intencionados *cangueiros*".[79]

Algumas propostas de instauração do governo republicano no Brasil chegaram a ser feitas na Câmara dos Deputados, por iniciativa de Antonio Ferreira França. A primeira tentativa foi na sessão de 16 de junho de 1831, quando o *exaltado* baiano propôs que "o governo do Brasil fosse vitalício na pessoa do imperador d. Pedro II, e depois temporário na pessoa de um presidente das províncias confederadas do Brasil". Embora pretendesse a mudança de regime somente após o Segundo Reinado, a proposta sequer foi considerada objeto de deliberação, não passando por qualquer debate.[80] A segunda, em 16 de maio de 1835, era mais ousada, almejando a instauração imediata do governo republicano; propunha que "O governo do Brasil cessará de ser patrimônio de uma família" e que, assim, "A nação será governada por um chefe eleito de dois em dois anos no dia 7 de setembro à maioria dos votos dos cidadãos eleitores do Brasil". O presidente da Câmara, Araujo Lima, recusou-se, porém, a colocar a proposta em votação, alegando que a Constituição não autorizava tal reforma. Seguiu-se um rápido e renhido debate, que acabou por acatar a orientação do deputado *caramuru*.[81] O mesmo aconteceu com inusitado projeto, apresentado em 18 de agosto de 1834, por um grupo de deputados encabeçado pelos três Ferreira França e do qual faziam parte Antonio Fernandes da Silveira, Barboza Cordeiro, João Ribeiro Pessoa, José Maria Veiga Pessoa e Joaquim Peixoto de Albuquerque, que propunha uma curiosa confederação entre Brasil e Estados Unidos, nos moldes de uma espécie de reino unido.[82]

Destino semelhante tiveram outras tentativas de reformas que abandonavam questões igualmente espinhosas. É o caso de algumas propostas de separação entre Igreja e Estado ou mesmo de criação de uma igreja (católica) brasileira separada da romana;[83] de libertação do ventre escravo ou até de fim da escravidão;[84] e até de insólito plano de reforma agrária, que não passou das páginas de jornal, mas causou grande alvoroço e forte reação.[85] Esses e outros projetos demonstram que a agenda política regencial foi uma das mais diversificadas e ricas durante todo o império; evidenciam também que o alcance das reformas preconizadas, ao menos pelos *exaltados*, ia muito além do que foi concretizado e mesmo do que chegou a figurar no Parlamento. Para muitos, a Revolução do 7 de abril seria apenas o marco inicial de um grande processo de transformação da sociedade brasileira. Como clamava um jornal fluminense, era preciso não "tornar estacionário o carro da revolução americana".[86] Contudo, prevaleceu a ideia de que o movimento revolucionário já cumprira seu papel e, assim, chegara a seu termo.

PARANDO O CARRO DA REVOLUÇÃO: A REVISÃO DAS REFORMAS

A primeira eleição para regente uno consagrou a vitória do *moderado* Diogo Feijó sobre o *caramuru* Hollanda Cavalcant.[87] Desde o início, em outubro de 1835, o novo governo foi marcado por crises sucessivas, enfrentando forte resistência no Parlamento. As desavenças vinham do tempo em que Feijó fora ministro da Justiça da Regência Trina Permanente, quando, ao cobrar dos deputados, em seu estilo veemente e pouco habilidoso, a adoção de medidas extraordinárias para combater a *anarquia*, chegou a culpar a Câmara e a entrar assim em choque não só com a oposição *exaltada* e *caramuru*, mas também com muitos de seus companheiros *moderados*. Além disso, sua malograda tentativa de golpe de Estado o incompatibilizou ainda mais com o Parlamento. Se, ainda assim, conseguiu ser eleito regente, foi graças ao derradeiro empenho dos *moderados* em derrotar os *caramurus* representados por Hollanda Cavalcanti. Feijó já assumiu, porém, com a facção que o apoiara irremediavelmente fragmentada, consumida pelo racha interno promovido por Vasconcellos e Carneiro Leão e pelo desgaste advindo da renhida luta dos últimos quatro anos contra os também combalidos *exaltados* e *caramurus*. Não dispondo mais da máquina *moderada* (no início de 1837, rompeu até com o amigo Evaristo, que morreu em seguida) e não logrando arregimentar nova base de apoio, em meio à confusão de tendências políticas reinante na Câmara, Feijó ficou cada vez mais vulnerável aos ataques da oposição. Esta, embora difusa, começava a articular-se em torno da liderança de Vasconcellos, no Regresso. Algumas medidas tomadas em seu governo também contribuíram para o desgaste, como os mencionados atritos com a Igreja, as restrições à liberdade de imprensa estabelecidas pela lei de 18 de março de 1837 e a anulação das eleições na Paraíba e em Sergipe, por suspeita de fraude.

Outros dois fatores, contudo, foram os principais responsáveis pelo agravamento da crise. O primeiro foi a onda de grandes revoltas que abalaram o império a partir de 1835. O regente repetia as cobranças feitas à Câmara para dotar o governo de meios mais vigorosos de combate à Cabanagem e à Revolução Farroupilha, exigindo mais recursos no Orçamento e crédito complementar, efetivos militares maiores e leis mais enérgicas (para crimes de rebelião, sedição e conspiração, suspensão das garantias e restrição ao *habeas corpus*). Capitaneada por Vasconcellos, a oposição procurava embargar as negociações e limitar a concessão dos meios requeridos, alegando que o governo pretendia implantar uma *ditadura*, não possuía projeto político e não era constituído parlamentarmente (ou seja, não refletia a opinião da maioria da Câmara nem tinha seu apoio); ao mesmo tempo, difundia a imagem de um governo caótico e vacilante, incapaz de conter a anarquia.[88] O embate forçou o regente a prorrogar a sessão legislativa de 1836 por duas vezes para ultimar leis fundamentais, como as do Orçamento, de fixação das forças de terra e mar, do meio circulante e de endurecimento penal; os deputados responderam esvaziando as sessões: as 11 últimas não se realizaram por falta de quórum. Feijó não deixou por menos e, em sua fala de encerramento anual da Assembleia Geral, responsabilizou mais uma vez os parlamentares, limitando-se a dizer: "Seis meses de sessão não bastaram para descobrir remédios adequados aos males públicos; eles infelizmente foram em progresso. Oxalá que na futura sessão o patriotismo e a sabedoria da assembléia geral possa satisfazer às urgentes necessidades do estado!" Não satisfeito, na fala de abertura dos trabalhos legislativos de 1837, concluiu: "remédios fracos e tardios, pouco ou nada aproveitam na presença de males graves e inveterados".[89]

O segundo grande fator de desgaste do governo foi a desilusão com as reformas liberais. Se elas foram a expressão do predomínio político *moderado*, as transformações que operaram colocaram em xeque essa própria posição. Por meio delas, houve notável fortalecimento dos poderes provinciais, que passaram a dispor de grande parte dos instrumentos garantidores da ordem, sem que estivessem, todavia, bem afinados com os interesses do governo central. Os problemas, assim, não tardaram a aparecer, e com eles vieram as críticas e desilusões em relação às mudanças operadas. Nessas circunstâncias, as legislaturas de 1834-1837 e 1838-1841 terão como um de seus principais traços o intuito de reformar a obra da legislatura que as antecedeu.

O primeiro marco nesse sentido foi a tentativa de revisar a reforma constitucional, que abalou decisivamente as três facções até então atuantes: esvaziou a principal bandeira dos *exaltados* (o federalismo), sepultou a grande prioridade dos *caramurus* (manter intocada a Constituição), rachou de vez os *moderados* (divididos entre seus princípios e interesses) e, assim, abriu caminho — até com os problemas que gerou e com a reação logo suscitada — para a rearticulação das forças políticas operada pelo Regresso. Com o esfacelamento das antigas identidades políticas, surgiu na Câmara, apenas 11 meses após a aprovação do ato adicional, a primeira proposta de elaboração de um projeto de interpretação dos artigos "obscuros ou duvidosos" daquela lei. Esta, desde sua aprovação, vinha suscitando recorrentes controvérsias acerca das respectivas competências do Parlamento e das Assembleias Provinciais sobre vários assuntos (em especial, divisão de rendas e nomeação de funcionários públicos), causando sucessivos conflitos entre as partes. O requerimento do deputado Souza Martins, datado de 14 de julho de 1835, visava dirimir as dúvidas, esclarecendo as atribuições dos Legislativos central e provinciais; foi contudo, barrado sob a alegação de que se usava a interpretação como pretexto para operar novas reformas, o que poderia levar à separação das províncias.[90] Até então, a bandeira da interpretação era motivada essencialmente pelas controvérsias geradas pela reforma constitucional, não se revestindo ainda de cores partidárias. Tanto que Souza Martins não aderiu ao Regresso, e sim (pouco depois) ao Progresso; além disso, deputados de diferentes tendências — como Henriques de Rezende, Limpo de Abreu (então ministro da Justiça), Evaristo, Carneiro Leão e Miguel Calmon — apoiaram a proposta, movidos por interesses divergentes: ampliar os poderes provinciais (o primeiro), evitar os excessos das províncias e a fragmentação do país (os dois últimos) ou apenas acabar com as dúvidas e polêmicas existentes (os demais). Propostas semelhantes posteriormente apresentadas tiveram igual destino, como a de Rodrigues Torres, em 18 de maio de 1836, e a de José Raphael de Macedo, em 19 de junho de 1837.[91]

Todavia, pouco depois, em 10 de julho, a Comissão das Assembleias Legislativas da Câmara, formada por três *regressistas* — Paulino Soares de Souza, Miguel Calmon e Carneiro Leão —, apresentou novo projeto de interpretação do ato adicional. Entendia a comissão que, tendo essa lei definido, nos artigos 10 e 11, os objetos sobre os quais as assembleias provinciais poderiam legislar, tudo o que não estivesse neles incluído e nem fosse mencionado no seguinte pertenceria ao governo geral. Já com isso, a comissão cortava a possibilidade de ampliação dos poderes provinciais. Os seis artigos do projeto tornavam mais patente esse espírito centralizador. Proibiam-se as assembleias provinciais de legislar sobre assuntos de *polícia judiciária* dos municípios, permitindo apenas os referentes à *polícia administrativa*; vetava-se às assembleias modificar a natureza e atribuições dos empregos públicos provinciais e municipais estabelecidos por leis gerais relativas a temas sobre os quais elas não podiam legislar (como os cargos criados pelo Código do Processo Criminal); o poder das assembleias de legislar sobre os casos em que os presidentes pudessem nomear, suspender ou demitir empregados provinciais ficava restrito aos cargos instituídos por leis provinciais, abarcando as gerais apenas quando referentes a objetos de competência legislativa das assembleias; estas não poderiam suspender e demitir os magistrados gerais (membros das Relações e dos tribunais superiores) e, quanto aos demais, só o poderiam fazer em caso de queixa por crime de responsabilidade e mediante relatório. Era claro o intuito de reduzir os efeitos da descentralização, retirando parte significativa da autonomia provincial.[92]

O projeto, porém, só foi levado adiante pela legislatura seguinte, essa sim atrelada predominantemente ao Regresso, que já então assumira a causa revisionista e chegara ao poder regencial. Aprovado na Câmara em 26 de junho de 1838, passou pelo Senado no ano seguinte e foi afinal promulgado, em 12 de maio de 1840, como a Lei de Interpretação do ato adicional, após sessão conjunta da Assembleia Geral e acréscimo de dois artigos ao projeto.[93]

A tendência a reverter medidas tidas como excessivamente liberais do início da Regência abarcou também o Código do Processo Criminal que, logo após aprovado, passou a ser visto — sobretudo pelos *moderados* e sucessivos ministros da Justiça — como instrumento de impunidade e anarquia, ao delegar amplas faculdades aos juízes de paz e ao dar margem à ingerência dos poderes locais sobre o funcionamento da Justiça. Como apontou Flory, os juízes de paz eram em geral homens remediados da comunidade, em busca de ascensão sociopolítica, dependentes dos potentados locais. Assim, eram acusados com frequência de atos de arbitrariedade, impunidade, corrupção e fraude eleitoral, bem como de ser incompetentes ou relapsos (pela falta de formação em direito ou pelo pouco tempo dedicado ao serviço, devido a seus afazeres pessoais); envolviam-se ainda em conflitos com juízes profissionais, juristas, comandantes da Guarda Nacional, párocos e câmaras municipais. O júri também tornou-se alvo de várias críticas: havia escassez de cidadãos aptos a serem jurados, sobretudo no interior, resultando em atraso e acúmulo de casos a julgar; havia interferência dos poderosos locais sobre a seleção e as decisões dos jurados; e, em razão de práticas clientelísticas e de suborno, havia ampla impunidade, patenteada pelos baixos índices de condenação.⁹⁴ O Código Processual mostrava-se, assim, instrumento de coerção pouco eficiente para o poder central. Sua reforma deveria completar o que se desenhava com a interpretação do ato adicional, buscando retirar das províncias o controle sobre a *polícia judiciária*.⁹⁵

A 3 de junho de 1836, a Comissão de Justiça Criminal da Câmara — Gonçalves Martins, Fernandes Torres e Cerqueira Leite — apresentou, a requerimento de Bernardo de Vasconcellos, proposta de reforma do Código Processual, mas que versava apenas sobre a formação de culpa.⁹⁶ A reforma do Código do Processo, todavia, só foi levada a cabo, tal como a interpretação do ato adicional, na legislatura seguinte, marcadamente *regressista*. Vasconcellos, já senador, foi o autor do projeto, apresentado em 17 de junho de 1839. Seu desfecho, porém, só se daria no Segundo Reinado, após longa tramitação no Senado, onde foi aprovado em outubro de 1841, e rápida passagem pela Câmara, no mês seguinte. *Progressistas*, como os senadores Nicolau Vergueiro, Paula Souza, Ferreira de Mello, Costa Ferreira e Hollanda Cavalcanti, e os deputados Alvares Machado, Limpo de Abreu, Teophilo Ottoni, Antonio Carlos de Andrada e José Ferreira Souto, acusaram o projeto de inconstitucional, atentatório às liberdades e promotor da tirania; por outro lado, foi defendido por *regressistas*, como os senadores Vasconcellos, Lopes Gama e Saturnino Oliveira, e os deputados Paulino Soares de Souza (então ministro da Justiça), Carneiro Leão, Gonçalves Martins, Figueira de Mello, Maciel Monteiro, Urbano Sabino e Gabriel Mendes dos Santos. Em 3 de dezembro de 1841, a lei foi finalmente sancionada pelo imperador.⁹⁷

A reforma do Código do Processo Criminal estabelecia rígida hierarquia de cargos e funções, centralizando toda a estrutura judiciária e policial do império. No topo, representando o imperador, estava o ministro da Justiça, que nomeava os chefes de polícia, os comandantes da Guarda Nacional e quase todos os magistrados, desde desembargadores até juízes municipais e de órfãos, passando pelos juízes de direito e substitutos. Indicados e diretamente subordinados aos chefes de polícia estavam os delegados e subdelegados, nomeados na Corte pelo ministro da Justiça e nas províncias pelos presidentes; estes, juntamente com os vice-presidentes, eram nomeados pelo ministro do império. Só os juízes de paz permaneciam independentes do poder central, mas não foram esquecidos: suas atribuições foram esvaziadas, sendo, na maior parte, transferidas, na corte e nas capitais das províncias, para os chefes de polícia e juízes de direito, e, nos demais locais, para os delegados, subdelegados e juízes municipais. Restaram aos juízes de paz apenas as funções que tinham antes do Código do Processo. A reforma também ampliou os requisitos para ser jurado: saber ler e escrever, e ter renda mínima anual de não mais de 200 mil-réis, mas de 400, 300 ou 200 mil-réis, conforme o tamanho da cidade. Além disso, as sentenças do júri ficavam passíveis de apelação, quando o juiz de direito achasse conveniente. Outra medida de controle foi a determinação de que todas as pessoas em viagem pelo império portassem passaporte, para evitar interrogatórios e possíveis expulsões.[98]

A reforma judiciária completou a obra centralizadora do Regresso, que, além da interpretação do ato adicional, contou também com o restabelecimento do Conselho de Estado, em 23 de novembro de 1841, consagrando outro projeto de Vasconcellos.

A ASCENSÃO DO REGRESSO

Malgrado a revisão das reformas não estar inicialmente atrelada ao Regresso (até porque já era cogitada por pessoas de diferentes tendências políticas e com motivos diversos antes da articulação desse movimento), acabou se tornando a bandeira central do projeto *regressista* e só se realizou graças à ascensão da nova facção. Alimentou-se essa facção da crise incessante atravessada pela regência Feijó. Até o final de 1836, boa parte da força demonstrada na Câmara pela corrente emergente advinha de um heterogêneo grupo de deputados (antigos *caramurus*, *exaltados* e dissidentes *moderados*, além de indivíduos sem identidade política bem definida) que fazia oposição ao governo — e assim costumava aliar-se aos *regressistas* já assumidos —, mas que nem por isso havia aderido a esse movimento. A cada enfrentamento do governo com o Parlamento engrossavam as fileiras da oposição (posto que não necessariamente em direção ao Regresso). A fala do trono de abertura da sessão legislativa de

1837 foi recebida como insulto à Câmara, provocando forte reação, a ponto de o governista Raphael de Carvalho admitir que as palavras do regente equivaliam a uma "declaração de guerra".[99] Outro *progressista* a então mudar de lado foi Henriques de Rezende, que, em 15 de junho de 1837, apresentou denúncia contra os ex-ministros do império (Manoel da Fonseca Lima e Silva) e da Justiça (Gustavo Pantoja), em razão das recentes medidas de anulação do pleito para a Câmara dos Deputados em Sergipe e na Paraíba, e de restrição à liberdade de imprensa, respectivamente. Ao mesmo tempo, prosseguia o sangramento governamental nas discussões acerca das propostas de fixação dos efetivos militares. Provas da instabilidade do governo e da falta de apoio a que ficou reduzido foram a sucessão de gabinetes — quatro em quase dois anos (a segunda maior rotatividade ministerial do império, só inferior à sequência de cinco gabinetes em 1831) — e o rodízio das pastas entre poucas pessoas — apenas 11, para o total de 24 cargos (seis ministérios para cada gabinete).[100]

Capitalizando os lucros advindos do desgaste do regente, o Regresso saiu-se vitorioso nas eleições nacionais para a legislatura que se iria iniciar em 1838, cabendo-lhe capitanear a aliança difusa de descontentes responsável pela queda de Feijó — que, afinal, renunciou em 19 de setembro de 1837, alegando que sua permanência no cargo "não pode remover os males públicos, que cada dia se agravam pela falta de leis apropriadas".[101] Assumia o governo o recém-nomeado ministro do império Araujo Lima, ex-*caramuru* convertido ao Regresso. O gabinete que se seguiu, com Vasconcellos e Rodrigues Torres à frente, evidenciara a nova direção política, consagrada, em abril seguinte, pela confirmação eleitoral de Araujo Lima como regente. Completariam a tropa de choque do governo o então deputado e presidente da província do Rio de Janeiro, Paulino Soares de Souza, e Euzebio de Queiroz, nomeado chefe de polícia da corte.

A nova composição política — núcleo do futuro Partido Conservador — vinculava-se, em suas origens, a uma aliança entre grandes produtores de açúcar da província do Rio de Janeiro e do Nordeste, comerciantes de grosso trato, burocratas da corte e magistrados (o emergente setor de cafeicultores do Vale do Paraíba só ganharia peso mais tarde).[102] Originalmente, era formada por parte dos ex-*moderados* (tanto aqueles que se opuseram às reformas, como Carneiro Leão e Rodrigues Torres, quanto alguns que as promoveram, como Vasconcellos e Satunino Oliveira), pela maioria dos antigos *caramurus* (como Miguel Calmon e Araujo Lima) e por uma nova geração de políticos que não integrava o Parlamento na época da discussão das reformas e iniciava agora a carreira política apoiando a revisão das mudanças (como Paulino e Euzébio). A ideia de organização de um "terceiro partido" (alternativo ao governista e à oposição) surgiu em meados de 1835, nas páginas do jornal *O Sete d'Abril*, orientado por Vasconcellos, inspirada na iniciativa do jurista e político francês André Dupin (ou Dupin Aîné), que, após a instauração da Monarquia de Julho, criara um bloco parlamentar com aquela denominação.[103] Logo chamada de Regresso — por supostamente pretender restabelecer a ordem político-institucional vigente antes das reformas —, a facção ascendente defendia uma monarquia constitucional centralizada, com concentração de poderes no Parlamento para uns (os egressos da *moderação*) e no Executivo para outros (ex-*caramurus* e os líderes da nova geração). Não era contra as reformas liberais em si, mas entendia que o país ainda não estava preparado para elas, que teriam, assim, levado à anarquia, ameaçando a integridade nacional; era preciso, portanto, corrigi-las, de modo a dotar de novo o governo dos instrumentos de controle capazes de assegurar o progresso dentro da ordem. É esse o sentido da célebre justificativa de Vasconcellos para sua adesão ao Regresso:

> Fui liberal; então a liberdade era nova no país, estava nas aspirações de todos, mas não nas leis, não nas ideias práticas; o poder era tudo; fui liberal. Hoje, porém, é diverso o aspecto da sociedade: os princípios democráticos tudo ganharam e muito comprometeram; a sociedade que então corria risco pelo poder, corre agora risco pela desorganização e pela anarquia. Como então quis, quero hoje servi-la, quero salvá-la, e por isso sou regressista. Não sou trânsfuga, não abandono a causa que defendi, no dia do seu perigo, de sua fraqueza: deixo-a no dia que tão seguro é o seu triunfo que até o excesso a compromete.[104]

Expressando princípio basilar do pensamento conservador, os *regressistas* achavam que as mudanças deveriam ser feitas lentamente, sem saltos, e de forma pragmática, em conformidade com a *razão nacional* e com o *estado de civilização* do país. Já senador, Vasconcellos declarou, na sessão de 6 de julho de 1839, que sempre receara a reforma da Constituição, mas a defendera após a abdicação por acreditar que "poderia contribuir muito para embaraçar o carro do que então se chamou revolução".[105] O governo centralizado não era mais entendido como sinônimo de despotismo, e sim, ao contrário, como único capaz de garantir a liberdade, ao conter os arbítrios dos poderes locais facciosos.[106] Os *regressistas* defendiam também a importância do Conselho de Estado, do Poder Moderador, da vitaliciedade dos senadores, dos títulos de nobreza e da aristocracia, enquanto pontos de equilíbrio e contrapesos necessários aos "elementos democráticos" (as eleições, as câmaras dos deputados e municipais, as assembleias legislativas, o juizado de paz, o júri).[107] Criticavam, tal como o jornal fluminense *O Chronista*, as concepções abrangentes de liberdade — "capa de quanto velhaco político, de quanto ambicioso tem existido" — e de igualdade — "novo disfarce da inveja, palavra sem sentido que tem feito revoluções".[108]

Em oposição ao Regresso achavam-se os partidários do Progresso, que daria origem ao Partido Liberal. Segundo José Murilo de Carvalho, sua base social era formada por profissionais liberais de extração urbana (principalmente advogados e jornalistas) e por grandes proprietários rurais, sobretudo de Minas Gerais, São Paulo e Rio Grande do Sul.[109] O grupo era integrado primordialmente por grande parte dos *moderados* que apoiaram as reformas (como Limpo de Abreu e Nicolau Vergueiro), por antigos *exaltados* (como Henriques de Rezende e o estreante na Câmara Teophilo Ottoni) e, curiosamente, por alguns *caramurus* (como Hollanda Cavalcanti e Antonio Carlos de Andrada). Defendiam a fidelidade aos ideais (*moderados*) do movimento do 7 de abril, a autonomia provincial, a prevalência do Legislativo sobre o Executivo e a ausência ou restrição do Poder Moderador. Se ordem era o lema principal dos *regressistas*, que receavam a anarquia, liberdade era o dos progressistas, que temiam o despotismo. Todavia, como observou com argúcia Ilmar Mattos, era esse o ponto fraco dos *progressistas*; em meio à situação caótica que parecia assolar o império desde o início do período regencial, cada vez mais imputada ao excesso de liberdade, não conseguiam evitar que essa sua bandeira fosse atrelada ao princípio da ordem pregado por seus adversários, ao qual acabariam se vendo forçados a aderir para escapar à pecha de anarquistas, de inimigos da integridade nacional e mesmo de antimonarquistas.[110]

Além de dar andamento às revisões das reformas, o governo *regressista* de Araujo Lima, com Vasconcellos à frente, logo revogou o polêmico decreto que restringia a liberdade de imprensa e empreendeu a criação, em 1837-1838, de instituições culturais ainda hoje existentes, destinadas a promover o ensino secundário, a memória nacional e a história pátria: o Imperial Colégio Pedro II, o Arquivo Público (atual Nacional) e, de iniciativa privada mas com apoio oficial, o Instituto Histórico e Geográfico Brasileiro. Fatos mais controversos marcaram também a nova Regência, como a retomada do ritual do beija-mão por Araujo Lima, na cerimônia do 13º aniversário do imperador; prática que, para a oposição, patenteava o caráter aristocrático do Regresso.[111] Mas o principal problema continuava a ser a agitação rebelde nas províncias: além de não conseguir debelar a Cabanagem e a Revolução Farroupilha, o governo, tão logo iniciado, já se viu forçado a enfrentar duas novas revoltas, a Sabinada e a Balaiada. Lidou com elas como o fizera Feijó, que fora tão combatido pela então oposição *regressista*: a repressão violenta, seguida de ofertas de negociação e anistia. Não escapou, assim, das mesmas críticas feitas outrora por seus partidários, sendo ora acusado de despótico, ora de fraco. Por conseguinte, viu-se também enredado na crise de autoridade que derrubara o governo transato e que acabou precipitando a queda do gabinete dirigido por Vasconcellos, em 16 de abril de 1839.

O GOLPE DA MAIORIDADE

A solução para a crise mais uma vez parecia passar pela derrubada da Regência. Desejosos de tomar o poder, mas em minoria no Parlamento, os *progressistas* começaram a articular um golpe para antecipar a maioridade do imperador, estabelecida pela Constituição em 18 anos. A ideia não era nova. Desde 1835, propostas de maioridade imperial vinham sendo apresentadas sem sucesso.[112] Agora, porém, o panorama era mais favorável, beneficiado pelo próprio êxito do discurso *regressista* de reforço da ordem e do "elemento monárquico", contrastado com a incapacidade dos sucessivos governos regenciais de debelar a anarquia. Aproveitando-se dessa situação, os *progressistas* fundaram, em 15 de abril de 1840, o Clube da Maioridade, ou Sociedade Promotora da Maioridade, em reunião na casa de José Martiniano de Alencar, que contou também com a presença de seus colegas Hollanda Cavalcanti, Antonio da Costa Ferreira e Francisco de Paula Cavalcanti, e dos deputados Antonio Carlos de Andrada (eleito presidente da entidade), seu irmão Martim Francisco, Carlos Peixoto de Alencar e José Mariano Cavalcanti. Logo aderiram, entre outros, os deputados Teophilo Ottoni, José Feliciano Pinto Coelho, Francisco Montezuma, Limpo de Abreu e Aureliano Coutinho, e os senadores Ferreira de Mello, Francisco de Lima e Silva e Nicolau Vergueiro, além do então publicista José Antonio Marinho.

No dia 13 de maio, Hollanda Cavalcanti, José de Alencar, Paula Cavalcanti, Ferreira de Mello, Costa Ferreira e Manoel de Mello e Souza apresentaram dois projetos no Senado, que propunham, o primeiro, a pronta maioridade de d. Pedro II e, o segundo, a criação de um conselho privado da coroa, com 10 membros. Os *Anais do Senado* registram a "Sensação" causada pelas propostas no plenário, assim como "o mais profundo silêncio" reinante quando colocadas em discussão uma semana depois, a ponto de o presidente da Casa, marquês de Paranaguá, ser o único a tomar a palavra, em defesa da maioridade.[113] A rejeição por diferença de apenas dois votos (18 a 16), em Senado amplamente dominado pelos *regressistas*, indicava que a medida já caminhava a passos largos para ser aceita. Rumava-se rapidamente também para o quase consenso de que toda a mística e o prestígio que revestiam a monarquia, personificada na figura do imperador, eram essenciais para restabelecer a ordem que o Regresso tanto pregava. Sobre os que ainda resistiam pesava o embaraçoso labéu de inimigos da tão exaltada monarquia.

Os *maioristas* decidiram, então, ser mais ousados, buscando a aquiescência do próprio monarca. A avaliação que fizeram, segundo o testemunho de Teophilo Ottoni, era que "a medida só podia atingir o seu alvo se obtivéssemos previamente o acordo e a benevolência do imperador". Seria essa uma vontade que, naquela altura, ninguém ousaria contrariar, acima de qualquer argumento, até mesmo da Constituição. Ainda conforme Ottoni, os Andrada ficaram encarregados de fazer chegar a d. Pedro uma carta em que, secretamente, pediam sua concordância com a ação, uma iniciativa apresentada como "dos Andradas e seus amigos."[114] A resposta afirmativa, comunicada por Bento Antonio Vahia[115] e depois confirmada por escrito, deu o impulso que faltava ao movimento, que parecia já ter também apoio da opinião pública.[116]

Em 20 de julho, Limpo de Abreu requereu, na Câmara, a formação de comissão para oferecer, com urgência, a medida mais conveniente de encaminhamento da maioridade. Rocha Galvão solicitou que essa fosse decretada por aclamação. Em seguida, Martim Francisco apresentou duas propostas, convidando o Senado a deliberar a respeito em sessão conjunta e declarando já a maioridade. No dia seguinte, Antonio Carlos colocou em destaque outro projeto de maioridade, atropelando o parecer daquela comissão (composta por Francisco Ramiro Coelho, Gonçalves Martins e Nunes Machado), que, em manobra protelatória, recomendou que se convidasse o Senado a também formar comissão. Procurando ganhar tempo e, quiçá, tomar a frente do movimento, o regente prontificou-se, perante o imperador, a preparar a maioridade para 2 de dezembro, quando o monarca completaria 15 anos. Além disso, no dia 22, reconduziu às pressas Vasconcellos ao Ministério do Império e determinou o adiamento da Assembleia. Essas medidas, porém, provocaram forte indignação entre os deputados e senadores *progressistas*, que, reunidos no Senado, com apoio de batalhões da Guarda Nacional, do comandante das Armas Francisco de Paula Vasconcellos e dos estudantes da Academia Militar, enviaram deputação mista (liderada por Antonio Carlos e Hollanda Cavalcanti) ao imperador, suplicando-lhe entrar logo no exercício de suas atribuições. Indagado então pelo regente se queria assumir naquele momento ou em 2 de dezembro, d. Pedro teria respondido com

O LABORATÓRIO DA NAÇÃO: A ERA REGENCIAL (1831-1840)

o famoso "quero já".[117] Assim, em 23 de julho, a Regência era finalmente dissolvida, dando início ao Segundo Reinado.[118]

Um ano depois, em 18 de julho, realizou-se a pomposa cerimônia de sagração e coroação do jovem monarca, prolongando-se as festividades até o dia 24, com notável presença popular.[119] Comemoração emblemática, tanto do novo tempo que se iniciava, como, por contraste, da outrora celebrada Revolução do 7 de Abril. Transcorridos esses dez anos, o povo do Rio de Janeiro estava de novo nas ruas. Mas, diferente daquela época, em que entrara em cena para derrubar o imperante, não era mais o agente dos acontecimentos, figurando agora como mero espectador, a saudar a subida ao trono do filho daquele que, há não muito tempo, ajudara a depor. Neste ínterim, muita coisa mudou: de cidadão que lutava para se fazer soberano, o povo voltava serenamente à condição de súdito, sob a proteção de um novo imperador.

A HERANÇA REGENCIAL

O período das regências constitui momento crucial do processo de construção da nação brasileira. Por sua pluralidade e ensaísmo, Marco Morel o definiu como um grande "laboratório" político e social, no qual as mais diversas e originais fórmulas políticas foram elaboradas e diferentes experiências testadas, abarcando amplo leque de estratos sociais.[120] O mosaico regencial não se reduz, portanto, a mera fase de transição, tampouco a uma aberração histórica anárquica, nem mesmo a simples "experiência republicana". A crise profunda, produzida primeiro pela oposição a d. Pedro I e depois na disputa pelo governo regencial, aliada à vacância do trono e à falta de unidade até então observada da elite política imperial, ensejou a formação de facções distintas, portadoras de diferentes projetos. Possibilitou também a entrada em cena de novos atores políticos e de camadas sociais até então excluídas de qualquer participação ativa.

A edificação da nação, nesse momento, passava substancialmente pela via do espaço público, sendo marcada por autênticas "guerras de opiniões", por "guerras de doutrinas".[121] Se os acirrados antagonismos dificultavam a união dos habitantes do império em torno de um mesmo princípio político, não impediam a identificação desses indivíduos com a tão decantada nação, pois, se as rivalidades expressavam os diferentes projetos nutridos por cada facção, acima deles havia, entretanto, um compromisso geral com essa pátria que, afinal de contas, todos almejavam construir. Nenhum desses grupos colocava essa meta verdadeiramente em questão; apenas divergiam em termos de seus ideais, pautando sempre sua ação exatamente no sentido de afirmar a nação brasileira, em nome da qual, aliás, justificavam seus projetos. Haja vista o principal argumento usado nessa defesa ser a "razão nacional". Até porque, reconheciam todos a heterogeneidade da nação brasileira, de modo que as diferenças entre eles estavam na interpretação sobre a maneira acertada de lidar com tal realidade. Valores nacionais eram então afirmados e difundidos — como um "plebiscito diário", de que falava Renan[122] —, por meio dos jornais e folhetos, que circulavam entre as diversas partes do império; da rede de associações, que mantinham estreito contato entre si, compartilhando notícias, ideias e sócios; das festividades cívicas, destinadas a construir uma memória nacional; e, até, das revoltas, que, não obstante suas formas violentas de contestação, não possuíam real intento separatista e, ao fim e ao cabo, promoviam a exaltação da pátria e o sentimento de compromisso com a nação.

Matizando a habitual imagem negativa da Regência como período anômico e anômalo, que teria representado ameaça e empecilho à integridade nacional (visão cristalizada pela produção *conservadora* do Segundo Reinado), tais atividades demonstram — por sua ação mobilizadora e enquanto lugares de exercício informal da cidadania — que foi esse então um dos eixos do longo e tortuoso processo de construção, de baixo para cima, da nação brasileira.

A rearticulação das forças políticas a partir de 1835, com a emergência do Regresso, resultou, contudo, em uma guinada nesse movimento. Malgrado a disputa com os *progressistas*, começava a se construir então — para se firmar efetivamente na década seguinte — o consenso em torno da necessidade de reduzir a margem de conflitos no interior da elite política, cada vez mais alarmada com a experiência anárquica regencial. Essa vivência e esse temor, transportados para a memória nacional, tiveram papel fundamental na relativa homogeneização ideológica da elite política no Segundo Reinado, no estabelecimento do *tempo saquarema* e, enfim, nos rumos doravante seguidos pela política imperial. É esse novo pacto o principal responsável pelo recuo e esvaziamento do espaço público — e das práticas de cidadania a ele associadas — desenvolvido na primeira metade da década de 1830 nas grandes cidades do império, ainda muito dependente dos impulsos gerados pelas facções em luta franca. A antecipação da maioridade de d. Pedro II e sua subida ao trono, com todo o peso da mística que envolvia a figura do imperador e a força da tradição monárquica, ajudaram a cimentar a recomposição da elite política e a definir, assim, um importante mecanismo regulador de conflitos, reforçado pelo sistema adotado de rotatividade periódica dos gabinetes entre *liberais* e *conservadores*. Somente mais de 30 anos depois é que aquela dinamização da esfera pública, verificada na Regência, será retomada, com novas e velhas roupagens, no contexto da crescente crise política que se seguiu ao término da hegemonia *saquarema* e produziu novo racha no seio da elite dirigente, estendendo-se até o fim do império.

A herança regencial afigura-se, ainda, tanto na promoção de novos quadros políticos — construtores da consolidação do Estado imperial —, como nas propostas legadas. Os *caramurus*, com sua idolatria aos princípios originais da Constituição de 1824 e à monarquia representativa centralizada, forneceram as bases do modelo político abraçado pelos *conservadores*. Os *moderados*, com suas medidas para reduzir os poderes concentrados nas mãos do governo central, inspiraram os *liberais*. E os *exaltados* tiveram várias de suas bandeiras resgatadas, após quase quatro décadas, pelo novo Partido Liberal, pelo Clube Radical e pelo Partido Republicano.

Notas

1. Justiniano José da Rocha, "Ação, reação, transação: duas palavras acerca da atualidade política do Brasil", *in* Raimundo Magalhães Júnior (org.) [1855], *Três panfletários do Segundo Reinado*, São Paulo, Cia. Ed. Nacional, 1956, p. 176-199; visconde do Uruguai, "Ensaio sobre o direito administrativo", *in* José Murilo de Carvalho (org.), *Visconde do Uruguai* [1862], São Paulo, Ed. 34, 2002, especialmente p. 449-467; João Manuel Pereira da Silva, *Memórias do meu tempo*, 2ª ed., Brasília, Senado Federal, 2003, capítulo I; Moreira de Azevedo, *Historia patria: o Brazil de 1831 a 1840*, Rio de Janeiro, B. L. Garnier, 1884 (além de vários artigos do autor citados adiante); e Joaquim Nabuco [1897-1899], *Um estadista do império*, v. 1, 5ª ed., Rio de Janeiro, Topbooks, 1997, p. 52-59 e 65-67.
2. Timandro (Francisco de Salles Torres Homem), "O libelo do povo", *in* Raimundo Magalhães Júnior (org.), *op. cit.*, p. 75-92; Theophilo Benedicto Ottoni [1860], "Circular Dedicada aos Srs. Eleitores de Senadores pela Provincia de Minas-Geraes", *Revista do Instituto Historico e Geographico Brasileiro*, t. LXXVIII, parte II, 2ª ed., Rio de Janeiro, Imprensa Nacional, 1916, p. 205-256; Cristiano Benedito Otoni [1870], *Autobiografia*, Brasília, Ed. UnB, 1983, capítulo IV; Aureliano Cândido Tavares Bastos [1870], *A província: estudo sobre a descentralização no Brasil*, 3ª ed., São Paulo/Brasília, Cia. Editora Nacional/Instituto Nacional do Livro, 1975, principalmente o capítulo I da segunda parte.
3. Octavio Tarquinio de Souza, *História dos fundadores do império do Brasil*, 10 v., Rio de Janeiro, José Olympio, 1957.
4. Além do livro citado na nota 1, *cf.* estes artigos da *Revista Trimensal do Instituto Historico, Geographico e Ethnographico do Brasil*: "Sedição militar na ilha das Cobras em 1831", t. XXXIV, parte 2, 1871; "Os tiros no theatro: motim popular no Rio de Janeiro", t. XXXVI, parte 2, 1873; "Sedição militar de julho de 1831 no Rio de Janeiro", t. XXXVII, parte 2, 1874; "Motim politico de 3 de abril de 1832 no Rio de Janeiro", t. XXXVII, parte 2, 1874; "Motim politico de 17 de abril de 1832 no Rio de Janeiro", t. XXXVIII, parte 2, 1875; "Motim politico de dezembro de 1833 no Rio de Janeiro: remoção do tutor do imperador", t. XXXIX, parte 2, 1876; e "Sociedades fundadas no Brazil desde os tempos coloniaes até o começo do actual reinado", t. XLVIII, parte 2, 1885.
5. Paulo Pereira de Castro, "A experiência republicana, 1831-1840", *in* Sérgio Buarque de Holanda (dir.) e Pedro Moacyr Campos (assist.), *História geral da civilização brasileira*, t. II, *O Brasil monárquico*, v. 2, *Dispersão e unidade*, 5ª ed., São Paulo, Difel, 1985.
6. Tais trabalhos possibilitaram novas sínteses, como: Leslie Bethell e José Murilo de Carvalho, "Brasil (1822-1850)", *in* Leslie Bethell (org.), *Historia de América Latina*, v. 6, *America Latina independiente, 1820-1870*, Barcelona, Crítica, s/d., p. 331-348; Arnaldo Fazoli Filho, *O período regencial*, 2ª ed., São Paulo, Ática, 1994; Maria de Lourdes Viana Lyra, *O império em construção: Primeiro Reinado*

O LABORATÓRIO DA NAÇÃO: A ERA REGENCIAL (1831-1840)

e regências, São Paulo, Atual, 2000; e Marco Morel, O período das regências (1831-1840), Rio de Janeiro, Jorge Zahar, 2003.

7. Helio Vianna, Contribuição à história da imprensa brasileira (1812-1869), Rio de Janeiro, Imprensa Nacional/Instituto Nacional do Livro, 1945; Nelson Werneck Sodré, A história da imprensa no Brasil, Rio de Janeiro, Civilização Brasileira, 1966, capítulos I-IV; e Gondin da Fonseca, Biografia do jornalismo carioca (1808-1908), Rio de Janeiro, Quaresma, 1941, principalmente o capítulo III.

8. Arnaldo Daraya Contier, Imprensa e ideologia em São Paulo (1822-1842): matizes do vocabulário político e social, Petrópolis/Campinas, Vozes/Unicamp, 1979; Vera Maria Fürstenau, Jornais e leitores: uma polêmica apaixonada na cidade do Rio de Janeiro (1831-1837), dissertação de mestrado, Rio de Janeiro, IFCS/UFRJ, 1994, capítulo I; Ivana Stolze Lima, Cores, marcas e falas: sentidos da mestiçagem no império do Brasil, Rio de Janeiro, Arquivo Nacional, 2003, capítulo 1; Marcello Otávio Neri de Campos Basile, Anarquistas, rusguentos e demagogos: os liberais exaltados e a formação da esfera pública na corte imperial (1829-1834), dissertação de mestrado, Rio de Janeiro, PPGHIS/UFRJ, 2000, capítulos I-V; idem, O império em construção: projetos de Brasil e ação política na corte regencial, tese de doutorado, Rio de Janeiro, PPGHIS/UFRJ, 2004, capítulos I, II, V, VI, VII e XI; e idem, Ezequiel Corrêa dos Santos: um jacobino na corte imperial, Rio de Janeiro, Fundação Getulio Vargas, 2001, capítulos I e II.

9. Augustin Wernet, As sociedades políticas da província de São Paulo na primeira metade do período regencial, tese de doutorado, São Paulo, FFLCH/USP, 1975; idem, Sociedades políticas (1831-1832), São Paulo/Brasília, Cultrix/Instituto Nacional do Livro, 1978; Lucia Maria Paschoal Guimarães, Em nome da ordem e da moderação: a trajetória da Sociedade Defensora da Liberdade e da Independência Nacional do Rio de Janeiro, dissertação de mestrado, Rio de Janeiro, PPGHIS/UFRJ, 1990; Marco Morel, As transformações dos espaços públicos: imprensa, atores políticos e sociabilidades na cidade imperial (1820-1840), São Paulo, Hucitec, 2005, capítulos 8 e 9; Marcello Otávio Basile, Ezequiel Corrêa dos Santos..., op. cit., último capítulo; idem, O império em construção..., op. cit., capítulos III, VIII e XII; Manuel Correia de Andrade, Movimentos nativistas em Pernambuco: Setembrizada e Novembrada, Recife, UFPE, 1974, capítulo V; Silvia Carla Pereira de Brito Fonseca, A ideia de República no império do Brasil: Rio de Janeiro e Pernambuco (1824-1834), tese de doutorado, Rio de Janeiro, PPGHIS/UFRJ, 2004, capítulo 6; José Luiz Werneck da Silva, A Sociedade Auxiliadora da Indústria Nacional (1827-1904) na formação social brasileira: a conjuntura de 1871 a 1877, dissertação de mestrado, Niterói, ICHF/UFF, 1979, em particular os capítulos II do v. I (sobretudo p. 60-92) e III do v. II (p. 7-31); e Genaro Rangel, Semeadura e colheira: memória histórica da Imperial Sociedade Amante da Instrução, Belo Horizonte, O Lutador, 1979, capítulos I-VII.

10. Alcir Lenharo, *As tropas da moderação (o abastecimento da corte na formação política do Brasil — 1808-1842)*, 2ª ed., Rio de Janeiro, Secretaria Municipal de Cultura, Turismo e Esportes/Departamento Geral de Documentação e Informação Cultural/Divisão de Editoração, 1993; Wlamir José da Silva, *"Liberais e povo": a construção da hegemonia liberal-moderada na província de Minas Gerais (1830-1834)*, tese de doutorado, Rio de Janeiro, PPGHIS/UFRJ, 2002; Marco Morel, *Cipriano Barata na Sentinela da Liberdade*, Salvador, Academia de Letras da Bahia/ Assembleia Legislativa do Estado da Bahia, 2001; idem, *As transformações dos espaços públicos...*, op. cit.; Marcello Otávio Basile, *Ezequiel Corrêa dos Santos...*, op. cit., primeiro e segundo capítulos; idem, *Anarquistas, rusguentos e demagogos...*, op. cit.; e idem, *O império em construção...*, op. cit.
11. Miriam Dolhnikoff, *O pacto imperial: origens do federalismo no Brasil do século XIX*, São Paulo, Globo, 2005.
12. Jeffrey D. Needell, "Party formation and State-making: the Conservative Party and the reconstruction of the brazilian State", 1831-1840, *Hispanic American Historical Review*, v. 81, nº 2, Duke University Press, maio de 2001.
13. Exemplos mais recentes desses trabalhos que buscam escapar às antigas abordagens factuais e apologéticas são: Pasquale Di Paolo, *Cabanagem: a revolução popular da Amazônia*, Belém, Conselho Estadual de Cultura, 1985; Luís Balkar Sá Peixoto Pinheiro, *Visões da Cabanagem: uma revolta popular e suas representações na historiografia*, Manaus, Valer, 2001; Maria Januária Vilela Santos, *A Balaiada e a insurreição de escravos no Maranhão*, São Paulo, Ática, 1983; Maria de Lourdes Mônaco Janoti, *A Balaiada*, São Paulo, Brasiliense, 1987; Claudete Maria Miranda Dias, *Balaios e bem-te-vis: a guerrilha sertaneja*, Teresina, Fundação Cultural Monsenhor Chaves, 1995; Paulo César Souza, *A Sabinada: a revolta separatista da Bahia, 1837*, São Paulo, Círculo do Livro, 1987; Spencer Leitman, *Raízes socioeconômicas da Guerra dos Farrapos: um capítulo da história do Brasil no século XIX*, Rio de Janeiro, Graal, 1979; Sandra Jatahy Pesavento *et al.*, *A Revolução Farroupilha: história e interpretação*, Porto Alegre, Mercado Aberto, 1985; Manuel Correia de Andrade, *A guerra dos cabanos*, Rio de Janeiro, Conquista, 1965; Décio Freitas, *Os guerrilheiros do imperador*, Rio de Janeiro, Graal, 1978; e Dirceu Lindoso, *A utopia armada: rebeliões de pobres nas matas do Tombo Real (1832-1850)*, Rio de Janeiro, Paz e Terra, 1983.
14. Dessas revoltas, só as de Pernambuco foram mais estudadas: Manuel Correia de Andrade, *Movimentos nativistas em Pernambuco*, op. cit., capítulos IV e VI; Maria do Socorro Ferraz Barbosa, *Liberais & liberais: guerras civis em Pernambuco no século XIX*, Recife, Ed. Univ. UFPE, 1996, capítulo IV; Marcus Joaquim Maciel de Carvalho, *Hegemony and Rebellion in Pernambuco (Brazil), 1821-1835*, Urbana, University of Illinois at Urbana-Champaign, 1989, sobretudo os capítulos 5 e 6. Para as demais províncias há apenas alguns poucos trabalhos: sobre a revolta cearense: João Alfredo de Sousa Montenegro, *Ideologia e conflito no Nordeste rural (Pinto Madeira e a revolução de 1832 no Ceará)*, Rio de Janeiro, Tempo

Brasileiro, 1976; sobre a sedição de Ouro Preto: Wlamir José da Silva, "*Liberais e povo*", *op. cit.*, capítulo 7; sobre a Rebelião Cuiabana: Valmir Batista Corrêa, *História e violência em Mato Grosso: 1817-1840*, Campo Grande, Ed. Univ. Fed. Mato Grosso do Sul, 2000, parte II; sobre os movimentos da corte: Marcello Otávio Neri de Campos Basile, *O império em construção...*, *op. cit.*, capítulos IX, X, XIII e XIV.

15. Ver, a respeito, João José Reis, *Rebelião escrava no Brasil: a história do levante dos malês (1835)*, São Paulo, Brasiliense, 1986; Marcos Ferreira de Andrade, *Rebeldia e resistência: as revoltas escravas na província de Minas Gerais (1831-1840)*, dissertação de mestrado, Belo Horizonte, FAFICH/UFMG, 1996; e Flávio dos Santos Gomes, *Histórias de quilombolas: mocambos e comunidades de senzalas no Rio de Janeiro — Século XIX*, Rio de Janeiro, Arquivo Nacional, 1995, capítulo II.

16. Gladys Sabina Ribeiro, *A liberdade em construção: identidade nacional e conflitos antilusitanos no Primeiro Reinado*, Rio de Janeiro, Relume Dumará/Faperj, 2002. Sobre o problema antilusitano na corte, analisado a partir das disputas socioeconômicas e políticas relacionadas às atividades dos caixeiros, ver também Lenira Menezes Martinho, "Caixeiros e pés-descalços: conflitos e tensões em um meio urbano em desenvolvimento", *in* Lenira Menezes Martinho e Riva Gorenstein, *Negociantes e caixeiros na sociedade da independência*, Rio de Janeiro, Secretaria Municipal de Cultura, Turismo e Esportes/Departamento Geral de Documentação e Informação Cultural/Divisão de Editoração, 1993, parte 1, sobretudo o capítulo 4.

17. *Cf.* João José Reis, *A morte é uma festa: ritos fúnebres e revolta popular no Brasil do século XIX*, São Paulo, Cia. das Letras, 1991.

18. Hendrik Kraay, "Definindo nação e Estado: rituais cívicos na Bahia pós-independência (1823-1850)", *Topoi: revista de História*, n° 3, Rio de Janeiro, 7Letras, setembro de 2001; *idem*, "Between Brazil and Bahia: celebrating Dois de Julho in nineteenth-century Salvador", *Journal of Latin American Studies*, n° 31, Cambridge, Cambridge University Press, 1999; *idem*, "Sete de Setembro: changing meanings of Independence celebrations in Rio de Janeiro, 1823-1864", mimeo; *idem*, "Nation, State and popular politics in Rio de Janeiro: civic rituals after Independence", mimeo; Carla Simone Chamon, *Festejos imperiais: festas cívicas em Minas Gerais (1815-1845)*, Bragança Paulista, Ed. Univ. São Francisco, 2002, sobretudo o capítulo 3; Marcello Otávio Neri de Campos Basile, *O império em construção...*, *op. cit.*, capítulo IV; *idem*, "O ruidoso nascimento de uma nação", *Revista de História da Biblioteca Nacional*, n° 3, Rio de Janeiro, Sociedade de Amigos da Biblioteca Nacional, 2005.

19. "(...) seria difícil aperfeiçoar muito nossos conhecimentos de vários aspectos da história do período regencial. Por exemplo, o que resta saber do papel político da imprensa da corte daquela época? Da vida e das atividades públicas das principais figuras da política nacional? Das atividades políticas das lojas maçônicas? (...)

Temos à mão muitas histórias pormenorizadas, que esboçam os contornos políticos das revoluções e sublevações provincianas." Rollie E. Poppino, "A Regência e a história do Brasil: um desafio aos historiadores", *Revista do Instituto Histórico e Geográfico Brasileiro*, v. 307, Rio de Janeiro, Departamento de Imprensa Nacional, 1976, p. 147.
20. Joaquim Nabuco, *Um estadista do império*, 5ª ed., Rio de Janeiro, Topbooks, 1997, v. 1, p. 52.
21. John Armitage, *História do Brasil desde o período da chegada da família de Bragança, em 1808, até a abdicação de D. Pedro I, em 1831, compilada à vista dos documentos públicos e outras fontes originais formando uma continuação da História do Brasil, de Southey*, Belo Horizonte/São Paulo, Itatiaia/Edusp, 1981, p. 226.
22. Arnaldo Fazoli Filho, *op. cit.*, p. 15.
23. Sobre o movimento do 7 de abril e as agitações que o precederam na corte, ver Marcello Otávio Neri de Campos Basile, *Anarquistas, rusguentos e demagogos...*, *op. cit.*, Introdução.
24. Alcir Lenharo, *op. cit.*, capítulo 5, em especial p. 102-109.
25. A elite política imperial compreendia, nos termos de José Murilo de Carvalho, o conjunto de indivíduos que ocupavam os altos cargos do Executivo e do Legislativo e eram responsáveis pela tomada de decisões da política nacional (deputados gerais, senadores, ministros e conselheiros de Estado). José Murilo de Carvalho, *A construção da ordem: a elite política imperial*, Brasília, Ed. UnB, 1981, capítulos 2, 6 e 7.
26. Luiz Francisco de Paula Cavalcante de Albuquerque, *Proclamação dirigida pela reunião dos representantes da nação aos brasileiros*, Rio de Janeiro, Typographia de T. B. Hunt e C., 1831, p. 1. Essa visão, imbuída também da ideia de revolução exemplarmente pacífica, sem derramamento de sangue, foi largamente difundida em diversos outros panfletos e jornais da época. Ver, por exemplo, Silverio Candido de Faria, *Breve historia dos felizes acontecimentos politicos no Rio de Janeiro em os sempre memoraveis dias 6 e 7 de abril de 1831*, Rio de Janeiro, Typographia de Thomaz B. Hunt e C., 1831; Antonio Borges da Fonseca, *Compatriotas [Proclamação de A. Borges da Fonseca redator do Republico, concitando o povo à calma depois da abdicação de D. Pedro I]*, Rio de Janeiro, Typographia da Astréa, 1831; Anônimo, *Hymno offerecido á briosa nação brasileira por occasião do dia 7 de Abril de 1831*, Rio de Janeiro, Typographia de Thomas B. Hunt e C., s/d.; Francisco de Paula Brito, *Hymno ao memoravel dia 7 d'Abril de 1831*, Rio de Janeiro, Typographia d'E. Seignot-Plancher, 1831; *Aurora Fluminense*, nº 469, 8 de abril de 1831, e nº 470, 11 de abril de 1831; *Nova Luz Brasileira*, nº 131, 15 de abril de 1831; e *O Tribuno do Povo*, nº 27, 14 de abril de 1831, e nº 31, 9 de maio de 1831.
27. Theophilo Benedicto Ottoni, "Circular dedicada aos srs. eleitores de senadores...", *op. cit.*, p. 209.

28. O antagonismo entre as facções não impedia, contudo, a formação de alianças casuais e estratégicas, como a ensaiada entre os *caramurus* e parte dos *exaltados* em 1832 e 1833, chamada por Evaristo da Veiga de "liga de matérias repugnantes", soldada por "vergonhosa aberração das leis morais" (*Aurora Fluminense*, nº 834, 28 de outubro de 1833); ou a firmada entre os *moderados* e outra ala dos *exaltados* em 1833 e 1834, em prol do ato adicional.
29. Para o conceito de esfera pública, ver Jürgen Habermas, *Mudança estrutural da esfera pública: investigações quanto a uma categoria da sociedade burguesa*. Rio de Janeiro: Tempo Brasileiro, 1984, p. 42. Para a aplicação crítica do conceito à corte, cf. Marco Morel, *As transformações..., op. cit.*; Lúcia Maria Bastos Pereira das Neves, *Corcundas e constitucionais: a cultura política da independência (1820-1822)*, Rio de Janeiro, Revan/Faperj, 2003, capítulo 3; e Marcello Otávio Neri de Campos Basile, *Anarquistas..., op. cit.*, capítulo VIII.
30. Francisco de Paula Ferreira de Rezende, *Minhas recordações*, 2ª ed., Belo Horizonte/São Paulo, Itatiaia/Edusp, 1988, p. 53-54.
31. Os viajantes ingleses Robert Walsh e John Armitage ficaram impressionados com o grande concurso de pessoas, "às vezes da mais humilde condição social", nas sessões parlamentares daqueles tempos e com o grau de envolvimento e interesse do público. Robert Walsh, *Notícias do Brasil (1828-1829)*, v. 2, Belo Horizonte/São Paulo, Itatiaia/Edusp, 1984, p. 192-193; e John Armitage, *op. cit.*, p. 207 (citação). Além das galerias lotadas, as atas das sessões registram vários pequenos tumultos provocados pela plateia. Gritos, discussões, ofensas, batidas de pés e até escarradas e moedas atiradas sobre os parlamentares não raramente interrompiam os trabalhos e suscitavam reações indignadas; chegou-se a recorrer à retirada forçada dos espectadores, ao emprego de dois fiscais de galeria e à elaboração de um edital que determinava silêncio absoluto da plateia, proibindo qualquer manifestação de aprovação ou desaprovação durante as sessões, vedava a entrada de indivíduos armados ou portando bengala, obrigava o uso de casaca ou sobrecasaca e ordenava a distribuição de senhas (limitadas em 200). Cf. *Annaes do Parlamento Brazileiro — Camara dos Srs. Deputados, Sessão de 1832*, coligidos por Antonio Pereira Pinto, Rio de Janeiro, Typographia de H. J. Pinto, 1879, t. 1, p. 8, 9 e 115; t. 2, p. 44 (edital), 45, 46, 48 e 58, por exemplo.
32. A representação provincial era a seguinte: Minas Gerais, vinte deputados; Bahia, treze; Pernambuco, treze; São Paulo, nove; Rio de Janeiro, oito; Ceará, oito; Paraíba do Norte, cinco; Alagoas, cinco; Maranhão, quatro; Pará, três; São Pedro do Rio Grande do Sul, três; Sergipe, dois; Goiás, dois; Piauí, Rio Grande do Norte, Espírito Santo, Mato Grosso e Santa Catarina, um em cada província.
33. O Rio de Janeiro ganhou mais dois deputados, passando para dez, ao passo que Bahia e Piauí foram contemplados cada qual com um, aumentando suas bancadas para catorze e dois deputados, respectivamente.
34. Eis a representação provincial: Minas Gerais, dez senadores; Bahia, seis; Pernambuco, seis; Rio de Janeiro, quatro; São Paulo, quatro; Ceará, quatro; Paraíba

do Norte, dois; Alagoas, dois; Maranhão, dois; Pará, São Pedro do Rio Grande do Sul, Sergipe, Goiás, Piauí, Rio Grande do Norte, Espírito Santo, Mato Grosso e Santa Catarina, um para cada província. A 50ª vaga originalmente pertencia à província Cisplatina, que se desmembrou do Brasil em 1828, passando a constituir a Banda Oriental do Uruguai.
35. *Cf.* Affonso de Escragnolle Taunay, *O Senado do império*, 2ª ed., Brasília, Senado Federal/Ed. UnB, 1978, p. 60. Ao longo do Primeiro Reinado foram nomeados 57 senadores e, durante o Segundo Reinado, 154.
36. O jornal avaliava que, na nova legislatura, havia 66 *moderados* contra 34 *exaltados, retrógrados* e indivíduos de opinião desconhecida ou vacilante. *Aurora Fluminense*, nº 801, 2 de agosto de 1833.
37. Jeffrey Needell (*op. cit.*, p. 299-300) calcula que, em 1837, entre 60 e 80 deputados de fato participavam das votações; deles, de 25 a 30 (de um terço à metade) seriam claramente *regressistas*, os quais precisariam mobilizar apenas de seis a doze outros deputados para assegurar vitória nas decisões.
38. Dados acerca do número de jornais publicados no período, quando existentes, são ainda muito precários. Para o centro onde essa produção era mais prolixa, a corte, Marcello e Cybelle Ipanema estimam que os periódicos em circulação mais do que duplicaram em 1831, saltando de 52 no ano anterior (o máximo chegado até então) para 114; número que se manteve em 1832, e se elevou em 1833 para 157. A partir daí, a tendência é de declínio, caindo para 81 jornais em 1834, 80 em 1835, 69 em 1836, 65 em 1837, 60 em 1838, 59 em 1839 e 65 em 1840. Marcello Ipanema e Cybelle Ipanema, "Imprensa na Regência: observações estatísticas e de opinião pública", *Revista do Instituto Histórico e Geográfico Brasileiro*, v. 307, Rio de Janeiro, Departamento de Imprensa Nacional, 1976, p. 94. Entre 1831 e 1833 havia pelo menos 14 tipografias na cidade, o dobro das existentes em 1829. Laurence Hallewell, *O livro no Brasil (sua história)*, São Paulo, T. A. Queiroz/Edusp, 1985, p. 47.
39. Manuel Duarte Moreira de Azevedo, "Sociedades fundadas no Brazil...", *op. cit.*, p. 294-321.
40. Ver, a respeito, Marco Morel, *As transformações dos espaços públicos...*, *op. cit.*, p. 261-296.
41. A posição cautelosa então assumida pela maçonaria é indicada no manifesto da Grande Oriente do Brasil de 5 de dezembro de 1831, em que declarava dedicar-se doravante aos assuntos referentes exclusivamente aos ritos e princípios universais maçônicos, prometendo não se imiscuir em questões político-partidárias. Isso a despeito da escolha para grão-mestre do prócer *caramuru* e tutor de d. Pedro II, José Bonifácio, e do senador *moderado* Nicolau Vergueiro para o mesmo cargo de outra loja, aparentemente dissidente, a Grande Oriente Nacional Brasileiro. *Cf.* Alexandre Mansur Barata, *Luzes e sombras: a ação da maçonaria brasileira (1870-1910)*, Campinas, Ed. Unicamp/Centro de Memória/Unicamp, s/d., p. 65 e 66. Todavia, Marco Morel (*As transformações dos espaços públicos...*, *op. cit.*,

p. 240-260) demonstra que não só esses, mas também outros círculos maçônicos surgidos nessa época estavam atrelados às questões políticas, apresentando tendências partidárias distintas.

42. Conforme assinalou a *Nova Luz Brasileira* (n° 145, 8 de junho de 1831, e 168, 8 de setembro de 1831), "Deve o Gênero Humano às Sociedades Secretas incalculáveis benefícios (...) Nos Países porém como é o nosso, em que o Código Crime permite publicar pela Imprensa os Direitos do Homem, julgamos que deve acabar o tempo das Sociedades Secretas, para começar uma nova era de Sociedades Patrióticas, Científicas, Filantrópicas e Literárias, e de proteção à indústria". O jornal incentivava a população a "adotar desde já o indispensável uso de formar liberais Sociedades Patrióticas, que se unam para obrar a bem deste ou daquele objeto que for conveniente à Liberdade do Povo".

43. Sobre a organização, composição e atuação dessas associações, ver a bibliografia indicada na nota 9. Dependendo da província, as sociedades vinculadas às facções políticas locais por vezes adotavam outros nomes.

44. Havia também datas regionais ou locais, como o célebre 2 de julho, na Bahia, em comemoração à adesão oficial desta província, em 1823, à independência do Brasil.

45. Sobre as festas cívicas regenciais, ver a bibliografia indicada na nota 18.

46. Ver a respeito desses movimentos as obras indicadas na nota 14.

47. Sobre a Cabanada, ver as obras citadas de Manuel Correia de Andrade (*A guerra dos cabanos*), Décio Freitas, Dirceu Lindoso e Marcus Carvalho.

48. Sobre esses movimentos, ver a bibliografia assinalada na nota 13.

49. Ver a bibliografia citada na nota 15 sobre esses movimentos.

50. *Annaes do Parlamento Brazileiro — Camara dos Srs. Deputados, op. cit.*, 1831, t. 1, p. 9, 19, 41-46, 97-109, 115 e 160-167.

51. Cf. Thomas Flory, *El juez de paz y el jurado en el Brasil imperial, 1808-1871: control social y estabilidad política en el nuevo Estado*, Cidade do México, Fondo de Cultura Económica, 1986, capítulo IV.

52. Era o caso dos ministros do Supremo Tribunal de Justiça, dos desembargadores dos tribunais da Relação, dos juízes de direito das comarcas e dos juízes municipais e de órfãos, o que possibilitava ao imperador — que ainda os podia suspender — controlar as funções da Justiça até mesmo no nível local. Sobre a burocracia judiciária do império, cf. José Murilo de Carvalho, *A construção da ordem..., op. cit.*, p. 118-120 e 136.

53. *Aurora Fluminense*, n° 473, 15 de abril de 1831. Por outro lado, no n° 558, de 18 de novembro de 1831, o jornal alertava para o perigo representado pelos exércitos permanentes, "instrumentos ora de despotismo ora de anarquia".

54. Essa prerrogativa, ao possibilitar a ascensão ao oficialato de negros e mulatos (que formavam o grosso dos alistados), fazia da Guarda Nacional, na opinião de Jeanne Berrance de Castro, uma "organização democrática", um "instrumento de mudança social pelo igualitarismo", constituindo-se, portanto, em uma "for-

ma de reivindicação e luta" para a integração social daqueles indivíduos. Todavia, Edmilson Rodrigues, Francisco Falcon e Margarida Neves ressaltam que, na prática, o preconceito racial e a política de apadrinhamento dificultavam a eleição dos homens "de cor": "esse pretenso princípio de igualdade, viciado em sua origem porque aplicado em uma sociedade essencialmente desigual, terá que ser redimensionado, transformando-se na prática numa forma de reafirmar o poder local: (...) as eleições reproduzem no interior da guarda a hierarquia existente na sociedade, balizada fundamentalmente pela propriedade". Jeanne Berrance de Castro, *A milícia cidadã: a Guarda Nacional de 1831 a 1850*, São Paulo/Brasília, Cia. Editora Nacional/Instituto Nacional do Livro, 1977, p. 141, 238 e 239; Antonio Edmilson Martins Rodrigues, Francisco José Calazans Falcon e Margarida de Souza Neves, *A Guarda Nacional no Rio de Janeiro: 1831-1918*, Rio de Janeiro, PUC-Rio/Divisão de Intercâmbio e Edições, 1981, p. 79. De qualquer forma, o mecanismo eleitoral logo provocou protestos entre aqueles que temiam ser derrotados por indivíduos de condição social inferior, ficando a eles subordinados na corporação. Contudo, a prerrogativa dada pelo ato adicional às assembleias legislativas de nomear funcionários públicos municipais e provinciais foi por elas aproveitada para substituir as eleições na Guarda pela nomeação provincial, permitindo que os poderes locais passassem a ter grande ingerência sobre a instituição. Discriminações também ocorreram no serviço ativo e na reserva, visto que, sobretudo a partir do decreto de 25 de outubro de 1832, esta última passou a constituir privilégio quase que exclusivo dos milicianos mais favorecidos socialmente.

55. Fernando Uricoechea, *O minotauro imperial: a burocratização do Estado patrimonial brasileiro no século XIX*, Rio de Janeiro/São Paulo, Difel, 1978, capítulos IV-VII.
56. Segundo John Schulz, entre os 44 generais que atuaram no exército imperial em 1830 e 1831, havia 26 portugueses, um inglês, um francês e apenas 16 brasileiros. John Schulz, *O Exército na política: origens da intervenção militar, 1850-1894*, São Paulo, Edusp, 1994, p. 24-26. Sobre as tropas estrangeiras e o motim, cf. Ruth Maria Kato, *Revoltas de rua: o Rio de Janeiro em três momentos (1821-1828-1831)*, dissertação de mestrado, Rio de Janeiro, IFCS/UFRJ, 1988, capítulo III, p. 110-137.
57. Cf. Adriana Barreto de Souza, *O Exército na consolidação do império: um estudo histórico sobre a política militar conservadora*, Rio de Janeiro, Arquivo Nacional, 1999, p. 41-56.
58. Thomas H. Holloway, *Polícia no Rio de Janeiro: repressão e resistência numa cidade do século XIX*, Rio de Janeiro, Fundação Getulio Vargas, 1997, p. 75.
59. Para se ter ideia da importância militar e política da família Lima e Silva, sobretudo após a abdicação, basta lembrar que o chefe do clã, Francisco, que pouco antes já era comandante das Armas da corte e província do Rio de Janeiro, passou a ser presidente da Regência Trina Provisória e foi o único membro desta a estar na

O LABORATÓRIO DA NAÇÃO: A ERA REGENCIAL (1831-1840)

Regência Trina Permanente; um de seus irmãos, Manoel da Fonseca, que comandava o batalhão do imperador, tornou-se então ministro da Guerra; e o terceiro dos irmãos, José Joaquim, deixou de ser ajudante de campo do imperador para assumir o comando das Armas deixado por Francisco. Além de o filho deste, o então major Luís Alves (futuro duque de Caxias), ter-se tornado subcomandante do Batalhão de Oficiais-Soldados Voluntários da Pátria e, logo depois, comandante do Corpo de Guardas Municipais Permanentes da corte.

60. Reproduzia-se no interior das forças armadas a mesma divisão tripartite da política regencial, a ponto de haver na corte, em 1833, três efêmeros jornais que diziam representar a classe militar, vinculados um aos *exaltados*, outro aos *caramurus* e o terceiro aos *moderados*: *O Soldado Afflicto, O Militar no Rio de Janeiro* e *O Cidadão Soldado*. Em 1836, surgiu, ainda, *O Guarda Nacional*, folha dedicada a tratar dos problemas daquela milícia.
61. *O Sete d'Abril*, n° 62, 30 de julho de 1833.
62. Thomas Flory, *op. cit.*, segunda parte.
63. Passaram eles a julgar ações de maior vulto, a prender criminosos procurados pela Justiça fora de sua jurisdição, a efetuar formação de culpa e pronúncia dos acusados, a indicar os inspetores de quarteirão à Câmara Municipal e a confeccionar, junto com os párocos locais e o presidente da municipalidade, a lista dos jurados.
64. *Annaes do Parlamento Brazileiro — Camara dos Srs. Deputados, op. cit.*, 1831, t. 1, p. 13.
65. *Cf.* Marcello Otávio Neri de Campos Basile, *O império em construção...*, *op. cit.*, p. 59-68, 211-215 e 344-346. A mesma postura dúbia tinha a imprensa *moderada* mineira; ver Wlamir Silva, *op. cit.*, p. 220-254.
66. Paulo Pereira de Castro, "A experiência republicana, 1831-1840", *op. cit.*, p. 25.
67. A *Aurora Fluminense* confessava que, ao aprovar as reformas, a Assembleia "tirou aos facciosos um grande pretexto", pois elas eram o "estandarte da Exageração, e o mais formidável pretexto de seus excessos. A Moderação lançou mão dele. Reduziu estas exigências às formas ao menos acerbas e tratou de realizar o que havia de racionável e mesmo de vantajoso". E, em longo e revelador retrospecto, explicou os motivos da mudança de opinião: "Quando em 1830 apareceram no Rio de Janeiro as primeiras idéias de se reformar a Constituição no sentido federativo, sabe-se que a nossa opinião foi contrária a tal mudança. Julgávamos que não podia haver utilidade em alterar-se uma Constituição, aonde, embora se lhe notem defeitos, estão consagradas todas as garantias, todos os princípios liberais (...) não podíamos com certeza atribuir os nossos sofrimentos à Constituição, mas sim à sua inobservância; acreditávamos também que era prova de uma volubilidade perigosa alterarmos desde logo e sem profundo conhecimento de causa a base de nossas leis (...) Receávamos ainda e mais que tudo, o choque dos interesses e das opiniões, a aceleração do movimento revolucionário (...) Porém as idéias favoráveis à reforma foram todos os dias ganhando corpo, principalmente

nas províncias (...) O projeto das reformas saiu finalmente do seio da Câmara dos Deputados, com uma amplitude sem dúvida notável (...) Tapava-se a boca por este lado aos partidos descontentes e dava-se tempo à razão pública para livremente desenvolver-se, avaliar sem o impulso do entusiasmo o que era mais útil, e adotar das reformas só a parte que parecesse indispensável (...) É, quanto a nós, o único meio de se tirar às facções uma arma poderosa" (n° 543, 14 de outubro de 1831, n° 1.085, 19 de agosto de 1835, e n° 639, 8 de junho de 1832).

68. A resistência dos *moderados* a Andrada remonta à abdicação, quando a Câmara só acatou a nomeação feita por d. Pedro I após estabelecer as atribuições do tutor. Nos meses seguintes, porém, o alinhamento cada vez mais evidente de Bonifácio com os *caramurus* — sobretudo após a sedição de 17 de abril de 1832 — deflagrou a hostilidade de *moderados* e *exaltados*. Feijó, em seu relatório ministerial de 10 de maio desse ano, acusou o tutor de conivente com os rebeldes ou inepto na guarda de seus pupilos, o que, em junho, suscitou a aprovação pela Câmara de um parecer que recomendava a substituição de Bonifácio. Em 26 de julho, todavia, o Senado rejeitou a medida, por apenas um voto de diferença. O intento *moderado* só foi alcançado, por decreto regencial, em 14 de dezembro de 1833, logo após a ocorrência de distúrbios anticaramurus na corte e a descoberta de outra conspiração envolvendo criados da Quinta ligados a Bonifácio. O novo tutor nomeado foi o marquês de Itanhaem, membro da Sociedade Defensora.

69. A íntegra do projeto — impresso na tipografia do *Pregoeiro Constitucional*, jornal de Ferreira de Mello — acha-se em Octavio Tarquinio de Souza, *História dos fundadores do império do Brasil*, v. 8, *op. cit.*, p. 217-252.

70. *Annaes do Parlamento Brazileiro — Camara dos Srs. Deputados*, *op. cit.*, 1832, t. 2, p. 127-129.

71. *Annaes do Parlamento Brazileiro — Camara dos Srs. Senadores. Sessão de 1832*, Rio de Janeiro, Typographia Mercantil, 1874, t. 3, p. 156-157.

72. Cf. *Annaes do Parlamento Brazileiro — Camara dos Srs. Deputados*, *op. cit.*, 1834, t. 1, p. 104-106, 152-153 e 166-206; t. 2, p. 5-129, 161-167 e 200-203.

73. A distribuição fiscal permaneceu, contudo, afetada pela lei de 24 de outubro de 1832, que discriminou as rendas públicas em gerais e as provinciais. As primeiras incluíam os impostos alfandegários (principal fonte fiscal) e as chamadas rendas internas (dízimos sobre açúcar, algodão, café, tabaco, gado, couro e aguardente; direito de 25% sobre ouro; sisa da venda de bens de raiz; porte de correio), restando às províncias impostos de menor rentabilidade. Enquanto os rendimentos gerais foram orçados, por essa lei, em 11 mil contos de réis, os provinciais totalizaram apenas 2.386 contos. O controle dos rendimentos provinciais pelo governo central completava-se com o dispositivo da lei que estabelecia auxílio financeiro para as províncias cujas rendas não suprissem as suas despesas, sendo os subsídios provenientes da própria receita geral das respectivas províncias. Cf. Maria de Lourdes Viana Lyra, *Centralisation, système fiscal et autonomie provinciale dans l'Empire brésilien: la province de Pernambuco, 1808-1835*, tese de doutorado, Paris, Université de Paris X, Nanterre, 1985.

74. Expressão usual na época, consagrada na historiografia pelo artigo de Paulo Pereira de Castro, *op. cit.*
75. Durante os debates, Ernesto Ferreira França declarou que "rejeitava como anticonstitucional, como anti-reformista e como antibrasileira toda ideia de restringir as atribuições dos conselhos gerais, ora convertidos em assembléias legislativas". *Annaes do Parlamento Brazileiro — Camara dos Srs. Deputados, op. cit.*, 1834, t. 2, p. 17. Parece, todavia, que o ato de protesto não foi bem compreendido ou aceito pelos eleitores adeptos dos *exaltados*, até porque, involuntariamente, colocava aqueles representantes do mesmo lado dos adversários *caramurus*: nenhum dos Ferreira França — incluído o patriarca Antonio, deputado desde a Constituinte — foi reeleito para a legislatura seguinte; Henriques de Rezende só assumiu vaga como suplente, e Lino Coutinho faleceu em julho de 1836.
76. Manuel de Oliveira Lima, *O império brasileiro (1822-1889)*, 2ª ed., Brasília, Ed. UnB, 1986, p. 24.
77. Nesse caso, as folhas *exaltadas* utilizavam vários recursos para driblar a proibição, denotando formas diversas de apoiar a república, como jogar com a acepção ambígua do termo, aplicando-o ora no sentido clássico do direito romano — como coisa pública (*res publica*), como qualquer tipo de governo pautado pelo interesse público e pelo bem comum —, ora no sentido estrito de um regime peculiar de governo — no qual o mandatário é eleito e governa temporariamente, bem como a transcrição de artigos de outros jornais adeptos da república, para escapar à responsabilidade penal; a citação de autores estrangeiros republicanos, como argumento de autoridade; a crítica aos rituais e princípios monárquicos (vitaliciedade, hereditariedade, legitimidade, prestígio e privilégios aristocráticos); a incompatibilidade entre América e monarquia, paralelamente à afirmação de uma identidade americana ou ideal de americanidade, influenciado por Paine; a visão teleológica da monarquia como estágio primitivo em uma escala de progresso na qual a república seria o ápice; e a apologia dos Estados Unidos, da antiga Roma republicana e até mesmo da Revolução Francesa. Ver, a respeito, Marcello Otávio Neri de Campos Basile, *O império em construção...*, *op. cit.*, p. 201-210; e Silvia Carla Pereira de Brito Fonseca, *op. cit.*, em especial os capítulos 2 e 3.
78. Tratava-se de uma "monarquia democrática", que, além de constitucional, representativa e federalista, seria não hereditária e eletiva. *Nova Luz Brasileira*, nº 152, 9 de julho de 1831. O texto critica a monarquia e exalta a república.
79. *Nova Luz Brasileira*, nº 174, 24 de setembro de 1831 (e também os nºs 176, 29 de setembro de 1831, e 178, 6 de outubro de 1831). Para posições semelhantes de outros jornais *exaltados* da corte e de Pernambuco, ver os trabalhos citados na penúltima nota.
80. *Annaes do Parlamento Brazileiro — Camara dos Srs. Deputados*, *op. cit.*, 1831, t. 1, p. 159.
81. Henriques de Rezende e o trio Ferreira França disseram que o projeto não era anticonstitucional, pois a Constituição não fazia exceção de nenhum de seus arti-

gos quanto a reformas, podendo-se propor a república ou até o governo absoluto. Logo, porém, ergueram a voz opositores, como Francisco Ramiro Coelho, que acusou o projeto de implicar a "subversão da ordem pública"; Carneiro Leão, que sensibilizou os colegas ao dizer que era "pouco generoso apresentar-se este projeto na época da menoridade do menino"; e Rodrigues Torres, que, entre vários "apoiados", afirmou que o presidente nem sequer deveria ter consentido tal debate, cumprindo agora encerrá-lo, e que "todos estão na firme resolução de manter ileso o governo monárquico representativo". Quando Araujo Lima pediu que se levantassem os que eram contra a discussão do projeto, ergueram-se 44 deputados, permanecendo sentados 33 (número até bastante considerável, mas que não indicava, necessariamente, os que eram favoráveis à proposta, e sim apenas ao debate, ou, quando muito, os que, a princípio, não viam inconstitucionalidade na matéria). Embora a votação tenha sido nominal, conforme sugerido por Barboza Cordeiro, os *Anais* não discriminam os nomes dos votantes. *Annaes do Parlamento Brazileiro — Camara dos Srs. Deputados*, op. cit., 1835, t. 1, p. 78 (primeira e segunda citações) e 79.

82. Pelo projeto, os dois países "serão federados para mutuamente se defenderem contra pretensões externas, e se auxiliarem no desenvolvimento da propriedade interna de ambas as nações"; cada país teria representantes na Assembleia Nacional do outro; os cidadãos de uma nação gozariam na outra dos mesmos direitos que os naturais desta; entre ambos haveria livre circulação de mercadorias, isentas de impostos; as forças militares nacionais estariam à disposição para defesa recíproca; as causas judiciais entre súditos dos dois países seriam resolvidas por árbitros ou jurados nomeados pelas partes; haveria auxílio mútuo para compartilhamento de instituições, ofícios e produções; e as duas nações iriam colaborar para a "conservação e perfeição da forma nacional de governo, em todas as calamidades que se oponham a seu melhoramento físico ou moral". *Annaes do Parlamento Brazileiro — Camara dos Srs. Deputados*, op. cit., 1834, t. 2, p. 241.

83. Defendida por periódicos *exaltados*, imbuídos de forte anticlericalismo e rejeição ao ultramontanismo, tal reforma religiosa — que incluía a liberdade de culto — chegou ao Parlamento por meio de dois projetos de Antonio Ferreira França (sessões de 3 de junho de 1831 e 8 de junho de 1833) e de outros dois do deputado *moderado*, aliado de Feijó, Estevão Raphael de Carvalho (em 6 de junho de 1835 e 9 de julho de 1836). Foram todos logo rechaçados, consoante os argumentos de Araujo Lima, que manifestou sua "oposição e indignação ao ver que se está tratando dos objetos os mais sagrados, quais a religião e a constituição, por semelhante modo"; para ele, tal projeto "nunca devia aparecer", devendo-se ter mais respeito à religião, "se não quer que recaia sobre esta câmara o labéu de ateísmo". *Annaes do Parlamento Brazileiro — Camara dos Srs. Deputados*, op. cit., 1831, t. 1, p. 123; 1833, t. 1, p. 238, e t. 2, p. 94; 1835, t. 1, p. 154 (citação) e 155; e 1836, t. 2, p. 55. Sobre as propostas da imprensa *exaltada* a esse respeito, cf. Marcello Otávio Neri de Campos Basile, *O império em construção...*, op.

cit., p. 216-218. A Regência Feijó foi marcada por diversos atritos com a Igreja, como sua recusa em ser nomeado bispo de Mariana, a contratação de pastores luteranos para catequese indígena, acusações de desrespeito ao celibato clerical e de pretender federalizar a Igreja, e o veto ao aumento da côngrua.

84. Afora eventuais debates circunscritos à questão do tráfico negreiro, proibido pela lei de 7 de novembro de 1831, vários projetos emancipacionistas surgiram na Câmara. Novamente, as iniciativas partiram, quase sempre, de Antonio Ferreira França. A maioria propunha uma lei do ventre-livre, a exemplo do que pleiteavam algumas publicações *exaltadas*. É o caso dos projetos apresentados em 8 de junho de 1833, 16 de maio de 1835, 6 de junho do mesmo ano (esse restrito aos pardos), 7 de maio de 1836 e 15 de julho de 1837 (os três últimos com cláusulas de tutela). Nenhum deles sequer entrou em discussão, não sendo julgado objeto de deliberação, assim como outro no mesmo sentido proposto por Barboza Cordeiro, em 27 de junho de 1835; e mais um de Antonio França, destinado a libertar não futuros escravos, e sim todos os pardos nascidos e residentes no Brasil. Não faltaram ainda projetos — também sumariamente rejeitados — que pretendiam acabar em breve com a escravidão, como os apresentados em 7 de maio e em 6 de junho de 1835, respectivamente por Cornelio França e por seu pai, Antonio, que propunham a fixação de prazo para tal medida, bem como outro, também deste último deputado, que estabelecia 25 anos de prazo. *Annaes do Parlamento Brazileiro — Camara dos Srs. Deputados, op. cit.*, 1833, t. 1, p. 234; 1835, t. 1, p. 22-23, 58, 78, 154, 155-156 e 216; 1836, t. 1, p. 24; 1837, t. 2, p. 112. Para as críticas e propostas da imprensa *exaltada* sobre a escravidão, *cf.* Marcello Otávio Neri de Campos Basile, *O império em construção...*, *op. cit.*, p. 175-180.

85. Trata-se do chamado "Plano do Grande Fateusim Nacional", proposto pela *Nova Luz Brasileira* logo após a abdicação. Previa, de um lado, o arrendamento das terras devolutas, por prazo renovável de 30 anos, pagando o lavrador um único imposto ao governo e assim ficando isento de qualquer tributo particular; de outro, para viabilizar e efetivar a reforma, a confecção de mapas geodésicos, a partir da medição, demarcação e cadastramento de todas as terras, acompanhado de inventário dos bens de cada agricultor e de recenseamento geral. Além disso, visando a uma justa distribuição de terras, cada indivíduo só possuiria as terras de que realmente necessitasse para sua subsistência e que pudesse efetivamente cultivar. A reforma abarcaria não só as terras públicas devolutas e as que fossem desde então adquiridas, como também as propriedades privadas apropriadas indevidamente. Assim, abria exceção para as terras já compradas em dinheiro, que estivessem legalmente possuídas e de acordo com as especificações contidas no livro IV das Ordenações Filipinas (legislação colonial sobre sesmarias, abolida desde 1822, que já determinava o cultivo efetivo das terras concedidas, sob risco de confisco, e sua medição e demarcação judicial). O objetivo do plano era abolir ou atenuar as imensas desigualdades sociais, permitindo melhores condições de vida aos pobres, e pôr fim ao "disfarçado feudalismo brasileiro" e aos privilégios

e poderes da "malvada *aristocracia liberal*"; com o Fateusim Nacional, "o pobre não é escravo dos ricos: não paga o pobre dois tributos, um para o rico viver vadiando, e outro para o Rei nos ir espezinhando". *Nova Luz Brasileira*, n°s 142, 24 de maio de 1831, e 174, 24 de setembro de 1831. Não vigorava então no império legislação que regulamentasse o acesso à terra ou sua legitimação, problema só resolvido com a Lei de Terras de 1850 (que, embora representasse um avanço, em face da caótica situação fundiária, ia de encontro à proposta *exaltada*, ao legitimar as antigas sesmarias e posses, e ao estabelecer o acesso à terra somente por meio de compra, à vista e sob altos preços). Ver, de Marcello Otávio Neri de Campos Basile, "A reforma agrária cidadã: o Plano do Grande Fateusim Nacional", *Estudos de sociedade e agricultura*, n° 10, Rio de Janeiro, Curso de Pós-Graduação em Desenvolvimento, Agricultura e Sociedade/Instituto de Ciências Humanas e Sociais/Universidade Federal Rural do Rio de Janeiro, abril de 1998; e *O império em construção...*, *op. cit.*, p. 191-198.
86. *O Filho da Terra*, n° 6, 11 de novembro de 1831. Ver também *O Tribuno do Povo*, n° 48, 28 de fevereiro de 1832.
87. Feijó venceu nas províncias de Minas Gerais (onde a enorme diferença de votos a seu favor foi decisiva para o resultado), São Paulo, Espírito Santo, Mato Grosso, Goiás, Rio Grande do Norte, Ceará, Piauí, Maranhão e Pará. Já Hollanda Cavalcanti foi vitorioso no Rio de Janeiro (corte e província) em Santa Catarina, no Rio Grande do Sul, na Bahia, em Sergipe, Alagoas, Pernambuco e na Paraíba. *Cf. Aurora Fluminense*, n° 1.105, 12 de outubro de 1835.
88. Nesse contexto, os bate-bocas em plenário entre os líderes da oposição e os ministros eram bastante ríspidos de ambas as partes, quando não ofensivos; nitidamente, a estratégia era intimidar e acuar os ministros, que não dispunham de defensores à altura dos oponentes. Ver, por exemplo, *Annaes do Parlamento Brazileiro — Camara dos Srs. Deputados*, *op. cit.*, 1836, t. 1, p. 101 e 174; e t. 2, p. 368-374 e 377-381.
89. *Annaes do Parlamento Brazileiro — Camara dos Srs. Deputados*, *op. cit.*, 1836, t. 2, p. 425; 1837, t. 1, p. 13.
90. *Annaes do Parlamento Brazileiro — Camara dos Srs. Deputados*, *op. cit.*, 1835, t. 2, p. 80, 81 e 83.
91. *Annaes do Parlamento Brazileiro — Camara dos Srs. Deputados*, *op. cit.*, 1836, t. 1, p. 69-73; e 1837, t. 1, p. 283.
92. Miriam Dolhnikoff tem visão distinta, defendendo que a Lei de Interpretação não significou atentado ao arranjo institucional estabelecido pelo ato adicional, foi apenas uma "correção de rumos", ao centralizar apenas o aparato judiciário e manter, assim, as esferas distintas de competência entre os governos central e provinciais, preservando amplo espaço de autonomia a estes últimos. Para a autora, a historiografia tem reproduzido a retórica do debate parlamentar da época, que apresenta os liberais como defensores da descentralização e os conservadores, da centralização. Afirma ainda que a autonomia provincial mantida durante todo o

Império "atendeu a demanda das elites provinciais e, desta forma, conquistava sua adesão". Miriam Dolhnikoff, *op. cit.*, em especial capítulo 2 (citações, p. 77 e 154). Se foi assim, cabe perguntar: por que, durante todo o Segundo Reinado, os liberais em geral lutaram em prol da descentralização, até recorrendo às armas? Será que todo o acirrado debate, travado ao longo desses quase 50 anos, entre centralização e descentralização, com efeitos até sobre a queda da monarquia, era uma falsa questão retórica? Dolhnikoff minimiza, assim, os diversos mecanismos centralizadores que limitavam os poderes provinciais introduzidos pelas revisões conservadoras (em particular, as reformas do ato adicional e do Código do Processo Criminal, mas também, mais tarde, da Guarda Nacional), como a perda, por parte das assembleias provinciais, da competência de legislar sobre a polícia judiciária (o que retirava do âmbito provincial a importante função de condução dos inquéritos policiais e de investigação dos crimes); a proibição de legislar sobre os empregos provinciais instituídos por leis gerais (o que incidia, principalmente, sobre os estratégicos cargos do Judiciário); a determinação de que fossem apreciadas pela Câmara dos Deputados as leis aprovadas pelas assembleias consideradas inconstitucionais pelos presidentes de província; o esvaziamento das atribuições dos juízes de paz em favor de autoridades nomeadas pelo governo central; as restrições ao exercício do júri; a extinção dos prefeitos criados nas comarcas municipais após o ato adicional; e a substituição do critério eletivo pela nomeação dos oficiais da Guarda Nacional pelo ministro da Justiça. Além das figuras dos presidentes e vice-presidentes; elementos muitas vezes de fora da província, os primeiros atuavam frequentemente como verdadeiros interventores do governo central na política provincial, como atestam os constantes atritos com as elites locais, até ensejando revoltas; os últimos passaram a ser, a partir de 1841, de nomeação exclusiva do imperador, e não mais escolhidos pelo governo central a partir de lista indicativa elaborada pela assembleia de cada província. A simples divisão constitucional de competências entre centro e províncias, a existência de algum grau de autonomia provincial (ou de descentralização) e a participação das elites provinciais no jogo político nacional por meio de suas representações parlamentares — aspectos que definem o conceito de federalismo adotado pela autora — não são o bastante para configurar a implementação de um suposto projeto federalista vitorioso no Império, pois são elementos encontrados em quase todos os Estados nacionais. Assim, o cerne da questão está no *balanço* existente nas esferas de atribuições, nos espaços de autonomia e nos poderes de intervenção entre os governos central e provinciais, relações de força que, evidentemente, pendiam muito mais para o primeiro lado, após as revisões conservadoras das reformas.

93. Ver João Camillo de Oliveira Torres, *A democracia coroada (teoria política do império do Brasil)*, Rio de Janeiro, José Olympio, 1957, p. 517-518. O último artigo (8°) abria margem para que as leis provinciais tidas como contrárias à Lei de Interpretação fossem revogadas pelo Legislativo Geral. Cf. Lei n° 105, de 12 de maio de 1840, *in* Adriano Campanhole e Hilton Lobo Campanhole (orgs.),

Constituições do Brasil: 1824, 1891, 1934, 1937, 1946, 1967, 1969, 5ª ed., São Paulo, Atlas, 1981, p. 686.
94. Thomas Flory, op. cit., capítulos V-VII.
95. Em outubro de 1831, a Câmara já aprovara, com emendas, projeto do Senado que reformava parte do Código Criminal, no que tangia aos crimes contra a ordem pública. Em meio às sucessivas revoltas e às críticas do ministro Feijó à brandura das leis penais, foram aprovadas medidas que determinavam: proceder *ex-officio* à inquirição judicial em crimes de conspiração, rebelião, sedição e insurreição; aos juízes de paz, fazer sumário em qualquer tipo de crime, pronunciando e prendendo os pronunciados; ampliar a pena de prisão de 60 dias para de um a seis meses, com trabalho (duplicada em caso de reincidência), para portadores, sem licença, de pistola, bacamarte e objetos perfurantes; elevar igualmente as penas dadas aos vadios; processar e julgar como crimes policiais ferimentos simples, ofensas físicas às autoridades, resistência a guardas policiais e injúrias, calúnias e ameaças; não conceder seguros para implicados em crimes policiais e processos políticos; e punir com de um a seis meses de prisão com trabalho tumultos, motins ou assuadas não especificados no Código Criminal. *Annaes do Parlamento Brazileiro — Camara dos Srs. Deputados*, op. cit., 1831, t. 2, p. 223-229, 234 e 243.
96. Segundo a comissão, essa proposta seria depois complementada por outras, que tratariam de diversos aspectos do Código, sendo, ao final, todas reunidas em um único projeto. Essa parte inicial estabelecia, nos crimes de responsabilidade, o juiz de direito como privativo para formação de culpa dos empregados públicos não privilegiados, e o juiz municipal nos demais casos. Sendo indiciado pelo juiz um funcionário com direito a foro privilegiado, o processo deveria ser remetido, sem pronúncia, para o magistrado competente. Nos crimes particulares, o juiz de paz continuava a ser a autoridade competente para formação de culpa. As buscas em lugares suspeitos para prisão de criminosos ou descoberta de objetos do crime só poderiam ser efetuadas mediante ordem por escrito e assinada dos juízes. O corpo de delito relativo aos crimes que deixavam vestígios caberia ao respectivo juiz de paz, ficando a tarefa para o juiz formador da culpa quando não houvesse tais indícios. Nas reuniões do Tribunal do Júri só haveria promotores, nomeados pelo governo geral. Os juízes municipais, também nomeados pelo centro, seriam escolhidos, na corte, entre bacharéis formados, ao passo que os juízes de direito seriam selecionados entre juízes municipais e promotores que fossem bacharéis. Os juízes de direito poderiam examinar, sob suspeita de prevaricação, os processos organizados pelos juízes municipais em que não houvesse pronúncia ou interpolação de recursos, podendo até reparar alguma injustiça e responsabilizar os prevaricadores. *Annaes do Parlamento Brazileiro — Camara dos Srs. Deputados*, op. cit., 1836, t. 1, p. 126-128.
97. Cf. João Luiz Ribeiro, *História legislativa: o Código do Processo Criminal de 1832 e sua reforma em 1841*, mimeo., p. 17-43; Octavio Tarquinio de Souza,

História dos fundadores..., v. 5, *op. cit.*, p. 237-241; e João Camillo de Oliveira Torres, *op. cit.*, p. 258 e 259.
98. *Cf.* Thomas Flory, *op. cit.*, p. 266-277.
99. *Annaes do Parlamento Brazileiro — Camara dos Srs. Deputados*, *op. cit.*, 1837, t. 1, p. 198.
100. Não incluído o *regressista* Araujo Lima, nomeado de véspera apenas para assumir o lugar de Feijó.
101. *Annaes do Parlamento Brazileiro — Camara dos Srs. Deputados*, *op. cit.*, 1837, t. 2, p. 547.
102. *Cf.* Jeffrey D. Needell, *op. cit.*, p. 297-299. O autor chama a atenção, com propriedade, para o fato de que, até o final da Regência, não se falava ainda em Partido Conservador — denominação só estabelecida no Segundo Reinado —, e sim em "Regresso" ou "Partido da Ordem" (p. 276).
103. *Cf. O Sete d'Abril*, n° 264, 21 de julho de 1835. Ver também o discurso de Vasconcellos na sessão de 9 de agosto de 1837, em *Annaes do Parlamento Brazileiro — Camara dos Srs. Deputados*, *op. cit.*, 1837, t. 2, p. 294.
104. Não se conhece ao certo a origem desse sempre citado discurso. Segundo José Murilo de Carvalho, José Pedro Xavier da Veiga, nas *Ephemerides mineiras*, e Joaquim Nabuco, em *Um estadista do império*, foram os primeiros a citá-lo, em 1897, ambos sem indicar a fonte. José Murilo de Carvalho (org.), *Bernardo Pereira de Vasconcelos*, São Paulo, Ed. 34, 1999, p. 9.
105. *Annaes do Parlamento Brazileiro — Camara dos Srs. Senadores*, *op. cit.*, 1839, t. 2, p. 108.
106. Paulino Soares de Souza, já então visconde do Uruguai, foi quem depois melhor sistematizou essas ideias, vendo o Estado como principal agente de transformação política e social, um instrumento pedagógico de civilização, que deveria preparar o povo para o autogoverno; reconhecia, todavia, os males de uma centralização excessiva, defendendo para o Brasil uma combinação de centralização política com descentralização administrativa. Sobre as características do pensamento conservador no império, *cf.* Marcello Otávio N. de C. Basile, "Conservadorismo no Brasil Império", *in* Francisco Carlos Teixeira da Silva, Sabrina Evangelista Medeiros e Alexander Martins Vianna (orgs.), *Dicionário crítico do pensamento da direita: ideias, instituições e personagens*, Rio de Janeiro, Faperj/Mauad, 2000.
107. Ver, por exemplo, *O Sete d'Abril*, n°, 260, 7 de julho de 1835, n° 324, 2 de março de 1836, n° 437, 5 de abril de 1837, e n° 438, 7 de abril de 1837.
108. *O Chronista*, n° 8, 22 de outubro de 1836, e n° 10, 29 de outubro de 1836, respectivamente. Outro grande expoente do Regresso era redigido por Justiniano José da Rocha, Josino do Nascimento Silva e Firmino Rodrigues da Silva.
109. José Murilo de Carvalho, *A construção da ordem...*, *op. cit.*, capítulo 8.
110. Ilmar Rohloff de Mattos, *O tempo saquarema: a formação do Estado imperial*, 2ª ed., São Paulo, Hucitec, 1990, capítulo II, em especial p. 141-143.

111. Aludindo aos governos despóticos do Oriente, Theophilo Ottoni afirmou tratar-se de "um uso oriental impróprio do cidadão de um país livre". Theophilo Benedicto Ottoni, *op. cit.*, p. 242.

112. Na sessão da Câmara de 6 de junho daquele ano, Luiz Cavalcanti apresentou projeto que antecipava a maioridade do imperador para 14 anos; chocava-se com outro projeto, levado à tribuna na mesma ocasião pelo republicano Antonio Ferreira França, que também pretendia alterar a maioridade do monarca, postergando-a para 25 anos, da mesma forma que os demais cidadãos. Nenhuma das propostas foi admitida à discussão. A essa altura, já era iminente a vitória de Feijó na eleição para regente, o que levou a "facção holandesa" (grupo que apoiava a candidatura Hollanda Cavalcanti, integrado, entre outros, por Vasconcellos, Miguel Calmon e Romualdo Seixas) a tramar a antecipação da maioridade da irmã mais velha de imperador, a princesa Januária, então com 14 anos, a fim de que assumisse a Regência no lugar de Feijó. O plano não foi adiante, mas o reconhecimento pela Assembleia Geral de dona Januária como sucessora ao trono de d. Pedro II, em 31 de maio do ano seguinte, animou os "januaristas". Imediatamente, começaram a chegar ao Parlamento representações de câmaras municipais, associações, militares e civis vindas de várias partes do império, manifestando apoio ou, sobretudo, repúdio à suposta Regência da princesa. Com as reações em contrário, compreenderam os golpistas que somente um apelo mais forte seria capaz de levar à substituição de Feijó ou, mais ainda, ao fim da Regência; esse apelo era d. Pedro II. Nesse sentido, o deputado José Joaquim Vieira Souto, ex-redator da *Astréa* e um dos antigos líderes moderados que passaram à oposição a Feijó, apresentou projeto, na sessão de 20 de maio de 1837, que dispensava a menoridade de d. Pedro II e assim o habilitava a já assumir o trono, assessorado por um Conselho de Estado provisório; segundo o proponente, esse seria "o único remédio que pode assegurar a integridade do Brasil e conservar o trono do Sr. D. Pedro II". Mais uma vez, a proposta não foi julgada objeto de deliberação, recebendo apoio de apenas 10 deputados, todos da oposição. Cf. *Annaes do Parlamento Brazileiro — Camara dos Srs. Deputados, op. cit.*, 1835, t. 1, p. 154, 156, 169 e 182; 1836, t. 1, p. 119, 169 e 188, e t. 2, p. 29 e 394; e 1837, t. 1, p. 96 e (citação) 97.

113. Em seu discurso, afirmou que "o governo das regências apenas tem feito à nação um único benefício, todavia o mais relevante; que é o de firmar nos corações brasileiros o amor da monarquia; desenganando por meio de uma dolorosa experiência aos crédulos dessa decantada bondade dos governos de pouco custo, ou baratos; dos governos eletivos e temporários; dos governos democráticos; dos quais por certo mui pouco difere, se não é a mesma coisa, o governo regencial pela forma acanhada e quase republicana que lhe demos". *Annaes do Parlamento Brazileiro — Camara dos Srs. Senadores, op. cit.*, 1840, t. 2, p. 129-131 e 284-286 (citações, p. 129, 284 e 285).

114. Theophilo Benedicto Ottoni, *op. cit.*, p. 261.

115. Gentil-homem da Casa Imperial, Vahia foi um dos implicados na conspiração *caramuru* dos criados do Paço, em dezembro de 1833, na qual esteve também envolvido outro Andrada, o tutor José Bonifácio.
116. De acordo com Octavio Tarquinio de Souza (*História dos fundadores do império do Brasil*, v. 5, *op. cit.*, p. 224), no dia 18 de julho, as ruas da corte amanheceram com a seguinte quadrinha afixada em muitos muros de casas: "Queremos Pedro Segundo/ Embora não tenha idade;/ A nação dispensa a lei/ E viva a maioridade!" Nas galerias lotadas da Câmara, a maioridade imperial era proclamada pela plateia.
117. *Cf. idem, ibidem*, p. 224-233.
118. Os tempos conturbados da Regência deixaram, todavia, impressões traumáticas na memória do jovem monarca, que ficaram registradas em seu diário, no dia de seu primeiro aniversário como imperador efetivo: "Depois a trombeta tocou o seu clarim que outrora me era tão terrível, principiaram os tiros de artilharia, que antigamente até me faziam verter lágrimas de terror." *Apud* José Murilo de Carvalho, *D. Pedro II: ser ou não ser*, São Paulo, Cia. das Letras, 2007, p. 25.
119. Lilia Moritz Schwarcz, *As barbas do imperador. D. Pedro II, um monarca nos trópicos*, São Paulo, Cia. das Letras, 1998, capítulo 4; e Maria Eurydice de Barros Ribeiro, *Os símbolos do poder: cerimônias e imagens do Estado monárquico no Brasil*, Brasília, Ed. UnB, 1995, capítulo III, p. 88-91.
120. Marco Morel, *Cipriano Barata...*, *op. cit.*, p. 316; *idem*, *O período das regências*, *op. cit.*, p. 9.
121. As expressões são do jornal *Astréa*, n° 795, 7 de fevereiro de 1832, e n° 796, 9 de fevereiro de 1832, respectivamente.
122. Ernest Renan, *Qu'est-ce qu' une nation?/What is a nation?*, Toronto, Tapir, 1996, p. 48.

CAPÍTULO III Movimentos sociais:
Pernambuco (1831-1848)
Marcus J. M. de Carvalho

MEMÓRIAS E HERANÇAS DE 1817 E 1824

Na historiografia sobre o Brasil Oitocentista, Pernambuco aparece em posição bastante peculiar. Economicamente, perdera relevância em face da corte, de Minas Gerais e da Bahia, e logo, logo também se distanciaria de São Paulo. No plano político, apesar de possuir lideranças importantes advindas da fina oligarquia agrária, não era em torno delas que girava a política imperial. A imensa utilidade de se estudar Pernambuco é outra. Sua singularidade está na profusão de movimentos sociais e políticos ali ocorridos, envolvendo extensas e complexas alianças — tensas alianças — entre homens livres pobres, libertos, militares de baixa patente, artesãos, camponeses e até escravos. Em Pernambuco, praticamente se condensaram todas as possibilidades de protesto popular em uma sociedade escravista. Esses eventos, nem sempre necessariamente interligados, servem de prisma para se entender o Brasil real, devido à multiplicidade de analogias possíveis com outras tantas rebeliões coevas nas outras províncias do império.

    A antiguidade de Pernambuco é um dado que deve ser levado em conta na análise histórica, pois, enquanto algumas partes dos brasis ainda estavam se conformando, ali a escravidão já ultrapassara o canavial e a casa-grande, tornando-se um modo de vida, vivenciado por todos os habitantes da província, a maioria dos quais constituída por homens livres pobres. No começo do século XIX, quem não possuía cativos, pretendia tê-los. A posse de escravos suntuários era a rotina nos sobrados urbanos. As vozes, os cantos dos cativos trabalhando, o som das ruas do Recife e Olinda. Todos estavam integrados à peculiar maneira de ser de uma sociedade escravista há muito consolidada, sendo raros os que ascendiam, em uma única geração, do cativeiro à opulência. Mas o processo de mestiçagem, hierarquizado e contraditório, também estava bastante avançado, contribuindo para que as relações de raça e classe fossem dinâmicas, de tal forma que não faltariam motins agregando negros, índios, pardos, homens livres, libertos e cativos, nem agentes da repressão, ou mesmo proprietários rurais, advindos desses mesmos extratos sociais. O dinheiro branqueava o negro e o índio. A pobreza enegrecia pardos e caboclos. Raça e classe interpenetravam-se de múltiplas maneiras adicionando um pouco mais de complexidade à cena política.

A dificuldade de isolar os homens livres pobres, os índios, os cativos e libertos em retratos conceituais fixos repete-se quando tentamos visualizar as elites locais. A Independência em Pernambuco, como há muito observou José Honório Rodrigues, foi um processo cruento. Entre 1817 e 1824, a província foi afogada em sangue. A adesão ao Rio de Janeiro só foi possível graças à intervenção militar. Mas não se pode dizer que eram poucos os aliados locais de d. João VI, em 1817, e de d. Pedro I em 1824. A historiografia regional ufanista costumava apresentar a província unívoca — "glórias de Pernambuco" — como se todos os pernambucanos ressoassem o liberalismo erudito dos padres de 1817 ou de frei Caneca em 1824. Isso não é exato. A vitória militar contra 1817 foi rápida demais para se poder dizer que o movimento tinha o apoio maciço dos proprietários rurais. A resistência da Confederação do Equador foi mais heroica talvez. Mas também foi pouco eficaz, diante da relutância dos grandes proprietários em arriscar seus bens e vidas em uma nova guerra contra o Rio de Janeiro. Na independência, o projeto constitucional vitorioso foi talvez o mais conservador entre os que estavam na mesa: monarquia constitucional, mas centralista e autoritária, já que era o Poder Moderador o gestor direto de todo o sistema parlamentar. Completando o modelo, as bases da economia, escravidão e tráfico atlântico, permaneceriam intactos. Mas a vitória de d. Pedro I foi construída a ferro e fogo. Havia facções das elites locais que entendiam que a federação garantiria a sua hegemonia local. O superdimensionamento do Poder Moderador poderia ser um empecilho ao domínio sobre as localidades. Os grandes negociantes e proprietários rurais que arriscaram suas posses em 1817 e 1824 entendiam que a autonomia provincial era a chave para o sucesso no confronto local com seus adversários.

A história social de Pernambuco entre a Regência e a década de 1850 está vinculada à história de suas elites locais, principalmente porque 1817, 1824 e 1848 provocaram brechas nos instrumentos de controle sobre as camadas subordinadas. As disputas pelo poder político local e por representação mais ampla nos aparelhos do Estado atingiam diretamente o cotidiano popular rural e urbano. Nunca é pouco ressaltar, porém, que seria reducionismo ingênuo resumir o protesto popular naquela época a lampejos de violência desabrida nos momentos em que as camadas dominantes estavam cindidas. Há muita coisa fora dessa lógica simplista na Cabanada (1832-1835), nos ataques quilombolas nas décadas de 1820 e 1830, na resistência escrava e indígena, no movimento dos trabalhadores livres pobres às vésperas da Revolta Praieira, ou no Ronco do Maribondo. Havia práticas de resistência enraizadas em tradições africanas e indígenas. Os imigrantes europeus — na maioria pobres, vale salientar — também trouxeram suas formas de protesto e organização. Das adaptações possíveis entre essas práticas, com o predomínio de uma ou de outra conforme as circunstâncias, resultaram as rebeliões e motins aqui discutidos. A resistência escrava, a hostilidade indígena e a miríade de motins e revoltas da primeira metade do século XIX formavam um contexto sobre o qual as elites locais tinham que atuar, por sua própria sobrevivência. Só que as divisões intraelites terminavam agravando ainda mais o quadro. Não há como subestimar o poder de catalisação de insatisfações populares que pode trazer o simples ato de armar negros, pardos, índios e homens livres pobres em geral, em uma sociedade escravista. Era essa a atitude normal de proprietários de escravos quando se sentiam ameaçados por seus pares, parceiros e adversários na disputa pelo poder local. Sua proteção pessoal dependia de seus subordinados.

Mesmo no perímetro urbano, armar negros era prática tão arraigada, que os "patriotas" de 1817 reforçaram os efetivos que patrulhavam o Recife com algumas centenas de cativos. O líder civil do movimento, Domingos José Martins, organizou um batalhão de 300 negros, "quase todos escravos", segundo uma testemunha de acusação na devassa.[1] Já em 1824, a defesa da cidade ficou a cargo do batalhão dos pardos e dos Henriques, apoiados por outros tantos negros engajados com essa finalidade. Entre eles estava o africano Francisco da Costa, cuja alforria foi cassada por ingratidão em 1827, depois de amargar três anos de cadeia por ter-se tornado "famoso artilheiro", manejando os canhões do Forte do Brum contra as tropas imperiais.[2] Empregar negros para proteção pessoal, fossem eles escravos próprios ou alugados com essa finalidade, era prática normal em sociedades escravistas consolidadas, como Pernambuco.[3] O que a classe senhorial não conseguia, todavia, era dirigir o pensamento de seus subordinados. Era impossível controlar a forma como as camadas subalternas interpretavam aqueles momentos de perigo. A mobilização geral durante as eleições, os recrutamentos forçados, a justaposição de hierarquias de um Estado que se pretendia onipresente repercutiam sobre o cotidiano da população livre pobre e mesmo escrava. A mudança de autoridades em dada localidade exigia reajustes nas malhas clientelares. Alguns desses processos eram vividos intensamente pela população livre pobre, indígena inclusive, como clientela mobilizada, e pelos cativos, como guarda-costas. Havia, portanto, outros processos de politização paralelos e correlatos às grandes discussões das camadas dominantes. Politização resultante da forma como as mudanças políticas e judiciais atingiam a massa que os contemporâneos, na falta de conceito mais preciso, chamavam de povo.

Um dos resultados da desordem provocada pela mobilização de tropas particulares, entre 1817 e 1824, foi a presença de grupos armados circulando no interior. Após a repressão aos movimentos de 1817 e 1824, o castigo também recaiu sobre os homens livres pobres que, armados por seus comandantes — os próprios proprietários rurais —, haviam exercido prerrogativas — perdidas tão logo restaurada a ordem. Findas as rebeliões, nem sempre era possível o retorno pacífico para seus roçados e lavouras, para a vida de morador de engenho. As milícias e ordenanças que combateram tanto do lado dos rebeldes como do lado da ordem participaram dos saques às propriedades rurais dos adversários de seus comandantes. Os que haviam lutado do lado derrotado nem sempre podiam contar com a proteção dos proprietários que os levaram à luta, cujo poder havia diminuído drasticamente devido à derrota da causa que defendiam. O resultado é que nem todos os bandos que apareceram circulando pelo interior estavam sob a proteção direta de algum proprietário rural, embora, frequentemente agissem a seu mando e por eles pagos. Esse tipo de problema se repetiria depois da Revolta Praieira, quando novamente grupos de homens armados rondavam o interior.

O mesmo acontecia com várias comunidades indígenas. Desde o começo da colonização que os povos nativos começaram a escolher minuciosamente as alianças que deveriam estabelecer com os conquistadores. Conforme as circunstâncias, uniam-se a "perós" ou "mairs", a portugueses ou holandeses, a liberais ou conservadores. Em 1817 e 1824, a coroa teve a habilidade política de mobilizar e depois recompensar várias comunidades para combater os rebeldes. A aliança firmada em 1817 explica a atitude dos índios do Brejo da Madre Deus, em 1824, quando se rebelaram contra o governo de Manoel de Carvalho, dando vivas a d. João VI e matando o gado dos proprietários vinculados ao governo provincial. Foram massacrados.[4] Também na Cabanada, como veremos adiante, os indígenas fizeram escolhas. Na Revolta Praieira, os índios de Barreiros, que ajudaram a reprimir a Cabanada, ficaram do lado de seus antigos aliados, os proprietários rurais praieiros. Foram também combatidos pelas tropas imperiais. Os nativos, nessa época, representavam problemas e talvez uma solução. Discutindo o que se deveria fazer com o possível encerramento do tráfico atlântico de escravos, entre 1829 e 1831, dois presidentes de província, de facções inteiramente opostas, lembraram que era preciso preparar os índios para substituir os africanos no trabalho na lavoura. Um desses presidentes, Thomas Xavier Garcia de Almeida, segundo seus adversários, era ligado à Coluna do Trono e do Altar. O outro era irmão do presidente da Confederação do Equador,[5] um legítimo liberal constitucionalista. Num ponto, portanto, as elites locais concordavam: os índios ainda não haviam sido dissociados da escravidão. Os povos nativos, contudo, não pensavam assim, quando teciam alianças com as várias facções das oligarquias agrárias, tinham em mente a defesa de seus próprios interesses, principalmente a manutenção da posse da terra, do modo de vida e da relativa autonomia da comunidade.

Ainda mais difícil de controlar e conter era a resistência escrava. Uma vez esmagada a Confederação do Equador, a maior preocupação dos sucessivos governos provinciais na década de 1820, foi com os negros aquilombados perto do eixo urbano formado por Recife e Olinda. Apesar de todos os esforços, os ataques continuaram aumentando até que, em 1827, foram identificados o líder principal, o negro Malunguinho, cuja cabeça foi colocada a prêmio por 100 mil-réis, e dois outros, cuja captura valia 50 mil cada uma. O nome Malunguinho expressa tanto a presença africana — eram malungos entre si os que viajavam num mesmo navio negreiro — como a influência crioula entre os quilombolas, posto que o diminutivo é um traço típico do falar brasileiro. Os quilombolas estavam alojados nas matas do Catucá e da Cova da Onça que se estendiam a partir dos morros entre Recife e Olinda, alcançando a vila de Goiana, perto da fronteira com a Paraíba. Como muitos proprietários da zona da mata norte aderiram a 1817 e 1824, é razoável supor que a devastação de suas propriedades tenha aberto oportunidades de fuga. Eventualmente, até os motins urbanos poderiam favorecer os quilombolas. Foi assim em fevereiro de 1823, quando os soldados, negros e pardos, amotinados sob o comando do capitão Pedro Pedroso, soltaram do calabouço os quilombolas anteriormente capturados. Em várias ocasiões foi detectada pelas autoridades locais malha de contatos entre os quilombolas e os cativos urbanos e rurais. Havia ainda libertos e mesmo homens livres acusados de repassar informações, víveres, munição e armas aos quilombolas. A estrada real entre Recife e Goiana tornou-se perigosa. Engenhos eram atacados com frequência pelos quilombolas, que também faziam incursões aos subúrbios do Recife, a ponto de o Conselho de Governo temer um ataque direto à cidade em 1827. Em Tejucupapo, próximo de Goiana, um grupo de quilombolas comandado por João Pataca visitava quase diariamente a vila, mandando e desmandando, vendendo peixe e objetos roubados, comprando armas, munição, víveres e aguardente, promovendo batuques e algazarras. Malunguinho e os grupos espalhados pelas matas entre o Recife e Goiana foram finalmente contidos em 1829, por um ataque geral aos quilombolas, com tropas saindo de Recife, Olinda e Goiana, cercando e batendo as matas. Praticamente todos os efetivos disponíveis na província foram utilizados nessa operação; os quilombos, todavia, não foram de todo exterminados. Renasceram na década de 1830, quando afinal, mais uma grande operação foi efetuada, aproveitando os efetivos que haviam enfim derrotado os cabanos em 1835.[6]

As elites locais teriam que atuar sobre, e dentro, desse contexto complexo, no qual os conflitos e muitas vezes guerras de classes e étnico raciais, se interpenetravam. Comandar as rédeas do governo provincial não era tarefa fácil.

A VOLTA DOS "LIBERAIS PERNAMBUCANOS"

Chamar de "revolução" a queda de d. Pedro I no dia 7 de abril de 1831 é um anacronismo explícito que os historiadores há muito deixaram de empregar. Empregam, todavia, o termo revolução para o golpe de Vargas em 1930, por exemplo, um episódio que, no exato momento em que ocorreu, ninguém poderia prever que seria mais marcante do que a abdicação, cem anos antes. A vantagem de se registrar a história do século XIX é poder observar os fatos da perspectiva do futuro, quando os processos já se concluíram. O historiador pode retrovaticinar sua interpretação (e às vezes até impor sua ideologia), sem que os contemporâneos ao fato possam reclamar. Assim, podemos recusar essa expressão empregada sem aspas por Nabuco no seu *Um estadista do império*. Não custa pensar um pouco, porém, sobre a ideia alardeada em 1831 de que a queda de d. Pedro representava uma refundação do Brasil. Para os mais entusiasmados, era a vitória dos "constitucionais" sobre os "corcundas", dos brasileiros sobre os portugueses. No mínimo era a emulação da Revolução de 1830 na França, celebrada no Brasil como a vitória da Constituição sobre o absolutismo, do liberalismo sobre o conservadorismo ultramontano, do Parlamento sobre a coroa.

Sabemos que, em 1840, um menino de 13 anos subiria ao trono, para ser manipulado por um grupo de políticos palacianos espertíssimos, liderado por Aureliano de Souza e Oliveira Coutinho, futuro visconde de Sepetiba, que, segundo Nabuco, exercia verdadeiro fascínio sobre o imperador menino. Antes disso, o Regresso de 1837 já havia interrompido o voo dos liberais mais exaltados no Parlamento. Suas asas seriam cortadas com as reformas de 1841-1842, que criaram os mecanismos para que sucessivos gabinetes pudessem ganhar as eleições com mais tranquilidade. A chamada Revolução do 7 de Abril, a "regeneração" do Brasil, como diziam os liberais e nativistas mais exaltados, fracassaria. No calor dos acontecimentos, porém, o 7 de abril teve um impacto na política nacional só comparável ao da própria independência. Em Pernambuco seria uma torrente, renovando as esperanças dos derrotados nas disputas pelo governo local entre 1817 e 1824.

No começo de 1831, muitos boatos circulavam, trazidos por cada navio que chegava do Rio de Janeiro, até que as notícias concretas da abdicação tornaram-se públicas no dia 5 de maio. Imagine-se o alvoroço numa província invadida pelas tropas imperiais em 1817 e 1824, castigando não apenas a elite letrada envolvida, mas também os pobres coitados que marcharam contra o governo imperial a mando de seus chefes locais. Além dos castigos corporais, a população livre pobre sofrera as agruras do recrutamento forçado para a Guerra da Cisplatina. No interior, ainda se escondiam simpatizantes da Confederação do Equador, entre eles, seu comandante militar, o coronel Barros Falcão. Outros tantos que simpatizavam com o movimento ou que apenas o apoiaram, seguindo a escala de comando das malhas clientelares, também se haviam recolhido da política provincial. Um grupo de liberais mais ousados chegara a panfletar durante as eleições para deputados e justiça de paz em 1829, mas o máximo que conseguiram foi provocar uma reação exagerada da coroa, que mandou suspender os direitos constitucionais na província e estabelecer um tribunal militar, como se os panfletos pudessem resultar em nova Confederação do Equador. O fundador do *Diário de Pernambuco* foi preso na devassa de 1829, junto com outros liberais da hora, entre os quais Antonio Joaquim de Mello, o futuro comendador ao qual devemos a guarda e posterior publicação (1875) dos escritos de frei Caneca, até hoje a mais completa que conhecemos.[7] No exterior, viviam alguns exilados com fortuna e prestígio, como Manoel de Carvalho Paes de Andrade, presidente da Confederação do Equador. Essas pessoas voltariam à arena política após a "Revolução do 7 de Abril".

Era esse o clima de alvorada liberal em maio de 1831. Desse entusiasmo, todavia, resultaria um perigoso desdobramento para a ordem: a quebra da disciplina militar. O Brasil era uma sociedade armada. Não poderia ser diferente diante da onipresença da escravidão. Todos os homens saudáveis pertenciam ao Corpo de Ordenanças e, depois de sua extinção, à Guarda Nacional. Milícias eram constituídas para policiar as localidades, sendo geralmente comandadas por oficiais de primeira linha, capazes de disciplinar e treinar seus efetivos. As forças de primeira linha, por sua vez, tinham papel institucional diferenciado. Os recrutados em uma dada província muitas vezes eram enviados para servir em outras partes do império para evitar que o soldado se enredasse nas malhas clientelares provinciais. Como o serviço militar podia prorrogar-se por 14 anos, o engajamento poderia significar exílio perpétuo do domicílio original do recrutado. Cabe lembrar que na época as condições de vida na caserna eram extremamente precárias, as punições físicas brutais, e o soldo aviltante e frequentemente pago em moeda de cobre falsa, o xenxém, ou chanchan — onomatopeia perfeita para o som que faziam num saco ou no bolso. O recrutamento era um banimento. Ser dispensado não significava necessariamente voltar a casa. O engajado podia muito bem ser dispensado em qualquer parte dos imensos brasis, sem um vintém, impossibilitando o retorno ao lar.

Pernambuco era uma das províncias mais bem vigiadas do país. Ali não havia fronteiras a serem invadidas nem uma corte a ser protegida. Os fantasmas de 1817 e 1824 estavam, contudo, bem vivos para que os ministérios do Exército e da Justiça deixassem a ordem a cargo das elites locais. De certa forma, o excessivo zelo imperial terminou por deixar insatisfeitos até os aliados de d. Pedro I. Os Cavalcanti, os maiores beneficiários da derrota da Confederação do Equador, consolidaram seu poder ainda no Primeiro Reinado, quando passaram a influir e participar de sucessivos governos locais, a ponto de, na época da Revolta Praieira, terem sido cunhados os conhecidos versos: "quem viver em Pernambuco, há de estar desenganado, ou há de ser Cavalcanti ou há de ser cavalgado". Todavia, em 1826, ao ser recrutado um agregado do engenho Quitinduba, pertencente a um Cavalcanti, o presidente da província em exercício, futuro senador do império e visconde de Suassuna, confrontou o comandante das Armas.[8] As oligarquias provinciais não toleravam a interferência do Estado nas localidades onde reinavam, absolutas. No Recife e em seus arredores, onde os quartéis estavam atulhados de tropas, era inevitável que boa parte do policiamento fosse feito com efetivos de primeira linha. No interior, entretanto, isso era intolerável. Na ríspida correspondência com o comandante das Armas, o futuro visconde de Suassuna afirmou que, antes do governo de Luís do Rego (o general que comandou a repressão a 1817, ficando como presidente da província até outubro de 1821, todo o serviço policial era feito pelos capitães-mores e era muito mais eficiente do que nos anos subsequentes.[9]

A insatisfação dos Cavalcanti com a excessiva interferência imperial nas questões provinciais ajuda a entender por que a queda de d. Pedro I foi tão festejada na província. Da perspectiva das oligarquias locais, o Primeiro Reinado foi época um tanto quanto desastrosa. O país afogara-se em dúvidas, e o comando político da nação ficara com políticos residentes no sudeste do país.[10] Muitos dos adversários da Confederação do Equador, em 1824, receberam com alívio a abdicação. A posição aparentemente ambígua dos Cavalcanti expressa bem esse processo. O engenho Suassuna, do pai dos irmãos Cavalcanti, serviu de quartel-general às tropas imperiais que se preparavam para atacar o Recife e esmagar a república em 1824. Holanda Cavalcanti, um militar de carreira, comandou tropas contra a Confederação do Equador;[11] nos anos seguintes, três dos irmãos Cavalcanti tornaram-se deputados,[12] eleitos a partir das amplas bases clientelísticas nas eleições censitárias do Primeiro Reinado.[13] D. Pedro, no entanto, nem sempre nomeava os representantes das oligarquias locais para os mais altos cargos. Tanto que, ao indicar os senadores por Pernambuco, deixou de lado Luís Francisco — segundo o marquês de Paraná, o mais brilhante dos Cavalcanti —, candidato natural da província àquela vaga. Era uma resposta à autonomia dos Cavalcanti em relação à coroa; autonomia, aliás, que voltaria a transparecer publicamente na ousadia de Holanda Cavalcanti, em 1828, ao submeter uma emenda ao voto de graças da Câmara ao imperador. Essas emendas costumavam ser bastante inodoras, até que Holanda propôs substituir a expressão "a mais completa satisfação", por "o maior pesar" na resposta à fala do trono, pelo fato de os tratados internacionais concluídos por d. Pedro não terem sido previamente discutidos no Parlamento. Nenhuma proposta de emenda havia sido tão atrevida até então.[14] A queda do imperador em 1831, portanto, não era problema para os Cavalcanti, apesar do risco evidente de um fortalecimento da oposição local.

Esse afastamento dos Cavalcanti de d. Pedro I também explica por que um deles, o futuro visconde de Suassuna, foi substituído da Presidência da província em setembro de 1828 por dois desembargadores, que se sucederiam no cargo nos anos seguintes. Seguindo a estratégia de nomear letrados que dependiam dos favores régios para viver, d. Pedro I garantia a fidelidade dos detentores dos postos na administração.[15] De certa forma, portanto, a queda do imperador não era ruim para os Cavalcanti, apesar do risco representado pela possível volta dos liberais mais radicais. No plano nacional, após o 7 de abril, o poder relativo do clã só aumentou. Em setembro de 1831, um articulista no *Diário de Pernambuco* afirmava que, até então, os Cavalcanti haviam sido poupados, o que, porém, não era mais possível, pois não era desejável "que uma família prepondere e domine a nossa província".[16]

Durante o Primeiro Reinado, d. Pedro I compensou generosamente suas bases de apoio em Pernambuco, distribuindo comendas, títulos de nobreza e vantagens econômicas. Não lhes entregou, porém, o comando total da província, preferindo designar magistrados para a Presidência e militares de sua confiança para o comando das Armas, o que, aliás, era prática normal da realeza lusitana. Nos intervalos, os vices — quase sempre o futuro visconde Suassuna — assumiam o governo provincial. Nesse contexto, em que até os antigos aliados de d. Pedro em Pernambuco já não estavam satisfeitos com os rumos da economia e da política imperial, a abdicação foi bem-vinda por praticamente todas as facções que disputavam o poder na província. Algumas comemoraram. Outras apenas sentiam que não haviam ganho o que consideravam seu direito. A exceção, claro, eram os chamados "pés de chumbo", cuja fortuna em geral dependia das benesses estatais, e os burocratas e militares nomeados para cargos que não poderiam manter sem o aval real, uma vez que sua autoridade não se alicerçava em bases de apoio local.

Como era normal em um país patronal como o Brasil, os letrados que perderam seus privilégios, regra geral adaptaram-se às circunstâncias e terminaram reabsorvidos pelo corpo de um Estado cada vez mais Leviatã. Quem realmente teve problemas imediatos foram os pequenos negociantes e os empregados do comércio portugueses que, de repente, tornaram-se vulneráveis à sanha da população livre pobre urbana, incapaz de perceber no sistema escravista ou nas crises da economia agroexportadora a raiz de seus males. Como observou Gladys Sabina Ribeiro, a historiografia tradicional costumava relegar a presença desses trabalhadores às grandes cidades brasileiras.[17] Para homens imprensados entre o desemprego e a vida de agregado, o adversário imediato era seu credor, algum seu Joaquim, dono da venda da esquina. Os comerciantes a retalho portugueses davam-se ainda à pachorra de empregar primeiro seus parentes pobres, que costumavam chegar aos montes ao Brasil. Outra categoria vulnerável era constituída dos oficiais da primeira linha nascidos em Portugal, sobretudo os que se haviam se envolvido diretamente na repressão à Confederação do Equador.

A reação ao 7 de abril foi quase imediata nos quartéis. Entre os ofícios que chegaram no dia 5 de maio, informando sobre os eventos na corte, estava a anistia dos rebeldes de 1824. No dia 6, todos os batalhões de primeira linha amotinaram-se no Recife, tal como em várias outras províncias naqueles dias.[18] Liderado por oficiais brasileiros, o motim foi acompanhado de um manifesto, quase um *pronunciamiento,* prática comum nos levantes militares na América Latina na primeira metade do século XIX. A principal exigência era a demissão de várias autoridades civis e militares, acusadas de serem contrárias à independência do Brasil e vinculadas aos "colunas", os absolutistas.[19] À frente do primeiro batalhão que se amotinou estava o tenente Francisco Roma, um filho do padre

Roma, morto em 1817 e irmão do futuro general Abreu e Lima que ainda se encontrava no exterior. A queda de d. Pedro abria oportunidades de avanço profissional para o baixo oficialato brasileiro, que se considerava preterido nas promoções em relação aos militares de origem lusitana. O segundo batalhão a se amotinar, o 19°, viera do Rio de Janeiro em janeiro de 1830. Seu comandante e alguns oficiais eram acusados de pertencer à Coluna.[20] Atendendo ao manifesto dos amotinados, o governo exonerou vários oficiais de primeira linha e das milícias acusados de absolutismo.[21] Também caíram alguns magistrados apontados como membros da Coluna, entre os quais, o presidente do Tribunal da Relação de Pernambuco, Gustavo Adolfo de Aguilar.[22]

O motim de 6 de maio, todavia, foi pacífico e ordeiro, como pretendia sua liderança. As autoridades locais, porém, ficaram preocupadas com a multidão aglomerada diante do palácio do governo que, entretanto, se dispersou tão logo o presidente mandou que uma banda de música saísse tocando, levando o povaréu atrás pelas ruas da cidade, terminando tudo em festa.[23]

O presidente da província era o desembargador Pinheiro de Vasconcelos, embora, àquela altura dos acontecimentos, a autoridade local estivesse enfeixada nas mãos dos membros do Conselho de Governo, entre os quais estava o vice-presidente Cavalcanti de sempre (ver nota 8), e o comerciante Gervásio Pires Ferreira, que representava a oposição moderada aos Cavalcanti. Rico negociante, o liberal constitucionalista Gervásio participara, com os Cavalcanti, da aventura de 1817, tendo passado quatro anos preso na Bahia. Solto na Revolução do Porto, voltou a Pernambuco onde assumiu seu assento na Câmara do Recife, tornando-se o primeiro presidente civil, após a renúncia do governador Régio Luís do Rego, em outubro de 1821. Gervásio, todavia, temia que as articulações de José Bonifácio resultassem na perda da autonomia provincial, adquirida com a eleição de um governo local pela primeira vez na história da velha capitania. Por essa razão, em sua correspondência, evitou comprometer-se tanto com o círculo palaciano formado em torno do príncipe regente como com as cortes reunidas em Lisboa. Em 1822, foi deposto pela oposição local, liderada por Morgado do Cabo (depois marquês do Recife), e pelos Cavalcanti, então articulados à chamada "causa do Rio de Janeiro", liderada por José Bonifácio. Gervásio perdera o apoio da tropa estacionada no Recife, cujo oficialato então apoiava o príncipe regente — se estava no Rio de Janeiro, durante a Confederação do Equador, estava no Recife em 1831; a queda de d. Pedro renovava as esperanças dos liberais federalistas, remanescentes de 1824, assim que as tropas se amotinaram, em maio de 1831, ele aderiu, participando das negociações que levariam a uma saída pacífica para o problema. Seus adversários acusaram-no de estar tramando um golpe para reassumir a presidência da província, da qual havia sido apeado em 1822, acusação que talvez não fosse infundada, apesar do longo arrazoado que Gervásio escreveu em sua defesa.[24]

Entre os militares exonerados, alguns personagens teriam imensa importância nos desdobramentos futuros. Um deles era o capitão-mor de Vitória de Santo Antão, Domingos Torres Galindo, proprietário rural importante, que capitaneara a repressão à Confederação do Equador em sua zona de influência, em Vitória de Santo Antão. Como veremos adiante, as atividades de Torres Galindo armando sua clientela para resistir às novas autoridades provinciais em 1831 seria um dos estopins da Cabanada. Também foram demitidos dois militares conceituados, ambos pernambucanos: o comandante das Armas Bento José Lamenha Lins e o tenente-coronel Francisco José Martins. Lamenha Lins traíra o governo de Manoel de Carvalho Paes de Andrade, em 1824, passando-se para o outro lado, pouco antes da decretação da Confederação do Equador. Depois de colaborar para restaurar a monarquia na província serviu na Guerra da Cisplatina. Ocupou o comando das Armas do Rio Grande do Sul, de Santa Catarina e, finalmente, de Pernambuco. Francisco José Martins, por sua vez, era irmão do Domingos José Martins, o negociante falido que liderou o movimento de 1817. Participante em 1817, Francisco depois foi servir no Rio de Janeiro, onde, segundo seus adversários, terminou gozando de alguma amizade pessoal com d. Pedro I, tornando-se convicto absolutista. Em 1824, comandaria tropas contra a Confederação do Equador.[25]

A dispensa do comandante das Armas em condições humilhantes, e de vários oficiais de alta patente, rachou a hierarquia de alto a baixo. A anistia aos rebeldes militares de 1824 agravou o quadro, ao reintegrar oficiais como o coronel Barros Falcão e o capitão Carapeba, até então escondidos no interior, pois haviam sido condenados à morte pela comissão militar em 1825.[26] No dia 6 de maio também foi cancelada a condecoração concedida aos militares que se destacaram na repressão à Confederação do Equador. Entre estes estavam Lamenha Lins e Francisco José Martins. Em agosto, a gangorra completava o movimento com a inauguração da praça dos Mártires da Pátria, um monumento celebrando os heróis de 1817 e 1824 lado a lado.[27]

O novo comandante das Armas — brigadeiro Francisco de Paulo e Vasconcelos — só chegaria no final de junho de 1831; era homem talhado para o momento: gozava de prestígio entre os liberais no Rio de Janeiro, pois fora uma das figuras de proa das manifestações que antecederam a renúncia de d. Pedro, envolvendo tropa e povo, como se dizia na época. Essas manifestações serviram para mostrar ao imperador que seu prestígio nos quartéis já não era igual ao da época da independência. O corpo de artilharia comandado pelo brigadeiro foi um dos primeiros a se confraternizar com a multidão reunida no Campo de Santana, na capital do império, apressando a abdicação.[28]

Enquanto a imprensa vinculada aos exaltados comemorava esses acontecimentos, para os soldados da primeira linha, aqueles eram momentos de incerteza. A Guerra da Cisplatina acarretara uma grande expansão dos efetivos de primeira linha. As dispensas começaram antes da abdicação, mas, após o 7 de abril, a desmobilização tornou-se ainda mais necessária. Não só pelos custos, mas também pelo risco de um golpe militar, cenário de forma alguma absurdo — bastava observar o que acontecia na época no resto da América Latina. Em agosto de 1831, os efetivos de primeira linha haviam caído para 10 mil homens. Para facilitar as dispensas, o Parlamento limitou o tempo de serviço obrigatório dos recrutados de sete para seis anos.[29] A criação da Guarda Nacional ocorreria no mesmo momento em que a primeira linha estava sendo rapidamente encolhida.

Diante desse quadro, as oligarquias provinciais partiram para a ação, criando guardas municipais para policiar as principais cidades do império. A de Pernambuco aceitava votantes como soldados, mas só eleitores para oficiais, tal como era exigido na recém-criada Guarda Nacional. No comando da Guarda estava o coronel Francisco Antônio Pereira dos Santos, um dos militares reintegrados após a anistia aos rebeldes de 1824. A maioria dos membros da Guarda Municipal utilizava seus próprios cavalos nas rondas. Não eram, portanto, homens pobres livres — os que o eram, certamente tinham padrinhos suficientemente endinheirados para emprestar cavalos para as rondas. Além de combater ladrões e fabricantes de xenxém, eles também estavam de olho nas tropas que haviam chegado do Rio de Janeiro, "cuja insubordinação se teme".[30]

Dos 200 que chegaram em um navio em agosto, o governo provincial autorizou o desembarque de apenas 135. Os demais foram enviados para o Ceará. Temia-se que aqueles soldados, considerados "nimiamente insubordinados", repetissem no Recife o levante ocorrido em julho de 1831 no Rio de Janeiro, de onde tinham vindo.[31] E, de fato, um conflito mais sério ocorreria no dia 10 de julho de 1831. Durante uma patrulha, uma tropa de civis prendeu dois soldados embriagados. Ambos pertenciam ao batalhão 18, o primeiro a se levantar em maio daquele ano. Outros soldados, porém, que passavam pelo local, acudiram seus camaradas. Uma briga começou e logo se transformou em tiroteio. Os milicianos fugiram, entrincheirando-se numa botica. Ninguém morreu na refrega, mas houve ferimentos graves. Diz-se que os soldados gritavam "morram paisanos" enquanto lutavam. A ordem só foi restaurada após a chegada de oficiais de primeira linha, entre os quais o comandante do 18.[32]

A política de desmobilização dos efetivos de primeira linha foi seguida à risca pelo brigadeiro Vasconcelos. Entre sua chegada, no final de junho, e a Setembrizada, foram dispensados mais de 160 soldados de primeira linha. A exoneração de diversos oficiais e o clima de incerteza para o corpo de tropa dificultavam muito a manutenção da disciplina nos quartéis. Os castigos corporais e as detenções só podiam aumentar. O discurso nativista, por sua vez, ganhava as ruas. A tropa não era imune a ideias nem impermeável às questões de classe, raça e etnia. Coroando as insatisfações, o soldo pago em xenxém. Esse rol de insatisfações, como é sabido, não se restringia aos efetivos de primeira linha estacionados em Pernambuco. Em várias províncias houve levantes após o 7 de abril, o que, aliás, foi noticiado pela imprensa local.[33]

A SETEMBRIZADA

Na madrugada do dia 14 de setembro de 1831 uma girândola de fogos estourou na cidade chamando a tropa para um motim, que, segundo o cônsul americano no Recife, todos sabiam ter sido planejado com antecedência.[34] O que mais surpreende nesse levante é a virtual ausência de oficiais ou dos liberais exaltados que em outras oportunidades haviam insuflado a tropa contra os oficiais portugueses. A lista nominal dos 823 militares envolvidos indica que, entre eles, o de mais alta patente era um simples sargento. Naquele motim, conhecido por Setembrizada, a "soldadesca desenfreada", conforme expressão do ministro da Guerra, tomou as ruas centrais do Recife durante 36 horas, juntando-se à "populaça" para praticarem inúmeras desordens. Assaltaram lojas, espancando quem os tentasse impedir. Atacaram os estrangeiros que encontraram no caminho, principalmente os portugueses que se atreveram a deixar suas casas durante o levante. À noite, entregaram-se à bebedeira na zona portuária, onde ficavam as casas de má fama. Muitos aproveitaram o momento para deixar a cidade por terra, canoa ou jangada, levando o que haviam roubado. A soldadesca desenfreada saqueou nove lojas e nove tabernas no bairro do Recife, 33 lojas e 21 tabernas em Santo Antônio e três tabernas na Boa Vista.[35]

Depois de um dia e meio de tensão, o governo provincial reagrupou os efetivos disponíveis, formado por milícias urbanas, e quase 200 estudantes de direito, oficiais de linha e jagunços dos senhores dos engenhos próximos à cidade. Cerca de mil pessoas foram presas depois do motim. Desses homens, 361 seriam remetidos para Fernando de Noronha. Houve escravos presos também. Entre eles havia africanos. Ficou decidido que deveriam ser reexportados de volta para a África.[36]

A Setembrizada, todavia, foi muito menos violenta do que a repressão. Uma tradição oral ainda viva no começo do século XX, segundo Alfredo de Carvalho, indicava que o local no bairro da Boa Vista, ainda hoje chamado de Chora-Menino, ganhou esse nome por causa do massacre que houve ali dos soldados presos. Talvez esse nome seja anterior ao motim de setembro de 1831, mas apenas 13 anos depois desses eventos, *O Guararapes* indicava que fora aquele o local das execuções sumárias.[37] Ora, exceto por um ou outro tiroteio, não houve combates propriamente ditos. Os amotinados foram encontrados dispersos, desorganizados, bêbados ou de ressaca. Não houve muita resistência à prisão. Claro que não faltaram relatos na imprensa, cheios de bravata, destacando a bravura de um ou outro estudante ou oficial. Mas os soldados renderam-se sem muita luta. As execuções ocorreram sem defesa ou devassa. Jeffrey Mosher argumenta que a maior prova do massacre são as poucas baixas entre as tropas à disposição do governo provincial.[38] O general Abreu e Lima, que não tinha nenhuma simpatia pelos rebeldes, como, aliás, nenhum contemporâneo letrado, de certa forma sugeriu isso, ao dizer que 300 soldados foram mortos pelas "mãos do povo".[39] De fato, se os 823 soldados envolvidos tivessem realmente combatido, dificilmente a ordem teria sido restaurada tão rapidamente por batalhões formados por oficiais sem comandados, a clientela urbana e rural dos proprietários, e estudantes da faculdade de direito. A Setembrizada serviria de pretexto para se prender e dispensar praticamente toda a tropa de primeira linha na província.

Um de seus focos de tensão foi a oportunidade que os escravos urbanos tiveram para roubar e cometer outros atos de insubordinação, inclusive fugas. Os escravos do Recife já agiam com bastante desenvoltura antes de 1831, haja vista o quilombo de Malunguinho, cuja morte, como vimos, provavelmente ocorreu em 1829 — sua memória, porém, continuava viva. Em março de 1831, carta publicada no *Diário de Pernambuco* reclamava das desordens causadas pelos cativos urbanos. Segundo o missivista, cada taberna do Recife era um "quilombo", cada taberneiro, um "Malunguinho".[40] Durante a Setembrizada, muitos cativos ganharam as ruas da cidade. Felipe, um cabinda fujão, foi visto no meio da "soldadesca levantada, vestido de branco e chapéu de palha".⁴¹ Devido à desenvoltura da tal "populaça", naquelas 36 horas, houve até quem sugerisse que o motim fora um movimento urdido por "cidadãos de cor mais levianos" insatisfeitos com a situação em que viviam.⁴² Haveria assim, em Pernambuco, um partido agitador a "intrigar pardos e pretos contra os brancos".⁴³ Se havia algum fundamento nessa assertiva, o perigo era grande. Algumas semanas depois, a Câmara Municipal proibiu o livre comércio de garapa (caldo de cana fermentado), sob a desculpa do "mal que causava à saúde dos escravos".⁴⁴ Em dezembro, uma postura proibiu a permanência de negros nos estabelecimentos que vendiam bebidas alcoólicas.⁴⁵

Alguns detalhes da Setembrizada ajudam a entender o que aconteceu. Para o cônsul norte-americano no Recife, os objetivos do motim não eram muito claros, mas era evidente o planejamento prévio, já que todos os batalhões amotinaram-se em conjunto, após o estouro dos fogos.⁴⁶ Outro relato sobre o evento indica que os corneteiros eram os mais entusiasmados, outro indício do planejamento prévio, já que a eles cabe transmitir ordens e sinais mediante toques específicos. Nenhuma liderança, todavia, foi identificada nominalmente nas fontes, o que não significa que inexistisse ou, melhor dizendo, é impossível um levante assim coordenado acontecer sem articulação prévia entre os diferentes batalhões. Não é absurdo supor que talvez as lideranças tenham sucumbido diante da repressão; até executadas sumariamente no Chora-Menino, sem tempo de deixar seus nomes para a posteridade. Sabe-se, todavia, que algumas ideias foram claramente expressadas por palavras de ordem gritadas nas ruas: "abaixo os colunas", vivas a d. Pedro II, "morte ao comandante das Armas", e protestos contra os castigos corporais.⁴⁷

Considerar os amotinados brutos e incapazes de interpretar o mundo em que viviam é exatamente a visão senhorial da Setembrizada. Todavia, além das palavras de ordem, da exigência do fim dos castigos corporais e do evidente planejamento prévio, cabe salientar que o primeiro batalhão a se levantar havia chegado do Rio de Janeiro pouco tempo antes. Eram, portanto, testemunhas e participantes do 7 de abril. O entusiasmo dos soldados vindos de Pernambuco, sob o comando do brigadeiro

Vasconcelos, nas manifestações no Campo de Santana durante o 7 de abril, foi mencionado nas memórias de Borges da Fonseca, um dos principais agitadores da massa ali reunida.[48] É bem possível que o temido batalhão vindo do Rio de Janeiro em agosto fosse um desses corpos observados por Borges da Fonseca. Talvez estivessem naquele batalhão os líderes do movimento. Podemos especular com mais segurança, contudo, que esses soldados haviam adquirido uma percepção da política imperial e visão de mundo mais amplas do que as da maioria da população. Servir fora de suas províncias de origem — alguns, quem sabe até, sobreviveram à guerra no Prata — e testemunhar a queda de um imperador eram experiências transformadoras. Muito mais provinciana era a vida da maioria da nobreza da terra, criada em engenho da zona da mata, quando muito visitando o acanhado Recife do período regencial.

Não faltavam motivos para que os soldados abandonassem os quartéis. Eles já sabiam — posto que viam isso todos os dias — que mais cedo ou mais tarde seriam dispensados sem seus soldos ou, quando muito, pagos em xenxém. Enquanto esperavam, eram submetidos à rígida disciplina e a castigos corporais. Por fim, uma postura municipal de julho daquele ano proibiu a saída dos quartéis depois das 20 horas — tal como os escravos urbanos —, clara humilhação para homens que haviam vivido alguns dos episódios mais marcantes da história do país naqueles anos.[49] Pensando bem, estando senhores de todas as principais fortalezas da cidade, poderiam muito bem atacar o governo provincial e se entrincheirar em posição de defesa. Decidiram simplesmente, porém, saquear o comércio, cair na farra e dispersar-se. Os que tinham família em Pernambuco, tentaram voltar para casa; os demais espalharam-se pelas ruas e tabernas. O que aconteceu em setembro de 1831, portanto, foi uma deserção em massa, seguida do saque da cidade. Os amotinados foram rendidos, um a um ou em pequenos grupos. A resistência foi pequena. Muitos foram executados e, segundo *O Guararapes*, seus roubos partilhados pelos algozes, ainda entusiasmados com a queda de d. Pedro I no dia 7 de abril.[50]

A Setembrizada revelou o que talvez já se soubesse havia algum tempo. Os ânimos na caserna estavam completamente alterados. Não era possível para os soldados, muito menos para o oficialato, omitirem-se dos acontecimentos que levaram à queda do imperador no dia 7 de abril. Ainda em 1830, o comandante das Armas, deposto no ano seguinte, relatou que havia absolutistas, liberais constitucionalistas e até republicanos entre o oficialato em Pernambuco. Essas divisões dificultavam a manutenção da disciplina, agravada pelos panfletários exaltados que fomentavam a insubordinação geral. Por essa razão, o então comandante, Bento José Lamenha Lins, resolveu remover ao menos sete oficiais encarregados de posições de comando.[51] Essa situação foi também percebida por um dos oficiais dispensados do comando nessa época, que relatou que, ao voltar da Guerra da Cisplatina, encontrou as tropas de primeira linha divididas entre "colunas" e "farroupilhas".[52]

Em meio à população civil, as tensões também eram muitas. A abdicação reativou uma série de discussões originalmente levantadas durante a Constituinte, na década anterior, como a questão da federação, que estivera no cerne dos movimentos de 1817 e 1824. Buscando influir nos rumos da política provincial, em junho de 1831, foi fundada a Sociedade Harmonizadora, sob égide da Sociedade Defensora, sediada no Rio de Janeiro. Congregando moderados e liderada pelos Cavalcanti e por Maciel Monteiro, a Harmonizadora buscava evitar a radicalização da "Revolução do 7 de Abril".[53] Seu jornal, *O Harmonizador*, reconhecia a relevância do 7 de abril para a manutenção do princípio da constitucionalidade, mas também considerava os excessos nativistas e federalistas ameaça à própria Constituição e à unidade territorial. Essa posição, todavia, não satisfazia os exaltados nem os que, no começo dos anos 1820, defendiam a relativa autonomia alcançada pela província logo após a Revolução do Porto. A Sociedade Federal surgiu para congregar essa segunda facção. Seu presidente na província era um professor da faculdade de direito. O vice, o brigadeiro Vasconcelos, comandante das Armas destituído após a Setembrizada. Seus membros eram, na maioria, militares, mas também havia remanescentes da Confederação do Equador. De acordo com o *Diário de Pernambuco*, o *Aurora Fluminense* teria noticiado que, em Pernambuco, a Federal adquirira caráter quase revolucionário.[54] Essa opinião era compartilhada pelo presidente da Câmara Municipal do Recife, um negociante de escravos, que defendia o banimento da Sociedade Federal.⁵⁵ Em dezembro de 1831, Feijó, então ministro da Justiça, solicitou ao presidente da província de Pernambuco que a mantivesse sob vigilância.⁵⁶

Um dos indícios mais claros da aparente radicalidade do 7 de abril naquele momento foi a escolha do novo presidente da província: ninguém menos do que um irmão do presidente da malfadada Confederação do Equador. A posse de Francisco de Carvalho Paes de Andrade logo após a Setembrizada simbolizava verdadeira reviravolta política. Seu irmão, Manoel, então exilado no exterior, também viria a presidir a província alguns anos depois, legitimamente designado pela Regência. Mas o clima em 1831 era único. A chegada de um presidente claramente vinculado aos ideais constitucionalistas e federalistas de 1824 foi saudada com entusiasmo por todos aqueles que se sentiam preteridos nas promoções, concessões e nos favorecimentos dos governos imperial e provincial durante o Primeiro Reinado. Tudo isso repercutia nos quartéis, onde a dispensa dos oficiais portugueses e a prisão dos amotinados de setembro não foram suficientes para acalmar os ânimos do baixo oficialato nascido no Brasil. A exoneração do brigadeiro Vasconcelos do comando das Armas após a Setembrizada também não teve o apoio unânime da imprensa. Nem todos o consideravam necessariamente culpado pelo levante da "soldadesca". Circulou até uma petição para seu retorno. Entre os assinantes havia oficiais de primeira linha, milicianos e até alfaiates, um claro indício de que a população civil estava mobilizada e sintonizada com o clima dos quartéis.⁵⁷

A NOVEMBRADA (1831) E A ABRILADA (1832)

Em novembro de 1831, um grupo de oficiais levantou-se na Fortaleza das Cinco Pontas. Seus líderes eram um capitão e um tenente que, alegando estar apenas exercendo o direito constitucional de petição, fizeram demandas muito parecidas com aquelas de 5 de maio do mesmo ano. Exigiam a demissão de vários oficiais das milícias e ordenanças, e dos portugueses remanescentes na primeira linha. Uma das reivindicações interessava à massa local de desempregados: a expulsão de todos os cidadãos portugueses solteiros que possuíssem menos de dois contos de réis em bens ou renda. Ora, se tomarmos como referencial o fato de que bastava renda anual de 200 mil-réis para que alguém pudesse candidatar-se a eleitor ou ao oficialato da Guarda Nacional, percebe-se que a intenção era expulsar os imigrantes mais modestos, liberando empregos no comércio urbano para os brasileiros livres pobres.

O governo provincial enviou emissários para tentar dissuadir os amotinados, incluindo membros da recém-formada Sociedade Federal. Só que, dessa vez, os amotinados tinham vínculos com as elites locais e conseguiram apoios importantes. Entre os aderentes estava ninguém menos do que o comandante da Guarda Municipal, coronel Francisco Antônio Pereira dos Santos. Quando o governo provincial conseguiu formar um contingente de 800 homens para ir desarmar os levantados, a tropa simplesmente recusou-se a atirar em "cidadãos brasileiros". De fato, o que estava acontecendo não se equivalia à Setembrizada. Àquela altura havia até advogados e negociantes entre os amotinados. O governo teve que ceder, aceitando as reivindicações; mas, uma vez dispersa a Novembrada, nem todos os denunciados foram efetivamente demitidos. Expulsar a imensa massa de portugueses pobres também era tarefa impossível. Em meio às lideranças detidas estava o comandante da Guarda Municipal, que logo seria solto; o tenente e o capitão que lideraram o levante, entretanto, mofariam meses na prisão.[58]

A Novembrada terminara sem baixas; todavia, era evidente que o novo presidente, Francisco de Carvalho Paes de Andrade, mesmo sendo um lídimo representante da oposição mais radical a d. Pedro I, teria muita dificuldade em controlar tanto o exército, como as milícias provinciais e mesmo os caudilhos do interior com suas tropas particulares. Estava cada vez mais evidente para o governo provincial que a radicalização da "Revolução do 7 de Abril" poderia ter consequências imprevisíveis. No Rio de Janeiro, algumas das lideranças dos processos que levaram à queda de d. Pedro I abraçaram a causa moderada assim que o imperador entregou sua renúncia ao Senado. Em Pernambuco, não foi diferente. O maior dos medos das camadas dominantes — a haitianização — chegou perto de se materializar nas 36 horas de duração da Setembrizada. Por essas razões, Francisco de Carvalho Paes de Andrade promoveria a gangorra política, alçando aliados antigos ao poder e exonerando adversários das posições de comando; mas também procuraria conter os arroubos nativistas mais radicais, tanto dos militares como da população civil.

Tudo isso tinha um preço. Os que perderam privilégios e posições de poder por conta da nova situação começaram a se armar. Não foram poucos os beneficiários diretos da derrota dos movimentos de 1817 e de 1824. Não que os participantes daqueles dois eventos tenham sido exatamente os mesmos ou que tivessem inexistido troca de lados, composição de novas alianças e acordos. A política é sempre dinâmica. Os dois movimentos foram bastante distintos; a ponto de rebeldes de 1817 terem ajudado a repressão em 1824. Uma testemunha ocular de 1817 conta que Luis Francisco Cavalcanti de Albuquerque estava à frente do libambo que prendia as elites rebeldes em 1817, levando no pescoço um cadeado "à guisa de crachá".[59] Alguns anos depois, ele faria oposição ao movimento de 1824, junto com seus irmãos, três dos quais, mais longevos, ingressariam na nobreza imperial. Importa apontar aqui, entretanto, que muitas propriedades foram destruídas, escravos e gado roubados dos rebeldes, tanto em 17 quanto em 24. Os beneficiários desses roubos temiam represálias.

Algo semelhante se pode dizer a respeito daqueles proprietários rurais que, mesmo sem participação direta nos saques, se destacaram na perseguição aos rebeldes, principalmente em 1824. Todos sabiam quem eram eles, pois d. Pedro distribuía generosamente comendas e até títulos de nobreza entre seus aliados no Nordeste. Mesmo os que nada ganharam em termos econômicos foram promovidos nas ordenanças. Olhando de uma perspectiva anacrônica, é possível pensar que nada significava ser oficial num corpo que não pagava salários e cuja farda e armamento dependia dos próprios oficiais. Ser oficial do corpo de ordenanças, todavia, significava ter a autoridade local legalmente reconhecida por Sua Majestade Fidelíssima, o rei do Reino Unido, e depois pelo imperador do Brasil. Ser capitão-mor de uma comarca era muito importante para a inserção social do indivíduo. Indiretamente, poderia ainda representar

MOVIMENTOS SOCIAIS: PERNAMBUCO (1831-1848)

ganhos econômicos, pois a posição relativa dos indivíduos nessas hierarquias espelhava seu prestígio em face do Estado, que poderia conceder, ou não, favores.

Essa posição dos capitães-mores, pequenos régulos nas localidades, ajuda a entender por que, no final do Primeiro Reinado, a criação da justiça de paz foi saudada pelos liberais no Parlamento como uma grande conquista. Primeiro, pensavam na época, a justiça de paz representava contrapeso ao centralismo estatal ao conceder o poder de polícia e de julgar pequenas causas a uma autoridade escolhida na própria localidade e não pelo governo provincial ou central. Segundo, era um cargo eletivo, algo bastante radical no Primeiro Reinado. Em tese, qualquer um poderia ser eleito, desde que pudesse ser eleitor e não apenas votante. As eleições para juiz de paz no final do Primeiro Reinado foram renhidas em muitas localidades do império. O motivo era razoavelmente simples. Onde quer que reinasse incólume um potentado qualquer, ele próprio ou algum apaniguado seu seria o juiz de paz eleito. Onde, porém, havia concorrência, as disputas seriam acirradas. Da perspectiva do Estado imperial, por outro lado, a justiça de paz era um instrumento de assimilação de novas elites ao corpo do Estado, ampliando as bases de sustentação da monarquia. Cada freguesia teria agora seu próprio juiz de paz, escolhido ali mesmo, policiando a localidade por intermédio do inspetor de quarteirão. Como eram muitos, e não poucos como os capitães-mores, havia lugar para a incorporação de muita gente não assimilada pelo Estado colonial. Para as elites locais, seria, finalmente, o reconhecimento legal de suas influências.

A Revolta de Pinto Madeira, no alto sertão, onde se encontram Ceará, Pernambuco, Paraíba e Rio Grande do Norte, reflete bem os atritos locais em torno da disputa por essas posições no aparelho de Estado. O coronel Pinto Madeira fora o principal defensor da coroa em 1824, mas no sertão, onde a lei só chegava por intermédio de homens como ele, seu reinado tinha adversários poderosos, até na capital cearense. Seu movimento refletia as animosidades entre os potentados rurais, mas também a rivalidade entre as vilas de Crato, onde se concentrou o apoio a 1824, e Jardim, cujos principais clãs ficaram do lado da coroa. Pinto

Madeira começou a desobedecer ao governo provincial ainda durante o Primeiro Reinado. Resistiu com armas e passou a iniciativa. Mas também não interessava à coroa a existência de régulos locais imunes aos governos provinciais nomeados pelo imperador. Assim, em vez de apoiar o antigo aliado, d. Pedro suspendeu os direitos constitucionais no Ceará em 1830. No sertão de infinitas distâncias, era muito difícil reprimir um movimento liderado por um homem com a destreza militar do coronel Pinto Madeira. O mesmo Labatut, que perseguira os confederados no sertão em 1824, seria enviado para capturá-lo. A queda de d. Pedro, em 1831, só aumentou as tensões no alto sertão. A criação da Guarda Nacional consolidava a inversão ao extinguir o posto de capitão-mor, o mais alto da hierarquia das Ordenanças. A Revolta de Pinto Madeira, antes acusada pela imprensa liberal de ser movimento "absolutista", tornou-se então uma revolta de caráter "restauracionista", depois do 7 de abril, na perspectiva da imprensa panfletária liberal. Correram boatos de que d. Pedro, no exílio, soubera da guerra no sertão e aprovara o movimento. O próprio Feijó escreveu sobre isso ao governo provincial de Pernambuco.[60]

A Revolta de Pinto Madeira seria contida por tropas mandadas do Rio de Janeiro e do Recife; suas repercussões nas cidades, porém, não podem ser minimizadas.[61] Para quem estava no poder depois da chamada "gangorra", representada pelo 7 de abril, era mais um pretexto para aumentar a vigilância sobre os militares e burocratas vinculados aos "colunas" durante o Primeiro Reinado. Urgia implementar as exonerações, limpar as forças armadas de pessoas vinculadas ao antigo regime, desarmar os potentados locais mais conspícuos na repressão a 1817 e aos remanescentes de 1824.

A Abrilada de 1832 foi uma reação contra as demissões implementadas, ou mesmo apenas prometidas, depois do 7 de abril. Que outra reação se poderia esperar de militares em vias de perder seus empregos e posições de comando, a não ser tentar um motim, em que fosse evitado derramamento de sangue, mas ficasse evidenciada a incapacidade das autoridades em manter a disciplina militar na capital e a ordem no interior? Os alvos eram o presidente da província e o comando das Armas, como, aliás, na maioria dos levantes provinciais nessa época. A Abrilada foi precedida por rumores de que uma grande rebelião restauracionista iria eclodir, apoiando Pinto Madeira no sertão, e que d. Pedro I se preparava para voltar com uma esquadra, desembarcando em Barra Grande (entre Alagoas e Pernambuco), tal como fizeram as tropas imperiais em 1817 e em 1824. O líder da Abrilada no Recife foi Francisco José Martins, um dos militares que havia combatido a Confederação do Equador em 1824, tornando-se, como vimos, comensal de d. Pedro I na corte. Martins marchou com seus comandados, na maioria oficiais destituídos ou ameaçados pela nova ordem, até a vila de Vitória de Santo Antão, onde foi acolhido pelo capitão-mor Torres Galindo. Sem muito espaço para manobra, a não ser juntar-se a Pinto Madeira no sertão, terminou se rendendo. Foi pouco o heroísmo na história da Abrilada.

A imprensa panfletária da época reduziu a Abrilada a um movimento absolutista e restauracionista, embora a aliança rebelde fosse mais complexa do que isso. O rol de insatisfações era mais amplo, e os objetivos dos participantes, nem sempre tão ambiciosos. Muitos caixeiros portugueses aderiram. Temiam que fosse implementada a reivindicação da Novembrada de expulsar os imigrantes solteiros pobres. Tentavam, portanto, proteger seus empregos e a si próprios contra a população livre pobre brasileira. Os Cavalcanti, por sua vez, apoiaram discretamente a Abrilada — foi no engenho do pai deles que aconteceram algumas das reuniões planejando o motim. Também simpatizavam com o levante o marquês do Recife, Francisco Paes Barreto, e outros homens de posses e respeito consideráveis. O objetivo dessa facção da nobreza da terra não era a restauração de d. Pedro I: seus membros eram suficientemente argutos para perceber a impossibilidade política disso, além do que, no caso dos Cavalcanti, sua relação com a coroa fora sempre conflituosa, como já vimos. O alvo, portanto, estava muito mais perto. Era o presidente da província, Francisco de Carvalho Paes de Andrade, que se devia derrubar, se possível mantendo na Presidência o vice imediato, Francisco de Paula Cavalcanti de Albuquerque. A troca do Comandante das Armas também seria bem-vinda. Todavia, uma vez contido o levante militar, os Cavalcanti e seus aliados de fina nobreza recuaram. Preferiram a paz, a ver a província incendiar-se novamente numa aventura de consequências imprevisíveis mesmo porque, àquela altura, uma Regência formada por homens avessos a radicalismos manejava as rédeas do governo central. E tanto na Câmara como no Senado, as elites locais vencedoras em 1824 estavam bem representadas, numa bancada provincial em que se destacavam os Cavalcanti, Araújo Lima e Maciel Monteiro.

A CABANADA

1832 foi um ano difícil para a Regência, que teve de enfrentar pelo menos uma ameaça de golpe e motins em várias partes do Brasil. Em Pernambuco, os levantes de 1831 e 1832 deixaram marcas profundas na elite urbana, sobressaltada diante da desenvoltura dos negros e pardos durante a Setembrizada. A Novembrada e a Abrilada mostraram ainda que a população livre pobre era passível de mobilização. A independência não trouxera a prometida emancipação econômica dessa camada, espremida entre a escravidão e a vida de agregado, condenada a disputar os poucos empregos disponíveis. No interior, havia muita gente armada pela classe senhorial. Escravos incluídos. As eleições para juízes de paz adicionaram um tempero local às eleições gerais, que costumavam sacramentar as indicações das lideranças partidárias provinciais e imperiais. O meio rural brasileiro sempre foi violento. As disputas políticas raramente se resolviam apenas nas urnas. Além disso, havia escravos fugidos em praticamente qualquer pedaço de mata o suficiente ermo para servir de esconderijo. Inúmeras comunidades indígenas espalhavam-se interior adentro. Seus habitantes eram recrutados com frequência, apesar das isenções, e apontados como substitutos naturais dos africanos. Também eram, aliás, vexados de várias maneiras a trabalhar para os proprietários rurais por intermédio dos diretores de índios, cargo que, mesmo sem amparo legal, na prática não deixara de existir em Pernambuco.

Ao contrário dos movimentos de setembro e novembro de 1831, a Abrilada não se esgotou na cidade do Recife. Entre os que fatalmente seriam atingidos pela troca de autoridades locais imposta pela Revolução do 7 de Abril, estavam vários proprietários rurais que viviam nas proximidades da fronteira entre Pernambuco e Alagoas. As elites locais da comarca das Alagoas que apoiaram a coroa em 1817 foram recompensadas com a criação da nova província e outras tantas benesses. As tropas imperiais desembarcaram em Barra Grande, entre as duas províncias, tanto em 1817 como em 1824. Ali, portanto, havia grande concentração de homens que foram largamente recompensados pelo Estado bragantino por sua lealdade à coroa. Depois do 7 de abril, eles começaram a se preparar para se defender de eventuais vinganças, armando sua clientela e seus escravos. Não foram apenas esses, entretanto, os beneficiados pela coroa imperial nas refregas contra 1817 e 1824. Houve comunidades indígenas que colaboraram com a coroa, entrando no Recife junto com as tropas imperiais após a derrocada da insurreição de 1817.[62]

É ingênuo pensar que aqueles índios eram "absolutistas", no sentido estreito indicado pela imprensa liberal exaltada nos anos seguintes e que servia para justificar o renhido combate a eles entre 1832 e 1835. Algumas das comunidades da zona da mata sul receberam suas glebas por sua colaboração no combate a Palmares. Há muito, portanto, estavam inseridas na política provincial. O que estava acontecendo no interior em 1831-1832, portanto, não era uma luta dos liberais contra o absolutismo, mas algo mais complexo e, ao mesmo tempo, bem mais recorrente. Os povos nativos do Brasil sempre escolheram suas alianças conforme as circunstâncias do momento. É evidente que os representantes da coroa, desembarcados em Barra Grande em 1817 e 1824, podiam oferecer o que desejavam as comunidades indígenas: proteção contra os proprietários rurais cujas terras margeavam os aldeamentos. Cumprir a promessa, era outra questão. De sua parte, todavia interessava à coroa, bem como a sucessivos governos provinciais, contar com o apoio daquela população. Era sempre útil dispor de efetivos indígenas para conter tanto quilombolas como eventuais distúrbios causados por caudilhos locais. Os índios do vale do rio Jacuípe, entre Alagoas e Pernambuco, receberam compensações por sua colaboração na repressão a 1817 e 1824. Em 1832, eles haviam perdido essa proteção. Era a vez dos proprietários rurais retomarem a iniciativa e assaltar suas terras. Os mais diretamente atingidos em 1817 ou 1824 poderiam retaliar livremente.

Para se entender a Cabanada é relevante ter em mente ainda que, além da fronteira do açúcar havia muita mata fechada na zona da mata sul, serpenteando a oeste dos engenhos que se espalhavam entre o rio Ipojuca, em Pernambuco, e as lagoas que deram nome à nova província. Durante a rebelião, as autoridades militares e civis que combatiam o que chamavam de "gente das matas", por mais acostumadas que estivessem com o terreno, nunca deixavam de se impressionar com a imensidão da mata, que o sol nem sempre penetrava, mesmo ao meio-dia. No inverno, as chuvas torrenciais danificavam os equipamentos militares, estragava a farinha, a carne-seca e deitava por terra de "sezão" batalhões inteiros. Os inimigos não eram apenas os cabanos, mas os insetos, os escorpiões, as cobras, a natureza exuberantemente verde, mas avara em caça fácil, dessas que se pega sem uso de armas, pois os tiros indicariam a posição das tropas para os cabanos. As povoações de Porto Calvo, Bonito, Água Preta, Panelas de Miranda e o arraial de Jacuípe aquartelavam as guardas nacionais e tropas de primeira linha que atravessavam a mata caçando a gente das matas. Luís Sávio de Almeida lembra com propriedade que aquelas florestas faziam parte do perímetro mais longo por onde transitaram os palmarinos, século e meio antes. É razoável supor que entre os quilombolas que participaram da Cabanada devia haver gente fugida há muito tempo. É provável que ali também houvesse índios ainda não aldeados, remanescentes dos tapuias mais arredios, que nunca se submeteram ao jugo lusitano. A gente das matas contra-atacava, provocando o esvaziamento dos engenhos perto do perímetro dos combates. Peter Eisenberg aponta que a Cabanada perturbou tanto o comércio do açúcar, que a média de produção no quinquênio 1831-1835 sofreu um baque de 25% em relação à dos cinco anos anteriores.[63] Nos anos seguintes, o avanço dos canaviais sobre as matas foi brutal. A primeira estrada de ferro de Pernambuco, iniciada em 1855, saía do Recife em direção à zona da mata sul, até o rio Una, passando por Água Preta, alcançando Palmares em 1862. Cortava a mata inexoravelmente. Água Preta não possuía engenhos antes da Cabanada. Em 1844, já tinha 44. Em 1850, 63. Em 1860, com a estrada de ferro, 97. Esses dados de Eisenberg indicam que a derrota dos cabanos foi também a conquista das matas pelo capitalismo agrário.[64]

Dirceu Lindoso forneceu uma chave interpretativa para explicar a Cabanada ao lembrar que aquelas matas eram parte do tombo real. Sua exploração era reservada à Marinha, que necessitava de madeira de lei para suas embarcações. A queda de d. Pedro I deu aos proprietários das imediações oportunidade para invadi-las com a cana e o gado. Gado que tinha dono e que, portanto, se fosse abatido, os responsáveis, putativos ou reais, poderiam ser exemplarmente punidos como ladrões. A gente das matas que resistisse podia ser recrutada, espancada e castigada. A Cabanada começa como reação ao recrutamento. Atacada com violência, essa população — os "cabanos" propriamente ditos — não tinha alternativa a não ser resistir. Mesmo porque, em 1832, contava com o apoio de larga facção das elites locais, que percebiam a possibilidade da resistência vinda das matas poder servir para abalar as bases de sustentação do presidente da província e do comandante das Armas em face da Regência.

Manoel Correia de Andrade foi quem primeiro apontou a participação de proprietários rurais no começo da Cabanada, como Torres Galindo, capitão-mor em Vitória de Santo Antão que distribuiu armas para a população livre pobre da fronteira oeste dos engenhos de cana. No final do Primeiro Reinado, seus adversários acusavam-no de manter homens armados, prendendo ou soltando quem bem queria, ignorando a autoridade dos juízes de paz. Em 1832, o governo provincial exigiu a devolução do armamento do Estado que ele havia recebido nos anos anteriores. Suspeitava-se que enviara armas para Pinto Madeira. O capitão-mor de Vitória teve papel fundamental na eclosão da Cabanada não só devido à distribuição de armas, mas por ter conseguido a adesão de Antonio Timóteo, pequeno proprietário em Panelas de Miranda, que havia contribuído com à repressão a Confederação do Equador e continuou perseguindo os remanescentes do movimento ao menos até 1826. De acordo com um oficial que combateu os cabanos, Timóteo era negro. Para os agentes da repressão, foi ele quem trouxe para a rebelião os índios de Jacuípe e os habitantes das matas em torno da povoação de Panelas de Miranda. Antonio Timóteo foi morto ainda no começo do movimento, mas seu irmão, João Timóteo continuou, tornando-se um dos principais líderes cabanos.[65]

Outro proprietário beneficiado pelos favores dispensados pela coroa foi o sargento-mor Manoel Affonso de Mello, condecorado por sua participação na repressão à Confederação do Equador. Seus adversários alegavam que ele havia enriquecido roubando os bens dos simpatizantes da Confederação.[66] É impossível saber se essa alegação era verdadeira, mas pode-se supor que muita gente de fato fez isso nessa época, quando destruir e saquear a propriedade dos inimigos era rotina no interior do Brasil. O gado e os escravos podiam ser levados, e as terras abandonadas pelos fugitivos, facilmente incorporadas ao patrimônio dos vizinhos. O predomínio desses arrivistas, enriquecidos no combate a 1824, começou a ser ameaçado ainda no final dos anos 1820. Manoel Affonso de Mello, por exemplo, perdeu as eleições para juiz de paz para o clã dos Accioly Lins e para Feliciano Joaquim dos Santos. Em 1832, seus adversários estavam no poder.[67] A facção das elites locais que havia apoiado 1824 voltava ao governo provincial.

O sargento-mor Manoel Affonso de Mello, porém, também tinha aliados. Um deles era o tenente-coronel João Batista de Araújo, demitido do comando das milícias de Barra Grande em junho de 1831; mais uma vítima do 7 de abril. Tal como o sargento-mor, João Batista fora condecorado em 1824 e também ganhara muitos inimigos por seus atos. Em 1831, corriam boatos de que ambos apoiavam Pinto Madeira e que estavam mobilizando homens, inclusive índios, para apoiar a revolta no sertão. João Batista transitava entre as fronteiras de Pernambuco e Alagoas, dificultando sua captura. Várias ordens de prisão foram dadas a partir de Pernambuco. Em Alagoas, no entanto, ele contava senão com o apoio, ao menos com a omissão do presidente, um primo dos Cavalcanti de Pernambuco, que o considerava oficial leal ao governo. As autoridades de Pernambuco já estavam mobilizadas para capturá-lo no começo de 1832. Somente depois da Abrilada, quando ficou patente seu envolvimento em um movimento armado, as autoridades alagoanas decidiram colaborar.[68]

Os participantes da Abrilada no Recife e seus aliados no interior alegavam estar-se armando para evitar perseguições. Com certeza, essa foi sempre uma boa desculpa para se andar armado, cercado de capangas.

Mas no meio rural brasileiro, essa alegação não era infundada. As tropas colocadas no encalço do tenente-coronel João Batista de Araújo, algoz de confederados em 1824, eram comandadas por um militar que até pouco tempo estava foragido, pois fora condenado à morte por sua participação na Confederação do Equador. O major Carapeba contava nessa missão com o apoio de vários proprietários rurais cujas terras eram próximas à área onde ocorreria a Cabanada, entre eles o coronel Santiago, também rebelde em 1824, cuja família também tinha engenho nas imediações do conflito. Eram, portanto, homens diretamente interessados tanto na vingança contra seus adversários como em recrutar e castigar índios e posseiros armados e arredios a seu comando local. Se os grandes proprietários rurais podiam sofrer retaliações, pode-se imaginar a situação dos menos abastados, ou seus dependentes, principalmente os mais leais e conhecidos por seus feitos militares. Seriam eles os primeiros a ser espancados, recrutados ou mortos, suas famílias tratadas com brutalidade. O major Carapeba foi acusado de estupro logo nas operações de recrutamento, em 1832. Dessa operação inicial de recrutamento, contenção e evicção, entre abril e setembro de 1832, participaram guardas nacionais, milicianos e forças de primeira linha, apoiados pelos 500 cavaleiros da Guarda Municipal, formada no Recife no ano anterior.[69]

Até esse ponto, em 1832, a história da Cabanada assemelha-se à de muitos outros levantes ocorridos no Brasil imperial. Começara com o protesto de militares insatisfeitos, apoiados por proprietários rurais e urbanos, que viram seus adversários ascenderem após o 7 de abril. Previsivelmente, quando os governos de Pernambuco e Alagoas uniram forças, a maioria dos rebeldes com endereço certo em engenhos e propriedades rurais, rendeu-se ou dispersou-se. Torres Galindo fugiu para Sergipe, onde ficou sob a proteção de um proprietário rural, esperando o tempo passar. João Batista de Araújo e Manoel Affonso de Mello foram presos em outubro, junto com o capitão-mor de Flores, no alto sertão, acusado de apoiar Pinto Madeira, que, por sua vez, também terminou capturado pelo general Labatut em novembro de 1832. O desligamento dos líderes mais expressivos, vinculados à grande propriedade agrária, mudou totalmente o contexto local da guerra. As tropas em operação na fronteira entre

Pernambuco e Alagoas somavam mais de mil homens àquela altura. A maioria de seus adversários agora era anônima: posseiros pobres, escravos aquilombados nas matas e índios. Como seria de esperar, essa população — a gente das matas, os habitantes das cabanas — foi vítima do recrutamento, da brutalidade da tropa e de seus oficiais em 1832. Os cabanos não se renderam. Nem os índios de Jacuípe. Pelo contrário, enfurnaram-se nas matas e passaram ao ataque. Entre seus alvos, estava o arraial de Jacuípe, quartel-general das tropas imperiais, que chegou a ser retomado mais de uma vez. É a partir de então que aparece nas fontes uma liderança inteiramente singular: Vicente de Paula.[70]

Possivelmente filho de um padre de Goiana, pouco se sabe sobre seu passado. Além dos índios e cabanos propriamente ditos, Vicente liderava um batalhão de escravos fugidos: os papa-méis, o mais temido e eficaz contingente sob seu comando. Em seus manifestos, declarava-se *comandante geral do imperial exército de Sua Majestade Imperial d. Pedro I*.[71] Seus adversários eram os "jacubinos". Vicente nunca se rendeu. No final do movimento retirou-se com um batalhão de seguidores, reduzidos a cerca de 150 homens, a maioria papa-méis, passando a viver na povoação de Riachão do Mato. Nos anos seguintes, as autoridades de Pernambuco e Alagoas referiam-se a ele como caudilho ou, simplesmente, ladrão de escravos. Não há, todavia, indícios de que tenha vendido os cativos supostamente "roubados" aos proprietários rurais. Frei Vicente de Messina esteve em Riachão do Mato em 1842, deixando um relato de sua visita. O respeito que a população local devotava a Vicente de Paula impressionou o frade, que também observou a permanência de práticas matrimoniais não católicas entre os habitantes, que se separavam sem maiores delongas quando o casamento não dava certo.[72]

A pobreza material de Vicente de Paula, notada por frei Messina, contrastava com sua autoridade. Essa ausência de riqueza contesta a pecha de ladrão de escravos. Se ele comercializasse os inúmeros escravos que o acusavam de ter roubado, ou os colocasse para trabalhar no eito para si, teria ficado rico. O mais provável, portanto, é que sua comunidade estivesse assimilando os fugitivos da região. Os escravos, portanto, escolhiam ser roubados. É impossível, todavia, saber como se dava exatamente a assimilação desses fugitivos à comunidade de Riachão do Mato. Num mundo em que a escravidão era praticamente universal, era pouco provável que a condição servil encerrar-se de imediato. Tal como acontecia em quilombos maiores, como Palmares, havia uma hierarquia a ser galgada a partir da condição servil ou semisservil. Vicente de Paula não era caudilho ou ladrão de escravos, no sentido dado por seus adversários, mas líder de uma comunidade complexa, se bem que hierarquizada, difícil de ser equacionada nos horizontes intelectuais de seus adversários.

Em março de 1834, havia em torno de 4.000 homens cercando o perímetro das matas cabanas. Entre eles, estavam os índios de Barreiros. Aldeados perto da zona do conflito, eram capazes de bater as matas com mais facilidade do que a maioria dos guardas nacionais empregados ou mesmo das tropas de primeira linha, exceto, talvez, os temidos batalhões de caçadores, acostumados à guerra no mato. Nem os movimentos de 1817, 1824 ou a Praieira mobilizaram tanta gente para o combate. Os governos de Pernambuco e Alagoas emitiram avisos para que a população se rendesse, entregando as armas. Apesar disso, em maio de 1834, os cabanos ainda foram capazes de retomar o arraial de Jacuípe, onde antes viviam os índios mobilizados por Vicente de Paula e Timóteo. Segundo o comandante geral das tropas imperiais, os cabanos empregavam táticas de guerrilha. Eram habilidosos no manejo dos recursos naturais e acostumados a passar fome. Quando preciso, alimentavam-se de lagartixas, insetos, orelhas-de-pau e o que mais encontrassem pela frente. Ao voltar para os quartéis, havia soldados estropiados pelos maus-tratos das longas entradas nas matas, mas também outros tantos que se haviam literalmente estrepado, ao cair nas armadilhas cujo fundo era guarnecido de pontudas estrepes. Dizia o comandante, que sua única alternativa era tocaiar os cabanos e caçá-los como "veados" no mato.[73] Os cabanos não deixavam seus mortos no campo. Sempre os levavam consigo. Exauridos, famintos, caçados como veados no mato, terminaram entregando-se em grupos ou individualmente diante da estratégia de terra arrasada empregada pelas tropas imperiais e provinciais que destruíam os roçados e mandiocais que encontravam. Milhares de pessoas foram mortas na Cabanada. No final de 1835, as matas haviam sido conquistadas pela ordem imperial e provincial. A Cabanada, portanto, envolveu índios e posseiros que viviam nas e das matas nos limites da fronteira até onde iam as plantações de cana-de-açúcar. Envolveu também quilombolas acolhidos pela floresta ou por lideranças locais, como Vicente de Paula. Os índios de Jacuípe, por sua vez, tinham como principal líder o cacique Maurício, morto em combate. Ao se entregar, um dos proprietários rurais envolvidos na Cabanada expressou sua satisfação com o fim da guerra, dizendo que nunca havia gostado da "companhia de negros".[74]

Essa complexa composição social obriga-nos a pensar sobre o sentido das intenções restauracionistas dos cabanos. Conforme observou Dirceu Lindoso, a queda de d. Pedro I permitiu que os proprietários rurais invadissem as matas do tombo real. Além disso, convém lembrar que, antes do 7 de abril, uma parte da população que vivia nas matas e em seu entorno havia sido recompensada por sua participação na contenção aos movimentos de 1817 e 1824, incluídos os índios de Jacuípe. Os aliados da coroa receberam armas, soldos e possivelmente apropriaram-se de bens dos "liberais pernambucanos" e seus dependentes. Com a queda de d. Pedro, aquela população passou a ser perseguida. Os que se haviam destacado, principalmente na repressão a 1824, foram certamente os mais atingidos pela nova ordem, extinguindo direitos adquiridos em serviços à coroa imperial. A volta de d. Pedro I tinha significado muito particular para os cabanos: representava o retorno a um período em que as matas ainda não haviam sido invadidas pela ordem senhorial. Significava garantir os privilégios concedidos por uma coroa brutal para com os adversários, mas generosa com os aliados, mesmo que circunstanciais. Vicente de Paula foi o principal líder desse movimento que escancarou o lado sórdido da Revolução do 7 de Abril em Pernambuco.

A DÉCADA DE 1840 E O PREDOMÍNIO DOS CAVALCANTI

A Cabanada deixou exaurida a província. Em seu término, nem a tão decantada ordem se havia estabelecido. Os quilombos da zona da mata norte, no outro lado da província, entre Recife e a Paraíba, renasceram naqueles anos. Como vimos, seu principal líder, Malunguinho, havia sido morto no final da década de 1820. O emprego maciço dos recursos militares na guerra contra os cabanos, na zona da mata sul, deixara, porém, a vigilância sobre a zona da mata norte praticamente sob a responsabilidade dos próprios proprietários rurais e dos juízes de paz das freguesias contíguas às cidades gêmeas de Recife e Olinda. Os quilombolas entocados nas matas do Catucá e da Cova da Onça voltaram a engrossar e perpetrar seus ataques. Uma vez liberada da guerra no sul da província, as tropas à disposição do governo provincial, incluindo os índios de Barreiros, foram mandadas para bater as matas da Cova da Onça e do Catucá. Encerrava-se a epopeia dos "malunguinhos" de Pernambuco.

O sangue derramado nessas duas guerras, contra os cabanos e contra os malunguinhos, seria combustível para que a produção açucareira retomasse fôlego. O algodão, principal produto de exportação provincial à época da insurreição de 1817, perdera seus mercados e não se recuperaria até a Guerra de Secessão americana. A cana, todavia, voltava a corresponder à expectativas dos plantadores na segunda metade dos anos 1830. Os plantadores voltaram a intensificar as importações de cativos da costa da África. Em 1837, o influxo de africanos escravizados atingiu seu maior volume desde a Independência.[75] Foi nesse mesmo ano que o barão da Boa Vista ascendeu ao governo provincial. Era o retorno da facção das elites locais vencedoras em 1824.

Há uma longa historiografia abordando o predomínio dos Cavalcanti em Pernambuco. Seus adversários disso já se queixavam desde 1831. E, nunca é pouco repetir, três dos irmãos Cavalcanti tornaram-se senadores, caso único na história do Brasil, formando com seus primos da Paraíba uma bancada familiar de cinco senadores. Apesar dessa presença marcante, ao defender o Partido Conservador e os Cavalcanti, num panfleto publicado em 1847, Nabuco de Araújo estava certo ao argumentar que eles não eram uma só família. Os irmãos Cavalcanti, na realidade, lideravam um conjunto de grandes clãs, entrelaçados por parentesco e riqueza.[76] Essa aliança seria a principal beneficiária do sistema eleitoral, praticamente refundado a partir das chamadas "leis reacionárias" de 1841-1842, que levaram os liberais de Minas Gerais e São Paulo à revolta.

A partir dali, caberia ao presidente da província escolher a dedo a polícia local, formada pelos próprios proprietários rurais e urbanos. Os delegados e subdelegados, escolhiam seus inspetores de quarteirão, transmudando suas tropas particulares em guardas nacionais e força policial legalmente encarregados de manter a ordem durante as eleições. Os juízes de paz permaneciam presidindo as mesas de qualificação de votantes e eleitores, decidindo quem participaria do pleito e em que nível. Nas décadas seguintes, os sucessivos gabinetes nomeados por d. Pedro II não correriam mais riscos de perder eleições.

Na corte, a aliança Cavalcanti estava bem representada e articulada a outras lideranças políticas. Discorrendo sobre os problemas da Regência para manter a ordem e a unidade territorial, José Murilo de Carvalho lembrou a dificuldade de Feijó para ganhar as eleições para Regência Una, em 1835, quando recebeu 2.826 votos. O segundo candidato mais votado foi Holanda Cavalcanti, com 2.251 votos. O quarto foi Araújo Lima, com 760 votos, logo atrás de Costa Carvalho, com 847. A candidatura simultânea de Costa Carvalho, Araújo Lima e Holanda foi uma estratégia para atrapalhar Feijó nas províncias onde ele tinha boas articulações. A estratégia funcionou. Quase ganharam a eleição. Somados, tinham mais votos do que o futuro regente, prenunciando as dificuldades de Feijó nos anos seguintes. Em Pernambuco, Araújo Lima e Holanda faziam parte da mesma oligarquia, mesmo que seus interesses e vaidades eventualmente se chocassem. A candidatura de Araújo Lima, em 1835, não o afastou dos Cavalcanti, até mesmo porque tinham dois adversários em comum. O próprio Feijó e Manoel de Carvalho Paes de Andrade, presidente da Confederação do Equador, último colocado na lista sêxtupla, com 605 votos, atrás do penúltimo, Lima e Silva, com 629 votos.[77] A ascensão de Araújo Lima à Regência Una em 1837 foi a vitória do Regresso na corte. Em Pernambuco, significou a designação de dois dos irmãos Cavalcanti para o Senado e uma nova derrota dos remanescentes de 1824, que haviam retornado depois do 7 de abril. Manoel de Carvalho, seu irmão Francisco e Gervásio Pires, o núcleo duro da oposição aos Cavalcanti, lídimos "liberais pernambucanos", não iriam mais presidir a província pela qual tanto haviam lutado.

MOVIMENTOS SOCIAIS: PERNAMBUCO (1831-1848)

É óbvio que a Cabanada foi uma ameaça extrema à ordem senhorial, até ela, porém, serviu aos Cavalcanti no jogo político. A revolta explodiu de fato quando Francisco de Carvalho Paes de Andrade era presidente da província e só foi vencida por seu irmão, o próprio Manoel de Carvalho Paes de Andrade. Contra os liberais pernambucanos, portanto, foi assacada a mesma pecha jogada contra Feijó, a de que lhes era difícil manter a ordem, por não serem capazes de conter seus aliados mais radicais. Manoel de Carvalho foi obrigado a cortar na carne de seu partido, ao reprimir a Carneirada de 1834, um levante cujos líderes eram antigos aliados, ressentidos com o presidente que já não era mais o mesmo homem da década anterior, quando presidiu a Confederação do Equador. Deixara os radicalismos do passado. Como diria alguns anos depois o marquês do Paraná, nada mais parecido com um saquarema do que um luzia no poder. Anos depois, ele não resistiria aos afagos da monarquia, tornando-se senador. O outro líder que poderia dar respaldo a uma oposição local consistente, Gervásio Pires Ferreira, faleceu em 1836. Assim, a ascensão de Araújo Lima à Regência Una, o cargo mais alto do império, consolidou o predomínio do grupo político que vencera em 1824, disputara o governo provincial após o 7 de abril, e saía mais uma vez vencedor após o Regresso de 1837.

Nesse contexto o barão da Boa Vista foi escolhido para presidir Pernambuco. Típico representante daquilo que Evaldo Cabral de Mello chamou de "nobreza da terra", o barão preocupou-se em modernizar o Recife, assumindo a "ideologia do progresso", como bem apontou Isabel Marson. O cerne dessa ideologia era implementar reformas urbanas e até de mentalidade, mas sem mexer na escravidão ou na grande propriedade fundiária; afinal de contas, eram esses os alicerces de todo o sistema.[78] A conjuntura econômica e política lhe era favorável. A retomada da produção açucareira, as articulações sólidas com a corte, permitiram-lhe realizar um governo dinâmico, o que só aumentou sua legitimidade e seu prestígio em face da maior parte das elites locais.

A distribuição de favores e benesses, contudo, não é ilimitada. Alguém sempre ficava excluído. Todos queriam se beneficiar dos favores do governo, que, obviamente, era incapaz de satisfazer a todas as demandas.

A oposição congregava os insatisfeitos. Estava viva. Como mostrou Jeffrey Mosher, a administração do barão não teve a unanimidade pretendida por seus defensores. Havia proprietários descontentes com a proteção dada pelo governo provincial aos aliados, que aproveitavam seus cargos na polícia civil, na justiça de paz ou a patente na Guarda Nacional, para praticar todo tipo de arbitrariedade, inclusive homicídios. É óbvio que havia retaliação. O barão foi incapaz de controlar a violência e a impunidade no interior, apesar do discurso em favor do progresso.[79] Era a vez, portanto, de a oposição liberal denunciar a incapacidade dos conservadores em manter a ordem, principalmente durante as eleições. Enquanto isso, no Recife continuava precário o abastecimento de população crescente, para a qual também faltava emprego. A carestia de víveres era agravada pela pandemia da moeda de cobre falsificada que também chegava ao interior.[80] As obras públicas do barão tornaram a cidade mais bela, todos concordavam, mas houve desvio de recursos, segundo Nancy Naro e Isabel Marson, bem como muito desperdício. Quando as obras começaram a estancar, muita gente foi posta na rua, desempregada.

Congregando esse leque de insatisfeitos, os antigos liberais pernambucanos e seus aliados no interior foram-se rearticulando, fazendo surgir novas lideranças. A principal delas era o desembargador Nunes Machado, chefe de polícia da província durante a presidência de Manoel de Carvalho, em 1835, que em 1838 assumiria uma cadeira na Câmara. O maior problema dessa facção, todavia, era contornar a influência nos sucessivos ministérios, antes e depois da maioridade, dos Cavalcanti e dos seus aliados pernambucanos, como Maciel Monteiro e Araújo Lima. Nisso a atuação política de Holanda Cavalcanti era particularmente incômoda. Orador respeitado e de posições bastante independentes, Holanda em geral votava com a oposição parlamentar, que viria a formar o partido liberal, enquanto a maioria de seu grupo político, seu irmão senador, incluído, costumava seguir os conservadores ou então ficar à direita deles, entre antigos pés de chumbo. Uma vez regente, Araújo Lima promoveu ao Senado dois dos irmãos, um deles o independente Holanda, um dos fundadores do partido liberal. Essa quase onipresença Cavalcanti justifica o verso a respeito de cavalcantis e cavalgados; afinal de contas, como observou Amaro Quintas, entre 1837 e 1844, qualquer que fosse o gabinete, os Cavalcanti estariam representados, influindo, assim, diretamente na designação do presidente de Pernambuco e demais cargos provinciais e na distribuição de favores às elites locais. Isso tudo sem prejuízo do fato de um dos irmãos Cavalcanti ter-se praticamente apropriado da primeira vice-presidência da província desde a derrota da Confederação do Equador.

Essa onipresença, entretanto, também criava problemas para a própria aliança hegemônica. O barão da Boa Vista, pouco a pouco foi-se afastando dos Cavalcanti à medida que sua influência começou a ser sombreada pelo irmão mais moço, Pedro Francisco de Paula Cavalcanti de Albuquerque, futuramente barão de Camaragibe e também senador. Da mesma forma, Araújo Lima também tinha noção muito clara de suas prerrogativas e importância no cenário político, como ex-regente, membro do Conselho de Estado e, inúmeras vezes, ministro. Todas essas lideranças queriam impor seus candidatos e beneficiar seus apaniguados. Tais dissensões internas, fruto do excesso de poder individual desses líderes, abririam espaço para a oposição, que também se beneficiou do desgaste dos Cavalcanti e de Araújo Lima no Parlamento. Da perspectiva dos saquaremas, nem sempre havia lugar para projetos de poder de oligarquias das chamadas "províncias do norte", refratárias à hegemonia dos políticos do Rio de Janeiro e ao centralismo monárquico, porém ávidas por infinitas benesses e favores. A relação dos Cavalcanti e de Araújo Lima com Vasconcelos, Honório e Paulino era complexa; muitas vezes, tensa. Paulino, aliás, conforme apontaram Nabuco e depois Paula Beiguelman, de certa forma protegeu a oposição pernambucana no gabinete de 1837. O mesmo aconteceria depois da Revolta Praieira, quando Honório foi designado presidente da província, completando o esmagamento da rebelião, mas procedendo com moderação com os rendidos, contendo vinganças e retaliações, de tal forma que deixou os Cavalcanti irritados com sua independência. A Sociedade Liberal, fundada para congregar os liberais remanescentes depois da Revolta Praieira, só foi possível devido à moderação de Souza Ramos, que enfrentaria a hostilidade dos conservadores pernambucanos.[81] Os Cavalcanti, portanto, eram centralistas em

Pernambuco, pois lhes interessava manter as prerrogativas dos ministérios em que estavam sempre bem representados. Todavia, na corte, era comum defenderem posições federalistas, pois não aceitavam interferência em seu mando local.

A REVOLTA PRAIEIRA

Nunes Machado, o principal líder praieiro, aprendeu a navegar entre essas contradições, assumindo seu mandato no Parlamento em 1838. Os praieiros começaram então a se articular com os liberais na corte. Quando o clube da maioridade se formou, lá estava Holanda, junto a Antonio Carlos. Nunes Machado votou contra o projeto.[82] Mas, uma vez vitoriosa a proposta, os praieiros tomaram singular rumo político, jogando suas fichas na liderança de Aureliano, futuro marquês de Sepetiba, que comandava um grupo de políticos palacianos. Há aqui, portanto, paradoxo no mínimo curioso. Os herdeiros dos chamados liberais pernambucanos fincaram seus alicerces políticos entre parlamentares que viviam em torno do trono. Eram cortesãos, literalmente. Seu líder, Aureliano, como apontou Joaquim Nabuco, tinha imensa influência pessoal sobre o imperador no começo do Segundo Reinado. Foi Aureliano, enquanto ministro, quem destituiu José Bonifácio da posição de tutor de d. Pedro II, colocando gente de sua confiança para educar o príncipe. Para os padrões de hoje, em 1840, d. Pedro II era mero adolescente. Sua posição, como monarca, porém, era a chave de todo o sistema. *Ad nutum*, ou seja, a um meneio de cabeça, podia tomar decisões impactantes. A monarquia não era uma democracia coroada. O poder régio era redundantemente real. Ser capaz de influir na vontade do imperador era estar no núcleo do poder.

O nome oficial do novo partido era Partido Nacional de Pernambuco. Amaro Quintas ensina que o apelido de partido praieiro, dado pelos conservadores, devia-se ao fato de a sede ficar na rua da Praia, à beira do rio Capibaribe, no qual se jogava lixo e se despejavam os "tigres". O que estava na praia, não era coisa boa nem limpa.[83] É possível, todavia, que esse apelido tivesse ainda um segundo significado, também maldoso. Os comensais do trono ligados a Aureliano, costumavam reunir-se em Praia Grande, atual Niterói, na casa do mordomo imperial, Paulo Barbosa da Silva. Era ali o chamado "clube da Joana". Talvez, portanto, o epíteto de praieiro também fosse uma referência a esse fato. Equivalia a chamá-los de cortesãos ou mesmo de corcundas, certamente uma ofensa para parlamentares que se pretendiam liberais constitucionalistas, herdeiros dos mártires de 1817 e 1824.

O prestígio dos praieiros no Parlamento cresceu à medida que Aureliano ia costurando suas alianças e aumentando sua influência pessoal sobre as decisões de d. Pedro II. Em oposição ao barão, aos Cavalcanti e a Araújo Lima, fundaram o *Diário Novo*, em que denunciavam a impunidade no interior, os abusos dos proprietários rurais e funcionários vinculados ao partido no poder, que apelidaram de guabirus, referência ao grande roedor, conhecido por roubar lixo — lixo que podia até estar na praia. Não ficaram só nisso, porém. O *Diário Novo* também alardeava palavra de ordem muito popular: "nacionalização do comércio a retalho". Mosher argumenta que essa bandeira era uma das diferenças mais marcantes entre os programas dos partidos Liberal e Conservador.[84] O discurso nativista tinha a simpatia de grande parte da população pobre urbana nascida no Brasil, que acreditava ocuparem os imigrantes portugueses os empregos que deveriam ser dos brasileiros. Essa reivindicação representava ainda a retomada de velhas demandas, como a da Novembrada, que alvoroçou a população de Recife ao exigir a expulsão dos portugueses pobres em 1831. Os liberais radicais defendiam essa bandeira nativista agressivamente na imprensa panfletária, na qual se destacavam Inácio Bento de Loyola e Borges da Fonseca. Joaquim Nabuco reconheceu que a defesa da nacionalização do comércio a retalho era extremamente popular. O apoio da população urbana aos praieiros também foi reconhecido pelo barão de Camaragibe, o mais jovem dos irmãos Cavalcanti a se tornar senador, que substituiria o barão da Boa Vista na liderança conservadora na província.[85]

Em fevereiro de 1844, d. Pedro II convocou os liberais para o gabinete, iniciando o "quinquênio liberal". O jovem monarca expressava assim seu desejo de autonomia, mesmo em face dos saquaremas, cujos líderes, por sinal, haviam colaborado para a queda de seu pai em 1831. Decidira que não iria apenas reinar, mas também participar ativamente do jogo político e administrativo da nação. Só que Holanda estava no ministério. Diante de sua influência, os praieiros não conseguiram um presidente de sua escolha. Em 1845, com Aureliano como timoneiro do gabinete, finalmente os praieiros tiveram sua principal demanda atendida, ganhando a administração provincial. Primeiro, com breve presidência de um aliado local, Manoel de Souza Teixeira, depois, com a nomeação de Chichorro da Gama. Político de projeção nacional, com vasta experiência em ministérios e com a coragem de ter assinado a prisão de José Bonifácio, Chichorro da Gama seria o candidato dos praieiros ao Senado em Pernambuco. Por duas vezes foi o mais votado. Mas o Senado rejeitou ambos os resultados, anulando as eleições na província. Não foram aquelas as únicas eleições nas quais o partido no poder coagiu votantes e empregou a violência contra os adversários. Os Cavalcanti, Araújo Lima e seus aliados, porém, estavam bem encastelados no Senado e conseguiram anular o resultado. Era ali a última muralha de defesa dos conservadores pernambucanos, acuados pelos praieiros entre 1845 e 1848.

A ascensão dos praieiros teve efeitos imediatos na política local. Assim que assumiu a presidência, Manoel de Souza Teixeira, futuro barão de Capibaribe, simplesmente exonerou mais de 300 homens que ocupavam posições na polícia civil, Guarda Nacional e justiça de paz. Chichorro da Gama continuou com as demissões, também incluindo funcionários de diversas repartições. Em pouco mais de um ano no poder, os praieiros, portanto, promoveram algo em torno de 650 mudanças entre posições remuneradas ou não. Os comandos da Guarda Nacional, os empregos de delegados e subdelegados da polícia civil e o cargo de juiz de paz nas principais comarcas e freguesias do interior e da capital foram trocados. Os praieiros promoveram e empregaram seus aliados no Recife e no interior, revertendo a configuração de forças entre os grandes potentados rurais e urbanos. Como se dizia na época, foi uma "gangorra" política extrema.

Na prática, essa gangorra significava a quebra do predomínio políticoeleitoral conservador. A chave da vitória eleitoral, àquela altura, era a polícia civil, o principal instrumento de coação eleitoral, já que podia recrutar ou prender os apaniguados dos adversários. Os próprios proprietários rurais eram designados para os cargos de delegados e até subdelegados. Barbosa Lima Sobrinho, seguido por Edison Carneiro — e confirmado pela historiografia posterior —, evidenciou a ligação dos praieiros com a grande propriedade territorial.[86] Uma vez no poder, os praieiros começaram então a perseguir os capangas de seus inimigos políticos e até mesmo alguns proprietários abastados, vinculados aos guabirus, que se haviam envolvido em crimes de morte e costumavam apropriar-se dos escravos alheios. Ungidos nos cargos de delegados e subdelegados, proprietários rurais vinculados ao partido praieiro começaram a invadir propriedades rurais de seus adversários. O governo provincial apoiava essas diligências, distribuindo armas do Estado, pagando o soldo dos guardas nacionais e milicianos em operação e até fornecendo tropas de primeira linha quando necessário. Segundo Joaquim Nabuco, essas invasões foram um mal necessário. Pela primeira vez, a lei penetrava os quase feudos dos grandes plantadores. De fato, raramente eles eram perseguidos por seus crimes de morte. As queixas dos guabirus, todavia, não eram totalmente destituídas de razão, pois a polícia praieira só "varejava" os engenhos dos guabirus, quando era bem sabido que ambos os partidos congregavam proprietários envolvidos em crimes de morte, em roubos de escravos e no tráfico atlântico.

Todos os proprietários rurais estavam integrados às malhas do tráfico atlântico de escravos. Nos anos anteriores, os liberais na corte haviam denunciado a impotência, senão a conivência, dos sucessivos gabinetes conservadores para com os traficantes. Pernambuco não era exceção à regra. Logo no começo do governo do barão da Boa Vista, em 1837, Nabuco de Araújo, então apenas promotor do crime, denunciou um desembarque clandestino de escravos. Em 1839, ele novamente tentou enquadrar os traficantes pernambucanos, dessa vez, tendo o próprio navio encalhado como prova do crime. Tudo inútil. Os traficantes safaram-se sem problemas. Não havia testemunhas, e faltava a prova maior do crime, os próprios africanos. Quando o quinquênio liberal começou, em 1844, os luzias, que tanto criticaram a impotência dos gabinetes conservadores em face dos traficantes, mostraram-se também incapazes de solucionar o problema. Em Pernambuco, a apreensão do *Bom Jesus dos Navegantes*, em 1846, evidenciaria o envolvimento de praieiros e guabirus no tráfico. Quando o navio foi apreendido, a imprensa praieira imediatamente alardeou o envolvimento de parentes do barão da Boa Vista no episódio. Todavia, a carga humana foi logo surrupiada e distribuída pelos engenhos. Nesse roubo estavam envolvidos parentes do chefe de polícia da província, abastado proprietário rural e uma das principais lideranças praieiras.[87]

Os varejamentos dos engenhos pela polícia praieira gerou reações violentas. Os guabirus armaram-se, recebendo a bala seus adversários locais, ocupantes dos cargos nos aparelhos repressivos. Os conflitos foram ficando cada vez mais violentos, até que, em 1848, os praieiros começaram a acusar os guabirus de tramar uma rebelião. Era a "revolução guabiru". A reação mais contundente às ações da polícia civil ocorreria em abril de 1848, em Sirinhaém. Sob o comando do subdelegado de Escada, Antonio Feijó de Mello, mais de 100 homens foram enviados com o aval do chefe de polícia da província contra o coronel José Pedro Velloso da Silveira para tomar as armas do Estado que ele recebera durante os governos anteriores ao predomínio praieiro. Ao chegar no engenho Caité, pertencente ao próprio José Pedro Velloso da Silveira, a tropa estacionou, para esperar a chegada de reforços e só então prosseguir até o engenho Lages, também do coronel José Pedro, que lá estava entrincheirado. Sabendo que havia tropas acampadas para atacá-lo, José Pedro tomou a iniciativa, cercando e derrotando o adversário. Diz-se que o subdelegado teve que fugir de ceroulas. Do Caité, José Pedro continuou na ofensiva, atacando ainda os engenhos Bamborral e Freixeiras, de seus adversários praieiros. Junto com outros proprietários aliados, teria uns 800 homens sob seu comando.[88]

Antes, porém, que a revolução guabiru tivesse andamento, caíram os liberais na corte e, com eles, Chichorro da Gama e os praieiros. Àquela altura, a agitação urbana também tomara dimensão sem precedentes. Recife crescera após a independência. Faltava emprego para a população livre pobre. Incluídos os subúrbios, com seus sítios e decadentes engenhos do século XVI, havia em torno de 100 mil habitantes na época da Revolta Praieira. O crescimento de seus bairros centrais é talvez a melhor medida de sua expansão recente. Por volta de 1828, o bairro do Recife, a zona portuária propriamente dita, a ilha de Antonio Vaz e a Boa Vista somavam cerca de 25.678 pessoas, das quais 7.935 eram escravos. Em 1855, a população daqueles três bairros chegava a 40.977 indivíduos, 7.707 deles cativos,[89] que tinham participado de todos os motins urbanos ocorridos nos anos anteriores. Tal como em outras cidades do mundo atlântico escravista, também fugiam muito, buscando tanto escapar do cativeiro como procurar um novo senhor ou pressionar o proprietário a tratá-lo melhor. O "roubo de escravos" nessa época tornou-se endêmico na cidade. Na maioria dos casos, entretanto, os cativos se deixavam roubar, ou seja, escolhiam mudar de senhor, o que era um problema para a ordem senhorial, uma vez que jogava os proprietários uns contra os outros, favorecendo aqueles que prometiam benefícios aos cativos. Não faltavam fugitivos na ruas, trabalhando como se fossem forros, com os nomes mudados para não ser facilmente capturados, pulando de bairro em bairro, em canoas cortando os rios que davam vida à cidade.

Foi ainda durante o governo praieiro que o Divino Mestre circulou pela cidade, pregando contra a Igreja Católica, falando a respeito da salvação dos negros e da danação dos brancos que os escravizavam. Do total de 14 detidos, seis pediram para ser presos, pois queriam acompanhá-lo na prisão. Com sua esposa foram apreendidos uns versos, o "ABC", que falavam da superioridade da gente "morena" em relação aos brancos, desde os tempos bíblicos. Não havia, aliás, brancos entre seus seguidores; todos eram negros. Nem todos eram livres e libertos. Somavam cerca de 300 na cidade, segundo o ascético líder, mulheres em sua maioria. Agostinho José Pereira era chamado de Divino Mestre por seus discípulos, aos quais ensinava a ler e escrever. Era perigoso, portanto. Quem o defendeu em juízo foi Borges da Fonseca, que solicitou *habeas corpus*, alegando que não era crime ser cismático. Agostinho desaparece da documentação policial em meio aos acontecimentos que desaguaram na Revolta Praieira. Talvez tenha sido recrutado. Talvez se tenha envolvido ainda mais, uma vez que foi Borges da Fonseca um dos principais instigadores dos mata-marinheiros ocorridos naqueles anos.[90]

Entre 1844 e 1848, houve pelo menos sete grandes mata-marinheiros na cidade, geralmente em épocas de eleições. Era uma catarse geral. O "povo" tomava as ruas, saqueava as lojas dos estrangeiros e espancava quem se intrometesse, principalmente os cidadãos portugueses. Em duas ocasiões, artesãos e populares, acompanhados de deputados, saíram em passeata, levando petições à Assembleia Provincial. Em meio à aparente anarquia, portanto, havia demandas bem elaboradas. A principal delas era a nacionalização do comércio a retalho. A maior dessas manifestações ocorreria em julho de 1848, quando os praieiros já haviam deixado o governo provincial e, portanto, estavam interessados em mostrar a incapacidade dos guabirus em manterem a ordem. Cinco cidadãos portugueses morreram espancados, e pelo menos 40 pessoas foram feridas. Em suas memórias, um Cavalcanti escreveu que abriu as portas de sua residência em meio à correria, abrigando uns 30 portugueses que fugiam da multidão. Como já havia acontecido anteriormente, a primeira vez em 1844, no dia seguinte, houve uma marcha de 2.000 pessoas até a Assembleia Provincial, onde foi entregue uma petição exigindo a nacionalização do comércio a retalho, incluindo os empregos de caixeiros, e a expulsão dos portugueses solteiros. Pelo menos 12 pessoas foram presas, sendo estabelecido o toque de recolher no Recife.[91]

Os primeiros presidentes mandados pela corte após a queda dos praieiros tentaram agir com moderação; 1817 e 1824 não estavam tão distantes no tempo. Todavia, era inviável manter a configuração de forças montada pelo partido praieiro. Era preciso demiti-los das posições-chaves no aparato repressivo. Foram feitas cerca de 50 demissões de delegados e subdelegados no interior, mas os homens exonerados eram justamente aqueles que se haviam envolvido mais diretamente nos varejamentos dos engenhos e na violência eleitoral. Em algumas comarcas, a inversão foi completa. O coronel José Pedro, chamado na correspondência da polícia praieira de facinoroso, passou a comandar a Guarda Nacional de Sirinhaém. Agora era ele quem iria dispor dos recursos do governo provincial para desarmar seus adversários, que, meses antes, o haviam obrigado a transformar seu engenho Lages em verdadeira fortaleza. Os praieiros armaram-se. Fizeram mais do que isso. O chefe de polícia praieiro Antonio Affonso Ferreira, rico proprietário rural, simplesmente recusou-se a entregar o cargo. Seus seguidores mais diretos também. Em novembro, uma tropa foi mandada para desarmar o coronel Manoel Pereira de Moraes, do engenho Inhamam, na zona da mata norte. Era como se abril de 1848 se repetisse, embora já não fosse o proprietário conservador que teria sua propriedade varejada, mas o praieiro. Melhor dizendo, um liberal histórico, pois o coronel Moraes apoiara 1824 e gozava da amizade pessoal de Borges da Fonseca.[92]

O coronel Moraes reagiu com sua clientela armada. Começava ali, em novembro de 1848, a Revolta Praieira dos coronéis da Guarda Nacional. Uma guerra entre senhores de engenho pelo poder político local e provincial.[93] Estavam em jogo os cargos na polícia civil e na justiça de paz, e o comando local da Guarda Nacional, posições que garantiam a vitória nas eleições locais e, assim, a representação nas câmaras municipais, na Assembleia Provincial, na Câmara e no Senado. Ocupar as posições no aparato repressivo, significava ainda poder recrutar, prender e soltar a população livre pobre. Eram, portanto, instrumentos de coação ao trabalho, reforçando os laços de dependência pessoal para com os proprietários rurais empossados nesses cargos. Além disso, delegados e subdelegados também podiam requisitar armas e munição do governo provincial, pagamento do soldo e sustento dos guardas nacionais sob seu comando em diligências mais longas. É claro que, quem de fato tinha poder podia exercê-lo nas localidades sem precisar do aval do Estado imperial. Todavia, nas freguesias em que havia disputa, em que nenhum caudilho podia senhorear sozinho, a posse desses cargos fazia diferença. Foi exercendo suas prerrogativas legais de delegados e subdelegados que os senhores de engenho praieiros reverteram o predomínio Cavalcanti em Pernambuco, ganhando as eleições.

Não foi essa a única face da Revolta Praieira no campo. Após a derrota do movimento, uma guerrilha sustentou-se por mais de um ano no limite entre os engenhos de cana e as matas de Água Preta, na zona da mata úmida, ao sul do Recife, já próximo à divisa com a província de Alagoas. Ali fora o cenário da Cabanada. E era assim que as autoridades provinciais eventualmente se referiam a essa guerrilha, comandada pelo tenente de artilharia Pedro Ivo Velozo da Silveira. Nunca é pouco ressaltar que Pedro Ivo nada tinha em comum com o líder da Cabanada, Vicente de Paula, pois descendia de uma família de grandes latifundiários. Era sobrinho do coronel José Pedro do engenho Lages, o que não é estranho, já que as oligarquias locais costumavam ter gente em ambos os partidos. Originalmente, Pedro Ivo foi parar em Água Preta comandando tropas justamente para combater a Cabanada, na década anterior. Como resistiu por vários meses depois da derrota da Revolta Praieira, transformou-se em símbolo da resistência liberal à monarquia autoritária. O mito tornou-se maior do que o homem. Pedro Ivo morreu enfermo, em alto-mar, em circunstâncias misteriosas, como devem morrer os mitos. Castro Alves o imortalizou em versos.

Os habitantes do Recife também não ficaram imunes aos acontecimentos. Pelo contrário, segundo Borges da Fonseca, o que aconteceu em 1848 foi a "revolução de novembro". Em suas palavras, "estava aberta a luta entre o poder corruptor do Brasil e o povo".[94] Na devassa da Revolta Praieira fica claro que havia um movimento de trabalhadores urbanos livres em prol da nacionalização do comércio a retalho, reivindicação que serviu de bandeira nas manifestações naqueles anos e que chegou a ser levada à Câmara por Nunes Machado como projeto de lei.[95] O grosso da tropa a serviço dos praieiros, a partir de novembro, era formado por guardas nacionais do interior, ou seja, pelos dependentes dos senhores de engenho. Todavia, uma vez iniciados os combates, Borges da Fonseca e os próprios deputados praieiros mobilizaram adeptos entre trabalhadores urbanos no Recife, Olinda, Goiana e outras povoações do interior. O exército rebelde incluía desde militares experientes, como Pedro Ivo, até liberais radicais e deputados. Somavam algo em torno de 2.000 homens. Em fevereiro de 1849, os praieiros tentaram a cartada final de tomar Recife e assim forçar a renúncia do presidente e a queda dos guabirus na província. A manobra, liderada por Pedro Ivo, foi benfeita. Atraíram o general Coelho com as tropas de primeira linha e a cavalaria para o interior, contornaram o cerco e atacaram a cidade no dia 2 de fevereiro. A derrota da invasão selaria o fim da insurreição, que foi minguando rapidamente depois daquela data.

Dos combates participaram não apenas os dependentes dos proprietários do partido praieiro, mas também homens daquele "povo", de que falava Borges de Fonseca. Entre os "cabeças de rebelião" na devassa da Revolta Praieira, não constam apenas liberais radicais, deputados, proprietários rurais e urbanos. Há trabalhadores urbanos muito bem sintonizados com a única bandeira da Revolta Praieira que unifica deputados e liberais radicais, a nacionalização do comércio a retalho. Entre funcionários dos baixos escalões da burocracia, pequenos produtores rurais e até professores de primeiras letras, chama atenção a participação de trabalhadores especializados e semiespecializados na Revolta Praieira. Pelo menos 22 artesãos são denunciados nas fontes. Dezenove chegaram a ser presos, oito deles no Recife. O "negro" ou "crioulo" Cecílio, por exemplo, era mero oficial de sapateiro. Desconhecemos seu sobrenome, mas sabemos que participou das agitações urbanas e chegou a lutar como capitão nas tropas praieiras.[96] Entre os funileiros detidos, Geraldo Amarante dos Santos era o mais eminente. Conhecido "sedutor de povos", promovia reuniões sediciosas em sua loja.[97] Pelo menos sete alfaiates são apontados entre os mais ativos rebeldes. Cinco deles chegaram a ser presos, dois no Recife. O alfaiate Manoel Joaquim da Costa também foi acusado de "sedutor de povos" e de promover reuniões em sua loja. Quando o exército praieiro tentou tomar Recife, de sua casa foram desferidos tiros nas tropas imperiais. O mesmo ocorreu em uma casa na rua do Queimado, onde moravam o alfaiate José Romão de Freitas, também "sedutor de povos", e outros alfaiates.[98] Manoel do Amparo Caju, também alfaiate, segundo uma testemunha, era muito "influído pela causa dos rebeldes (sic)". De fato, da casa do "pardo Caju" também foram desferidos tiros contra as tropas imperiais. Apoiado por Borges da Fonseca, Caju angariou prestígio suficiente para ser votado eleitor no Recife.[99] O alfaiate "preto" Luiz Hamburgo também teria saído do Recife para juntar-se aos rebeldes reunidos em Igarassu.[100] Não há indícios de que o Divino Mestre tenha participado da Revolta Praieira; era também alfaiate e havia outros artesãos negros entre seus seguidores, cujo advogado na prisão fora Borges da Fonseca. A Praieira, portanto, também mobilizou a tal "populaça" do Recife.

O FIM E O RECOMEÇO

Finda a Revolta Praieira, a coroa agiu com habilidade. Em vez de enforcar e arcabuzar, anistiou os proprietários rurais e bacharéis rebeldes. Mas o sangue correu solto entre os menos afortunados. Tanto a "populaça" do Recife como os artistas mecânicos em cujas lojas havia reuniões sediciosas em 1848 foram duramente reprimidos. Centenas de homens foram recrutados e mandados para o Sul, onde o exército precisava de mais efetivos. Até o advento do movimento abolicionista, não haveria manifestações populares como aquelas dos anos da Revolta Praieira. Continuaria havendo fugas de escravos e quilombos no interior, mas às portas do Recife não existiria mais nada comparável ao quilombo de Malunguinho. Até Vicente de Paula, o líder da Cabanada, foi finalmente preso. Tanto os rebeldes praieiros como o governo provincial escreveram cartas pedindo seu apoio em 1848. Vicente apareceu. Sob o pretexto de contribuir com a repressão à Revolta Praieira, continuou a "roubar cativos", para desgosto dos proprietários guabirus. Debelada a rebelião, Honório, o marquês do Paraná, junto a Euzébio, o político mais importante do país nessa época, recebeu a incumbência de presidir Pernambuco. Não pensou duas vezes, atraiu Vicente para uma emboscada, provavelmente prometendo-lhe anistia, e o capturou, enviando-o para Fernando de Noronha.

Mas e os tais liberais pernambucanos?

Há algumas décadas, Ilmar Mattos lançou uma instigante ideia: a da virtual impossibilidade de os liberais virem efetivamente a governar o império.[101] Essa ideia, cabe ressaltar, foi lançada dentro de um marco teórico muito bem delimitado, de tal forma que, diante de outros prismas e tradições historiográficas, é uma hipótese que não pode sequer ser discutida. Todavia, a ideia em si, é instigante. O que fragilizava tanto os tais liberais pernambucanos, a ponto de terminarem sempre derrotados? Falta de riqueza não era. Mesmo admitindo que não congregavam a maioria das fortunas da província, é fato que havia entre eles muita gente da nobreza da terra e do comércio de grosso trato. Alguns desses proprietários, mesmo sem nunca terem sido liberais — talvez sequer soubessem o significado da palavra — chegaram a aderir a movimentos radicais por questões muito mais terrenas do que as tais "ideias francesas", como se dizia na época. Bento José da Costa, talvez o homem mais abastado de Pernambuco no começo do século XIX, aderiu a 1817 não apenas por querer pagar menos taxas, mas também por parentesco. Seu genro, Domingos José Martins, era o líder civil da revolta. Henrique Pereira de Lucena, pai do futuro barão de Lucena, que viria a ser presidente da província décadas depois, assinou o "manifesto ao mundo", de Borges da Fonseca, junto com outros proprietários rurais, donos de escravos. Perguntado no interrogatório por que assinara um manifesto republicano, que pregava o voto livre e universal e uma penca de outras demandas liberais radicais, disse que simplesmente não sabia o que estava assinando.

Salvo exceções, todavia, reduzir ideias a mal-entendidos ou a lealdade familiar é reduzir demais, mesmo admitindo que os laços de famílias são uma variável que nunca deve ser relegada e que, na história, acidentes acontecem. É preciso, portanto, assinalar que inúmeros proprietários rurais e urbanos arriscaram suas vidas e bens no ciclo das insurreições liberais do Nordeste sabendo muito bem o que estavam fazendo. Mas havia um dado estratégico que pesava contra eles: as tropas de primeira linha e os recursos do governo imperial para armá-las e mantê-las. As derrotas de 1817, 1824 e 1848 foram, antes de tudo, derrotas militares. A Revolta Praieira foi a última vez que uma facção das elites locais recorreria às armas para derrubar um governo provincial e tentar impor a vontade do grupo sobre os interesses políticos mais amplos do governo imperial, que possuía aliados na própria província. Aliados, ressalte-se também, ricos e poderosos. Nos anos seguintes a violência rural continuaria. Nas freguesias do interior, e mesmo da cidade, as eleições continuaram sendo ganhas com o apoio de "cacetistas", capoeiras, cavaleiros empunhando clavinotes e sabres. Mas, essas questões seriam resolvidas no âmbito da própria localidade. Em protesto contra a legislação eleitoral, os remanescentes do partido praieiro iriam se recusar a participar das eleições após a rebelião. Mas com o tempo, as facções das elites locais insatisfeitas com os arranjos políticos vigentes aprenderam a resolver suas pendências dentro do jogo político eleitoral. Eventualmente, levavam para os tribunais suas pendências. Seus protestos eram sempre exarados na imprensa antes de chegar a outras instâncias. Os corcundas continuaram corcundas, mesmo que com outros nomes. Os liberais constitucionalistas, por sua vez, continuaram divididos entre monarquistas e republicanos. Os mais radicais fluíram em direção ao republicanismo e ao abolicionismo. As elites locais como um todo transferiram definitivamente suas demandas políticas para as câmaras, para a Assembleia Provincial, para os salões do palácio da Presidência da província. Os grandes proprietários rurais sentiam-se, e eram, a classe dominante. Não resistiam aos afagos da monarquia. Consolidava-se um sistema político-patronal, que, em escala quase infinitamente elástica, terminava ligando o trono ao mais simples inspetor de quarteirão.

Notas

1. *Documentos históricos: Revolução de 1817*, Rio de Janeiro, Biblioteca Nacional, Divisão de Obras Raras e Publicações, 1955, v. CI, p. 127-128, 180, 226. *Ibidem*, v. CIX, p. 183, 222. Francisco Augusto Pereira da Costa (1882), *Dicionário biográfico de pernambucanos célebres*, reedição, Recife, Fundação de Cultura da Cidade do Recife, 1982, p. 366.
2. Instituto Arqueológico, Histórico e Geográfico Pernambucano — IAHGPE, Tribunal da Relação: "Apelação civil vinda do juízo da Correição da Cidade de Olinda, 1824-1828", apelante Francisco da Costa, apelada Maria Lús Monteiro, p. 31 verso e *passim*.
3. Sobre o emprego de negros armados nessa época, ver: Carlos A. M. Lima, "Escravos de peleja: a instrumentalização da violência escrava na América portuguesa", *Revista de Sociologia Política*, n° 18, 2002, p. 131-153. Hendrik Kraay, "Em outra coisa não falavam os pardos, cabras, e crioulos: o "recrutamento" de escravos na guerra da Independência na Bahia", *Revista Brasileira de História*, v. 22, n° 43, 2002, p. 109-126. Luiz Geraldo Silva, "Negros patriotas: raça e identidade social na formação do Estado nação (Pernambuco, 1770-1830)", *in* István Jancsó, *Brasil: formação do Estado e da nação*, São Paulo, Hucitec/Fapesp, 2003; Marcus J. M. de Carvalho, "Os negros armados pelos brancos e suas independências no Nordeste, 1817-1848", *in* István Jancsó (ed.), *Independência: história e historiografia*, São Paulo, Hucitec/Fapesp, 2005, p. 881-914.

4. Marcus J. M. de Carvalho, "Os índios de Pernambuco no ciclo das insurreições liberais, 1817-1848: ideologias e resistência", *Revista da Sociedade Brasileira de Pesquisa Histórica*, v. 11, 1996, p. 51-69.
5. IAHGPE, Estante A, gaveta 12, Relatório a Assembleia Provincial, 1º de dezembro de 1829. Relatório a Assembleia Provincial, 1º de dezembro de 1830. Relatório a Assembleia Provincial, 1º de dezembro de 1831, in *Diário de Pernambuco*, Recife, 5 de dezembro de 1831.
6. Sobre os quilombos em Pernambuco na primeira metade do século XIX, ver Leonardo Dantas Silva (ed.), *Alguns documentos para a história da escravidão*, Recife, Massangana, 1988, p. 71-92; Marcus J. M. de Carvalho, "O Quilombo de Malunguinho: o rei das matas de Pernambuco", in João José Reis e Flávio Gomes (eds.), *Liberdade por um fio: história do quilombo no Brasil*, São Paulo, Cia. das Letras, 1996, p. 407-432; idem, "A vossa senhoria incumbe a destruição de quilombos: juízes de paz, quilombolas e noções de ordem e justiça no Primeiro Reinado", in Suely Almeida e Giselda Silva (orgs.), *Ordem e polícia: controle político-social e formas de resistência em Pernambuco, sécs. XVIII-XX*, Recife, UFRPE, 2007, p. 39-58; idem, "O outro lado da independência: quilombolas, negros e pardos em Pernambuco (Brazil), 1817-23", *Luso-Brazilian Review*, v. 43, 2006, p. 1-30; Josemir Camilo de Melo, "Quilombos do Catucá: uma herança dos Palmares no Pernambuco oitocentista", in Clovis Moura (orgs.), *Os quilombos na formação social do Brasil*, Maceió, Edufal, 2001, p. 189-218. Luiz Geraldo Silva, "'Sementes da sedição'. Revolta escrava, etnia e controle social na América portuguesa (1750-1815)", *Afro-Ásia*, v. 25-26, 2001, p. 9-60.
7. Sobre a República dos Afogados, ver Silvia Carla Pereira de Brito Fonseca, "A ideia de República no império do Brasil: Rio de Janeiro e Pernambuco, 1824-1834", dissertação de mestrado, Rio de Janeiro, UFF, 2004, p. 301-310.
8. Arquivo Público Estadual de Pernambuco Jordão Emerenciano — Apeje, Recife: *Assuntos Militares*, v. 4, 12 de novembro de 1826. Uma espécie de vice-presidente permanente, Francisco de Paula Cavalcanti de Albuquerque assumiria a presidência da província pelo menos sete vezes entre 1826 e 1844.
9. Arquivo Nacional, Rio de Janeiro — ANRJ: Ministério do Exército: IG1 64, 18 de janeiro de 1827, 22 de janeiro de 1827 e 23 de janeiro de 1827.
10. A imprensa local, em 1831, indicava que a Câmara estava dividida entre o "partido do norte" e o "partido do sul". *Diário de Pernambuco*, Recife, 21 de junho de 1831, 24 de fevereiro de 1832 e 9 de março de 1832.
11. Antônio Joaquim de Mello (ed.) (1875), *Obras políticas e literárias de frei Joaquim do Amor Divino Caneca*, reedição, Recife, Assembleia Legislativa, 1972, tomo 1, p. 48-49.
12. O quarto irmão, Pedro Francisco (futuro barão de Camaragibe e senador) ainda era jovem nesse período. Pereira da Costa, *Dicionário, op. cit.*
13. Um deles, Francisco de Paula, passou a maior parte de sua carreira em Pernambuco, mesmo depois de escolhido senador durante a regência de Araújo Lima. Tendo-se

tornado vice-presidente da província desde o começo dos anos 1820 — como se fosse cargo permanente —, ele assumiria a presidência de Pernambuco pelo menos sete vezes entre 1826 e 1844.

14. *Falas do trono*, Rio de Janeiro, 1889, reedição, São Paulo, Melhoramentos, 1977, p. 112.
15. Sobre o papel dos letrados na suavização dos atritos entre a aristocracia agrária e a coroa, durante o processo de formação do Estado luso-brasileiro, ver José Murilo de Carvalho, *A construção da ordem*, Rio de Janeiro, Campus, 1981. Eul-Soo Pang e Ron L. Seckinger, "The Mandarins of Imperial Brazil", *Comparative Studies in Society and History*, março de 1972, p. 214-244.
16. *Diário de Pernambuco*, Recife, 9 de julho de 1831.
17. Gladys Sabina Ribeiro, *A liberdade em construção*, Rio de Janeiro, Relume Dumará, 2002, p. 247 e *passim*.
18. ANRJ, Ministério do Exército, IG1 64, 13 de maio de 1831 e 7 de maio de 1831. "Ata da Sessão do Conselho de Governo", 6 de maio de 1831, apud *Diário de Pernambuco*, Recife, 16 de maio de 1831. Apeje, *Correspondência da Corte*, v. 32, 13 de maio de 1832, *Diário de Pernambuco*, Recife, 10 de maio de 1831.
19. Abreviatura para os aliados da sociedade absolutista Coluna do Trono e do Altar, organização fundada em 1828 com sólidas ramificações em Pernambuco, no exército, no clero e na burocracia. ANRJ, Ministério do Exército, IG1 64, 20 de novembro de 1829, *Diário de Pernambuco*, Recife, 14 de maio de 1829, 6 de junho de 1829 e 16 de novembro de 1829.
20. Apeje, *Correspondência da Corte*, v. 32, 30 de janeiro de 1830 e 13 de maio de 1831, *Diário de Pernambuco*, Recife, 22 de julho de 1830.
21. Apeje, *Correspondência da Corte*, v. 32, 30 de janeiro de 1830 e 13 de maio de 1831, *Diário de Pernambuco*, Recife, 22 de julho de 1830.
22. Apeje, *Atas do Conselho de Governo de Pernambuco*, v. 2, 6 de maio de 1831; *Correspondência da Corte*, v. 32, 13 de maio de 1831. ANRJ, Ministério do Exército, IG1 64, 7 de maio de 1831. Instituto Histórico e Geográfico Brasileiro — IHGB, Rio de Janeiro, Lata 306, Pasta 61, 13 de maio de 1831.
23. Francisco Augusto Pereira da Costa, *Anais Pernambucanos*, Recife, Fundarpe, 1983-1985, v. 9, p. 394.
24. *Diário de Pernambuco*, Recife, 25 de maio de 1831. Ata do Conselho de Governo, 6 de maio de 1831, apud *Diário de Pernambuco*, Recife, 16 de maio de 1831. Sobre a independência em Pernambuco, ver ainda Ulisses Brandão, *A Confederação do Equador*, Recife, Oficina Gráfica da Repartição de Publicações Oficiais, 1924, p. 130-135. Denis Bernardes de Mendonça, *Patriotismo Constitucional: Pernambuco, 1820-1822*, Recife, UFPE, 2006. Evaldo Cabral de Mello, *A outra independência, o federalismo pernambucano, 1817-1824*, São Paulo, Ed. 34, 2004.
25. *Registro Oficial do Governo do Pernambuco*, Recife, 4 de agosto de 1822. *Typhis Pernambucano*, Recife, 1º de abril de 1824. Pereira da Costa, *Anais*, v. 9, 19-24.

Idem, *Dicionário Biográfico*, p. 204. Cartas de 17 e 18 de novembro de 1823, *apud* Antônio Joaquim de Mello (1895), *Biografia de Gervásio Pires Ferreira*, reedição, Recife, UFPE, 1973, v. 1, p. 194-198. *Typhis Pernambucano*, Recife, 12 de fevereiro de 1824 e 26 de fevereiro de 1824. Pereira da Costa, *Anais*, v. 9, p. 12-36. *Sentinella da Liberdade na Guarita de Pernambuco*, Recife, 19 de novembro de 1823. *O Harmonizador*, Recife, 17 de maio de 1832. *O Carapuceiro*, Recife, 28 de abril de 1832. *O Equinoxial*, Recife, 10 de agosto de 1832.

26. Apeje, *Juízes Ordinários*, v. 2, 18 de novembro de 1829. *Correspondência da Corte*, v. 32, 4 de junho de 1831. *Diário de Pernambuco*, Recife, 30 de outubro de 1829. ANRJ, Ministério do Exército, IG1 64, 10 de fevereiro de 1830 e 8 de março de 1830.

27. *Diário de Pernambuco*, Recife, 6 de junho de 1831 e 3 de agosto de 1831. Pereira da Costa, *Anais*, v. 9, p. 405-406.

28. Raymundo Faoro, *Os donos do poder: formação do patronato político brasileiro*, Porto Alegre, Ed. Globo, 1979, v. 1, p. 299. Manoel Correia de Andrade, *A Guerra dos Cabanos*, Rio de Janeiro, Conquista, 1965, p. 24. idem, *Movimentos nativistas em Pernambuco*, Recife, UFPE, 1971, p. 67-69. José Honório Rodrigues, *Independência: revolução e contrarrevolução: as Forças Armadas*, Rio de Janeiro, Livraria Francisco Alves, 1975, p. 76. *Diário de Pernambuco*, Recife, 30 de setembro de 1831.

29. Raymundo Faoro, *Os donos do poder, op. cit.*, v. 1, p. 302. Lei de 22 de agosto de 1831, *apud Diário de Pernambuco*, Recife, 17 de outubro de 1831.

30. Apeje, *Correspondência da corte*, v. 33, 31 de agosto de 1831. Correspondência Oficial, *apud Diário de Pernambuco*, Recife, 11 de setembro de 1831.

31. *Diário de Pernambuco*, Recife, 13 de agosto de 1831. Paulo Pereira de Castro, "A experiência republicana, 1831-1840", *in* Sérgio Buarque de Holanda (ed.), *História geral da civilização brasileira*, São Paulo, Difel, 1985, v. 1, tomo II, p. 17. Caio Prado Jr., *Evolução política do Brasil*, São Paulo, Brasiliense, 1979, p. 62.

32. *Diário de Pernambuco*, Recife, 12 e 14 de julho de 1831.

33. *Diário de Pernambuco*, Recife, 4 de outubro de 1831. Ver ainda a correspondência *in Diário de Pernambuco*, Recife, 20 de fevereiro de 1832.

34. United States, Department of State, "Correspondence from United States Consul in Pernambuco, 1817-1869", Microfilme T-344, 28 de outubro de 1831.

35. Ofício ao comandante das Armas, 23 de setembro de 1831, *apud Diário de Pernambuco*, Recife, 8 de outubro de 1831. *Diário de Pernambuco*, Recife, 28 de setembro de 1831. IHGB: Lata 306, pasta 61, 20 de setembro de 1831. *Diário de Pernambuco*, Recife, 8 de outubro de 1831.

36. Correspondência Oficial, 20 de setembro de 1831, *in Diário de Pernambuco*, Recife, 3 de novembro de 1831. ANRJ, Ministério do Exército, IG1 64, 10 de novembro de 1831; IG1 65, 24 de dezembro de 1831 e 23 de dezembro de 1831. *Diário de Pernambuco*, Recife, 28 de setembro de 1831, 30 de setembro de 1831, 10 de outubro de 1831, 12 de outubro de 1831 e 2 de novembro de 1831.

37. *O Guararapes*, Recife, 25 de setembro de 1844.
38. Jeffrey Carl Mosher, *Pernambuco and the Construction of the Brazilian Nation-State, 1831-1850*, tese de Ph.D., Gainesville, University of Florida, p. 42.
39. Joaquim Nabuco, *Um estadista do império*, Paris, Garnier, 1897, v. 1, p. 23.
40. *Diário de Pernambuco*, Recife, 4 de março de 1831.
41. *Diário de Pernambuco*, Recife, 7 de outubro de 1831.
42. *Diário de Pernambuco*, Recife, 28 de setembro de 1831.
43. *Diário de Pernambuco*, Recife, 13 de fevereiro de 1832.
44. *Diário de Pernambuco*, Recife, 13 de outubro de 1831.
45. *Diário de Pernambuco*, Recife, 20 de dezembro de 1831.
46. United States, Department of State, "Correspondence from United States Consul in Pernambuco, 1817-1869", Microfilme T-344, 28/10/1831.
47. Correspondência Oficial, 20 de setembro de 1831, in *Diário de Pernambuco*, Recife, 3 de novembro de 1831. ANRJ, Ministério do Exército, IG1 64, 10 de novembro de 1831; IG1 65, 24 de dezembro de 1831 e 23 de dezembro de 1831. *Diário de Pernambuco*, Recife, 28 de setembro de 1831, 30 de setembro de 1831, 10 de outubro de 1831, 12 de outubro de 1831 e 2 de novembro de 1831.
48. Mário Márcio de Almeida, *Um homem contra o império: Antônio Borges da Fonseca*, João Pessoa, União, 1994, p. 51.
49. *Diário de Pernambuco*, Recife, 12 de julho de 1831 e 14 de julho de 1831.
50. *O Guararapes*, Recife, 25 de setembro de 1844.
51. ANRJ, Ministério do Exército, IG1 64, 28 de julho de 1830.
52. *Diário de Pernambuco*, Recife, 8 de outubro de 1830. ANRJ, Ministério do Exército, IG1 64, 23 de outubro de 1830.
53. Pereira da Costa, *Anais*, v. 9, p. 399-400.
54. *Aurora Fluminense*, Rio de Janeiro, n.d., apud *Diário de Pernambuco*, Recife, 30 de dezembro de 1831.
55. *Diário de Pernambuco*, Recife, 19 de outubro de 1831.
56. Correspondência Oficial, 3 de dezembro de 1831, in *Diário de Pernambuco*, Recife, 23 de janeiro de 1832.
57. Representação, in *Diário de Pernambuco*, Recife, 11 de maio de 1831. Ibidem, 14 de novembro de 1831 e 16 de novembro de 1831.
58. Apeje, *Correspondência da corte*, v. 33, 20 de novembro de 1831. ANRJ, Ministério do Exército, IG1 64, 16 de novembro de 1831 e 22 de novembro de 1831. *Ibidem*, Proclamação, Recife, Tipografia Fidedigna, 16 de novembro de 1831. Ministério da Justiça, IJ1 820, 18 de novembro de 1831, 19 de novembro de 1831 e 20 de novembro de 1831. *Diário de Pernambuco*, Recife, 17 de dezembro de 1831 e 23 de dezembro de 1831. Carta de José Bernardo Fernandes Gama, *ibidem*, 13 de fevereiro de 1832. Pereira da Costa, *Anais*, v. 9, p. 451-467.
59. Antonio Joaquim de Mello, *Notícia sobre frei Joaquim do Amor Divino Caneca*, op. cit., p. 101.

60. Correspondência Oficial, 9 de março de 1832, in *Diário de Pernambuco*, Recife, 6 de abril de 1832. Sobre a Revolta de Pinto Madeira, ver João Alfredo de Sousa Montenegro, *Ideologia e conflito no Nordeste rural*, Rio de Janeiro, Tempo Brasileiro, 1976.
61. De acordo com a imprensa, os colunas do sertão tinham conexões no Recife desde o final de 1829. Correspondência Oficial in *Diário de Pernambuco*, Recife, 18 de janeiro de 1830, 22 de janeiro de 1830 e 23 de janeiro de 1830.
62. Louis F. de Tollenare, *Notas dominicais*, Salvador, Progresso, 1956, p. 232, 239.
63. Peter Eisenberg, *Modernização sem mudança*, Rio de Janeiro, Paz e Terra, 1977, p. 172.
64. Peter Eisenberg, *Modernização*, op. cit., p. 72, 263.
65. Apeje, *Ofícios do Governo*, v. 34, 27 de fevereiro de 1832, 29 de fevereiro de 1832 e 9 de abril de 1832. ARNRJ, Ministério da Justiça, IJ1 694, 9 de setembro de 1832 e 24 de setembro de 1832. Biblioteca Nacional, Rio de Janeiro, Seção de Manuscritos, I-32, 11, 2, 13 de agosto de 1832, 14 de setembro de 1832 e 28 de setembro de 1832. João Pereira Callado, *História de Lagoa dos Gatos*, Recife, Fiam, Centro de Estudos de História Municipal, 1981, p. 136, 181. Andrade, *A guerra dos cabanos*, op. cit., p. 49.
66. Ofício de 28 de setembro de 1824, in *Publicações do Arquivo Nacional*, Rio de Janeiro, 1931, v. 22, p. 344-349. Apeje, *Correspondência da corte*, v. 32, 14 de março de 1831.
67. Apeje, Câmara Municipal, v. 7, Ata Geral da Eleição de Sirinhaém, p. 445. *Ibidem*, 8, Empregados da Justiça de Sirinhaém, p. 297.
68. Correspondência Oficial, 2 de junho de 1831, in *Diário de Pernambuco*, Recife, 2 de julho de 1831. *Ibidem*, 12 de julho de 1831 e 4 de agosto de 1831. ANRJ, Ministério do Império, IJJ9 280, 20 de junho de 1831. Presidente da Câmara de Sirinhaém ao presidente da província, in *Diário de Pernambuco*, Recife, 4 de agosto de 1831. Ofício de 28 de setembro de 1824, in *Publicações do Arquivo Nacional*, Rio de Janeiro, 1931, v. 22, p. 344-349. Apeje, *Presidentes de província*, v. 7, 13 de agosto de 1831 e 22 de agosto de 1831. Apeje, *Presidentes de província*, v. 8, 28 de abril de 1832 e 16 de maio de 1832. *Presidentes de província*, v. 8, 2 de maio de 1832. Andrade, *A guerra dos cabanos*, op. cit., p. 50.
69. ANRJ, Ministério do Exército, IG1 270, 19 de abril de 1832, 20 de abril de 1832, 5 de maio de 1832. *Diário de Pernambuco*, Recife, 4 de maio de 1832. ANRJ, Ministério do Exército, IG1 270, 19 de abril de 1832 e 22 de novembro de 1832. Apeje, *Atas do Conselho de Governo*, v. 2, 7 de agosto de 1832. *Presidentes de província*, v. 8, 5 de julho de 1832.
70. Sobre a Cabanada, além do estudo clássico de Manoel Correia de Andrade aqui citado, ver Dirceu Lindoso, *A utopia armada: rebeliões de pobres nas matas do Tombo Real*, Rio de Janeiro, Paz e Terra, 1983. Luís Sávio de Almeida, *Memorial biographico do capitão de todas as matas*, tese de doutorado, Recife, UFPE, 1995.

71. Ver a carta de Vicente de Paula no ANRJ, Ministério da Guerra, IG1 94, 9 de janeiro de 1833.
72. Frei Plácido de Messina passou 20 dias em Riachão do Mato em novembro de 1842. Sua carta está no IAHGPE, Estante A, Gaveta 16.
73. Carta de J. J. Luís de Souza, 7 de julho de 1834, apud Andrade, *A guerra dos cabanos*, op. cit., p. 275.
74. ANRJ, Ministério da Guerra, IG1 94, 24 de maio de 1835.
75. Marcus J. M. de Carvalho, *Liberdade: rotinas e rupturas do escravismo, Recife 1822-1850*, Recife, Ed. UFPE, 1998, p. 134.
76. José Tomás Nabuco de Araújo (1847), *Justa apreciação do predomínio praieiro ou história da dominação da praia*, reedição, Recife, Secretaria de Educação e Cultura, 1977, p. 4-5. Eul-Soo Pang, *In Pursuit of Honor and Power: Noblemen of the Southern Cross in Nineteenth Century Brazil*, Tuscaloosa, University of Alabama Press, 1988, p. 75-76, 200.
77. *Falas do trono*, Instituto Nacional do Livro-MEC, 1971, p. 171. Jeffrey Needell, *The Party of Order: The Conservatives, the State and Slavery in the Brazilian Monarchy, 1831-1871*, Stanford, Stanford UP, 2006, p. 60
78. Isabel Marson, *O império do progresso: a Revolução Praieira*, São Paulo, Brasiliense, 1987.
79. Mosher, *Pernambuco*, op. cit., p. 91-98.
80. Bruno Augusto Dornelas Câmara, *Trabalho livre no Brasil imperial, o caso dos caixeiros de comércio na época da Insurreição Praieira*, dissertação de mestrado, Recife, UFPE, 2005, p. 103-110.
81. Mosher, *Pernambuco*, op. cit., p. 109-113. Suzana Cavani Rosas, "Ação, reação e transação: a sociedade liberal pernambucana, 1851-1861", *Clio*, n° 17, 1998, p. 159-170. Idem, "Eleições, cidadania e cultura política no Segundo Reinado", *Clio*, n° 20, 2002, p. 83-101.
82. *Perfis Parlamentares 3: Nunes Machado*, Brasília, Câmara dos Deputados, 1978, p. 79. Roderick Barman, *Brazil: The Forging of a Nation, 1798-1852*, Stanford, Stanford University Press, 1988, p. 205-206.
83. Sobre a constituição do partido praieiro, ver Amaro Quintas, *O sentido social da Revolução Praieira*, Recife, UFPE, 1977, p. 30-32. Marson, *O império*, op. cit., p. 209. Mosher, *Pernambuco*, op. cit., cap. 3.
84. Mosher, *Pernambuco*, op. cit., p. 12 e passim.
85. Nabuco, *Um estadista do império*, op. cit., p. 84, 97, 100 e 102. Ver ainda seu discurso publicado em 1898, in Quintas, *O sentido social*, op. cit., p. 38, 125.
86. Barbosa Lima Sobrinho, "A Revolução Praieira", *Revista do Arquivo Público*, Recife, 1948, v. 5, passim. Ver ainda Isabel Marson, *Movimento Praieiro, 1842-1849: imprensa, ideologia e poder político*, São Paulo, Moderna, 1980, cap. 1 e passim.
87. Apeje, *Polícia Civil*, v. 327, 9 de março de 1846, 10 de março de 1846, 11 de março de 1846, 26 de março de 1846, 8 de abril de 1846, 15 de junho de 1846,

17 de março de 1846, 9 de maio de 1846 e 15 de julho de 1846. *Anais do Parlamento brasileiro, Câmara dos Deputados*, organizado por A. P. Pinto, Rio de Janeiro, A. P. Pinto, 1878, sessão de 21 de junho de 1846, p. 292-294.
88. José Pedro, por sua vez, se destacaria no combate à Revolta Praieira, no final daquele mesmo ano de 1848.
89. Jeronimo Martiniano Figueira de Mello (1852), *Ensaio sobre a estatística civil e política de Pernambuco*, Recife, Conselho Estadual de Cultura, 1979, p. 184 e ss. Relação numérica da população livre e escrava do Primeiro Destricto do Termo do Recife, Recife, 24 de agosto de 1855, *in* Apeje, Relatório do presidente da província a Assembleia Provincial, 1856.
90. Sobre a resistência escrava no Recife nessa época, ver Carvalho, *Liberdade, op. cit.*
91. Sobre os mata-marinheiros ver Câmara, *Trabalho livre, op. cit.* Manoel Nunes Cavalcanti Jr., *Praieiros, guabirus e "populaça": as eleições gerais de 1844 no Recife*, dissertação de mestrado, Recife, UFPE, 2001. Mosher, *Pernambuco, op. cit.*, caps. 3 e 4. Edison Carneiro, *A Insurreição Praieira, 1848-49*, Rio de Janeiro, Conquista, 1960.
92. A melhor biografia coletiva dos praieiros continua sendo a de Vamireh Chacon. Introdução, *Autos do inquérito da Insurreição Praieira (Recife, 1849)*, Brasília, Senado Federal, 1979, p. XI-CXII.
93. A narrativa dos combates envolvendo os engenhos encontra-se em Carneiro, *A Insurreição Praieira, op. cit.*
94. Doc. *in Autos, op. cit.*, p. 245.
95. Nabuco, *Um estadista do império, op. cit.*, p. 91. Mosher, *Pernambuco, op. cit.*, p. 160-161.
96. Doc. *in Autos, op. cit.*, p. 269, 279, 285.
97. Doc. *in Autos, op. cit.*, p. 281, 300.
98. Doc. *in Autos, op. cit.*, p. 54, 288, 298, 301. Jerônimo Martiniano Figueira de Mello (Recife, 1850), *Crônica da Rebelião Praieira: 1848-1849*, Brasília, Senado Federal, 1978, p. 192. Urbano Sabino Pessoa de Mello (Rio de Janeiro, 1849), *Apreciação da Revolta Praieira em Pernambuco*, Brasília, Senado Federal, 1978, p. 233. Em 1844, Manoel Joaquim da Costa foi candidato a eleitor apoiado por Borges da Fonseca. Cavalcanti Jr., *Praieiros, op. cit.*, anexo IX.
99. Doc. *in Autos, op. cit.*, p. 288, 299. *Diário de Pernambuco*, Recife, 6 de novembro de 1847. *O Nazareno*, Nazaré/PE, 6 de setembro de 1844, *apud* Cavalcanti Jr., *Praieiros, op. cit.*, anexo IX.
100. Doc. *in Autos, op. cit.*, p. 54.
101. Ilmar Rohloff de Mattos, *O tempo saquarema*, São Paulo, Hucitec, p. 168 e ss.

CAPÍTULO IV Cabanos, patriotismo e identidades:
outras histórias de uma revolução
Magda Ricci

A história da Cabanagem de longa data foi feita sob a premissa da formação da nacionalidade brasileira. O movimento cabano, que eclodiu e se desenvolveu entre 1835 e 1840 no Grão-Pará, desde o Segundo Reinado foi visto como prosseguimento das guerras da independência no norte.[1] Estudiosos ligados ao Instituto Histórico e Geográfico Brasileiro, como Gottfried Heinrich Handelmann e Domingos Antonio Raiol (barão de Guajará), perceberam no movimento uma sedição contra o império que nascia em 1822. Para Raiol o levante de 1835 fazia parte de uma série continuada de "motins políticos" que teve início na década de 1820 e se tornou extraordinária no Grão-Pará e em outras partes do império na década seguinte. Raiol ajudou a cristalizar memória muito negativa desses "motins" no Grão-Pará. Seus "amotinados" cabanos nasceram das rusgas políticas no interior da corte carioca, espalharam-se pelas províncias e acabaram ateando fogo rebelde entre a população mais pobre e os escravos do Grão-Pará. O movimento ficou conhecido como o "tempo da malvadeza", quando imperavam atos "anarquianos", de homens "malvados", "rebeldes" e avessos a qualquer tipo de autoridade.[2] A memória monárquica do Segundo Reinado impunha ao primeiro momento imperial um tom de gênese, mas também de inquietude e imaturidade política e social.

A essa visão negativa do Primeiro Reinado no Grão-Pará somou-se outra, que se tornou marcante na virada do século XIX para o XX. Tomada cotidianamente como região distante da corte carioca, a província do Grão-Pará teria demorado demais para "aderir" ao Brasil, fato ocorrido apenas em agosto de 1823, sendo esse processo de "adesão" penoso e violentamente imposto. Todo esse cenário servia de explicação preliminar para a eclosão cabana de 1835.³ Essa visão isoladora e demograficamente vazia da região Amazônica foi gestada há anos e teve em Euclides da Cunha seu mais significativo defensor. Para esse autor, que ajudou a forjar a ideia contemporânea da Amazônia e de seus levantes como o cabano, essa região estava "à margem da história", instituindo-se como a "última página do gênesis". De acordo com Euclides da Cunha, o movimento de 1835 havia gerado regionalmente um novo tipo social: o cabano, fruto do "crescente desequilíbrio entre os homens do sertão e os do litoral". Para Cunha o "raio civilizador, refrangia na costa" não alcançando o interior do Brasil.⁴ Essas ideias euclidianas difundiram-se pela historiografia da Cabanagem do início do século XX, gerando interpretações *a priori* para as ações da massa cabana.⁵ Suas atitudes foram desclassificadas. Os cabanos, assim como os sertanejos de Canudos, tornaram-se homens interioranos, desprovidos dos saberes positivados pela civilização europeia e litorânea. Suas ações tinham pouco relevo para uma história que se fazia a partir de valores culturais a eles alheios.

Na década de 1930, cem anos depois da eclosão cabana, a formulação euclidiana ainda imperava, sendo visível no processo de comemoração do centenário, quando o que se celebrou foi o dia 13 de maio de 1836, a saber, a data da retomada da cidade de Belém por tropas "imperiais" ou anticabanas.⁶ Para estudiosos como Henrique Jorge Hurley, Dilke Barbosa ou Ernesto Cruz, a revolução cabana era sinônimo de luta dispersa pelo interior entre a população mestiça e indígena, e concentrada nos arredores de Belém nas mãos de poucos líderes máximos. A massa cabana vivia marginalizada em condições miseráveis, amontoada em cabanas à beira dos rios e igarapés e nas inúmeras ilhas do estuário do Amazonas. Esse povo "cabano" e rebelde era formado por um misto de ingenuidade e rebeldia. Suas lideranças máximas em Belém esforçavam-se para fazer um movimento que lutasse contra o autoritarismo português reinante, mas também se mantivesse ligado à formação da nacionalidade brasileira. Para toda essa geração surgia uma cabanagem dupla e contraditória. Existiam líderes bem-intencionados e libertários, mas também havia o nacionalismo muito presente na chamada Era Vargas. Muitos cabanos, especialmente os interioranos, foram tomados como mais "radicais", pressionando o limite da formação do império e da união do Grão-Pará com o Brasil e contrariando a formação da nova nação brasileira. No hiato entre os ideais libertários e patrióticos de alguns líderes máximos cabanos e de seu povo mais rebelde e anárquico, a Cabanagem se havia perdido em sua radicalidade e fragmentação política e social.

O povo cabano revolucionário começou a ser recuperado por estudiosos marxistas, tal como Caio Prado Júnior, ainda em 1933.[7] Essa linha de pensamento, contudo, só ganharia força historiográfica, 50 anos mais tarde, quando se comemorou os 150 anos da Cabanagem. Para essa nova geração de pesquisadores os homens de 1835 tornaram-se verdadeiros revolucionários e precursores dos socialistas e marxistas do século XX. O povo amazônico seria usado como mão de obra, em regime de semiescravidão, pela economia colonial portuguesa imposta à província do Grão-Pará, economia baseada na exploração das "drogas do sertão" (cravo, pimenta, plantas medicinais, baunilha), na extração de madeiras e na pesca: homens e mulheres que, revoltando-se contra um sistema de colonização opressor e/ou contra os brancos seus governantes, teriam feito a Cabanagem. Entretanto, para essa geração de pesquisadores, quase sempre faltava aos cabanos lideranças ou "vanguardas", que lhes trouxessem "consciência de classe" ou maturidade política.[8]

A história cabana que enfrento neste capítulo revê pontos específicos dessas versões hegemônicas. Apesar da existência de porte vínculo com a monarquia e com o menino-príncipe d. Pedro II, é importante lembrar que muitos cabanos e suas lideranças vislumbravam perspectivas políticas e sociais diferentes daquelas vindas dos governantes regenciais do império centralizado na corte carioca. Para os cabanos, autodenominados "patriotas", ser "patriota" não necessariamente era sinônimo de ser brasileiro.[9] Por outro lado, surgia no interior desse vasto espaço revolucionário amazônico um sentimento comum de identidade entre povos de etnias e culturas diferentes. Indígenas, negros de origem africana e mestiços os mais diversos criaram uma identidade local, nem sempre afinada com aquela em formação no Rio de Janeiro;[10] identidade também marcada pelo ódio em comum ao tradicional mandonismo branco e português, bem como ao mundo colonial que o criou.[11] Em resumo, meu argumento central é que os caminhos para compreender melhor o que ocorreu no Grão-Pará de 1835 a 1840 está em seu passado colonial, tanto quanto na história imperial de 1822 até 1840. Começarei com uma pergunta: como estava o Grão-Pará depois da famosa era de prosperidade proporcionada pelas mudanças incitadas pelo irmão do marquês de Pombal na Amazônia e antes do grande surto da borracha no Pará? O primeiro mito que desejo debater é o que incide sobre a falta de "gentes" no antigo Grão-Pará.

ENTRE A ÉPOCA DE POMBAL E A PROSPERIDADE DA BORRACHA

Entre o final do século XVIII e início do XIX, o Pará cresceu significativamente, sobretudo depois do Tratado de Madri, de 1750, momento em que o rei português admitia a ocupação e, depois, legalizava internacionalmente como sua propriedade, um amplo território da América espanhola. Era o princípio do *uti possidetis*, isto é, a terra deve pertencer a quem de fato a ocupa. Por esse tratado, Portugal ficou com o vale do rio Amazonas, as regiões de Vila Bela e Cuiabá e as missões de Itatim, Guairá e Tape; era necessário, entretanto, melhor ocupar todo esse território. Nascia assim a Companhia Geral do Grão-Pará e Maranhão (1755-1778), bem como suas ligações comerciais e imbricações na política de ocupação da Amazônia e expansão de seus limites e fronteiras.[12] Incentivou-se toda uma política de emancipação de aldeamento indígenas e criação de novas vilas, além do casamento misto entre europeus (especialmente portugueses) com lideranças indígenas e principais mestiços. Com a expulsão jesuítica, nascia novo ordenamento indígena, a partir da implantação de diretório (1757-1798) que colocava os povos indígenas diretamente sob a tutela do Estado português.[13] Sob todo esse incentivo, apesar de alguns reveses, o Grão-Pará crescia em números e em produção.

No final do século XVIII, com o fim da Cia. de Comércio e do diretório pombalino, houve nova reestruturação colonial no Grão-Pará: para evitar invasões inglesas e francesas, os portugueses na Amazônia reestruturaram as tropas e milícias, e reoganizaram e diversificaram a produção de gêneros. Em 1799 o Grão-Pará contava com 83.398 habitantes, passando em 1816, para 94.125.[14] Em 20 anos (1780-1800), o número de navios dedicados à exportação no Pará subiu de 12 ou 13 para 25. Em setembro de 1800 o próprio governador do Pará remeteu ofício ao ministro régio das Finanças de Portugal dando ciência de que na "década de seu governo" construíra "quatro fragatas, três charruas, três bergantins, 12 chalupas artilheiras e muitas embarcações de baixo bordo para a navegação interna da Capitania", mantendo "mais de 2.000 operários indianos empregados no corte, na condução e no embarque das madeiras e na construção dos ditos vasos da Real Armada". O mesmo governador concluía que, apesar de as despesas terem sempre aumentado, a renda pública havia tido significativo "incremento".[15]

Mesmo com algum intervalo de crise, o comércio avultava em Belém de 1800 até 1817.[16] Pará e Maranhão juntos exportavam entre 1796 e 1799 cerca de 13,6% dos produtos remetidos à metrópole, vindos do atual território do Brasil. Já entre 1804 e 1807 essa porcentagem aumentava para 19% e, em ambos os casos, as duas capitanias ocupavam o quarto lugar no ranking das capitanias exportadoras.[17] Entretanto, longe de ter um único grande produto de exportação, o Grão-Pará enviaria à Europa gama variada de gêneros; por exemplo, em 1800 foram exportados desde produtos mais concorridos como cacau, café, arroz e algodão, até os que isoladamente pouco significavam, porém eram importantes se tomados em sua coletividade — era o caso da exportação de couros secos, cravos finos e grossos, canela, salsaparrilha, puchiri, anil, óleo de copaíba, andiroba, urucu, castanha e todo tipo de madeiras.[18] Dessa forma, mais do que a quantidade dos produtos, sua diversidade e necessidade na Europa tornavam o comércio com o antigo Grão-Pará peça fundamental no mundo ultramarino português.

Ainda devo debater aqui a tradicional ideia de ocupação do território Amazônico, pois os homens que por ali viviam estavam muito distantes do suposto isolamento absoluto. No início do século XIX intensificaram-se as comunicações entre os moradores da capitania do Pará e os povos e capitanias vizinhas ou mesmo outras nações que a circundavam. Aprimorou-se o contato com Mato Grosso e Goiás pelos rios Madeira e

Tocantins, onde foram construídas estações para "socorro e abastecimento das monções".[19] Detalhava-se uma enorme rede formada pela associação de várias "economias": desde a familiar, a militar, até a de negócios e gêneros. Se na segunda metade do século XVIII Mendonça Furtado esforçou-se por estabelecer uma Cia. de Comércio e "gentes" para que se ocupasse de fato essa região fronteiriça e com inimigos variados, como os espanhóis, ingleses, holandeses e franceses, também é certo que no início do século XIX essa política, mesmo com alguns reveses, surtia bons frutos para a coroa portuguesa. O Grão-Pará atraía muitos migrantes e suas famílias, em especial pernambucanos e cearenses. Essa migração intensificou-se entre 1808 e 1817 em razão da mobilização de tropas portuguesas para a conquista e ocupação de Caiena, momento caracterizado por grande movimentação militar marcada por um revide à invasão napoleônica a Portugal. Só em 1809 o rei mandava "ir de Pernambuco ao Pará" 800 homens do regimento de artilharia. Esses, de fato, se apresentaram em Belém com reforço constituído por recrutas cearenses; contudo, no curso de janeiro de 1810, ocorreram muitas deserções no destacamento pernambucano, a maioria parte de recrutas cearenses, que se embrenharam em ávido movimento de fuga. A maioria desses desertores, todavia, não conseguiu chegar a seu "país natal": "uns morreram penetrando com ardor através de lagoas, precipícios, ínvios serros, rudes selvas: e outros foram apreendidos dentro dos confins da Capitania [do Pará] ou um pouco além deles".[20]

Por outro lado, havia os homens que saíram da Amazônia para Caiena e de lá retornaram nos anos iniciais do século XIX. Somente o corpo de ligeiros mandado de Belém para Caiena absorveu mais de 2.540 homens, constituindo-se em nada menos do que 4% da população da capitania do Pará. Entre oficiais e soldados existiam muitos pardos e negros, sendo que o próprio bispo do Pará lembrava que só de Pernambuco teriam sido remetidos para Caiena, via Belém, cerca de 2.000 escravos. Números exagerados ou não, de fato, estudos mais recentes demonstram que a situação na fronteira entre o Grão-Pará e a Guiana Francesa manteve-se tensa e movimentada desde a última década do século XVIII. Após a Revolução Francesa, notícias sobre a abolição da escravidão faziam com que entre os dois lados da fronteira aumentasse o trânsito de escravos fugidos.²¹ Este ir e vir chegava a extremos com a formação de comunidades de desertores da escravidão caracterizadas por muita estabilidade e com sólidas redes de comércio.²² Em setembro de 1791, por exemplo, o preto Miguel, escravo de Antonio de Miranda, relatava em Macapá que fez parte de um "ajuntamento" de negros fugidos localizado na região fronteiriça com as Guianas, lembrando que ali muitos escravos vindos do lado português "passavam muito bem", pois mantinham comércio com os franceses, que até mesmo "lhe tinham dado um padre da Companhia". Esses negros viviam de suas "roças" e do gado, trabalhando ainda na "salga" e de "fazer tijolos para os franceses fazerem uma fortaleza".²³

Também era relativamente comum a existência de moradores do Grão-Pará que adentravam sertões, formando complexa rede de negócios. Em 14 de março de 1808, por exemplo, Antonio Rodrigues Lisboa, morador de Belém, incumbia João Lopes da Cunha de cuidar de tudo o que lhe pertencia na capital, seguindo rumo ao "sertão deste Estado".²⁴ Esse também foi o caso de Bento Pereira Chaves, que estava certo de migrar para os sertões do Grão-Pará e dali para os do rio Negro.²⁵ Manoel Francisco de Souza esclarecia melhor o que fazia pelos sertões, afirmando que costumava "andar a negócios" pela região. Ressaltava ainda que, mediante sociedade com Manoel Luiz Pita, estabelecia "uma casa de negócio" e "uma canoa ao mesmo negócio do rio Negro". Ambos investiram a soma nada desprezível de dois contos e 800 mil-réis em fazendas e em gêneros comercializados entre Belém e o rio Negro. Acrescentava ainda o sócio Manoel Francisco que os escravos que andavam pela canoa da negociação "venciam jornal" ou recebiam um salário de cem réis por dia, dinheiro que ia para as mãos do sócio a quem esses escravos pertenciam.²⁶

De fato, mais do que a exportação de produtos variados para Lisboa e a distribuição de fazendas e gêneros pelos sertões do estado do Grão-Pará havia ainda outras trocas: a de heranças, línguas e culturas de fundo indígena, africano ou mesmo de outras partes da Europa e da América. Em 16 de dezembro de 1809 um francês chamado Pedro Arnault, casado e naturalizado norte-americano, passava escritura de venda de uma escuna denominada *Capae* ao senhor Pedro Rodrigues Henriques, morador de Belém. Arnault, entretanto, não era o dono dessa escuna. Com efeito, a embarcação pertencia ao negociante nova-iorquino John Jukel, que, por sua vez, trocara sua embarcação no Pará por "gêneros e letras seguras".[27] Temos nessa ocorrência a presença de grande gama de relações comerciais e culturais. Envolvendo um nova-iorquino, um francês e um comerciante paraense, essa história inclui ainda a inusitada troca de uma escuna americana por "gêneros e letras" portugueses, tudo isso em 1809, quando Portugal, a Inglaterra, a França, a Guiana Francesa e o Pará estavam em clima de extrema convulsão, com a invasão napoleônica na Europa e a tomada de Caiena pelos luso-paraenses na América. Para que se efetivasse esse comércio em Belém era preciso que existisse por aqui muito mais gente e relações familiares e de solidariedade do que um mundo cheio de senhores e escravos.[28] Contudo, apesar dessa diversidade de comércio e trato com povos indígenas e comunidades interioranas, havia na antiga província do Grão-Pará concentração de riquezas e poder nas mãos de poucos comerciantes, normalmente brancos e de origem portuguesa, e que, nos anos posteriores a 1808 e 1809 passaram a se associar a estrangeiros, sobretudo ingleses e franceses "amigos" ou migrantes em fuga da Caiena napoleônica.

Para se ter a dimensão desse comércio, um exemplo: os naturalistas Spix e Martius conseguiram os dados de exportação do Pará de 1817 com o cônsul britânico no Pará. Segundo eles, o comércio entre o Pará e Portugal aumentou significativamente nos últimos decênios do século XVIII; contudo, depois da tomada de Caiena e da vinda de d. João VI para o Brasil e da abertura dos portos, passou grande parte do comércio do Grão-Pará para as mãos dos comerciantes ingleses, existindo trocas diretas com Liverpool, com as ilhas inglesas do Caribe e com Gibraltar. O cônsul britânico ainda lembrava aos naturalistas que o Grão-Pará de 1817 mantinha intensos negócios com os Estados Unidos, a França, a Holanda e suas respectivas colônias.[29]

Existiam centros produtores de açúcar, cacau, algodão e gado, mas também amplas regiões viviam dos peixes e dos animais caçados, bem como dos produtos da mata e da extração de madeiras de lei. Em cada parte do Grão-Pará os trabalhadores eram organizados de forma diferente. Dessa maneira, a escravidão africana convivia com o trabalho de indígenas aldeados, ora organizados pelos missionários, ora pelo Estado.[30] O volume de mestiços era muito alto, principalmente em cidades distantes de grandes centros. Com o fim da política de controle estatal direto (fim do diretório pombalino), nas últimas décadas do século XVIII, esses mestiços acabaram ocupando cargos administrativos, tornando-se, às vezes, principais ou ainda vereadores e juízes ordinários de vilas. Simultaneamente, ampliava-se uma política de recrutamentos forçados, o que tornava instável a vida de muitos trabalhadores e pequenos roceiros e pescadores do interior do Grão-Pará.

Mercadorias, homens livres, índios e negros de muitas etnias com canoas e rendas entravam e saíam dos sertões de dentro e fora da capitania do Grão-Pará. Assim, em 1828, Hercules Florence, pintor da expedição científica do barão de Langsdorff, retratou muito bem a diversidade de pessoas e seus tipos na Amazônia. Pintou um índio Mundurucu em pleno rio Tapajós, "com o rosto coberto de jenipapo" e com "uma faca que muito valorizou". Ao fundo de sua aquarela, o pintor ainda colocou um negro montando sua canoa.[31] Negros, índios e brancos entravam e saíam pelos sertões indo até localidades como Santarém. Já nas capitais populosas, como Belém, a vida política fervilhava. É preciso compreender melhor, contudo, como essa vivência se relaciona com os acontecimentos e o processo político da corte carioca, mas como também abarca outros problemas e contextos.

INDO E VINDO: A INDEPENDÊNCIA E A CABANAGEM

De 1817 até 1835 os tempos mudaram no Pará e no Brasil. Novidades foram aparecendo, vindas de muitos locais e pessoas. O constitucionalismo de Madri descia a Península Ibérica e deitava âncora no Porto e em sua revolução de 1820. No ano da aclamação de d. João, 1817, vieram outras mais tumultuadas e incertas. O rei partiu para Lisboa. Era o fim do reinado do antigo monarca d. João VI e o início de árdua briga sucessória no Brasil e em Portugal. D. Pedro I foi aclamado imperador e defensor perpétuo do Brasil, realizando-se então tortuosa separação de Portugal. Vieram ainda os levantes e a agitação pelas terras do Brasil, o que, para muitos, anunciava o fim da unidade da colônia portuguesa na América.

Todo esse conhecido macrocontexto dialogava e trazia mudanças e perturbações de muitas ordens ao povo do Grão-Pará. Ainda devo ressaltar que em meio a esse percurso aconteceram algumas tragédias locais, que o povo amazônico considerava presságios de má era que chegava: os céus mandavam aos paraenses e demais moradores da Amazônia uma onda de epidemias e de morte de autoridades. Logo após a chegada do conde de Vila Flor, o novo governador português que aportava no Pará em outubro de 1817, duas mortes públicas entristeceram o povo da cidade de Belém: faleceram, em menos de um mês, a esposa do novo conde governador e o bispo do Pará. Ao mesmo tempo grassou sobre a capital aguda epidemia de bexigas, que exterminou especialmente grande número de índios e africanos.[32]

Os jornais e panfletos locais, de Portugal e de outras localidades no Brasil, circulavam pela Amazônia, trazendo as novidades liberais do momento. Entre outros aspectos esses artigos esclareciam uma população muito diversa sobre as opressões sociais a que ela estava submetida e que, até então, eram consideradas normais e comuns: artigos denunciando a opressão do rei ou do imperador sobre os cidadãos brasileiros; outros debatendo o problema de se pensar em uma nação brasileira, que seria constituída e sustentada pelas mãos e pés de escravos e índios. Cada autoridade local tinha que interpretar um volume crescente de notícias, boatos e leis em meio a um universo cheio de nada discretos ouvidos de escravos, índios e homens livres pobres.[33] Isso ocorria em Belém e no interior.

Em Santarém, por exemplo, em 31 de janeiro de 1821, o vigário da paróquia local, Manoel Fernandes Leal, reuniu-se com o Senado de Câmara para proferir discurso no qual louvava os liberais portugueses, lembrando que não se devia admitir outro caminho para a Amazônia senão o de obedecer a Lisboa e não ao Rio de Janeiro. No entanto, na mesma vila formou-se outro grupo de "patriotas" claramente favoráveis à junção com o Rio de Janeiro. Para complicar mais a situação entre 1821 e 1823, o próprio vigário de Santarém, por sinal português de nascimento, tornou-se defensor da adesão do Baixo Amazonas ao Brasil. Nos anos que se seguiram as duas facções absolutistas/portugueses e liberais/brasileiros, com todas as suas variantes, se viram em maus momentos. No calor das lutas internas afloraram novos agentes e suas vontades: índios e negros também foram atrás de suas liberdades. Em março de 1824 parte de Óbidos e do rio Negro uma expedição com mais de 80 homens armados e 50 remeiros em direção a Alenquer, a fim de tentar retirar aquela vila das mãos dos "rebeldes", que haviam passado dos limites conhecidos pelas artes da guerra entre brancos. Naquela localidade negros, índios e mestiços haviam tomado o poder e, para além de aderir a este ou àquele lado da política portuguesa e brasileira, solicitavam outras medidas. Haviam invadido as igrejas, imolando imagens de santos e santas, bem como quebrando ornamentos sagrados. Com machados em mãos, entraram em casas dos moradores mais ricos, saqueando-os e roubando-os. Os portugueses e os brasileiros agora divididos acabavam como alvos de seus subalternos. Decididamente o mundo parecia ter virado de ponta-cabeça no Baixo Amazonas, mas não só ali. Em Belém as lutas entre portugueses e brasileiros também chegavam até as classes mais simples.

Em 1821, João Severiano Maciel da Costa, o futuro marquês de Queluz, publicou em Coimbra um opúsculo intitulado *Memória sobre a necessidade de abolir a introdução dos escravos africanos no Brasil*,[34] em que discutia a formação nacional e constitucional *versus* a heterogeneidade do povo no Brasil, ressaltando o problema da escravidão africana. Maciel da Costa, jurista mineiro formado em Coimbra que, em 1809, o rei d. João VI nomeou governador em Caiena, em 1821 tomou o partido do velho rei, voltando para Lisboa. Foi, contudo, impedido de fixar moradia em Portugal por ser brasileiro e ter sobre si a acusação de publicar, no Rio de Janeiro, panfletos contrários aos portugueses. Em 1821, ainda tentando conciliar a posição exaltada entre portugueses e brasileiros dos dois lados do Atlântico, lançou *Memória*, que muito se pautava em sua experiência recente em Caiena e em sua relação com o Grão-Pará. Segundo Maciel da Costa, o pequeno coeficiente de homens brancos e livres em relação aos escravos de origem africana era o maior problema luso-brasileiro no Grão-Pará, sendo urgente a criação de medidas reguladoras do tráfico e da organização do trabalho escravo. Ele advertia que o lado luso-brasileiro estava em situação racial pior do que o da Guiana Francesa, pois desde 1809 a África foi "transplantada para o Brasil". Afirmava que "felizes circunstâncias" afastaram das "raias" brasileiras "a empestada atmosfera que derramou ideias contagiosas de liberdade e quimérica igualdade nas cabeças dos africanos das colônias francesas". Apesar disso, lembrava que ainda agiam no Brasil "filantropos" que ganhavam a vida "vendendo blasfêmias em moral e política", as quais muitas vezes eram "aplaudidas pelo povo ignorante". Além dos inimigos internos, também era de temer "insurreição súbita, assoprada por um inimigo estrangeiro e poderoso, estabelecido em nossas fronteiras e com um pendão de liberdade arvorado ante suas linhas".

As ideias de Maciel da Costa não eram infundadas. Em 1821 as autoridades do Grão-Pará, mal acabando de conter um levante político e miliciano que pretendia alcançar a separação de Portugal e a união com o Brasil, já estavam com novo problema, constituído pela chegada de um incendiário cidadão: Felipe Alberto Patroni Maciel Parente, que trazia de Lisboa e do Porto a imprensa e muitas ideias perigosas. Começou espalhando pelas ruas da cidade uma circular que tinha como divisa na fronte "duas mãos dadas, uma branca e outra preta". Depois teceu um plano de eleições publicado no jornal *Indagador Constitucional*. Por ele, cada deputado deveria representar "30 mil almas, entrando neste número os escravos". Acrescentava Patroni que esses africanos, mais do que ninguém, deveriam ter "quem se compadecesse deles, procurando-lhes uma sorte mais feliz, até que um dia se lhe restituam seus direitos".[35]

Ideias como as de Patroni, porém, só faziam ampliar as agitações sociais.[36] Como se não fosse suficiente, também havia a política de manter sempre "estrangeiros" como autoridades máximas nas províncias. Essa política, estabelecida desde os primórdios coloniais e sustentada pela tradição de culto e devoção aos representantes do rei, só se acentuou nos anos iniciais do império, determinando a existência de eterno trânsito de autoridades e o surgimento de atritos de todos os lados.[37] No crescente bairrismo instalado no pós-1820, muitos dos antigos governantes — antes vistos como emissários do rei e sustentadores milicianos locais da religião e da moral — acabaram tornando-se legitimadores de uma ordem absolutista e lusitana (entendida como antiparaense) para uma parte dos moradores do Grão-Pará.

O próprio ato da chamada "adesão do Pará ao Brasil" deu-se de cima para baixo: um almirante estrangeiro pago pelo imperador português (d. Pedro I) enviara outro estrangeiro, lorde Grenfell, para destituir a junta portuguesa instalada no Pará. Assim também, as autoridades que aportaram no Pará imperial após 1823 quase sempre eram estrangeiras ou eram cidadãos brasileiros de outras províncias. Esses homens, mesmo que algumas vezes cheios de boas intenções, punham-se a governar uma gente em pleno processo de luta por seu próprio governo. Alguns acontecimentos agravaram a fobia local por estrangeiros e por portugueses, e em especial no Pará.

Ao chegar em Belém, lorde e almirante Grenfell destituiu a junta que governava a província voltada para Portugal. No entanto, naquela ocasião a facção "patriótica" local exigia a formação de um governo de brasileiros ou de fiéis simpatizantes à causa nacional. Esse grupo, chefiado pelo cônego João Batista Gonçalves Campos, viu-se traído por Grenfell, que recebera ordens para compor seu governo com homens da confiança do imperador d. Pedro I, que, por sinal, era português. Isso desencadeou uma série de descontentamentos e levantes de tropas em Belém, que culminou com uma tentativa de assassinar lorde Grenfell. Ele, por sua vez, tratou de impor dura repressão: entre idas e vindas, mandou fuzilar e prender muitas pessoas, como no caso famoso das mortes em massa ocorridas a bordo do brigue *Palhaço*, quando cerca de 252 prisioneiros, todos brasileiros que lutavam pela adesão à causa constitucional brasileira, foram sufocados com cal. Os ânimos ficaram ainda mais exaltados. A própria junta que assumiu o governo da província, em agosto de 1823, confessava que ainda temia "principalmente a gente de cor, pois que muitos negros e mulatos foram vistos no saque de envolta com os soldados". Lembrava ainda que "os infelizes que se mataram a bordo do navio, entre outras vozes sediciosas deram vivas ao Rei Congo, o que faz supor alguma combinação de soldados e negros". Antonio Baena relembrou que ainda em 1821 a junta provisória de governo de Belém apreendeu mais de 500 escravos em batidas que efetivou aos "mocambos nos arrabaldes da cidade dos quais rompiam os pretos fugidos a invadir de repente as canoas e desvalijar os viajantes".[38] Em um mundo que pleiteava a liberdade de expressão e o direito de ir e vir, criaram-se novas barreiras ao tráfego e controle aos escravos, soldados e indígenas.[39] Fugas, antiescravismo e instabilidade política: perigosa trilogia.

Também entre as tropas continuava e se acentuava o constante troca-troca de soldados e oficiais nas várias províncias, bem como de estrangeiros. Além disso, as antigas tropas de ordenanças e milícias estavam sofrendo intensa mudança em suas tarefas e seus contingentes. Passavam a guardar a segurança pessoal das autoridades durante os levantes políticos e sociais nas décadas de 1820 e 1830. Por outro lado, tornaram-se refúgio de escravos fugidos, que se alistavam dizendo-se libertos. Com os reveses políticos do momento, as tropas não podiam ser desmobilizadas, e os recrutas ficavam longos meses sem soldos e com fardas sujas e rasgadas, dando motivos para levantes e disputas as mais variadas.[40]

Os naturalistas Spix e Martius, por exemplo, lembravam que no Grão-Pará havia grande tropa de soldados da infantaria regular que se originou dos indígenas recrutados no século XVIII para formar um corpo de caçadores ligeiros na década de 1810. Eles ainda ressaltavam que, embora a estatura desses homens fosse menor do que a de batalhões de mestiços e brancos, eles os superavam em "mobilidade e resistência", sendo que "um saquinho de farinha de mandioca, que o soldado raso leva consigo, assegura-lhe a subsistência por oito dias".[41] Essa mudança nas tropas inseriu os antigos indígenas aldeados em vários batalhões de infantaria, que circularam pelo Grão-Pará revolucionado dos anos de 1820 e 1830. Essa circulação viabilizou o contato desses indígenas com recrutas deportados de Pernambuco e Bahia ou com as tropas vindas da tomada de Caiena. Assim, soldados e oficiais, governadores civis e militares, escravos e índios circulavam com e sem autorização pela Amazônia vindos das várias províncias no Brasil e de fora dele.

Para compreender esse momento no Brasil e, mais particularmente, no antigo Grão-Pará, é preciso entender que índios, africanos, portugueses e todo tipo de estrangeiros que viviam na região interpretavam seu mundo de maneiras múltiplas. Com línguas e costumes diferentes, esses homens acabavam se unindo ou se separando pautados por critérios mais amplos.

O pastor protestante Daniel Kidder, que esteve no Grão-Pará na década de 1830, percebeu rapidamente a mistura étnica e linguística. Relatando o que via nas ruas da capital, descrevia que no porto principal da cidade sempre havia grande número de canoas atracadas e que essa cena, somada "pela turba indígena que fala os mais variados dialetos amazônicos, é peculiar à cidade". Pouco antes o mesmo pastor relatara que, quando se entrava no Grão-Pará, percebia-se claramente que ali os descendentes de portugueses e de africanos eram muito numerosos, como em qualquer parte do resto do Brasil, mas em Belém o diferencial estava na população indígena ou sua descendente. Kidder registrava que na capital do Grão-Pará era possível encontrar "desde o índio puro até as mais variadas formas de mestiçagem com pretos e brancos". Lembrava ainda que esta população mestiça ocupava "todas as posições sociais: o comércio, as artes manuais, a marinha, a milícia, o sacerdócio e o eito".[42]

Toda esta diversa população, que ainda não falava cotidianamente o português, travava disputas simbólicas e culturais na junção de tradições e mitos pagãos e cristãos. Era através dos dizeres dos párocos, das citações bíblicas, das pajelanças e feitiçarias que interpretavam a realidade que os cercava. Dessa forma, relacionavam o mundo de Deus e o dos homens. Do céu para a terra e da terra para o céu. Nesse ir e vir, aparentemente imutável, as transformações ocorriam rapidamente. Hoje é preciso juntar a Cabanagem, como luta de classes que foi, com sua simbologia múltipla.

O MUNDO CABANO: UMA REVOLUÇÃO FEITA DE MUITOS MITOS, CRENÇAS E GENTES

Era 7 de janeiro de 1835, dia da festividade de São Tomé. Nesse momento um grande número de homens — autodenominados "patriotas" e vindos de várias partes da Amazônia — invadiu as ruas da cidade de

Belém, assassinando as duas principais autoridades, alguns senhores de escravos identificados com os ricos portugueses que monopolizavam o comércio local e eram maçons, e fazendo a cidade temer um movimento mais amplo. Depois de muitos reveses políticos os cabanos deixam Belém em julho de 1835, para, semanas mais tarde retomá-la em explosão revolucionária bem maior. Nesse segundo momento a revolução tinha como alvo maior os brancos, especialmente os portugueses ou "bicudos".

Em agosto de 1835 uma das vítimas mais conhecida dos cabanos foi Mariana de Almeida, que então beirava os 70 anos e era viúva de um negociante português. Dona Mariana, de longa data, possuía um moinho de pilar arroz ao lado de sua casa, situado, por sinal, na rua do Norte, muito próxima ao palácio episcopal, na região mais nobre da cidade velha, a paróquia da Sé. Entre o moinho e a residência havia um vão no qual a anciã costumava esconder portugueses desde os primeiros momentos revolucionários no Pará, que ela chamava de "tempos de Jales". Em agosto de 1835 dona Mariana escondeu em seu vão o português João Pessoa, negociante estabelecido na rua do Espírito Santo. Escondeu, mas não tanto, pois os cabanos souberam de sua trama. Ela, todavia, também tinha suas artimanhas e descobriu que os cabanos pretendiam invadir seu esconderijo. Boatos à parte, antes que a invasão ocorresse, desesperada, dona Mariana avisou o cônego Severino de Mattos, que lhe enviou uma batina, armando-se assim um astuto plano de fuga para o senhor João Pessoa. Na calada da noite, tempo do sono e das fugas, o português deveria travestir-se de padre, cruzando a cidade velha e chegando ao cais, onde pediria abrigo em uma embarcação imperial. Tal como planejado tudo ocorreu em meio à escuridão. Finalmente, quando a luz do dia veio à tona, os cabanos foram ter com dona Mariana, invadindo sua casa e dirigindo-se diretamente ao velho esconderijo. Ali encontraram algo que os deixou furiosos: as vestes do português foragido. Sem poder capturar o procurado, os cabanos tinham em mãos a anciã, sua alcoviteira, e lhe deram lição pública, que se transformou em festividade aberta a todos. Levada à rua, arrastada pelos cabelos, e de tempos em tempos esbofeteada, finalmente recebeu mais de um tiro de espingarda. A cena marcou a memória coletiva da cidade de Belém, pois o bispo do Pará, d. Romualdo

Coelho, de sua janela, tudo presenciou. Ainda gritou lá de cima, exortando os cabanos, pedindo-lhes que parassem, mas sem obter sua obediência. O corpo de dona Mariana ficou exposto por horas à execração pública. Ela foi acusada pelos cabanos de ser "protetora de bicudos", e até sua irmã, que tentou dar sepultura ao corpo, foi insultada e ameaçada de morte pelos cabanos, que festejavam o castigo, transformando a cena pública da morte da anciã em um motivo de comemoração da segunda vitória cabana na cidade. A morte de dona Mariana foi um dos marcos da segunda tomada de Belém pelos cabanos, em agosto de 1836.[43]

Pedindo proteção a São Tomé, os cabanos lutavam contra o que consideravam a falta de religião dos usurpadores portugueses de Belém, que os escravizavam, desobedecendo às ordens tidas por liberais vindas da corte carioca. Protestavam pelos desmandos de mais um presidente de província estrangeiro e maçom, opondo-se ao despotismo civil e religioso de diversas outras autoridades estrangeiras e locais, senhoras absolutas do céu e da terra. O movimento espalhou-se rapidamente pelo que hoje se conhece como os estados do Pará e do Amazonas, e arredores, ganhando ares revolucionários internacionais com o assassinato de autoridades diplomáticas e a possibilidade de invasão de territórios circunvizinhos, como as Guianas e o Caribe.

No entanto, em pouco mais de um ano, os cabanos começaram a perder terreno na região de Belém que, em 13 de maio de 1836, foi retomada por tropas "imperiais" ou anticabanas. Da revolução para a fuga, seguiu-se pesado período de repressão, em que os cabanos ficaram conhecidos como "malvados", "anárquicos" e "sediciosos" por atacar o centro daquele mundo: as autoridades, chegando ao extremo de assassinar o maior representante do império no Pará, o governador Lobo de Sousa. A história desse assassinato, entretanto, começou anos antes.

Bernardo Lobo de Sousa chegou ao Grão-Pará para tomar posse da província em 2 de dezembro de 1833. Vinha acompanhado do comandante das Armas, o tenente-coronel Joaquim José da Silva Santiago. Ambos nomeados pela Regência e, como era comum à época, já acumulando boa experiência administrativa.[44] Aportaram em uma província tumultuada política e financeiramente. Meses antes de sua posse, um antigo presidente, o visconde de Goiânia, havia sido deposto publicamente por autoridades e tropas locais compostas por soldados rebeldes, alistados à força na província paraense ou fora dela. Muitos recrutas na Amazônia dos anos 1830 haviam sido rebeldes nos processos revolucionários de Pernambuco, Maranhão e Bahia, sendo extraditados de suas províncias para servir distantes delas. Diante desse quadro, Lobo de Sousa e Santiago tomaram rápidas providências: o presidente decidiu decretar anistia geral a fim de acalmar os ânimos e diminuir as disputas políticas locais. Por seu turno, Santiago percebeu que era preciso organizar novamente as tropas, destroçadas após longos anos de rebeliões em massa, mortes e desertores dos mais diversos tipos. Ao perdão aos desertores, seguiu-se novo recrutamento, que vinha com a promessa explícita de que seria temporário, sem degredados e que seguiria as normas do alistamento imperial, ou seja, clérigos em geral, filhos únicos, varões, donos de escravos e de propriedades estariam excluídos dessa chamada.

O ano de 1834 teve início em meio à tentativa governamental de colocar a província em ordem fiscal e militar. Atualizados nas novas leis e ações militares do império liberal, ambos encheram a província com as novidades trazidas do Rio de Janeiro, que, entretanto, nem sempre eram bem-vindas. Por exemplo, Lobo de Sousa soube que os comerciantes locais — na maioria ainda portugueses — continuavam cobrando dízimo sobre o pescado, embora, desde 15 de novembro de 1831, essa contribuição tivesse sido abolida. Dessa feita, decretou que se cumprisse a lei imperial, indispondo-se com uma enorme gama de varejistas que recebiam esse imposto. Também decretou que as canoas pudessem circular livremente pelo interior da província, pois havia tomado ciência de que em alguns pontos colocavam-se destacamentos para fiscalizar os transeuntes no mais claro contraste com o direito constitucional de ir e vir. Essa norma de Lobo de Sousa o indispôs com os senhores de escravos e com autoridades militares, que usavam essas barreiras para verificar e controlar a saída de escravos fugidos e soldados desertores.[45] No entanto, a medida mais polêmica de Lobo de Sousa foi a do pagamento aos soldados: ordenou ao inspetor da Tesouraria que pagasse aos soldados pontualmente de dez em dez dias para que melhor se evitasse o descontentamento das tropas. O inspetor informou que isso era impossível, pois a carestia de moedas era enorme. Desde 3 de outubro de 1833 a Regência vinha ordenando a substituição das antigas moedas de cobre, que eram facilmente falsificadas, por papel-moeda impresso no Rio de Janeiro. No entanto, o governo do Grão-Pará descuidou-se de remeter para a corte em tempo, as necessárias notas antigas para sua substituição e nem requisitou mais dinheiro para pagamento do soldo das tropas. Assustado com a falta de numerário e suas funestas consequências, Lobo de Sousa requisitou ao Conselho Provincial que o autorizasse a emitir papéis provinciais como medida emergencial. Todos, entretanto, tinham conhecimento do pouco valor dessa moeda, que, a cada troca de presidente provincial ou ao sabor da corte carioca, podia perder todo o valor.

Entre 1834 e 1835 a animosidade contra Lobo de Sousa e Santiago só cresceu. Era luta que se expunha de maneira às vezes bastante peculiar. Em 1834, muitos comerciantes e até mesmo suas esposas começaram a sair às ruas trajando roupas encarnadas. O vermelho imbuía-se de significado preciso, simbolizando clara provocação aos brasileiros, já que demarcava a cor do antigo regime português, de seu monarca, d. Pedro I e d. João VI. Depois da abdicação, em 7 de abril de 1831 o laço vermelho tornou-se o lema dos partidários da Restauração, que pleiteavam a volta de d. Pedro I ao poder. Tentando acabar com os restauradores ou caramurus, Lobo de Sousa começou a caça a todos os supostos opositores da nação brasileira e ao movimento da abdicação, dando especial atenção aos que se trajavam à moda portuguesa, abusando do vermelho. Foram presos em Belém e no interior da província muitos portugueses e brasileiros, sendo remetidos para fora da província, em crescente e contínua política de banimento e extradição, que só acirrava ainda mais o ânimo dos oficiais e senhores de terras na província do Grão-Pará. Reacendia-se aí o troca-troca dos soldados e recrutas entre o Pará e as demais províncias.

Lobo de Sousa ordenou completo levantamento do número das tropas e de seus armamentos, sinalizando nitidamente que tudo caminhava para a luta armada. Assim, 1834 encerrou-se com tensões e situações as mais inusitadas. Foi o que ocorreu com um guarda nacional que afrontou a rica senhora local dona Brites Maria Ledo. A dileta senhora trazia ao pescoço um petulante laço encarnado. Para o soldado, o laço fazia parte de um rol de muitos outros que encontrava pendurados cotidianamente nos pescoços de muitos opositores de Lobo de Sousa. Dona Brites Maria Ledo, entretanto alegava tratar-se de mero "ornamento". Seja como for, por ali reinavam rusgas cada vez mais detalhadas, que extravasavam as fronteiras do mundo livre, indo até o universo perigoso da escravaria. Ainda em 8 de fevereiro de 1834, Afonso de Albuquerque Melo, primeiro comandante da Guarda Municipal de Permanentes de Belém, escreveu a Lobo de Sousa lembrando que seus oficiais, apesar de disso acusados, não estavam prendendo qualquer um que usasse os "enfeites de cor encarnada". Ressaltava, contudo, que seus atos se justificavam por ordem emanada ainda à época do visconde de Goiânia, antecessor de Lobo de Sousa, e que discorria sobre o perigo dos ajuntamentos suspeitos, especialmente o de escravos, recomendando seu pronto extermínio. O mesmo comandante comentava algo que corroborava a necessidade da aplicação da ordem de Goiânia. Havia poucos dias o mulato Manuel, escravo de Maria Tereza Pia, fora preso porque "entoava versos com audácia de não temer ser castigado" e que certamente "possuía ideias partidárias" favoráveis à volta do duque de Bragança, ou seja, o antigo monarca d. Pedro I.[46]

A audácia saía da boca do escravo Manuel para a de outros escravos e homens livres em Belém e pelo interior da província. Do governo regencial esse povo recebera muito pouco. Por diferentes razões, escravos e homens livres ricos e pobres acreditavam que a província estava fora de ordem. Bem ou mal, o mundo que conheciam — e que muitos pensavam ser eterno — estava sendo posto em dúvida e à beira da ruína, que mais se aproximava, até, que, vindo da Igreja, foi dado o golpe final em Lobo de Sousa e Santiago. Em março de 1834, o presidente da província anunciou em seu jornal, o *Correio Oficial Paraense*, que mandara extraditar dois portugueses, Boaventura José Correia e José Maria, ambos acusados de aliciar "a tropa de primeira linha" da capital. Nessa nota, Lobo de Sousa chamava a população para luta aberta contra o partido "caramuru". Com o intuito de principiá-la, contratou um clérigo, padre Gaspar de Siqueira Queirós, como redator-chefe do jornal governista, o que, no entanto, desagradou parte da Igreja local, já que Siqueira Queirós mostrou-se inimigo de muitos outros clérigos brasileiros, entre eles, o que era redator do jornal de oposição, João Batista Gonçalves Campos, o arcipreste da Sé de Belém. Em meio a essa peleja jornalística, um fato inusitado.

Fiel a sua ideia de exaltar os brasileiros, Lobo de Sousa esmerou-se na organização de uma festa comemorativa em alusão ao dia da abdicação de d. Pedro I, o 7 de abril. Para tanto, decidiu que a abertura solene ocorreria na Sé, sede da ação do arcipreste Batista Campos. No entanto, lá chegando, encontrou a porta central fechada e a igreja quieta. Bradou em alto e bom-tom que não teria a menor dúvida de mandar recrutar os clérigos insubordinados, quando fosse necessário, para aprenderem, na disciplina militar, o respeito às autoridades públicas. Essa foi a gota d'água que detonou ampla crítica ao presidente Lobo de Sousa, pois Batista Campos, não relutou em acusá-lo de contrariar as leis de Deus, bem como as dos homens, que impediam o recrutamento de sacerdotes, tomando-os como pessoas intocáveis pelo poder civil e militar. Batista Campos ainda acusou Lobo de Sousa de pertencer à maçonaria. Nesse turbilhão de intrigas, mais um nó foi atado. Em maio de 1834, o bispo do Pará, d. Romualdo Coelho, única autoridade que jamais saiu da província, mesmo com as idas e vindas dos presidentes e comandantes das Armas, divulgou que desejava publicar uma pastoral contra a maçonaria, defendendo posição do clero paraense contra os maçons. Até aquele momento, Lobo de Sousa publicara em seu jornal todas as pastorais de d. Romualdo Coelho. Aquela, no entanto, teve sua edição recusada. Mais do que depressa, o arcipreste Batista Campos mandou publicá-la em seu jornal, recheando as páginas ali impressas com amplo artigo em que ressaltava a figura anticlerical de Lobo de Sousa. Foi o que bastou para que a animosidade de muitos habitantes do Pará se transformasse em ódio ao presidente da província e seus secretários. A partir daí histórias de tramas, assassinatos e motins contra as maiores autoridades locais passaram a ser comuns. Lobo de Sousa, por sua vez, tentava incriminar Batista Campos e seus amigos, buscando recuperar o controle, cada vez mais difícil, da província.

Os pasquins se multiplicavam, e com eles circulavam pelas ruas da capital e do interior as histórias mais diversas sobre o que seria o anticlericalismo e a má postura pública e moral de Lobo de Sousa e Santiago. Um jornal como *A Sentinela Maranhense na Guarita do Pará*[47] chegou a publicar vivas à República norte-americana brasileira. Essas publicações precipitaram atitudes mais severas de Lobo de Sousa, que mandou prender Batista Campos e outros panfletários. A fuga do arcipreste dá início a um plano que pretendia destituir o presidente Lobo de Sousa e que culminou em 7 de janeiro de 1835, data da eclosão do movimento cabano. Se é relativamente conhecida a história de como editores e padres, como Lavor Papagaio e Batista Campos se associaram a líderes e proprietários locais, como Felix Malcher ou os irmãos Vinagre, na preparação de um movimento de ataque a Belém, pouco ou quase nada se sabe sobre o lema que atraía todos os paraenses e moradores locais convocando-os ao levante social. Segundo denúncia feita pelo comendador Raimundo de Morais e Seixas, os homens aportavam em Belém às dúzias, a tomar pelo movimento de canoas na fazenda de Malcher na região do Acará. A gente ali reunida pretendia "vir à capital depor as autoridades e matar maçons".[48] No entanto, o que poderia significar esse lema e qual o grau de abrangência desse movimento revolucionário? É preciso voltar a contar algumas outras histórias...

AS HISTÓRIAS CABANAS E A QUESTÃO DA LIBERDADE

No mês de março de 1835 a cidade de Belém, sob comando dos cabanos desde 7 de janeiro, estava toda levantada. Pelo interior da província corpos e mentes agitavam-se em movimento de convulsão social no qual o simples soar da palavra liberdade podia causar muitos transtornos, bem como realizar muitos sonhos. No entanto, em meio a esse conturbado contexto um simples "preto" chamado "Manoel Joaquim" parecia estar mais preocupado com seus problemas pessoais. Manoel Joaquim havia sido escravo de Manoel Fernandes Barboza, mas seu senhor falecera e o deixara para ser arrematado em hasta pública. Em leilão organizado em plena Cabanagem, em 5 de março de 1835, deveriam ser arrematados os três escravos do falecido Manoel Fernandes, a saber, "a preta Maria de nação Angola, e seu filho de 60$000 réis" juntamente com o já citado "preto" Manoel Joaquim de nação Angola, que valia ricos 200$000 réis. No entanto, quando Manoel Joaquim foi a leilão, ele próprio apresentou o dinheiro referente a seu valor, requerendo carta de alforria. Através de um tutor, o escravo Manoel justificava seu requerimento alegando que pretendia "ter em seu poder um documento para a todo o tempo mostrar que era liberto".[49]

Parece muito estranha a atitude de pessoas como o escravo Manoel Joaquim, que estava pleiteando uma carta de alforria registrada em cartório e adquirida em um leilão público realizado durante um processo revolucionário. No entanto, casos como o dele não eram exceções. Nos livros de notas da cidade de Belém foram listados 15 registros entre janeiro e abril de 1835, período em que o Cartório de Notas funcionou até ser fechado durante o processo revolucionário cabano. Desse total, 12 eram cartas de alforria individuais ou coletivas. Além de Manoel Joaquim, outros 27 escravos alcançaram sua liberdade em cartório durante o processo revolucionário da Cabanagem somente nos meses iniciais de 1835.[50] A diferença entre o comum das alforrias registradas no cartório de Belém e aquela adquirida e legalizada pelo escravo Manoel Joaquim é que todos os outros registros constituíram-se em alforrias concedidas por senhores e isentavam o liberto de qualquer pagamento pela liberdade.[51]

Um escravo como Manoel Joaquim estava comprando a legalidade de sua liberdade em pleno processo revolucionário. Por seu turno, nessa mesma época, um senhor como João Marcelino Rodrigues Martins dirigia-se ao cartório para rogar aos filhos e ao imperador brasileiro se lembrassem de, legalmente e após sua morte, alforriar uma escrava chamada Idiviges. Nesse contexto é importante indagar o que seria essa "legalidade", ou melhor, qual a força de um registro em cartório para as pessoas aqui citadas e muitas outras que a essa homologação recorreram. O escravo angola Manoel Joaquim estava em busca de um documento para o tempo todo "mostrar que era liberto". O senhor de Idiviges desejava um registro que lhe garantisse a força de sua vontade perante seus herdeiros e Sua Majestade Imperial. Nos dois casos a liberdade dos homens constituía importante questão.

Desde antes de 1835 essa liberdade entrecruzava-se com os movimentos sociais os mais diversos. A liberdade não estava apenas exposta em documentos do Cartório de Notas de Belém; encontrava-se em processos judiciais como o que envolveu Antonio Pereira Lima, filho do major Domingos Pereira Lima em julho de 1836. O lavrador Antonio Pereira desejava justificar perante o Juizado de Direito de Belém que não havia participado dos atos "facciosos" que abalaram a capital do Pará em 1835. Ele fora preso por tropas ditas "legais" na fazenda de seu pai e enfatizava que para lá se havia retirado não a fim de se unir aos cabanos, mas para administrar os escravos daquele estabelecimento, pois não desejava que esses se "unissem aos malvados". Gabava-se Antonio Pereira do fato de ter contido os escravos de seu pai "nos solos da fazenda", bem como ter controlado os escravos "vizinhos de várias pessoas".[52] Os escravos de Domingos Pereira Lima aparentemente foram demovidos de participar do levante de 1835. Pelo documento, percebe-se que eles não foram os únicos, pois os escravos dos vizinhos de Domingos Pereira também desistiram de entrar no movimento. Em um mundo em que a justiça de Sua Majestade Imperial era afrontada, através do assassinato de autoridades máximas, como o presidente da província Lobo de Sousa, ou ainda em que a liberdade era a palavra de ordem dos revolucionários, era difícil definir o que garantia as liberdades individuais.

Ainda no dia 7 de janeiro de 1835, dia da tomada de Belém pelos cabanos, o primeiro-tenente Joaquim Manoel de Oliveira e Figueiredo, conhecido oficial da Marinha de Sua Majestade Imperial, passou por maus pedaços em meio ao levante cabano. Ele relatou a seus superiores que acordou às três da manhã do dia 7 com "o alarma que na cidade havia". Lembrava que sendo sua casa situada no largo do Palácio, apressou-se pela rua da cadeia para atingir a ponte da Alfândega e ali embarcar na escuna *Alcântara*. Na passagem pela guarda da cadeia, perguntou-lhe uma sentinela quem ele era, ao que respondeu "patriota". Essa era a senha cabana, que o oficial ouvira de um vulto que estava a sua frente. As ruas estavam repletas de "patriotas". Pelas mesmas ruas encontrou ainda o primeiro-tenente Joaquim Manoel "muitas pessoas armadas", que diziam umas às outras "que já era tempo de sacudir o jugo em que os tinha posto o déspota do presidente". Mais adiante, o mesmo primeiro-tenente foi preso e na cadeia um conselheiro lhe explicara o sentido que os levantados davam ao seu movimento:

> O conselheiro Trovão a medo me disse que tinha sido preso ao pé do palácio indo a reunir-se ao presidente, o qual havia ordenado que em ocasião de motim o conselho se lhe juntasse, acrescentando que receava muito o sermos assassinados naquele lugar, pois que a revolução era contra o governo e os maçons por serem, diziam os conspiradores, inimigos da religião.[53]

Ao que parece, os cabanos voltam neste depoimento a pregar a liberdade dos homens. Se, por um lado, o depoimento do primeiro-tenente Joaquim Manoel e sua transcrição da fala do conselheiro Trovão parecem contrastar com a "opção" de liberdade de escravos como Manoel Joaquim ou a daqueles que cederam ante o discurso do filho do major Domingos Pereira, por outro lado, o mesmo primeiro-tenente lembrava em sua defesa que junto com ele, no cárcere, estavam presos "dois negros escravos". Partindo do pressuposto de que no dia 7 de janeiro a cadeia fora esvaziada pelos levantados cabanos e que ali foram encarcerados desde então apenas os governistas, os "inimigos da religião" e do "patriotismo" e liberdade, então se pode supor que o levante de 1835 teve adesões e inimigos que estavam muito longe da simples dicotomia entre explorados e exploradores, senhores e escravos. Entender a constituição dessa sociedade é de suma importância, e para melhor desenvolver esta análise, existem inúmeras fontes além das que já pude citar até aqui. Simultaneamente o documento escrito pelo tenente Joaquim Manoel revela ainda as intenções do levante cabano apontando para um interessante campo de estudo. Ele afirmava que "a revolução era contra o governo e os maçons por serem, diziam os conspiradores, inimigos da religião". Esta análise demonstra pelo menos dois aspectos importantes dentro do movimento cabano.

Primeiro, é preciso lembrar que praticamente todos os documentos de época insistem em uma chamada crise grave de autoridade. A revolução era feita contra o governo, que, entretanto, não se resumia ao presidente da província do Grão-Pará, estando sempre associado a toda uma gama bem maior e mais complexa de autoridades, das autoridades religiosas, representantes de Deus na terra, até o último dos senhores de escravos ou mesmo um simples pai de família. Em segundo lugar, a afirmação do tenente Joaquim Manoel remete a luta cabana para o universo de uma disputa contra a maçonaria e a favor da religião. Sobre esse ponto é preciso um pouco mais de atenção. Se em 1834 o velho bispo do Pará, d. Romualdo Coelho, havia escrito uma polêmica pastoral contra a maçonaria, um ano mais tarde, seu sobrinho editava uma segunda, de teor mais amplo, mas seguindo o mesmo pressuposto: a estreita imbricação entre religião e a revolta social, relacionando o movimento paraense e amazônico de 1835 com o problema da crise de autoridade na mais rica província do norte.[54]

Em 1º de maio de 1835, na longínqua cidade de São Salvador da Bahia de Todos os Santos, d. Romualdo Antonio de Seixas, arcebispo do Brasil, editava pastoral dirigindo-se a seus conterrâneos, "os fiéis da Diocese do Grão-Pará". Não podendo "voar" para falar ao "próprio coração" dos paraenses, o eminente arcebispo mostrava-se perplexo com as últimas notícias vindas de sua terra natal. O Pará estava "tinto de sangue" e o amargurado clérigo sentia-se entristecido por ouvir dizer que as "magníficas praças e ruas" da cidade de Belém, tão conhecidas que lhes eram, encontravam-se "regadas do sangue dos nossos irmãos e convertidas em fúnebre solidão". Soube também que "inocentes e delicadas famílias" tiveram que abandonar suas casas e demais propriedades para buscar asilo em "embarcações do estrangeiro", chorando ali "a perda de seus pais, esposos, e filhos ou mortos, ou errantes pelos matos, ou expatriados e mendigando em outras províncias o triste sustento". O que mais o assustava, no entanto, era a percepção de que todas essas cenas que o horrorizavam, vinham de uma antiga capitania conhecida por sua "doçura", "mansidão", "fraternidade" e "horror ao derramamento de sangue".[55]

Tudo parecia ruir, incluídos os "princípios da vida e os hábitos de educação" que os "maiores" da capitania do Pará sempre haviam pregado e que podiam ser resumidos em "um religioso respeito às leis e às autoridades" e o "mais sincero e ilibado apego à religião". D. Romualdo de Seixas não podia crer que "nas margens do Grande Rio tinha soado a ominosa palavra — guerra civil". Não acreditava que os mesmos fiéis paraenses, que haviam lutado e tomado Caiena do "famoso conquistador" Napoleão Bonaparte, entregando-a ao príncipe regente d. João VI durante a campanha de 1808-1809, estavam tomando armas contra d. Pedro II, seu neto. Não podia crer que esses fiéis colocavam-se em oposição ao regente, o também padre Diogo Antonio Feijó, que representava o imperador e a ordem imperial.[56] O arcebispo não podia entender ainda por que esses mesmos fiéis estavam desonrando sua palavra. Lembrava que os paraenses haviam jurado perante Deus "obedecer à Lei fundamental do Império" dentro na "insigne Catedral da Cidade" de Belém. Mais do que isso, esse mesmo povo do Pará havia feito esse juramento por meio das próprias orações e ofícios litúrgicos encaminhados por d. Romualdo de Seixas em 15 de agosto de 1824.[57]

A pastoral tinha clara intenção política, explícita, aliás, em seu título. Servia para exortar "os habitantes da província do Pará, para que não se separassem da União Brasileira". Unindo a fé católica ao credo político, o argumento do arcebispo traçava inusitada e *propositadamente* construída, história para a região amazônica. Nela, o levante paraense de 1835 quebrava longa e contínua trajetória dentro das relações sociais mais comuns na antiga capitania do Grão-Pará. Para d. Romualdo, antes de 1835, os moradores do Pará haviam travado lutas contra inimigos externos como Napoleão Bonaparte, mas mantiveram-se obedientes à monarquia portuguesa, a seu rei e a seus representantes na capitania. Nos recentes anos da independência, os paraenses tinham demonstrado sua fidelidade ao império brasileiro através de juramentos à Constituição do Brasil, ou mesmo com sua estrita obediência aos empregados públicos, representantes do imperador no Pará. Ser fiel era seguir ensinamentos da Igreja, tanto quanto ser obediente a seus superiores, fossem eles um simples senhor de escravos ou o imperador. O argumento de d. Romualdo de Seixas explicitava que as mudanças proporcionadas pelo levante de 1835 — e que pretextavam liberdade — eram, pelo contrário, sinônimos de "anarquia". Faziam com que súditos desonrassem juramentos e, além disso, deixassem propriedades privadas serem tomadas, trazendo mortes, fugas e extradições dentro de "famílias inocentes". Sua pastoral une memória e história, buscando — no limite a que chegava uma sociedade — a justificativa para essa triste trajetória. Talvez d. Romualdo tenha sido o primeiro a efetivar argumentação que depois irá se tornar corriqueira: a de que o caminho da antiga capitania do Grão-Pará entre 1808 e 1835 seguia uma linha reta em direção à junção com o império do Brasil e que todos os movimentos que se colocavam fora dessa linha eram "anárquicos" e "sediciosos"...[58]

Foi com a pastoral de d. Romualdo Seixas que o comandante José Soares Andréa começou a retomada de Belém e a fuga cabana para o interior da Amazônia. Por essa época, Andréa mudou-se para o Arapiranga, com seus soldados e mandou entregar a Angelim a pastoral de Seixas, que exigia respeito clerical à ordem hierárquica na Igreja do Pará e o reconhecimento do comando de Andréa como presidente da província a todos os paraenses. Os ânimos revolucionários se arrefeceram, pois parte significativa dos parceiros e mentores de Angelim em Belém eram padres, que, por princípio, deveriam obedecer a seus superiores. Diante do quadro, Angelim pediu a ajuda do bispo do Pará, que proclamou aos cabanos uma pastoral pedindo calma a todos os paraenses e incitando os cabanos de Belém a deixar a cidade. Coelho lembrava a passagem bíblica da fuga do Egito em que Moisés conduzia o povo de Deus à terra prometida, enfatizando que a retirada cabana não seria vergonhosa. Contraditoriamente Angelim pediu que ela fosse lida em voz alta e levada para os pontos principais da província.

De Belém, d. Romualdo Coelho, então com mais de 70 anos e doente, falava pela voz de seus oradores-mores da Catedral da Sé, os padres Francisco de Pinho de Castilho, Raimundo Antonio Fernandes e Jerônimo Pimentel. Ditava a pastoral:

> Bem quisera, amados filhos em Jesus Cristo, ir pessoalmente como bom pastor visitar os pontos em que vos achais, e falar-vos do doloroso estado de opressão em que gememos; mas não permitindo a terrível moléstia que me oprime cada vez mais, e próximo a comparecer no Tribunal Divino, tenho ao menos a consolação de cumprir este importante dever de pai pelos ministérios de vossos vigários gerais e um pároco, que são de minha inteira confiança. Eles vos dirão que já é tempo de moderar o entusiasmo guerreiro e de restabelecer a ordem indispensável para o sossego público e continuação do Culto divino: já não tendes inimigos que combater; são famílias pacíficas que começam a viver debaixo de vossa proteção.

A partir desse ponto o antigo sacerdote começava a sua arte bíblica de convencimento aos cabanos, buscando convencê-los de que seria honroso evacuar a cidade e aceitar a proposta de um armistício.

> Ah! Contentai-vos com a sua fugida precipitada que, sendo para eles [as tropas legalistas e o general Andréa] é decorosa, realça e dá novo esplendor à vossa intrépida coragem e valentia. Compadecei-vos enfim do lamentável estado em que se acha o vosso pastor, e que agora vos pede pelas entranhas de Jesus Cristo, que todo o vosso valor se empregue em promover e sustentar a felicidade da nossa capital, porque Deus assim o manda e eu o espero.[59]

Naquela altura, muitos moradores já haviam abandonado Belém pela segunda vez. A fuga em massa de cabanos que, saqueando armazéns e lojas dos antigos moradores portugueses, saíam com canoas cheias pelos rios, tornava a vida na cidade muito difícil. Em meio a esse caos, chegou a varíola, que matou muitos cabanos, entre eles o comandante das Armas de Angelim. A situação tornou-se insustentável quando alguns cabanos mais exaltados souberam que era o próprio bispo e seus vigários, sob os olhos de Angelim, que estavam, sorrateiramente, promovendo a fuga de vários comerciantes e moradores portugueses. Esses "bicudos" eram perseguidos pelos cabanos mais radicais. Nesse contexto, um oficial chamado Albino procurou o bispo e, depois, vigário Jerônimo Pimentel — só

Eduardo Angelim conseguiu impedir que ele e seus homens linchassem o padre Pimentel. Sobre essa situação limite de crise da autoridade o próprio Angelim lembrou em artigo de jornal em 1865:

> Foi fuzilado em frente ao palácio do governo o célebre Joaquim Antonio, oficial da milícia rebelde, que tinha o comando de uma força de mais de 500 homens e proclamava uma liberdade a seu jeito, incluída a de escravos em geral (...) foi fuzilado em frente do palácio do governo um preto, chefe de insurreição no rio Guamá logo que chegou à capital. Foi morto a surra em frente ao palácio do governo um mulato, escravo do português Nogueira, dono da fábrica de urucu em Igarapé-Mirim, por ter traído a seu senhor e lavado as mãos em sangue inocente...[60]

O artigo é longo e continua descrevendo muitos outros casos em que Angelim teria mandado matar, surrar ou prender escravos e homens livres pobres e tapuios que teriam "lavado mãos em sangue inocente". A questão escrava esquentava os ânimos. Se de um lado Angelim alforriava todos os escravos combatentes, de outro, alguns líderes cabanos, como Joaquim Antonio, queriam mais do que isso. Havia ainda aqueles que, de posse de escravos dos antigos portugueses mortos, queriam passá-los para outra guarda, sustentando a manutenção da escravidão.[61] Todo esse contexto pesou na decisão de Angelim, que resolveu abandonar a cidade de Belém.

Na ocasião, houve ampla negociação para que Andréa conseguisse anistia para os levantados que ocupavam Belém, porém o comandante recém-empossado relutava. Soares Andréa negava a possibilidade de anistia geral, alegando que ela só poderia ser concedida pelo imperador ou pelo regente. Por sua vez, prometeu informalmente conseguir "anistia" para os soldados que desertassem das tropas cabanas e ingressassem nas que ele, Andréa, denominava fileiras da "legalidade". A própria pastoral de d. Romualdo de Seixas pedia o fim do derramamento de sangue paraense e brasileiro. Já a de Romualdo Coelho solicitava a Andréa uma promessa de trégua. Sob esse panorama, Andréa demandou de Angelim a imediata evacuação de Belém. Nesse ponto os documentos são obscuros, mas, ao que se sabe, Andréa acabou fechando os olhos para a retirada dos cabanos de Belém. Por outro lado, as duas pastorais, mais a permanência em Belém do velho Bispo d. Romualdo Coelho, impediram que os cabanos mais radicais botassem fogo na cidade, como haviam prometido.

Angelim e seus homens esperaram o horário da chuva cotidiana em Belém e, em meio a torrencial tempestade, atravessaram a baía do Guamá, na foz do Amazonas, passando "sorrateiramente" (ou por concessão, como diriam outros) pelo meio das tropas imperiais e das embarcações estrangeiras ali estavam sediadas. Essa fuga ficou na memória de muitos cabanos que a interpretaram simbolicamente. Em junho de 1836, um mês depois da saída, Martinho Braz, cabano da vila de Almerim no Marajó respondia a suposto "legalista" que tentava convencê-lo a se render diante das tropas de Andréa:

> ...enquanto Vossa Senhoria dizer-me que a Capital já tem seu Presidente é porque o Ilmo. Senhor Presidente Eduardo a rogo de sua Exma. e Reverendíssima [o bispo Romualdo] foi-lhe concedida a cidade por estar lhe morrendo a sua gente e a terra lhe tremer e os bichos do chão a comer do Ente Supremo. Nós somos filhos de Israel que experimentaram rigores dos hereges, assim nós experimentamos rigores de Vossa Senhoria, mas nós temos armamento, só temos uma cruz donde Cristo foi crucificado aquele que nos há de julgar no dia do juízo; enquanto Vossa Senhoria dizer a respeito dos anarquianos, nós não somos anarquianos, estamos somente com as ordens do nosso presidente nos ajuda, não roubamos nem matemos a ninguém, nem atacamos a ninguém assim como nós temos sido atacados.[62]

Por fim Martinho Braz afirmava que estaria a postos até o "último pingo de sangue pela religião católica e não pela fama da legalidade". Há clara referência a Israel e provavelmente à fuga do Egito, na qual Moisés levou o povo de Deus a atravessar o mar Vermelho, sugerida na pastoral de Romualdo Coelho. Esse segundo documento ainda associava a saída de

Angelim à interpretação de fome, carestia e peste que assolavam Belém. Além disso, o narrador recusava ser nomeado "anarquiano", enfatizando que acreditava em autoridades, mas não reconhecia a chamada "legalista". Terminava desdenhando Andréa lembrando que — pelo que ele, Martinho, sabia — esse presidente estava à mercê dos embaixadores estrangeiros e que não cumpria a palavra dada a Angelim de um "armistício de três meses". Da mesma vila de Almerim há outro ofício de teor semelhante. Nele Alexandre Pinheiro, juiz de paz da localidade, sob as ordens cabanas: era quem iria responder aos legalistas:

> em primeiro lugar em nome do Padre e do Filho e do Espírito Santo, Três pessoas distintas e um só Deus verdadeiro. Pelo mistério da graça sou filho de Deus e vou responder a Vossa Senhoria.

Depois deste sugestivo preâmbulo, o autor continuava a argumentar que estava falando por ordem que teria vindo de Angelim, e assim responde aos legalistas:

> o Sr. Presidente [Angelim] como homem de coragem e muito principalmente por uma Pastoral de Vossa Excelência Reverendíssima [o bispo d. Romualdo] recomenda para que não se desamparem a Religião e a nossa Província dando a alma e a vida bem como os Mártires de Jerusalém, pois o nosso Bispo presentemente é o nosso Profeta, e esse Andréa o Presidente de Vossa Senhoria tendo a cidade por homenagem e mercê que se lhe fiz, a rogo do Profeta nosso Bispo, cujo Andréa entrou com 200 homens, os cujo 100 homens reuniu-se ao nosso Eduardo, e ficou o dito Andréa só com 100 e com o protesto de não se fazer fogo de parte a parte até o prazo de três meses.
> ...nós semos cristãos verdadeiro e não semos da legalidade, a legalidade não é senão robar e destruidores da Província e da nossa miséria, também se chama Trincheira de Massam e eles comendo e bebendo em suas casas Vossa Senhoria e nós cá que paguemos até o final e o que restalos até o último ponto final.[63]

Existia uma trincheira entre o mundo cabano e o da "legalidade". Entre os que "comiam e bebiam" e os que "pagavam até o final" havia um terreno fértil para lutas e divergências sobre os rumos do movimento revolucionário. Nesse sentido, ter o controle da capital do Grão-Pará não era suficiente: o maior problema era organizar o governo e estabelecer nova relação entre o povo revolucionário e suas lideranças, bem como atribuir significados e interpretações desses atos à luz de explicações míticas ou religiosas. Tratava-se de uma difícil tarefa. Angelim e seus homens viram-se diante de doenças e mortes constantes em Belém, debateram-se com a fome e a falta de armamento. Sabiam, outrossim, que a situação de Andréa não era muito melhor. O bispo e o arcebispo aconselhavam a fuga cabana da cidade, e, somado a tudo isto, o movimento cabano começava a ganhar fôlego no interior da província, no médio e alto Amazonas. Por tudo isso, Angelim e seus homens deixaram Belém. A Cabanagem ganhou assim outros contornos e se tornou mais ampla e popular. É preciso ainda se perguntar o que, então, pensavam esses cabanos.

DEPOIS DO 13 DE MAIO E ANTES DO FIM DA CABANAGEM

A data de 13 de maio de 1836 marcou o momento da retomada de Belém pelas "autoridades imperiais" ou anticabanas; contudo, esse momento não pode ser percebido como o fim do movimento de 1835. Simbólico como marco de força anticabana, o 13 de maio também pode ser lido como instante de radicalidade cabana. Os revolucionários de 1835 não sabiam o que aconteceria no futuro, não conheciam ainda o Brasil imperial já formado, o que só ocorreu, de fato, durante o reinado de d. Pedro II. Simultaneamente, esses homens viram, em volta de suas fronteiras, nascerem novas nações como a Venezuela, a Colômbia e o Peru. De outro lado, no Maranhão, Bahia ou mais ao sul, pipocaram ou ainda estavam estourando outros levantes e guerras, como a Balaiada, a Sabinada ou a Revolução Farroupilha.

Entre os líderes e a massa cabana, entre a ação cabana em Belém e em Macapá ou no rio Negro (atual Estado do Amazonas), foram inúmeras as diferenças. A revolução cabana começou com graves desentendimentos políticos no seio da elite local e forte rusga das autoridades imperiais enviadas ao Grão-Pará. Contudo, conforme a revolução crescia, a Cabanagem foi-se popularizando e interiorizando. Mesmo antes da fuga de Angelim, em maio de 1836, muitos cabanos que ajudaram a tomar a cidade de Belém em janeiro e em agosto de 1835 já haviam sido enviados para o interior da província. Na realidade, muitos eram provenientes do interior do Grão-Pará e vieram a Belém para tomar a capital e voltar para o interior e ali ampliar o movimento cabano. Após 1836 e especialmente em 1837, a revolução cabana explodiu violentamente em toda a imensa malha hidroviária amazônica.

No eixo Atlântico, o atual estado do Amapá — ou as antigas terras do Cabo Norte — constituiu-se em conhecida zona de conflito internacional. Local de disputa entre os mundos de colonização portuguesa e francesa, foi dali que partiram as tropas portuguesas para a conquista de 1809-1817 (a tomada de Caiena). Depois da retirada dessas tropas, o ponto tornou-se local de limites incertos. Essa zona fronteiriça conformou-se em excelente esconderijo para escravos africanos fugidos, indígenas remanescentes de aldeamentos ou mesmo para muitos mestiços foragidos da justiça ou das fileiras das tropas coloniais e imperiais.

Para além dos atuais Amapá e Guiana Francesa, os cabanos ainda geraram conflitos em zonas distantes e fronteiriças. Mais ao interior, o movimento de 1835 penetrou não apenas as margens (já de longa data ocupadas), mas também chegou até a floresta tocando populações indígenas inteiras. As alianças entre os cabanos e os povos indígenas, todavia, também foram utilizadas pelos anticabanos, que se uniram com povos como os Mundurucu da região de Santarém no atual estado do Pará. Essas alianças entre brancos e indígenas eram ampliadas por outras feitas entre estes últimos e seus povos "irmãos" ou aliados. Dessa forma, o movimento cabano expandiu-se e ganhou imenso contorno no interior do médio e alto Amazonas.

Entre 1835 e 1840 os cabanos ainda mantiveram contatos com peruanos e equatorianos das zonas de fronteiras mais interioranas, os quais, estimulados a ampliar seus territórios recém-independentes, desejavam associação com os revolucionários do Grão-Pará. Os muitos documentos constantes no Arquivo Público do Estado do Pará — Apep que analisam o processo de independência no Pará e os que tratam da expedição imperial ao Amazonas contra os cabanos são bons exemplos de fontes sobre esse tema. Eram muitos estrangeiros, e cada qual com interesses claros de lucrar com a fragilidade do Grão-Pará em guerra civil. Eram muitos indígenas e africanos que fugiam de seus mestres e senhores. Eram soldados que deserdavam. Entre 1836 e 1840 o interior do Grão-Pará era tudo menos brasileiro.

Os cabanos mais radicais lutaram em prol da abolição da escravidão e pela liberdade de ir e vir. Presos entre a cruz e a espada ou entre a religiosidade católica popular e a vontade de mudar sua condição de vida, esses cabanos pobres ou escravos desejavam viver de forma mais independente. De todas as lutas cabanas, contudo, a que mais chama a atenção é a luta pelo direito à família e a uma "identidade" regional. O sentimento de migração contínua, fruto de séculos de escravização (legal ou não), aldeamentos e/ou recrutamentos forçados levou muitos cabanos a uma situação social e política limite. Seus ideais revolucionários, contudo, eram variados, como múltipla era sua cultura e religiosidade de tradição africana e indígena. Se o ideal em comum de revolta contra sua condição social, caracterizada pelo ódio comum aos portugueses e estrangeiros, era único, o caminho a seguir depois da tomada do poder era sempre alvo de divergências. O catolicismo popular cristão e a língua geral os uniam tanto quanto os separavam.

O que quero ressaltar é que o movimento cabano foi complexo. Ao lado da luta de classes e da formação do império, há uma árdua batalha identitária, que demorou mais de um século para se consolidar. Na década de 1830, entretanto, essa batalha tinha matizes mais liberais e abrangentes, que nem sempre incluíam a junção do Grão-Pará à corte carioca. Da elite de Belém e arredores ao povo das vilas interioranas, dos problemas mais macro do regime político e econômico do Grão-Pará aos levantes das tropas e da escravaria, toda a população Amazônia e sua diversidade também não eram insignificantes.

CONSIDERAÇÕES FINAIS

Normalmente a história do Grão-Pará possui um vácuo entre a inovadora era pombalina e a próspera *belle époque* gomífera. Nesse intervalo de quase um século só existem a revolução cabana e, nela, muito sangue e conflito. Dessa história o que comumente permanece é imensa mortandade de gente e luta que se perdeu no tempo e espaço. O sentido geral desse movimento, sempre atrelado à ideia da formação nacional do Brasil imperial, encobre a dura repressão que foi levada a cabo para que essa unidade fosse concretizada.

A derrota cabana implicou o nascimento de normatização draconiana para a regulamentação social e o mundo do trabalho no Grão-Pará. Criados pelos repressores anticabanos, os chamados corpos de trabalhadores foram na contramão da legislação liberal Imperial;[64] enquanto no Rio de Janeiro e em São Paulo eram extintos os antigos corpos milicianos e florescia a renovada Guarda Nacional, no Grão-Pará as tropas ganhavam ares conservadores e repressores, sendo a autoridade miliciana ampliada, e o direito constitucional e liberal de ir e vir, desrespeitado.

De um lado, a história da Cabanagem e, de outro, o apagamento sistemático que os homens do Grão-Pará e do Brasil impuseram após 1860 às lutas sociais e ao ideário revolucionário das décadas de 1820 e 1830 no antigo Grão-Pará. História e memória se tocam o tempo todo, e nós não podemos trabalhá-los isoladamente. A unidade imperial foi fruto do período de 1850 a 1860 no Grão-Pará, ganhando força durante a fase inicial da borracha amazônica. Em meio a esse percurso, um saldo a se pensar: mais de 30 mil mortos oficiais e incontável número de povos indígenas dizimados pelo conflito cabano. A população do Pará só voltou a crescer demograficamente no final da década de 1850 e início da seguinte. Esse saldo ajudou a cristalizar a imagem do vazio amazônico euclidiano e a criar condições propícias para se lembrar sempre de uma população indígena ou mestiça como sinônimo de "indisposta ao trabalho" e a Amazônia como terra para imigrantes europeus e migrantes cearenses da época da borracha. São dados a rever; são mitos a transpor. Enquanto compreendermos a Amazônia prioritariamente por suas "faltas", modelamos sua explicação e fechamos os olhos para o passado cabano, que pode ser compreendido como momento ímpar de lutas. A terra, a liberdade de ir e vir, o federalismo eram ideais em jogo para os homens cabanos. Muitos desses ideais permanecem centrais.

Notas

1. Há muitos estudos sobre essa continuidade. Ainda em 1839 podemos citar a corografia escrita por Antonio Baena, que terminava com a independência identificada como o fim de uma era e o início de outra, nova. A partir de 1860, contudo, no Instituto Histórico e Geográfico Brasileiro, o germânico Gottfried Heinrich Handelmann lançava as bases dos futuros estudos sobre a movimentação política no Brasil, em especial no Grão-Pará. Em sua *História do Brasil*, Handelmann afirma que os levantes no Pará foram políticos, mas configuravam-se como a maior guerra civil que o império teve que sustentar, ou seja, uma perigosa guerra dos "sem terra contra os proprietários", que, no fundo, havia sido motivada por profundo ódio dos brasileiros contra os portugueses. Sobre o estudo mais amplo desse homem de letras valeria um artigo em separado, já que o autor discute não apenas a Cabanagem, mas vários dos outros movimentos sociais que assolaram o Brasil durante o período regencial. Ainda na década de 1860 outro intelectual monarquista refez esse mesmo caminho, escrevendo cinco longos tomos sobre o movimento de 1835. Era Domingos Antonio Raiol, que cristalizou a mais forte imagem dos cabanos de 1835 como contrários à formação do império do Brasil. Ver Antônio Ladislau Monteiro Baena (1839), *Compêndio das eras da província do Pará*, 2ª ed., Belém, UFPA, 1969. Gottfried Heinrich Handelmann, *História do Brasil*, 2ª ed., São Paulo/Brasília, Melhoramento/Instituto Nacional do Livro, 1978; e Domingos Antônio Raiol (barão de Guajará) (1865-1890), *Motins políticos; ou história dos principais acontecimentos políticos da província do Pará desde o ano de 1821 até 1835*, 2ª ed., Belém, UFPA, 1970, 3 v.
2. Domingos Antônio Raiol, *Motins políticos...*, op. cit.
3. Sobre essa "adesão", ainda em 1923 foram publicados trabalhos fundamentais escritos pelo primeiro-secretário do Instituto Histórico e Geográfico do Pará, o engenheiro civil Palma Muniz. O primeiro, intitulado "Adesão do Grão-Pará à independência", faz parte de coletânea proposta pelo Instituto Histórico paraense em comemoração ao centenário de 1823. O segundo procurava recuperar a figura do general enviado pelo império para obter a "adesão" e intitulava-se Greenfell na história do Pará. Esses dois trabalhos exaltavam a legalidade dos enviados

pelo império do Brasil e se constituíram, 12 anos mais tarde, na base para os trabalhos elaborados durante as comemorações do centenário da Cabanagem. Ver Palma Muniz, "Greenfell na história do Pará 1823-1824", *Annaes da Bibliotheca do Archivo Público*, Belém, v. 10, 1926, p. 8-422; *idem*, "Adesão do Grão-Pará à Independência", *Revista do Instituto Histórico e Geográfico do Pará*, Belém, v. 6, nº 4, 1922, p. 1-406.

4. Euclides da Cunha, "Da independência à república", *A margem da história*, Porto, Livraria Chardron de Lelo e Irmão, 1926, p. 261-262.

5. Ver especialmente Henrique Jorge Hurley, *A Cabanagem*, Belém, Livraria Clássica, 1936; *idem*, *Traços cabanos*, Belém, Oficina Gráfica Instituto Lauro Sodré, 1936; Dilke Barbosa Rodrigues, *A vida singular de Angelim*, Rio de Janeiro, Pongetti, 1936; Ernesto Cruz, *Nos bastidores da Cabanagem*, Belém, Oficina Gráfica da Revista de Veterinária, 1942.

6. A comemoração do 7 de janeiro de 1835, data da tomada cabana de Belém, só veio a ganhar força 150 anos depois, em 1985, durante o processo de redemocratização política do Brasil no final da ditadura militar de 1964.

7. Apesar de não se dedicar exaustivamente ao tema da Cabanagem, Caio Prado será o grande divulgador do movimento como um levante que, "apesar de sua desorientação, apesar da falta de continuidade que o caracteriza", possuiria "a glória de ter sido a primeira insurreição popular que passou de simples agitação para a tomada efetiva do poder". Prado Júnior então exaltava o 7 de janeiro muito antes de 1985, mas sua versão só ganharia força na historiografia cabana em meados dos anos 1980. Ver Caio Prado Júnior (1933), *Evolução política do Brasil*, São Paulo, Brasiliense, 1977, p. 69.

8. Para outros exemplos de estudos marxistas, ver Pasquale Di Paolo (1985), *Cabanagem: a revolução popular da Amazônia*, 2ª ed., Belém, Cejup, 1990; Ítala Bezerra da Silveira, *Cabanagem: uma luta perdida*, Belém, Secretaria do Estado da Cultura, 1994; José Júlio Chiavenato, *Cabanagem: o povo no poder*, São Paulo, Brasiliense, 1984; Vicente Salles, *Memorial da Cabanagem: esboço do pensamento político-revolucionário no Grão-Pará*, Belém, Cejup, 1992.

9. Sobre a distância entre o conceito de patriotismo e a formação da identidade nacional já existe ampla bibliografia no Brasil. É preciso citar o clássico estudo de Maria Odila da Silva Dias, "A interiorização da metrópole", *in* Carlos G. Mota (org.), *1822: dimensões*, São Paulo, Perspectiva, 1972, p. 160-184. O texto de Dias revolucionou o tema ao separar as lutas de independência da formação da nação brasileira. Outros estudos mais recentes ampliaram a perspectiva de análise, compreendendo as disputas e revoluções sociais da Regência em clima de extrema incerteza quanto aos rumos e à integridade territorial e política do Brasil. É o caso de István Jancsó e João Paulo G. Pimenta, "Peças de um mosaico (ou apontamentos para o estudo da emergência da identidade nacional brasileira)", *in* Carlos Guilherme Mota (org.), *Viagem incompleta: a experiência brasileira, 1500-2000. Formação: histórias*, São Paulo, Senac, 2000, p. 127-175. Autores como

Lúcia Maria Bastos Pereira das Neves analisam a cultura política da independência mais como fruto da ilustração portuguesa no Brasil do que como inspirações liberais libertárias, atribuindo a unidade nacional mais aos *corcundas* centralizadores. Lúcia Maria Bastos Pereira das Neves, *Corcundas, constitucionais e pés-de-chumbo: a cultura política da independência (1820-1822)*, Rio de Janeiro, Revan/Faperj, 2003. Na mesma linha da continuidade entre o império luso e o brasileiro está o livro de Maria de Lourdes Viana Lyra, *A utopia do poderoso império. Portugal e Brasil: bastidores da política, 1798-1822*, Rio de Janeiro, 7Letras, 1994.

10. Essa identidade de negros e mestiços durante o processo de independência não ocorreu apenas no Pará. Ver, para o caso da Bahia, Hendrik Kraay, *Race, State, and Armed Forces in Independence-era Brazil: Bahia, 1790s-1840s*, Stanford, Stanford University Press, 2002; e João José Reis, "O jogo duro do dois de julho: o partido negro na independência da Bahia", *in* Eduardo Silva e João José Reis, *Negociação e conflito: resistência negra no Brasil escravista*, São Paulo, Cia. das Letras, 1989. Para o Piauí, Joaquim Chaves, *O Piauí nas lutas de independência do Brasil*, Teresina, Fundação Cultural Monsenhor Chaves, 1993. Para o Rio Grande do Sul, João Paulo Pimenta, *Estado e nação no fim dos impérios ibéricos no Prata, 1808-1828*, São Paulo, Hucitec, 2002.

11. Esse ódio tinha muitas origens e contextos. Na corte carioca ele gerou conflitos constantes desde o início da década de 1820. Sobre a instabilidade entre portugueses e brasileiros na corte, ver Gladys Sabina Ribeiro, *A liberdade em construção; identidade nacional e conflitos antilusitanos no Primeiro Reinado*, Rio de Janeiro, Relume Dumará, 2002.

12. Sobre a expansão comercial no final do século XVIII e início do XIX, ver Arthur Cezar Ferreira Reis, "O Grão-Pará e o Maranhão", *in* Sérgio Buarque de Holanda (org.) (1962), *História geral da civilização brasileira*, 4ª ed., São Paulo, Difel, 1978, v. 2, t. 3, p. 71; e idem, "O Brasil cria na Amazônia sua área imperial. A política de consolidação territorial" *in A Amazônia que os portugueses revelaram*, 2ª ed., Belém, Secult, 1994, p. 55-78. Quanto à Cia. de Comércio no Grão-Pará e Maranhão, ver, no levantamento de fontes, para a posição mercantil de incremento comercial e social e sua crítica, Marcos Carneiro de Mendonça, *A Amazônia na Era Pombalina*, 3 tomos, Rio de Janeiro, Instituto Histórico e Geográfico do Brasil, 1963; Manuel Dias Nunes, *Fomento e mercantilismo: a Companhia Geral do Grão-Pará e Maranhão (1755-1778)*, Belém, UFPA, 1970; Antônio Carreira (1962), *As Companhias Pombalinas de Grão-Pará e Maranhão e Pernambuco e Paraíba*, 2ª ed., Lisboa, Editorial Presença, 1982. Ainda sobre a relação com os índios na política pombalina, ver, entre outros, Rita Heloísa de Almeida, *O diretório dos índios: um projeto de civilização no Brasil do século XVIII*, Brasília, UnB, 1997. Sobre a questão dos limites e fronteiras da Amazônia, ver Arthur Cezar Ferreira Reis (1948), *Limites e demarcações na Amazônia brasileira*, 2ª ed., Belém, Secult, 1993, 2 v.

13. Sobre o diretório e a relação com os povos indígenas, ver ainda Carlos Araújo Moreira Neto, *Índios da Amazônia de maioria a minoria (1750-1850)*, Petrópolis, Vozes, 1988; Ângela Domingues, *Quando os índios eram vassalos*, Lisboa, CNCDP, 2000.
14. Para dados pormenorizados, ver Arthur Cezar Ferreira Reis, "O processo de independência no Norte", in Carlos Guilherme Mota (org.), *1822: dimensões*, 2ª ed., São Paulo, Perspectiva, 1986, p. 192.
15. Arthur Cezar Ferreira Reis, *O Grão-Pará...*, *op. cit.*, p. 243.
16. Estudos mais recentes confirmam antigos relatos, demonstrando que houve breve crise entre 1800 e 1809, passando a se restabelecer para tornar a declinar após os anos finais da década de 1810. Ver Francisco Caldeiro Coutinho de Couto, *Corolário que mostrara o estado atual da real fazenda do Pará*, Lisboa, Tipografia Patriótica, 1822, p. 52; Dauril Alden, *O significado da produção de cacau na região amazônica no fim do período colonial: um ensaio de história econômica comparada*, Belém, UFPA/Naea, 1974.
17. Para mais detalhes, ver especialmente Manuel Valentim Alexandre, *Os sentidos do império: questão nacional e questão colonial na crise do Antigo Regime português*, Porto, Afrontamento, 1993, p. 25-32.
18. Arthur Cezar Ferreira Reis, *O Grão-Pará...*, *op. cit.*, p. 72. É importante notar os dados de Roberto Santos para o período da companhia pombalina no Pará: o cacau representou, em média, 61% das exportações da Amazônia para Portugal, o café 10%, e o cravo 11%. Ver Roberto Santos, *História econômica da Amazônia: 1800-1920*, São Paulo, T. A. Queiroz, 1980, p. 18.
19. Arthur Cezar Ferreira Reis, *O Grão-Pará...*, *op. cit.*, p. 71.
20. Antonio Ladislau Monteiro Baena, *op. cit.*, p. 278 e 283.
21. Para panorama mais detalhado dessa situação, ver Rosa Acevedo Marin, "A influência da Revolução Francesa no Pará", in José Carlos C. da Cunha (org.), *Ecologia, desenvolvimento e cooperação na Amazônia*, Belém, Unamaz/UFPA, 1992, p. 34-59; e Yves Bénot, *La Guyane sous la Révolution*, Cayenne, Ibis Rouge Editions, 1997.
22. Aqui faço uso do termo "comunidade" de desertores por dois motivos: primeiro porque em muitos desses ajuntamentos existia mais do que escravos fugidos de origem africana. Trabalhos mais recentes vêm dando conta de que soldados e índios muitas vezes faziam parte desse universo na Amazônia. Em segundo plano está o fato de que os termos quilombo e mocambo são utilizados pelos agentes de sua repressão, não correspondendo necessariamente à forma como seus moradores se percebiam. Para mais detalhes sobre essa terminologia, ver Eurípedes A. Funes, "Nasci nas matas, nunca tive senhor — história e memória dos mocambos do baixo Amazonas", in João José Reis e Flávio dos Santos Gomes (orgs.), *Liberdade por um fio: história dos quilombos no Brasil*, São Paulo, Cia. das Letras, 1996, p. 467-497.

23. Autos de perguntas feitas ao preto Miguel, escravo de Antonio de Miranda, *apud* Anaíza Vergolino-Henry e Arthur Napoleão Figueiredo (orgs.), *A presença africana na Amazônia colonial: uma notícia histórica*, Belém, Arquivo Público do Pará, 1990, p. 113. Sobre a questão do trânsito de mercadorias e mocambeiros na fronteira amazônica, em especial no Cabo Norte, ver ainda Flávio dos Santos Gomes, Jonas Marçal de Queiroz e Mauro César Coelho (orgs.), *Relatos de fronteira: fontes para a história da Amazônia. Século XVIII e XIX*, Belém, UFPA, 1999; e Flávio dos Santos Gomes, "Em torno dos bumerangues: outras histórias de mocambos na Amazônia colonial", *Revista da USP*, v. 28, São Paulo, 1995-1996, p. 40-55. Ver ainda Ciro Flamarion Cardoso, *Economia e sociedade em áreas coloniais periféricas: a Guiana Francesa e o Pará (1750-1817)*, Rio de Janeiro, Graal, 1984; e Serge Mam Lam Fouck, *La Guyane Française au temps de l'esclavage, de l'or et de la francisation (1802-1946)*, Cayenne, Ibis Rouge Editions, 1999.
24. APEP, JM, *Livro de notas do tabelião Perdigão*, 1807-1808, p. 41f.
25. APEP, DN, *Livro de notas do tabelião Perdigão*, 1807-1808, p. 108v.
26. APEP, DN, JM, *Livro de notas do tabelião Perdigão*, 1807-1808, p. 115f.
27. APEP, DN, *Livro de notas do tabelião Perdigão*, 1809-1810, p. 7v.
28. Mesmo depois desse momento inicial do século XIX, as tensões entre franceses e ingleses nas zonas fronteiriças ao Grão-Pará mantiveram-se. Durante os anos da explosão cabana (1835-1836) e os que os sucederam uma série de tentativas de "invasões" territoriais foi registrada. Mais uma vez Baena as noticia em duas obras muito significativas: Antonio Ladislau Monteiro Baena, *Discurso ou Memória sobre a intrusão dos francezes e Cayena nas terras do Cabo Norte em 1836*, Maranhão, Typographia da Temperança, 1846; idem, *Memória sobre o intento, que tem os inglezes de Demerary de usurpar as terras ao oeste do rio Repunuri adjacentes á faze austral da Cordilheira do rio Branco para ampliar a sua colônia*, Maranhão, Typographia da Temperança, 1846.
29. Johann B. Spix e Carl F. P. Von Martius, *Viagem pelo Brasil (1817-1820)*, Belo Horizonte/São Paulo, Itatiaia/Edusp, 1981, v. 2, p. 48.
30. Sobre a escravidão na Amazônia, ver Vicente Salles, *O negro no Pará sob o regime da escravidão*, 2ª ed., Belém, Secult/FCPTN, 1988; José Maia Bezerra Neto, *Escravidão negra no Grão-Pará — séculos XVIII e XIX*, Belém, Paka-Tatu, 2001.
31. Hércules Florence, *Viagem fluvial do Tietê ao Amazonas de 1825 a 1829*, São Paulo, Melhoramentos, 1941, p. 89.
32. A historiografia da independência é vasta e muito diversificada. Para indicativos mais gerais de sua variação e diversidade ao longo do século XIX até a década de 1970, ver Giselda Mota, "Historiografia. Bibliografia. Documentos", *in* Carlos Guilherme Mota (org.), *1822: dimensões*, São Paulo, Perspectiva, 1972, p. 337-464; Nelson Werneck Sodré, "A elaboração da independência", *in O que se deve ler para conhecer o Brasil* (1945), 4ª ed., Rio de Janeiro, Livraria Brasileira, 1973, p. 131-141; Octávio Tarquínio de Sousa, "Independência, Primeiro Reinado e

Regência", *in* William Berrien e Rubens Borba de Moraes (org.), *Manual bibliográfico de estudos brasileiros*, Rio de Janeiro, Gráfica Editora Souza, 1949, p. 408-423. Para análise dos estudos mais recentes, ver Cecília Helena Lorenzini de Salles Oliveira, "A historiografia e a questão da independência", *A astúcia liberal*, Bragança Paulista, Ícone/Edusf, 1999, p. 1-65, e Jurandir Malerba (org.), *A independência brasileira: novas dimensões*, 1ª ed., Rio de Janeiro, FGV, 2006.

33. Já existe historiografia atual dedicada a estudos sobre o período da independência, ressaltando aspectos que vão desde a ideia de império e liberalismo até as alegorias cívicas e festas nacionais. Ver, entre outros, Maria de Lourdes Viana Lyra, *A utopia do poderoso império. Portugal e Brasil: bastidores da política 1798-1822*, Rio de Janeiro, 7Letras, 1994; Cecília Helena L. de Salles Oliveira, *op. cit.*; Iara Lis Carvalho Souza, *Pátria coroada: o Brasil como corpo político autônomo, 1780-1831*, São Paulo, Unesp, 1999.

34. João Severiano Maciel da Costa (1821), "Memória sobre a necessidade de se abolir a introdução de escravos africanos no Brasil", *in Memórias sobre a escravidão*, Rio de Janeiro, Arquivo Nacional/Ministério da Justiça, 1988.

35. Antonio Ladislau Monteiro Baena, *op. cit.*, p. 328. Sobre a questão da entrada de ideais contrários à escravidão no período da independência, ver também José Alves de Sousa Júnior, *Constituição ou revolução: os projetos políticos para a emancipação do Grão-Pará e a atuação política de Filippe Patroni (1820-1823)*, dissertação de mestrado, Campinas, Unicamp, 1998; Lúcia Maria Bastos P. Neves, "Por detrás dos panos: atitudes antiescravistas e a independência do Brasil", *in* Maria Beatriz Nizza da Silva (org.), *Brasil: colonização e escravidão*, Rio de Janeiro, Nova Fronteira, 2000, p. 373-395.

36. Sobre a circulação das ideias de liberdade entre os escravos africanos, crioulos e indígenas dentro do império e sua relação com os movimentos da independência e outros das décadas de 1820 e 1830 ainda faltam estudos mais aprofundados. No entanto, sob diferentes perspectivas, alguns já vêm sendo efetivados, e seus resultados revelam a riqueza desse universo; ver, principalmente, Marcus J. M. de Carvalho, *Liberdade. Rotinas e rupturas do escravismo no Recife, 1822-1850*, Recife, UFPE, 1998; João José Reis, "O jogo duro do dois de julho: o partido negro na independência da Bahia", *in* João José Reis e Eduardo Silva (orgs.), *Negociação e conflito: a resistência negra no Brasil escravista*, São Paulo, Cia. das Letras, 1989. Vale lembrar que, desde a década de 1960, vários estudos abordam nos Estados Unidos a relação entre o problema da escravidão e a questão do progresso humano e os direitos naturais, sustentáculos dos processos de independência em diversas partes da América. Também não são incomuns estudos sobre entre escravidão, liberdade e lutas político-sociais pela independência que intentem agrupar fatores os mais diversificados, como o papel dos missionários, dos senhores e dos escravos nesse universo. Para o primeiro caso, ver, especialmente, David Brion Davis, *The Problem of Slavery in Western Culture*, 2ª ed., Nova York, Oxford University Press, 1988; e *idem*, *Slavery and Human Progress*, 2ª ed.,

progress, 2ª ed., Nova York, Oxford University Press, 1986. Para o segundo, ver Emília Viotti da Costa, *Coroas de glória, lágrimas de sangue. A rebelião dos escravos de Demerara em 1823*, São Paulo, Cia. das Letras, 1998.

37. Para se ter ideia do troca-troca das autoridades no início do século XIX, basta computar os seguintes dados: desde a tomada de Caiena, em 1809, até a época da eclosão cabana, em 1835, o Grão-Pará teve 15 administrações, compostas por 21 governadores, o que nos leva à cifra de pouco mais de um ano de governo para cada governador. Se considerarmos que entre 1806 e 1810 (quatro anos) e de 1817 até 1820 (três anos) o Grão-Pará não trocou de governante, a média de tempo de governo após 1820 cai para menos de um ano por governador. Para a relação dos governadores, que me possibilitou chegar a essa estatística, ver Theodoro Braga, *Noções de corografia do Estado do Pará*, Belém, Empresa Gráfica Amazônia, 1919, e Pasquale Di Paolo, Quadro cronológico II — 1776-1840, *Cabanagem: a revolução popular da Amazônia*, Belém, Cejup, 1990, p. 388-391; Arthur Cezar Ferreira Reis, "O processo de independência no Norte", *in* Carlos Guilherme Mota (org.), *1822: dimensões*, 2ª ed., São Paulo, Perspectiva, 1986, p. 187-204; e Geraldo Mártires Coelho, *Anarquistas, demagogos e dissidentes: a imprensa liberal no Pará*, Belém, Cejup, 1992.
38. Antonio Ladislau Monteiro Baena, *op. cit.*, p. 329.
39. José Maia Bezerra Neto, "Ousados e insubordinados: protestos e fugas de escravos na província do Grão-Pará — 1840/1860", *Topoi. Revista de História*, Rio de Janeiro, Programa de Pós-Graduação em História Social da UFRJ/7Letras, 2001, p. 73-112. José Maia Bezerra Neto, *Fugindo, sempre fugindo: escravidão, fugas escravas e fugitivos no Grão-Pará (1850-1888)*, dissertação de mestrado, Campinas, Unicamp, 2000.
40. Para um bom mapeamento da situação das tropas, ver Thomas Holloway, *Polícia no Rio de Janeiro: repressão e resistência numa cidade do século XIX*, Rio de Janeiro, Fundação Getulio Vargas, 1997; Hendrik Kraay, "O abrigo da farda: o exército brasileiro e os escravos fugidos, 1800-1888", *Afro-Ásia*, nº 17, Salvador, 1996, p. 29-56. No caso do Pará, dois trabalhos monográficos abordam o tema, delimitando-o bem em suas várias imbricações desde o final do século XVIII: Shirley Nogueira, *Miseráveis delinquentes: a deserção e os desertores militares na Amazônia setencentista (1765-1798)*, monografia de graduação, Belém, Departamento de História/UFPA, 1996, e Adilson Brito, *A explosão revolucionária: a soldadesca na independência do Grão-Pará (1821-1823)*, monografia de graduação, Belém, Departamento de História/UFPA, 1999.
41. Johann B. Spix, *op. cit.*, p. 32.
42. Daniel P. Kidder, *Reminiscências de viagens e permanências nas províncias do norte do Brasil*, São Paulo/Belo Horizonte, Edusp/Itatiaia, 1980, p. 187 e 185.
43. Domingos Antonio Raiol, *op. cit.*, v. 3, p. 923 e 924.
44. Lobo de Sousa era deputado legislativo no Rio e já havia sido presidente das províncias de Goiás, Paraíba e Rio de Janeiro. Santiago tinha estado na campanha

cisplatina no Sul e, em seguida, comandou as Armas na tumultuada província de Pernambuco. Mais detalhes, ver Domingos Antonio Raiol, *Motins políticos, op. cit.*, v. 2, p. 432-433.
45. Estas e outras medidas são descritas em pormenores em Domingos Antonio Raiol, *op. cit.*, v. 2, p. 440-443.
46. *Idem, ibidem*, p. 443.
47. Esse jornal era financiado por Batista Campos e escrito por Lavor Papagaio, um conhecido panfletário no Pará que trazia fama de seu passado no Maranhão.
48. Domingos Antonio Raiol, *op. cit.*, v. 2, p. 509.
49. APEP, DN, *Livro de ofício de notas de Belém (1832-1835)*, p. 98v. e 99f. e v.
50. APEP, DN, *Livro de ofício de notas de Belém (1832-1835)*.
51. APEP, DN, *Livro de ofício de notas de Belém (1832-1835)*, p. 93v.
52. APEP, DN, *Autos cíveis de justificação*, justificante: Antonio Pereira Lima, caixa do ano de 1836, doc. 3.
53. *Apud* Domingos Antonio Raiol, *op. cit.*, p. 588.
54. Sobre a questão da autoridade e ordem social nas formulações políticas de d. Romualdo, ver Riolando Azzi, "A defesa da ordem social no pensamento de d. Romualdo A. de Seixas, arcebispo da Bahia (1827-1860)", *Síntese*, v. 6, nº 16, 1979, p. 131-153.
55. D. Romualdo Antonio de Seixas, "Pastoral exortando aos habitantes da província do Pará que não se separassem da união brasileira", *Coleção da obra do excelentíssimo e reverendíssimo senhor Dom Romualdo Antonio de Seixas*, Pernambuco, Tipografia de Santos e Cia., tomo II, 1839, p. 232-233.
56. Aqui vale lembrar que padre Feijó e o arcebispo d. Romualdo de Seixas eram inimigos políticos desde 1826, quando os dois se enfrentaram no Parlamento brasileiro debatendo temas polêmicos como o casamento para os padres e o fim dos frades e freiras no Brasil. Apesar de suas divergências políticas, no entanto, o arcebispo vinha corroborar o poder do regente Feijó nessa sua pastoral aos fiéis do Pará. Para mais esclarecimentos sobre a questão dos embates entre Feijó e d. Romualdo de Seixas, ver d. Romualdo de Seixas (marquês de Santa Cruz), *Memórias do marquês de Santa Cruz*, Rio de Janeiro, Tipografia Nacional, 1861; *idem, O clero no Parlamento brasileiro*, Rio de Janeiro, Fundação Rui Barbosa, 1979, v. 2; Hildebrando Accioly, *Os primeiros núncios no Brasil*, São Paulo, Instituto Progresso Editorial, 1949; Padre Luís Talassi, *A doutrina do padre Feijó e suas relações com a sede apostólica*, São Paulo, Pontifícia Universita Gregoriana, 1954; Luís Castanho de Almeida, *O sacerdote Diogo Antonio Feijó*, Petrópolis, Vozes, 1951; Magda Maria de Oliveira Ricci, *Assombrações de um padre-regente. Diogo Antonio Feijó, 1789-1843*, tese de doutorado, Campinas, IFCH/Unicamp, 1998.
57. D. Romualdo Antonio de Seixas, "Pastoral...", *op. cit.*, p. 233-236.
58. Nessa linha de pensamento, anos mais tarde, irá formar-se campo interpretativo sobre a melhor forma de unir a Igreja e o Estado no Brasil, no qual liberais e conservadores mantiveram posições distintas. Para visão mais particular da posi-

ção desses dois grupos nesse debate, ver Riolando Azzi, "O pensamento liberal e o clero brasileiro (1789-1824)", *Síntese*, v. 10, nº 31, 1984, p. 27-45.
59. "Pastoral do bispo", *apud* Raiol, *op. cit.*, v. 3, p. 930-931.
60. Eduardo Nogueira Angelim, "Pará em 1835", *Na Ordem*, 26 de setembro de 1865, *apud* Raiol, *op. cit.*, p. 934.
61. Para mais detalhes sobre essa questão, ver Décio Freitas, *A miserável revolução das classes infames*, Rio de Janeiro, Record, 2005, p. 154 e 155.
62. Ofício de Martinho Braz, chefe dos cabanos de Almerim, 7 de junho de 1836, *apud* Jorge Hurley, *op. cit.*, p. 72.
63. Ofício de Alexandre Pinheiro, juiz de paz de Almerim, 7 de junho de 1836, *apud* Jorge Hurley, *op. cit.*, p. 73.
64. Claudia Maria Fuller, "Os corpos de trabalhadores: política de controle social no Grão-Pará", *Fascículos LH*, Belém, Laboratório de História/Departamento de História/UFPA, nº 1, 1999.

CAPÍTULO V Uma certa Revolução Farroupilha

Sandra Jatahy Pesavento

Revolução Farroupilha: luta de 10 anos contra o império. Guerra em que os rio-grandenses optaram pela defesa de ideias republicanas em um Brasil monárquico. Rebelião gaúcha contra a centralização política e administrativa imposta à nação pela corte do Rio de Janeiro após a independência. Movimento que se inseriu no contexto das rebeliões ocorridas durante a Regência em diferentes províncias, que levantaram a bandeira do federalismo contra a dominação do chamado "centro" sobre o país. "Guerra" que mobilizou os proprietários de terra e gado do Sul, mas não só eles: lutaram como "farrapos" a peonada das estâncias e gentes das cidades, de todos os extratos sociais. Acontecimento político que marcou a história do Rio Grande do Sul e que se tornou um marco de referência para a identidade gaúcha.

Para entender esse movimento, temos que retornar aos tempos da conquista da terra e ao povoamento do extremo sul, a partir do processo de expansão da colonização portuguesa rumo ao Prata, no final do século XVII, e de seu confronto com a expansão castelhana na mesma região.

DE COMO A PASSAGEM DO STATUS COLONIAL AO DE PROVÍNCIA FOI *TRAUMA* PARA OS RIO-GRANDENSES

Situada no extremo sul do Brasil — fronteiro às frentes da colonização espanhola no rio da Prata —, a região do que é hoje o Rio Grande do Sul foi incorporada tardiamente ao Brasil colonial. Zona de fronteira viva com os castelhanos e de posse incerta, o extremo sul era região essencial para o acesso ao Prata e, através dele, às riquezas de Potosí ou aos produtos britânicos que entravam pelo porto de Buenos Aires, fundado em 1580. Nessa cidade, muitos comerciantes portugueses se instalaram, mobilizados pelas perspectivas de lucro na região.

Assim, portugueses e espanhóis tinham interesse no Prata, no enfrentamento entre o monopólio hispânico e o contrabando praticado pelos lusos.

Primeiramente, os padres jesuítas, descidos do Paraguai e sob bandeira espanhola, haviam fundado, em 1626, missões para o aldeamento dos índios no oeste da região hoje ocupada pelo Rio Grande do Sul e tiveram de enfrentar os ataques dos bandeirantes, interessados no apresamento dos índios. Enfrentando os bandeirantes paulistas, depois da vitória de M'bororé, em 1640, os jesuítas abandonaram o vasto território ocupado que chamavam de província del Tape, atravessando com os índios o rio Uruguai para se localizar em área mais segura, dentro dos domínios espanhóis (hoje a província argentina de Missiones). Abandonaram os rebanhos na região, e esses animais, reproduzindo-se à solta, vieram a constituir o gado chimarrão, bravio e selvagem, nessas extensões do Rio Grande do Sul que passaram a ser conhecidas como Vacaria del Mar.

Depois dessa investida jesuíta, o avanço rumo ao sul deu-se segundo os interesses da coroa portuguesa no contrabando do Prata, fundando, em 1680, fronteira a Buenos Aires e em território do que é hoje o Uruguai, a Colônia do Sacramento. Tantas vezes atacada pelos espanhóis e retomada pelos lusos, essa colônia representava posto dos lusitanos no Sul e, seguramente, ameaça aos interesses da Espanha na região.

Desde a Colônia do Sacramento, bem como desde as províncias argentinas de Santa Fé e Corrientes, o gado chimarrão da Vacaria del Mar era objeto de presa, implicando sua caça no campo por bandos armados, que iam vender o couro em Sacramento ou Buenos Aires.

No final do século XVII, em 1682, os padres retornaram ao território rio-grandense, fundando os Sete Povos das Missões, época de apogeu da presença dos jesuítas no Sul. Parte do gado deixado na Vacaria del Mar foi então levada pelos padres a um abrigo mais distante, na serra, formando a Vacaria dos Pinhais.

Essa civilização jesuítico-guarani teve fim com a Guerra Guaranítica de 1754-1756, quando os padres e índios foram derrotados pelas forças luso-castelhanas e obrigados a deixar a região, por força das disposições do Tratado de Madri (1750), que dispunha sobre as fronteiras ibéricas ao sul da América, propondo a troca da Colônia do Sacramento de mãos portuguesas para espanholas, cabendo as Missões aos lusitanos. Tratados subsequentes anularam essas disposições, permanecendo a região como zona de litígio.

Voltemos, porém, ao final do século XVII. Nesse contexto, o que era o Rio Grande do Sul? Uma zona de fronteira litigiosa, em constantes lutas pela posse da terra e do gado, de enfrentamento direto com os castelhanos. A antiga Capitania d'El Rey era terra de passagem, de guerra e de contrabando com o Prata. As distantes terras ao sul, desvinculadas do complexo da agricultura exportadora tropical, centrado no Nordeste, eram para Portugal mera etapa para atingir o contrabando que se realizava na região platina.

Foi só na passagem do século XVII para o XVIII, com a descoberta de ouro em Minas Gerais e a necessidade de animais de tração e corte para as minas, que se processou a ocupação e conquista efetiva da terra, com a vinda de tropeiros para o Sul em busca do gado.

Assim, ao longo do século XVIII, era do Sul que partiam os rebanhos bovinos e as tropas de muares para o abastecimento e serviços de Minas Gerais, integrando numa corrente comercial as duas regiões. Com relação aos muares, era necessário que se penetrasse até o interior das possessões castelhanas para capturá-los. Muito resistentes, esses animais serviam para o trabalho da mineração andina e, com o decréscimo da produtividade dessas minas, foram reorientados para a zona de Minas Gerais, no Brasil.

Como se viu, esse gado era originário dos rebanhos que os jesuítas criavam nas missões e que fora deixado na região pelos padres quando dela se retiraram, após 1640, depois dos renovados ataques dos bandeirantes. Em torno do apresamento desses rebanhos, tornados bravios — xucros ou chimarrões —, começou a descida, rumo ao extremo sul, de tropeiros vicentinos e lagunistas, transportando o gado até Minas Gerais, para os serviços de tração e para abate. Enfim, a região do extremo sul do Brasil passava a ter valor bem preciso: os rebanhos de gado, que integraram a economia sulina à economia central de exportação do Brasil.

Aos tropeiros e contrabandistas de gado de São Vicente e de Laguna juntaram-se os soldados d'El Rey, egressos de Sacramento ou do reino, na disputa pela apropriação do gado e da terra.

Essa era atividade que se fazia através de bandos armados, pois implicava enfrentamento constante com os castelhanos na disputa pelos rebanhos.

Abriram estradas para o chamado "transporte do gado em pé" e aos poucos passaram da atividade itinerante do apresamento e do tropeio para a da criação do gado. Com as sucessivas investidas sobre os rebanhos bravios, tanto da Vacaria del Mar quanto da Vacaria dos Pinhais, descoberta quando foi aberto o caminho da serra, a reserva de gado começou a diminuir e foi preciso garantir a reposição natural do rebanho. Muitos então se "afazendaram", ocupando as terras e se estabeleceram em estâncias.

Com o decorrer do tempo e a fixação progressiva no território, muitos passaram a demandar à coroa portuguesa cartas de sesmarias que oficializavam a prévia ocupação da terra. Nesta passagem do tropeio para a criação de gado, tornou-se interesse da coroa a posse das terras ao sul, através do assentamento desses bandos armados em estâncias que tanto garantiam o abastecimento da zona de Minas Gerais quanto mantinham o domínio lusitano na região e, com ele, o negócio do contrabando no Prata.

Em 1737, a coroa portuguesa criava seu primeiro núcleo oficial no Sul, em Rio Grande, dada a necessidade de fazer face aos castelhanos e seus contínuos ataques a Sacramento. Nesta medida, passou também a distribuir terras aos militares, como forma de pagamento.

A rigor, para assegurar esse território de posse disputada entre Laguna e Sacramento, a coroa portuguesa concedeu poderes amplos aos senhores de terra e gado sulinos, distribuindo sesmarias e estimulando o assentamento de grandes fazendas de criação. Como chefes de bandos armados, os estancieiros, com seus homens, defendiam para a coroa as suas terras no extremo sul, demarcando a fronteira. Sob o signo da guerra, da conquista do gado e do contrabando que disputavam com os castelhanos da região do Prata, surgia a Capitania do Rio Grande de São Pedro.

No decorrer do século XVIII, quando o Rio Grande sofreu três invasões castelhanas, seu território estava ocupado e defendido por estancieiros-soldados e soldados-estancieiros, que se confundiam em uma mesma camada dominante da sociedade incipiente, os senhores de terra e gado. Seu poder era reforçado pelas outorgas de postos de mando e cargos pela coroa portuguesa, que deles se valia nas guerras contínuas. Comparativamente a outras elites regionais, os senhores do Sul gozavam de maior autonomia de mando, em função das necessidades da guerra.

Quando, no final do século XVIII, se desenvolveu no Sul a atividade do charque, fornecendo carne, seca e salgada, para a alimentação dos escravos do Brasil, efetivou-se o poder da elite local. A lucratividade proporcionada possibilitou a grande entrada de negros no Sul, para trabalhar nas charqueadas.

Os sucessos na guerra contra os castelhanos, bem como a incorporação da Banda Oriental ao Brasil, com o nome de Província Cisplatina, em 1820, consolidaram o prestígio dos homens do Sul, bem como cimentaram o alto conceito de si próprios e dos valores que estavam associados a sua condição, notadamente de homens e guerreiros: coragem, destreza nas armas, defesa da honra.

Pelo préstimo de seus serviços militares, essa elite sulina — composta dos senhores de terra, gado e escravos, bem como dos grandes charqueadores — gozava de relativa autonomia em termos de poder local. O valor militar dos estancieiros soldados era reconhecido pela coroa em face das necessidades da guerra, e poucos obstáculos eram colocados ao exercício do poder local.

Este *modus vivendi* foi significativamente alterado com o advento da independência, em 1822 e, sobretudo, com o estabelecimento da Regência, em 1831. A abdicação de d. Pedro I em nome de seu herdeiro, ainda criança, elevara ao poder, por intermédio dos regentes, a elite do centro do país, sediada no Rio de Janeiro e estabelecida na produção e comercialização do café.

Tal situação mudou com a ascensão dos cafeicultores e comerciantes do Rio de Janeiro ao controle do poder central pós-independência. A centralização político-administrativa implicou recuo das autonomias regionais.

As relações com a sede do poder central se alteraram, e muito, para a agora província do Rio Grande do Sul e para as elites sulinas. A reorientação centralizadora imposta pela corte traduziu-se em termos de avaliação muito precisa dos acontecimentos: foi sentida como perda de autonomia, como situação de liberdades ameaçadas, implicando desprestígio e desconsideração para com os rio-grandenses, em face do que se chamou o autoritarismo do centro contra o sul.

Quando se instalou a Regência, em 1831, tal tipo de submissão ao centro passou a ser entendido como intolerável aos olhos da elite sulina.

O poder central, queixavam-se os rio-grandenses, indicava presidentes de província estranhos aos interesses da elite local, para a qual a submissão de suas pretensões regionais às diretrizes da corte era considerada inadmissível. Igualmente, os senhores locais condenavam a existência de Assembleia Provincial com atribuições meramente reivindicativas. Quando, pelo ato adicional de 1834, foi concedido poder legislativo às províncias, já era tarde demais para segurar a rebelião do Sul contra a corte. Acontece que esse ato adicional vedava às assembleias provinciais o direito de legislar sobre os impostos, questão que ocupava relevante espaço nas reclamações dos farroupilhas.

O Rio Grande do Sul considerava-se tremendamente injustiçado com respeito à economia local, centrada nos produtos da pecuária e voltada para o abastecimento do mercado interno.

A Constituição de 1824 estabelecia que o centro determinasse quanto dos impostos arrecadados nas províncias ali ficaria e quanto desse montante deveria ser remetido ao poder central. Com isso, por mais que produzissem, eram espoliados de suas riquezas. Em suma, os senhores do Sul denunciavam a injusta discriminação das rendas provinciais, que privava a província de suas riquezas, ao determinar a remessa à corte de parte da renda arrecadada.

Os senhores do sul consideravam-se ainda taxados com pesados impostos sobre o gado, a terra e o sal, mas a situação era mais agravada pela questão do charque.

O charque sulino destinava-se a alimento dos negros escravos do país e, para forçar a baixa do preço desse produto, comprado pelos proprietários de escravos nacionais, o centro fazia reduzir os impostos sobre o charque estrangeiro (o *tasajo* platino, sobretudo uruguaio), obrigando, com isso, os gaúchos a reduzirem seus preços, para terem competitividade no mercado. Como, porém, reduzir o preço do produto final, o charque, se os insumos para produzi-lo eram majorados?

Como se não bastasse, os rio-grandenses pagavam caro pelo sal estrangeiro, matéria-prima para a fabricação do charque e artigo taxado com altos impostos pelo governo central. Dessa forma, a margem de lucro das empresas charqueadoras ficava reduzida, para indignação dos produtores sulinos.

As empresas pecuaristas do Sul se entendiam ameaçadas, com sua elite a reclamar que o governo beneficiava o concorrente estrangeiro, ao facilitar a entrada no mercado interno do produto concorrente platino. Em face de tal liberalismo econômico, os rio-grandenses demandavam uma política protecionista, considerando que a produção nacional de charque era não só desassistida, como prejudicada pela política do governo.

Tais procedimentos eram apontados pela oligarquia rio-grandense como resultantes de tratamento "injusto". Havia mais: os gaúchos reclamavam que as requisições de cavalos e gado pelas forças imperiais em território do Rio Grande do Sul não eram pagas, nem os cargos de comando das tropas eram atribuídos aos rio-grandenses.

A perda da Província Cisplatina (atual Uruguai), em 1928, com a independência do Uruguai, muito contribuiu para o desprestígio do Sul, a quem a derrota foi atribuída, ou seja, com a perda da Cisplatina, o valor político-militar dos gaúchos foi abalado nas suas relações com o poder central. O orgulho ferido daqueles que se consideravam os defensores da fronteira fez com que a dominação do centro passasse a ser considerada intolerável.

As queixas se avolumavam: às denúncias de um sistema tributário que favorecia os produtores concorrentes do exterior na disputa do mercado nacional, chegava-se à acusação de política de desprestígio deliberado contra os senhores de terra e gado do Sul, que defendiam a fronteira e venciam as guerras contra os castelhanos, mas que não recebiam postos de comando nas batalhas...

"Nós somos a estalagem do Império", diria o general Bento Gonçalves da Silva, estancieiro e militar, líder do movimento, ao explicar a atitude dos rio-grandenses em revolta: o império servia-se dos homens, cavalos e munições, requisitava o gado e não retribuía com pagamento de indenização das perdas sofridas ou com atribuição de cargos e honrarias aos chefes de guerra locais.

O sentimento que se generalizava era de que os valores dos rio-grandenses não estavam sendo reconhecidos pelo centro, após tantos serviços prestados na defesa da fronteira.

Nesse clima de queixas e do que consideravam atitude de desprestígio para com o Sul, muitas das ideias filosóficas do liberalismo vigente no século XIX foram apropriadas pelos líderes farroupilhas para embasar sua conspiração. O elitismo das teorias de John Locke os inspirava para a construção de um governo no qual o poder repousaria nas mãos desses senhores de terra e gado; se o império era injusto com eles, as ideias de Rousseau quanto às mudanças das instituições eram bem-vindas, sobretudo se elas se apoiavam em critérios de justiça e igualdade. De Montesquieu, tomavam o modelo de governo constitucional — monarquista para uns, republicano para outros — e da divisão dos poderes. O exemplo dos Estados Unidos da América também inspirava os líderes da revolta, mais pela ideia do federalismo do que pela democrática participação dos cidadãos no governo. Tais ideias circulavam via sociedades secretas, como a maçonaria, entrada na província de São Pedro em 1831, ou imprensa, como o jornal *O Continentino*, ou ainda o Gabinete de Leitura Continentino, onde se reuniam os sediciosos.

Sem sombra de dúvida, parte de tais abusos denunciados pelos rio-grandenses recaía também sobre as demais províncias do império, que também se rebelaram na época, constituindo o que se convencionou chamar de "rebeliões regenciais".

Especificamente com relação ao Rio Grande do Sul, as questões que realmente calavam mais fundo eram aquelas relativas ao charque e à identificação de desprestígio do valor militar da província, tantas vezes comprovado nas lutas contra os castelhanos.

No conjunto, as inovações da política imperial alteravam, substantivamente, a situação vivida até então pelo Rio Grande do Sul. Em suma, a passagem do status de capitania de São Pedro, nos tempos da colônia, para o de província do império, implicara perdas reais.

O RIO GRANDE DO SUL EM ARMAS CONTRA "O CENTRO", E POR LONGO TEMPO

O centro "explorava" o Sul, denunciavam os rio-grandenses, às vésperas de 1835. O Rio Grande virara "colônia" da corte, bradavam com indignação os senhores locais, arrematando que, apesar de sua permanente disponibilidade para lutar em defesa da fronteira, o comando das tropas era dado a não rio-grandenses... Por outro lado, é bem certo que a perda da Província Cisplatina, em 1828, anexada por d. João ao Brasil em 1820, contribuíra para fazer baixar o prestígio do Rio Grande em termos militares, responsabilizado que fora por tal derrota.

Por outro lado, para o deflagrar do movimento, há que ter em vista ainda as estreitas relações dos líderes locais com os caudilhos platinos. Com amplos interesses no Uruguai, tendo muitas vezes vastas propriedades territoriais que iam de um a outro lado da fronteira, parte da elite local mantinha relação ambivalente com os castelhanos: de um lado, a guerra, de outro, negócios, afinidades ou mesmo laços de parentesco e amizade. Muitos membros desta elite mantinham negócios de venda de gado, realizavam contrabando para um e outro lado da fronteira, tinham ligações políticas e familiares com os castelhanos. Bento Gonçalves, por exemplo, era casado com uma uruguaia. Por outro lado, essa mesma elite, dependendo da situação apresentada, guerreava com os castelhanos, nas lutas de fronteira, para depois estabelecer alianças, em função das oscilações da política no Prata.

Tome-se, por exemplo, o caso de Juan Antonio Lavalleja, que havia conduzido a guerra de libertação da Província Cisplatina e ambicionava formar a Liga Federal de Artigas nesse extremo sul da América, entre o Uruguai, as províncias argentinas de Corrientes e Entre Rios, e o Rio Grande do Sul. Para tanto, comentava-se, ele teria mandado à província de São Pedro sua bela mulher, Ana Monteroso Lavalleja, que chegara mesmo a frequentar as reuniões do Gabinete de Leitura Continentino, onde se tramava a rebelião.

Por causa dessas relações com os castelhanos, Bento Gonçalves da Silva, então comandante da Fronteira Sul, e Bento Manuel Ribeiro, comandante da Fronteira Oeste, haviam sido chamados à corte em 1834 a fim de explicar seu envolvimento com os caudilhos platinos.

Por ocasião da abertura dos trabalhos da Assembleia Legislativa Provincial, em 20 de abril de 1835, o presidente provincial Antonio Rodrigues Fernandes Braga acusou os sócios do Gabinete Continentino de tramarem contra o império, realizando acordos com os uruguaios e articulando uma rebelião.

Inconformados, os rio-grandenses protestaram, pleitearam em defesa de seus direitos e prestígio perdido, mas nem mesmo a instalação da primeira Assembleia Provincial, com poderes legislativos, atribuídos pelo ato adicional de 1834, serenou os ânimos. No decorrer da própria sessão de instalação, a crise explodiu.

A situação revelava-se insustentável, e os insurgentes acorreram com suas tropas às cercanias da capital. Na madrugada do dia 20 de setembro, os revoltosos, concentrados na "lomba do cemitério", desceram para o ataque à cidade de Porto Alegre, começava a "ímpia e injusta guerra", que duraria 10 anos.

A Regência iria enfrentar uma série de rebeliões nas províncias, todas marcadas pela reação das elites locais contra o centralismo monárquico levado a efeito pelos interesses dos setores ligados ao café na corte. De todas elas, porém, a chamada Revolução Farroupilha seria a mais preocupante, não só pela longa duração, como pela situação fronteiriça da província do Rio Grande, tradicionalmente a garantidora dos limites e dos interesses lusitanos e, agora, nacionais no Prata. Um delicado equilíbrio estava em jogo.

Depois de combates os legalistas ou caramurus na ponte da Azenha, os revoltosos tomaram a cidade de Porto Alegre, entrando pela praça do Portão e conquistaram o palácio do governo, de onde havia fugido o presidente Fernandes Braga rumo à cidade de Rio Grande.

Por essa altura, os rebeldes já eram chamados pelos legalistas, pejorativamente, de farroupilhas. Essa era a maneira de designar os liberais exaltados em todo o Brasil, que se aproximavam, em suas ações, das camadas mais populares, estas em "farrapos" ou "farroupas". Se, para os opositores, a designação era depreciativa, para os revoltosos e, sobretudo, para o culto de sua memória, que se seguiu ao término da revolução, tornou-se motivo de orgulho.

O líder Bento Gonçalves, chefe do movimento, explicava a sedição como legítima defesa de liberdades ameaçadas, reafirmando sua lealdade à ordem monárquica. O que queriam os revoltosos era corrigir os erros da administração imperial, restaurando a "boa ordem e a lei", o que implicava o afastamento do cargo do presidente de província Fernandes Braga, nomeado pelo centro.

Nas páginas do jornal *Recopilador Liberal*, Bento Gonçalves, chefe dos revoltosos, explicava o movimento como de defesa em face das liberdades ameaçadas, reafirmando sua lealdade à ordem monárquica:

> Conheça o Brasil que o dia 20 de setembro de 1835 foi a consequência inevitável de uma má e odiosa administração. E que não tivemos outro objeto, e não nos propusemos outro fim que restaurar o Império da Lei, afastando de nós um administrador inepto e faccioso, sustentando o trono do nosso Jovem Monarca e a integridade do Império.

Em carta ao regente Feijó, de 12 de outubro de 1835, Bento Gonçalves ia mais adiante, fazendo mesmo ameaças:

> O Rio Grande é a sentinela do Brasil que olha vigilante para o rio da Prata. Merece, pois, consideração e respeito. Não pode nem deve ser oprimido por déspotas de fancaria. Exigimos que o Governo Imperial nos dê um presidente de nossa confiança, que olhe pelos nossos interesses, pelo nosso progresso, pela nossa dignidade, ou nos separaremos do centro e, com a espada na mão, saberemos morrer com honra ou viver com liberdade.

Ao longo dos dez anos de guerra, os farroupilhas ganharam e perderam batalhas, tendo de enfrentar ainda as defecções de Bento Manuel Ribeiro, que por mais de uma vez trocou de lado, passando a dar apoio aos imperiais.

Em 1836, à grande derrota dos farroupilhas na batalha de Passo do Rosário, seguiu-se a retomada da cidade de Porto Alegre pelos legalistas. A capital foi cercada pelos rebeldes, que lhe impuseram um longo sítio, durante o qual foi possível abastecê-la com produtos da colônia alemã, através do rio. Nesse contexto da guerra, os farroupilhas tiveram contra si os colonos alemães, instigados pelo doutor Johann Hillebrand, diretor da Colônia de São Leopoldo e ligado aos imperiais.

Com sua reintegração ao lado do império, a cidade passou a usar em seu brasão o dístico de *Mui leal e valerosa,* concedido por d. Pedro II em 1841.

Vitórias expressivas, contudo, aguardavam os farroupilhas: apesar de lutarem em minoria de forças, os rebeldes ganharam a batalha do Seival. Comandados pelo coronel Antonio de Souza Netto, derrotaram as forças superiores de João da Silva Tavares. Na sequência entusiasta dessa vitória sobre os imperiais, os farroupilhas aprofundaram o sentido da revolução.

Em 11 de setembro de 1836, no Campo dos Menezes, Antonio de Souza Netto proclamou a República Rio-Grandense, o que foi seguido pelo ato de 5 de novembro do mesmo ano, quando os farropilhas ratificaram aquela medida na Câmara Municipal de Piratini, declarando a independência do Rio Grande do Sul sob a forma republicana, tendo por presidente Bento Gonçalves da Silva e por capital, Piratini; dispunha-se a nova República a reunir, por laços federativos, todas as províncias que se dispusessem a assumir igual forma de governo.

Essa proclamação marcou inflexão decisiva nos rumos da Revolução Farroupilha, que no momento inicial da rebelião declarara manter-se fiel à monarquia e ao trono. Teria sido de Domingos José de Almeida, culto e rico revolucionário, charqueador e estancieiro, a proposta de fundar uma república, influenciando Antonio de Souza Netto e os demais. Tornou-se ministro do Interior e da Fazenda do novo governo e, da correspondência que deixou, trocada com sua esposa Bernardina, é possível reconstituir não só o clima da época como a participação e o envolvimento das mulheres dos líderes farroupilhas no conflito. A República Rio-Grandense, em sua Constituição, criada anos mais tarde, confirmaria alguns princípios vigentes no império, como o voto censitário e a escravidão.

Recém-proclamada a república, os farroupilhas sofreram outra derrota, no combate naval da ilha do Fanfa, em que, cercados pelos barcos legalistas, se renderam para evitar maiores baixas. Essa derrota, aliás, tornou-se lendária, dados os acontecimentos que a ela se seguiram. Bento Gonçalves e Onofre Pires foram recolhidos ao navio-presídio *Presiganga*, ancorado diante de Porto Alegre e no qual se achavam encarcerados Tito Lívio Zambecari, Pedro Boticário e Antonio Álvares Pereira Coruja.

Remetidos os presos para a corte, seguiram-se alguns incidentes que contribuíram para construir o mito de Bento Gonçalves. No Rio de Janeiro, na Fortaleza da Laje, Bento e Pedro Boticário escavaram um buraco na cela para fugir, mas, sendo Boticário muito gordo, não conseguiu passar pela abertura. Em solidariedade ao amigo, Bento Gonçalves desistiu da fuga. O incidente mais espetacular, entretanto, se deu por ocasião de sua escapada do Forte do Mar, na Bahia, para onde fora remetido. Bento Gonçalves fugiu a nado, indo encontrar-se com um barco em que maçons o esperavam. Rumando ao Rio Grande do Sul, na chegada foi aclamado herói.

Em 1838, quando da retomada da cidade de Rio Pardo pelos farroupilhas, ficou prisioneira dos vitoriosos a banda de música dos imperiais perdedores. E foi ao maestro dessa banda, Joaquim José de Mendanha, que os farroupilhas encomendaram um hino. No decorrer do século XX, a música de Mendanha, com letra de Francisco Pinto de Moura, tornou-se o hino oficial do estado do Rio Grande do Sul.

Nesse mesmo ano de 1838, Bento Gonçalves lançava um manifesto, rememorando as causas que haviam levado à revolta e assumindo, pela primeira vez, o discurso republicano:

> Um só recurso nos restava, um único meio se oferecia à nossa salvação. Esse recurso e esse meio único eram a nossa independência política e o sistema republicano.

Outros acontecimentos espetaculares, porém, teriam ainda lugar no decorrer da longa guerra. Em 1839, o movimento farroupilha procurou alastrar-se para a vizinha província de Santa Catarina, sob o comando de Davi Canabarro e Giuseppe Garibaldi, mercenário italiano conhecido como "herói dos dois mundos", que, em ação também rocambolesca, deu combate aos inimigos na Lagoa dos Patos, com os lanchões *Rio Pardo* e *O Republicano,* junto ao aventureiro norte-americano John Griggs.

Foi ainda Garibaldi responsável pela construção dos navios *Seival* e *Farroupilha,* que deveriam servir para a extensão da causa revolucionária até a província vizinha de Santa Catarina, navegando até Laguna. Para esse feito, que deveria, assim, implicar um ataque por mar, Garibaldi fez arrastar por terra, puxados por juntas de bois, os navios *Seival* e *Farroupilha,* da foz do rio Capivari, na lagoa dos Patos, até a barra do Tramandaí, onde ganharam o oceano.

Dessa iniciativa inusitada resultou a tomada de Laguna e a fundação da República Juliana. Foi em Laguna que o belo Garibaldi conheceu a também bela Anita, que com ele fugiu e passou a lutar com os farroupilhas pela causa da revolução. Garibaldi e Anita formaram, no contexto da guerra, uma dupla amorosa e guerreira. E a luta prosseguia, ano após ano. Uma questão parecia intrigar o império: se Rio Grande, único porto de mar da província, nunca deixou de estar nas mãos dos legalistas, como os farroupilhas conseguiam recursos para sustentar a guerra, uma vez que estava impedida a exportação do charque? Só havia uma resposta: pelo contrabando.

O charque gaúcho era exportado pelo porto de Montevidéu, acompanhado de guia falsa, que certificava ser um *tasajo* oriental, ou seja, charque platino, acessando com isso os portos brasileiros, onde entrava pagando baixos impostos alfandegários! Assim, conseguiam os farroupilhas, pelas fronteiras, reforços em armas, cavalos e munições.

No início da guerra, os negros escravos não participavam da luta, mas, com o prolongamento dos combates, passaram a ser aceitos nos campos de batalha, lutando junto a seus senhores em troca de liberdade, que lhes seria outorgada ao fim do conflito, que, entretanto, se alongava, aparentemente interminável...

A partir de 1840, pacificadas as demais rebeliões regenciais, o império brasileiro pôde concentrar suas forças no sul, para o combate aos farroupilhas. Todavia, ainda se passariam cinco anos em guerra, pois os chefes farroupilhas não queriam deixar de lutar. Mesmo aqueles que encaravam a possibilidade de estabelecer negociações com o império não se acertavam com relação às condições que poriam fim ao longo conflito. E os combates se sucediam, em meio a cisões entre os chefes farroupilhas e frustradas negociações de paz.

A paz viria, finalmente, pela ação do barão de Caxias, que já tinha a alcunha de Pacificador por suas habilidades na negociação de conflitos. Outros fatores, porém, intervinham no processo. A situação política na região platina começava a armar-se para novas guerras, na forma de conflitos entre o uruguaio Oribe e Fructuoso Rivera, seu rival, com quem Bento Gonçalves mantinha boas relações.

O império ponderou que mais valia ter a seu lado a província de São Pedro do que vê-la unir-se aos platinos. Nomeado presidente da província de São Pedro, Caxias começou a articular a paz com o chefe farroupilha Davi Canabarro.

Bento Gonçalves, doente e desgostoso com as rivalidades internas, algumas delas fatais — acabou matando em duelo seu primo Onofre Pires —, havia renunciado à presidência da República Rio-Grandense em 1843.

Mas, antes que a paz finalmente fosse assinada, um controvertido episódio teve lugar: a batalha de Porongos, também chamada de Surpresa ou Traição de Porongos, travada em 14 de novembro de 1844, quando o coronel legalista Francisco Pedro de Abreu — Chico Pedro ou Moringue, como era chamado — derrotou Davi Canabarro.

Era preciso convencer os líderes farroupilhas de que deviam aceitar a paz, mas para isso estes deveriam sofrer uma derrota. Mas uma batalha perdida implicava vencidos — no caso Canabarro —, e baixas. Os escolhidos para morrer teriam sido os negros, que lutavam na infantaria e que foram desarmados na véspera da batalha por Canabarro. Uma carta, da qual se suspeita a veracidade até hoje, teria sido enviada por Caxias ao Moringue, dizendo ter negociado com Canabarro a rendição farroupilha e a derrota de Porongos, com instruções para poupar os oficiais. Acusado de traição, a figura de Canabarro é até hoje discutida pelos historiadores, tal como a batalha de Porongos com seus mártires negros.

O conflito encerrou-se em 28 de fevereiro de 1845, com a assinatura da Paz de Ponche Verde, nos campos de d. Pedrito pela intervenção direta do barão de Caxias.

Tratava-se do que se chamou de paz honrosa, posto que os farroupilhas conseguiam, por suas cláusulas, uma série de antigas reivindicações: poderiam escolher o presidente de província que quisessem; a dívida contraída pelo governo republicano seria incorporada e paga pelo império; os oficiais do exército farroupilha passariam para o exército imperial com os mesmos postos que ocupavam; concedia-se liberdade aos escravos que haviam lutado na revolução; era admitida a segurança individual e de propriedade a todos; os prisioneiros de guerra seriam soltos e todos aqueles que estivessem refugiados fora da província podiam retornar; etc.[1]

Finda a Revolução Farroupilha, iniciava-se, para o Rio Grande, o cultivo da memória e a escrita da história daquele acontecimento que seria tomado como emblemático para a identidade regional.

DEPOIS DE ACABADA A REVOLUÇÃO: HISTÓRIA, MITO E CONSTRUÇÃO DO FATO

Afinal, para a historiografia local que seria escrita poucas décadas depois, nos anos 1980, a Revolução Farroupilha fora uma guerra de dez anos contra o império, de 1835 a 1845, revolução que proclamara a república; luta que mobilizara toda uma província, que pusera negros lutando lado a lado com seus senhores e que contara com a participação de revolucionários italianos, os carbonários Giuseppe Garibaldi, Tito Lívio Zambecari, Luigi Rossetti. Um conflito que envolvera a tomada de Laguna, em Santa Catarina, precedida de cena inédita: navios arrastados por terra, na busca de uma saída para o mar... E mais duelos, traições, gestos cavalheirescos, fugas rocambolescas de prisões em pleno mar, amores românticos, muitas mortes. Um líder sempre lembrado: Bento Gonçalves da Silva.

O incidente, quase desde seu acontecer, foi trabalhado e retrabalhado pela memória local, como definidor do Rio Grande do Sul e de sua identidade. Pensando nos manuais de história nacional, constatamos que foi o acontecimento pelo qual o Sul entra, efetivamente, na história do país e pelo qual é lembrado.

Da história para seriado de televisão da Rede Globo, *A casa das sete mulheres*, passando pela literatura regional e pela poesia gauchesca, pelas lendas e pelos discursos dos políticos, para chegar até os tão difundidos — internacionalmente — centros de tradições gaúchas, gostaríamos de abordar o papel central da Guerra dos Farrapos na constituição de um imaginário social sobre o Rio Grande, ou seja, vamos procurar entendê-la em termos de identidade regional e de alteridade com relação ao Brasil e ao Prata.

As questões que mobilizaram os rio-grandenses em seu enfrentamento ao poder central, entendidas na época pelos sulinos como de "descaso", "opressão" ou de "exploração" do "centro" sobre o Rio Grande, serão nos anos subsequentes ao fim do conflito trabalhadas pela historiografia local, pela literatura e pelas instituições dedicadas ao culto às tradições regionais, no sentido de conferir positividade ao Rio Grande: a província se levantara por uma "causa justa", em face das "liberdades ameaçadas" e mostrara aos "outros" — os do centro — sua força.

A trama do vivido, transposta para a narrativa segundo esse argumento, apresenta os ingredientes fundamentais para a construção de um mito das origens, tal como para a presença de história dignificante e para a consagração de perfil identitário positivado.

Nessa construção do passado há um espaço definido, marcado pelo pampa, pela fronteira e pela mobilidade dos homens, afeitos à guerra e à criação de gado; há um tempo idílico, idade de ouro, em que tais senhores da terra não encontravam freios a seu mando; e há também o forjar de alta concepção de si próprios, balizada pelo princípio de autonomia.

A narrativa se apodera do vivido, construindo um enredo e dando a ler uma história. A versão trabalha com a subversão inusitada de uma ordem: de repente, justo após a independência, ocorre alteração dessas condições perfeitas, pela interferência de novos fatores, razões e agentes, situados fora da província, implicando cerceamento de poderes e consequente desprestígio local.

A trama se arma, os senhores se rebelam, vão às armas e lutam com seus homens, lado a lado, dando o tom de companheirismo e ideais comuns, erguidos em plano mais alto que as distinções da posse da terra e da hierarquia social.

As medidas levadas a efeito pelos líderes locais — a deflagração de uma revolta armada contra o império que durara um decênio (1835-1845), a proclamação da República Rio-Grandense, com a elaboração de uma Constituição específica e a criação de símbolos característicos de pertencimento, tais como uma bandeira e um hino, que aludia à bravura dos locais em uma "ímpia e injusta guerra" — são consideradas, portanto, legítimas, necessárias, honoráveis, dignas.

Mais do que isso: de ações históricas marcadas por suas razões e sensibilidades, inseridas em determinada época, passam a ser traços atemporais, eternos, imutáveis, porque integrantes de um modo de ser, de um *éthos*, de uma identidade regional. Correspondem a um núcleo de positividade com alta capacidade agregadora, condição básica para as construções imaginárias de pertencimento.

Dessa forma, passa-se a afirmar, em uma sucessão de épocas, que o Rio Grande do Sul "sempre lutou por causas justas" e que, uma vez agredido — os inimigos são sempre externos, "de fora" —, reage prontamente, mobilizado pelos sentimentos e valores mais altos.

Essa postura se reitera na transposição de uma "maneira de ser" que extrapola do acontecimento para a região e dessa para seus habitantes, ou do Rio Grande para os rio-grandenses como um todo, homogeneizando grupos sociais, raças e etnias. Todos passam a ser herdeiros das "gloriosas tradições de 35", integrados em representação imaginária do passado que se converte em patrimônio comum, dotado de forte coesão social e que passa a ser veiculado já na segunda metade do século XIX.

Incidentes ocorridos no decorrer do conflito contribuíram para atribuir caráter de epopeia à chamada Guerra dos Farrapos: a espetacular conquista de Porto Alegre, capital da província, na arrancada farroupilha, iniciada na madrugada de 20 de setembro de 1835; a longa duração da guerra — dez anos de luta contra o império — que serviu para confirmar o valor militar dos revoltosos; a expansão da revolução para fora do Rio Grande, com a conquista de Laguna, em Santa Catarina; duelos de morte entre líderes farroupilhas, como aquele travado entre Bento Gonçalves e Onofre Pires; episódios romanescos, como o do amor entre Giuseppe Garibaldi e a bela Anita, tornada guerreira na causa dos farrapos; finalmente, para arrematar, a assinatura de paz honrosa, a Paz de Ponche Verde, estabelecida entre os revoltosos, não derrotados em campo de batalha, e Caxias, representante do império, e satisfazendo as reivindicações dos chefes locais, prova cabal do reconhecimento de seu "valor inato"...

Todos esses incidentes e muitos outros mais, tornados lenda ou mesmo anedota, fazem do acontecimento epopeia, verdadeira saga. Contadas e recontadas por pais aos filhos, desde o final do conflito, quando ainda viviam muitos dos que delas haviam participado, as proezas dos rio-grandenses na Revolução Farroupilha seguiram o caminho da oralidade à escrita para delimitar, ao longo dos anos, uma especificidade, um passado, uma memória, uma história.

Com a fundação do Partenon Literário em 1868, por um grupo de jovens entusiastas das belas letras — e que, pela denominação dada à nova instituição, bem revelava os altos destinos que buscavam ocupar... —, a Revolução Farroupilha foi celebrada em prosa e em verso heroicizando seus protagonistas e estetizando um passado ainda recente, de molde a torná-lo vivo na memória social. Passou-se a difundir as imagens do "monarca das coxilhas", do "centauro dos pampas", dos "indômitos guerreiros", da "vocação libertária".

Escrevendo artigos e poemas nas poucas revistas literárias que existiam na província, tal como a *Arcádia*, os fundadores do Partenon Literário organizaram também sua revista, editada durante dez anos, até 1879, que representou verdadeira expansão da vida cultural na província.

Os sintomas identitários da região, até então esparsos, foram apropriados pelos intelectuais locais e retrabalhados no sentido de positividade ainda maior, com hipertrofia de certos valores e ressemantização de certos fatos e práticas sociais.

O passado é apresentado em sintonia com a herança ibérica, prolongada pelo elemento lusitano no extremo sul, em situação de fronteira e de vivência na estância, unidade de produção e de guerra no meio do pampa. Os discursos incidem sobre essa questão da autonomia, associada ou transmudada na ideia da liberdade. A noção de liberdade encontra sua expressão linguística nas designações "monarca" e "centauro" para o tipo rio-grandense e já fora apontada por autores de fora do Rio Grande: Augusto César de Lacerda, com sua peça teatral *O monarca das coxilhas*, de 1867, e a obra *O gaúcho*, de José de Alencar, publicado em 1870, ambos contemporâneos ao surgimento do Partenon Literário no Sul. Como pano de fundo, a Revolução Farroupilha, tal como já aparecera nos romances que José Antonio do Valle Caldre e Fião publicara no Rio de Janeiro quase imediatamente ao final do conflito: *A divina pastora*, em 1847, e *O corsário*, 1849.

Uma visão "de fora" parecia coincidir com a elaboração "de dentro", ambas balizadas pelo romantismo. Esses delineamentos de performance que heroicizavam o rio-grandense tornavam-se quase sinônimos do tipo característico da província, ao qual se associava, de forma concreta, a situação de fronteira, de guerra e de defesa da terra. Terra que passa a ser chamada de *pátria* e que, ameaçada, clamara por liberdade, em luta por causa intrinsecamente justa. Daí a recorrência às imagens emblemáticas nas obras daqueles autores ligados ao Partenon Literário, como se pode ver na poesia de Taveira Jr., escrita antes ou, pelo menos, na mesma época em que Alencar lançava seu romance sobre o gaúcho:

> Enquanto um centauro
> aqui respirar
> dos livres o raio
> não há de expirar.[2]

Sobre a outra expressão consagrada, Apolinário Porto Alegre incorporou-a como título de um conto escrito em 1869, "O monarca das coxilhas", mesmo título do drama teatral de Lacerda, de 1867:

> Os rio-grandenses têm em nenhuma monta os tronos e os cetros. Para eles uma boa equitação vale uma monarquia; um bom cavaleiro é um grande monarca. Parece uma irrisão, quer fosse fortuitamente dada esta acepção à palavra, quer de firme propósito (...) valem mais que os testas coroadas os valentes campeiros do Rio Grande. Ao menos sob cada poncho palpita um coração onde a liberdade entronizou-se; em cada pulso lampeia uma espada ou uma lança que fará tremer a tirania.[3]

A referência é clara: o opositor — o *outro* —, situado sempre *fora* do Rio Grande, é tirano por definição, tal como a causa, defendida internamente, é libertária. O monarca da coxilha é assim paladino da liberdade e faz dessa função que desempenha como missão sagrada o cerne de sua identidade. Os exemplos poderiam se multiplicar, dentro da própria lavra de Apolinário Porto Alegre ou de outros autores integrantes do grupo do Partenon Literário.

Na poesia "O gaúcho", de 1874, Apolinário celebrava, mais uma vez, o monarca, integrado com a paisagem e com o cavalo:

> Aqui sou rei. Se lanço a fronte aos céus
> Tenho por teto o azul da imensidade
> Se a desço logo, vejo a soledade,
> O pampa a desdobrar os escarcéus.
> ....
> Aqui domino a erma solidão,
> Tenho um trono, é o dorso da cauda;
> Este ao longe na escuta, des que falo
> E vem lampeiro na asa do tufão.[4]

Há, nitidamente, uma reversão consagrada pela geração do Partenon Literário com o vocábulo gaúcho. Ele se afirma como gentílico, equiparado a rio-grandense, e se reveste de significados que extrapolam a dimensão etnográfica, porque se associam às citadas dimensões simbólicas do monarca e dos centauros. Atingindo a esfera do político, o *outro* passa a situar-se, em definitivo, para além da fronteira. A configuração platina do *gaucho malo* afirma-se para o castelhano, contrário aos interesses do Brasil e do Rio Grande. Mesmo que, na prática, os interesses econômicos de um estivessem nas terras de outro (como as estâncias, os contrabandos...), no plano do imaginário, configura-se uma opção política precisa.

O Partenon Literário consagra o gaúcho como brasileiro e a Revolução Farroupilha como o grande evento que coroa esta opção pela nacionalidade. A situação é bem delimitada: a causa da rebelião era justa, os farrapos são heróis e, na *paz honrosa* de 1845, em Ponche Verde, optaram por ficar ao lado do Brasil. Logo, ninguém tão brasileiro quanto os rio-grandenses. Durante anos, defenderam a fronteira para a coroa. Ameaçados em *suas liberdades*, revoltaram-se, lutaram bravamente e, diante do perigo externo de *outros* (os *mesmos* que os ajudaram a enfrentar o conflito de dez anos contra o império...), reconciliam-se com a corte e perfilam-se ao lado da pátria ameaçada!

A retórica é exemplar, e o incidente guerreiro é dotado de muito forte apelo para ser recusado. A necessária identificação do Rio Grande com a causa nacional era apontada por Apolinário Porto Alegre:

Se quiserem a prova, abram seus anais, e aí encontrarão uma década gloriosa, dez anos que procuram fazer esquecer, que tentam eliminar de sua história, porque não consentem que o escrevam... Inútil e frustrânea tentativa! Tradições tão brilhantes, grandiosas e sublimes não se extirpam, morrem com o povo em que nasceram, são a arca santa, o tabernáculo de miríades de gerações.[5]

Decênio "gravado pela história, decênio de glória, de eterna memória", Apolinário Porto Alegre referia que "à luz da vitória, a pátria vingou"...[6] Curiosamente, o Rio Grande, ao enfrentar o império, vingava a pátria ou fazia a nação entrar nos eixos. Como "sentinela avançada do sul do Império,[7] paladino da liberdade", o Rio Grande era vigilante na defesa dos princípios dos quais era o intérprete legítimo.[8]

Se a Revolução Farroupilha fazia-se tema para romances, contos, novelas, poesias e trovas, era basicamente porque vinha a se constituir no carro-chefe da "alma regional" e porque sintetizava todos os valores em pauta. Não é por acaso que poesias de Apolinário, como "Tobias", tinham como cenário esse episódio mobilizador, com destaque para a performance dos tipos regionais:

> (...) Esses do sul indômitos guerreiros,
> Esses homens que morrem, não se entregam,
> Que são da liberdade os cavaleiros.[9]

Ao redigir, em 1872, a novela *O vaqueano*, Apolinário Porto Alegre retraça o perfil do homem do sul como uma forma de "corrigir as imperfeições" de *O gaúcho*, de Alencar, apesar da admiração que nutria pelo consagrado escritor. Vistos hoje, tanto a crítica a Alencar feita por Apolinário quanto o olhar que apresentava do gaúcho como um vaqueano parecem equivaler-se em termos de versão glamourizada e heroicizada de um tipo regional que combina virtudes ancestrais ligadas à terra, à natureza e, portanto, à "verdade das coisas simples e imutáveis", com a consciência da honra e do lado certo e justo a tomar partido.

Trata-se, realmente, de esforço de legitimação dos gaúchos na nacionalidade,[10] de intenção de participar do que se poderia chamar de "delineamento" do nacional por sua expansão que atinge o limite máximo nas franjas do país, ou seja, na fronteira. Mesmo sendo região tão "diferente", o Rio Grande quis ser Brasil.

Retomemos, contudo, a avaliação do conflito farroupilha por um elemento até agora não suficientemente abordado: o da intenção republicana, uma vez que a República Rio-Grandense fora proclamada pelos farrapos. Em 1877, Oliveira Bello publica *Os farrapos*, romance no qual gaúcho é usado claramente como gentílico para o rio-grandense do sul. Pela defesa e exaltação que faz do episódio farroupilha, e na intenção de valorizar a propaganda republicana no país, o autor associa aos rio-grandenses postura política de vanguarda, que se manifesta na partilha dos mais nobres ideais de justiça e liberdade. Pela via literária, o Rio Grande do Sul e seu povo tornavam-se assim próceres da renovação política do país.[11]

Com o avançar de tal ideário no Brasil, ganha reforço tanto a justeza da causa farroupilha quanto seu papel de arautos ou precursores de novo regime pretendido. Se antes o separatismo é visualizado como recurso último a ser tomado diante da intransigência imperial, com o endosso da ideia republicana a Revolução Farroupilha transforma-se em experiência histórica *avant la lettre*. Segundo Taveira Jr.:

> Aqui de trinta e cinco a idéia avança
> E de hora em hora engendra o grande dia.[12]

É conhecido o regionalismo político do grupo do Partenon Literário que, dividido entre republicanos (Apolinário Porto Alegre, Taveira Jr.) e monarquistas (Caldre e Fião), convergia para a defesa do abolicionismo. Essa questão, como se sabe, resolveu-se no Sul pela fórmula da abolição antecipada, em 1884, na cláusula da prestação de serviços ao patrão, fazendo surgir a figura do contratado a partir do ex-escravo.

Múcio Teixeira, Apolinário Porto Alegre, Caldre e Fião, Taveira Jr. reencontraram-se todos na condenação do "cancro horrendo" que envergonhava o país. Na senda de Castro Alves, lamentam o cativeiro e encontram no episódio farroupilha o exemplo da clarividência gaúcha: os escravos haviam sido libertos para guerrear junto aos revoltosos. Exemplo disso é a poesia "Gabila", de Apolinário Porto Alegre, na qual o escravo que lhe dá título é libertado pelos farrapos durante a rebelião, na qual passa a lutar corajosamente.[13]

Sempre no sentido de mostrar o reconhecimento dos negros pela liberdade recebida e superioridade do gesto nobre que a concede, Taveira Jr. assinala que a liberdade renasceria "conduzindo o escravo pela destra",[14] ou seja, trata-se de concessão e outorga de cima para aquele que se situa abaixo, tal como foi concebida em geral a abolição no Brasil. A singularidade do processo, no caso, dá-se por conta da precocidade gaúcha em atos desse gênero, por sua vez, associados a tal vocação libertária do gaúcho.

No limite, é essa vocação que associa tais características em encadeamento de destino manifesto no nível político — liberdade, abolição, república — e que, no nascer do século XX, se ultimaria na elaboração de uma visão democrática da sociedade sulina desde seu nascedouro.

Múcio Teixeira já anuncia essa "vocação" democrática do "monarca das coxilhas" ao enunciar que, com sua poesia, busca traçar o contorno de "um mundo novo, onde há monarcas, sim, porém — no povo![15]

O fato de essa elaboração contrastar violentamente com as relações sociais vigentes no Sul no século XIX e, mais ainda, com aquelas que teriam lugar com o autoritarismo ilustrado, de base positivista, na República Velha Gaúcha, é de somenos importância. Trata-se da construção de um imaginário social de pertencimento, que configura o nacional e que se afere por mecanismos de credibilidade e não de veracidade.

Nas afirmações literárias que se constroem da identidade regional, a causa nacional não é abandonada. Mesmo que as ideias defendidas sejam contrárias às sustentadas pelo império, enfatiza-se que há um valor mais alto subjacente, que é o de nação. Nesse sentido, a diferença não exclui, antes confirma, o ato de vontade, que se expressa nas afirmações da nacionalidade.

Há uma postura que congela a imagem, fixando a territorialidade com a performance de seus atores, mas negando a dimensão temporal. Embora o surgimento dessas representações identitárias seja, historicamente, datado, as versões que guiam a apreensão do real se apresentam como atemporais, como se já estivessem presentes desde muito tempo. Mais do que isso, apresentam a história como invariante, e o texto de Taveira Jr., de 1873, bem demonstra essa visão:

> Não há em nossa terra hieróglifos a decifrar. Tudo aqui tem o mais viçoso cunho da juventude e em tudo brilha o sol da primavera. O campeiro de há cinqüenta anos é o mesmo campeiro de hoje: o traje, a fisionomia característica, os usos, os costumes, as lendas e tradições — tudo isso ainda se encontra e existe com todos os seus primitivos atributos.[16]

O texto, que aludia ao "pseudogaúcho" apresentado por Alencar em sua obra, e que Taveira já criticava, presta-se às nossas considerações.

A realidade era dada como transparente; bastava ter olhos para vê-la — o que Alencar não fizera —, e as condições históricas e sociais eram imutáveis: o Rio Grande era o que era e há muito. O passado respondia pelo presente e assegurava o futuro, princípio que seria, anos mais tarde, aproveitado pelos republicanos rio-grandenses na condução de seu governo de 40 anos no Rio Grande, ao longo da República Velha.

Em relação aos discursos literários, a narrativa histórica sobre a Revolução Farroupilha tardou pouco mais para se fazer presente, já encontrando, elaborado, em seu surgimento na década de 1880, núcleo fundador do processo de identidade regional, correspondendo, aliás, às estratégias de afirmação da coletividade sulina.

Um verdadeiro kit de pertencimento permitia aos gaúchos se reconhecerem, enquanto *éthos* e *praxis* se colocavam, praticamente, como uma "versão do acontecido". Além disso, muitos personagens daqueles eventos narrados estavam ainda ali presentes, para testemunhar o vivido e ratificar feitos gloriosos... Qual a missão, portanto, a ser empreendida pela história a respeito desse incidente ainda tão próximo no tempo?

UMA CERTA REVOLUÇÃO FARROUPILHA

Quando se deu a segunda publicação dos *Anais da província de São Pedro*,[17] em 1839, em Paris, e dedicada a d. Pedro II, seu autor, Feliciano Fernandes Pinheiro, visconde de São Leopoldo e primeiro presidente da província do Rio Grande, o autor aludia à conduta da província e aos "extremos de adesão e lealdade" que ela demonstrara ao império. Mesmo depois de ter sido abandonada e por esse "inexplicável desamparo animada à sedição", os rio-grandenses haviam-se demonstrado "puros brasileiros", na defesa das instituições liberais do império, com devotamento equivalente a "crença religiosa".[18] O texto é rico para demonstrar, pelo viés da história, a justificativa da Revolução Farroupilha e a brasilidade dos gaúchos. Como mais adiante assevera o visconde historiador, em sua tarefa de arrebanhar os fatos que presidiam a conquista da terra: "por isso a história daquela província será também a história geral do Brasil".[19]

Após a obra do visconde de São Leopoldo, é só na década de 1880 que reaparecem os textos de história no Rio Grande do Sul, mas dentro de quadro totalmente diferente. Nessa época, já são tributários da visão cientificista-realista que percorre a intelectualidade nacional e revestem-se de nítida conotação republicana e altamente politizada, pondo o discurso histórico a serviço de uma causa precisa. Nesse sentido, as obras de Alcides Lima[20] e Assis Brasil,[21] ambas de 1882, são falas republicanas construídas antes da queda do regime monárquico.

Explicam e defendem a postura assumida pelo Rio Grande por ocasião da Revolução Farroupilha — a separação pelo endosso da forma republicana —, tendo em vista um valor mais alto, a nação, a pátria, situadas acima até do regime monárquico em vigor. Nesse sentido, essas obras destacam a precocidade do Rio Grande na defesa da ideia da república, fazendo-a remontar aos farrapos.

A obra de Alcides Lima, *História popular do Rio Grande do Sul*, propõe ser uma "introdução necessária" à obra de maior envergadura histórica que é a de Assis Brasil, publicada no mesmo ano. Intitulando-se "popular", por seu gênero mais ensaístico do que propriamente de pesquisa historiográfica, Alcides Lima diz ter escrito por encomenda do Clube Vinte de Setembro, formado por estudantes gaúchos da Faculdade de

Direito de São Paulo, que queriam comemorar o 47º aniversário da Revolução Farroupilha. Se atentarmos para os fins declarados da escrita da obra e para o fato de que, entre os membros da agremiação, se achavam Júlio de Castilhos, Borges de Medeiros, Assis Brasil, Barros Cassal e o próprio autor do livro, podemos concluir por seu fim propagandístico e pela juventude e proselitismo radical do grupo de estudantes...

Ao propor-se a explicar as razões que haviam levado o Rio Grande a se separar do Brasil pela instalação de uma república em plena guerra farroupilha, o livro comemorativo da "gloriosa revolução" não chega até esse evento. Interrompe-se antes, porque tudo já foi dito: ao longo de toda a história da província, desde seu nascedouro, a região tendia, racional e logicamente, a uma postura livre e lutara sempre contra todos os jugos e despotismos sofridos e contra o pouco-caso das autoridades à qual estava subordinada. Trata-se de um livro de premissas, pois os fatos e as consequências os leitores já conheciam...

Para a demonstração de suas ideias, o autor joga com os fundamentos cientificistas do final do século que, no terreno da história, sob a influência francesa de Taine, estabeleceu correlações entre meio físico, população e cultura. Considerada tal combinação científica e "indiscutível",[22] estabelece-se, desde logo, a diferenciação do caráter da população: fugindo aos padrões dos trópicos, com seus efeitos inconvenientes, como acentuará depois Varella, o meio produz uma população robusta, voltada para o trabalho, e, sobretudo, independente. Trata-se do produto harmônico de uma natureza na qual se combinam todos os agentes físicos que agem sobre o social. Conclui Alcides Lima: "Acostumado a dirigir-se a todos os ângulos do país com a mesma facilidade e presteza, o homem nascido no Rio Grande imagina-se um soberano insubordinado."[23]

Cabe assinalar o uso afrancesado do vocábulo "país", equivalendo a "região", e a recorrência à decantada figura do "monarca", aludida na "soberania congênita".

Ora, Alcides Lima expõe o gentílico regional antes mesmo de o nacional se articular. Poder-se-ia mesmo avançar a reflexão e dizer que, em seus enfrentamentos com o *outro* — o castelhano invasor —, é do gaúcho que parte a responsabilidade e a iniciativa de defesa da terra, aquele meio físico tão decisivo para seu caráter. Acompanhando esse processo, o autor, mais adiante, acrescenta que, vivendo no Sul, alguns portugueses já começavam a se tornar verdadeiros rio-grandenses...[24] O meio faz o homem, e este é livre, tal como a vastidão do ambiente natural que o abriga. Com isso, não é de admirar que a adesão à causa da independência fosse imediata no Sul e que os desprestígios e desatenções que a província começaria a sofrer no Primeiro Reinado, culminando com a perda da Cisplatina, deixassem no ar a certeza de que os desprestigiados gaúchos reagiriam, sendo a "fina flor do exército brasileiro".[25]

Bela justificativa ou preâmbulo para uma ação que não se explicita no livro, mas fora dele, ou seja, a razão pela qual foi escrito: comemorar e divulgar a história da revolução que já bradara pela república em momento no qual, no Brasil, essas ideias mal ganhavam força.

Na outra obra publicada no mesmo sentido e que se apresentava como trabalho de maior envergadura histórica, *História da república rio-grandense*, Assis Brasil retoma com mais força a lógica explicativa do cientificismo que percorre a geração do último quartel do século XIX: o homem é produto do meio, e é nessa correlação que se explicitam os fatos. O evento, no caso, é o da Revolução Farroupilha, e a ideia é a da república.

Assis Brasil se comporta, como historiador, no melhor estilo de Tucídides: sua palavra conta o que se passou, resgata o passado, conserva a memória e se substitui às informações. Como narrador, ele enuncia o que leu e dispensa a citação de fonte:

> Tudo quanto afirmei é baseado em dados de grande solidez; mas somente recorri a citações quando me pareceu que a questão podia oferecer ensejo a controvérsias, ou quando, apesar de tudo, não tinha inabalável certeza.[26]

Quer parecer, portanto, que o discurso historiográfico de Assis Brasil, além de procurar demonstrar as causas — boas causas... — que foram bandeira da província sulina nesse conflito, busca evidenciar a situação de alteridade em que o Rio Grande fora colocado frente à nação.

O discurso de Alcides Lima colocara o *outro* como todo aquele que tolhe a liberdade dos que são predispostos à independência. Os *outros* são o invasor castelhano, a coroa portuguesa que oprime, o império que explora o Sul; e a predisposição à liberdade são os filhos do pampa. Batendo-se pela autonomia, o Rio Grande se colocava como aquele que falava pela causa da pátria. Já Assis Brasil propõe-se a responder à visão de Tristão de Alencar Araripe quanto à rebelião no sul contra o império. Nesse caso, é a atitude do império que não trata o sul como um elemento integrante do conjunto identitário, só restando a saída do enfrentamento e da ruptura.

Imbuído das ideias cientificistas de seu tempo, Assis Brasil articula a natureza à cultura, que não apenas molda o caráter rio-grandense, como explica sua "proverbial adoração pelo torrão natal".[27]

Essa seria uma primeira causa de seu levante contra o império em 1835 — excesso de amor à terra, poder-se-ia dizer... —, à qual se somava a originalidade de formação étnica de seu povo, com predomínio de brancos e pouca mestiçagem. Entendendo essa plasticidade peculiar do amálgama de açorianos, portugueses, espanhóis, paulistas e mineiros, o autor considera esse fato culminante, no qual tem convicção inabalável: "Quando a revolução de 1835 se foi preparando no ânimo da província, já esta possuía um caráter propriamente seu, usos, costumes e tendências características.[28]

Então, como desdobramento da articulação "cósmica" do meio com o homem, formara-se um contingente populacional *sui generis*...

Uma identidade regional brotada naturalmente, perguntar-se-ia? Talvez, mas uma precocidade identitária que se encontrava muito próxima, por "contágio" de vizinhança, com os povos platinos.[29] Enfim, havia uma região que produzia homens altivos e livres, porque conscientes de que viviam em território tão rico, que se bastava. A conclusão do encadeamento de explanações é a constatação da diferença da província para com o Brasil. Uma conclusão simples de tal argumentação levaria a entender que a solução fatal seria a separação do nacional, por incompatibilidade de gênios...

Não parece ser essa, contudo, a intenção do autor: seu discurso afirma que o que o Rio Grande tentou foi a reversão do nacional, a conformação do regime institucional político a um sistema mais adequado a sua índole. Esse princípio, no caso, se articula em torno dos vetores da federação e da república.

O argumento de Assis Brasil a favor do Rio Grande é de que a província não se dirige contra o todo da nação, mas contra o regime. Defende, pois,

> uma organização baseada nos elementos naturais, uma organização federativa, para dizer tudo, estabelecida no tempo oportuno, na qual os grandes órgãos deste extraordinário país exercessem livremente as suas funções próprias, cooperando livremente também para a vida do todo.[30]

Nesse ponto, o autor é mesmo incisivo, ao dizer que, antes da situação iníqua e insuportável a que se chegou em 1835, nunca os homens que fizeram a revolução pensaram na separação da província, e, mesmo depois de proclamada a república rio-grandense, a ideia de federação prevaleceu,[31] ou seja, o regional não negara a nacionalidade.

A saída gaúcha de 1835 — federação e república — equivale à da década de 1880 para a nova geração que se forma nas academias do país. A bandeira, supunha o autor, era a mesma, e seu efeito seria também romper com o regime que se mostrava iníquo para com seus filhos. No caso, não é um rompimento com a visão do nacional, mas antes uma regeneração da própria nação.

Tal como no Rio Grande farroupilha, com a sua proposta de república confederada, a da geração republicana dos anos 1880 era também a da transformação do nacional. Naturalmente, mais uma vez se postulava a precocidade e heroicidade do Rio Grande, com reforço de sua autoimagem.

Assim, quando nessa década de propaganda republicana se tratou de construir um passado e conferir à avaliação dos eventos a marca da veracidade, a Revolução Farroupilha foi erigida em acontecimento-chave para a explicação da província.

Liberais e conservadores, rivais na política do império, proclamavam-se ambos herdeiros do mesmo patrimônio imaterial, já com foros de identidade rio-grandense.

O caso é exemplar na atestação do poder quase mágico das palavras de dar a ler ao mundo, explicando a realidade de tal forma convincente, que faz o leitor viver *no* e *por causa* do imaginário. Exemplar também, porque nessa invenção do passado se recompõe um mito de origens, indo ao encontro daquilo que as pessoas desejam e em que querem acreditar. Exemplar, ainda, porque a narrativa é capaz de remeter a imagens mentais tão poderosas, que fornecem padrões de identificação, sem lógica ou correspondência com o real, mas dotados de forte apelo. Exemplar, finalmente, porque é capaz de fornecer compensações simbólicas a perdas reais da existência.

Notas

1. Consultar, para a Revolução Farroupilha, Maria Medianeira Padoin, *Federalismo gaúcho. Fronteira platina, direito e revolução*, São Paulo, Cia. Editora Nacional, 2001; Spencer Leitman, *Raízes socioeconômicas da Guerra dos Farrapos*, Rio de Janeiro, Graal, 1979; Sandra Jatahy Pesavento, *A Revolução Farroupilha*, São Paulo, Brasiliense, 1985; César Augusto Barcellos Guazzelli, *O horizonte da província: a república rio-grandense e os caudilhos do rio da Prata (1835-1845)*, Rio de Janeiro, PPG-História/UFRJ, 1998.
2. Bernardo Taveira Jr., "Arcádia", Rio Grande, 1869, *apud* Regina Zilberman, *Roteiro de uma literatura singular*, Porto Alegre, Ed. da Universidade, 1992, p. 43.
3. Apolinário Porto Alegre, "O monarca das coxilhas", *in Paisagens*, Porto Alegre/Brasília, Movimento/MINC/Pró-Memória/INL, 1987, p. 111.
4. Apolinário Porto Alegre, "O gaúcho" *in* Maria Eunice Moreira, *Apolinário Porto Alegre*, Porto Alegre, IEL, 1989, p. 19.
5. *Idem, ibidem*, p. 112.
6. Apolinário Porto Alegre, "Canto do campeiro" *apud* Regina Zilberman, Carmem Consuelo Silveira e Carlos A. Baumgarten, *O Partenon literário; poesia e prosa*, Porto Alegre, Instituto Cultural Português/Escola Superior de Teologia São Lourenço de Brindes, 1980, p. 75.
7. Bernardo Taveira Jr., *op. cit.*, p. 25.
8. *Idem, ibidem*, p. 76.

9. Apolinário Porto Alegre, *Tobias*. *Revista Mensal*, Porto Alegre, Sociedade Partenon Literário, n° 3, 1874.
10. Moreira, *Nacionalismo literário*, *op. cit.*, p. 167.
11. Oliveira Bello, *Os farrapos*, Porto Alegre, Movimento, 1985.
12. Taveira Jr., *op. cit.*, p. 26.
13. Apolinário Porto Alegre, "Gabila" apud Zilberman *et al.*, *op. cit.*, p. 86.
14. Bernardo Taveira Jr., "Vozes d'alma", *O Echo do Sul*, Rio Grande, 1868, apud Zilberman, *op. cit.*, p. 33.
15. Múcio Teixeira, "Em viagem", *Jornal do Comércio*, Porto Alegre, 1878, apud Zilberman *et al.*, *op. cit.*, 1983.
16. Taveira Jr., *As provincianas*, Porto Alegre, Movimento, 1986, p. 22.
17. A obra do visconde de São Leopoldo é considerada a primeira história escrita sobre o Rio Grande do Sul, tendo o primeiro volume sido publicado em 1819, no Rio de Janeiro, e o segundo volume em 1822, em Lisboa.
18. *Ibidem*, p. 37.
19. *Ibidem*, p. 67.
20. Alcides Lima, *História popular do Rio Grande do Sul*, Porto Alegre, Martins Livreiro, 1983.
21. Joaquim Francisco de Assis Brasil, *História da república rio-grandense*, Porto Alegre, Cia. União de Seguros Gerais, 1982.
22. Lima, *op. cit.*, p. 23.
23. *Idem, ibidem*, p. 26.
24. *Idem, ibidem*, p. 46.
25. *Idem, ibidem*, p. 106.
26. Assis Brasil, *op. cit.*, p. IX.
27. *Idem, ibidem*, p. 12.
28. *Idem, ibidem*, p. 21.
29. *Idem, ibidem*, p. 32.
30. *Idem, ibidem*, p. 36.
31. *Idem, ibidem*, p. 73-74.

CAPÍTULO VI A Sabinada e a politização da cor na década de 1830
Keila Grinberg

Uma das principais marcas das duas décadas posteriores à independência do Brasil foi a politização da cor. Por todo o império, crescendo nos anos 1830, pipocavam revoltas e manifestações — além de jornais como *O Brasileiro Pardo* e *O homem de cor* — que traziam as reivindicações dos chamados "cidadãos de cor" de serem incorporados, de alguma maneira, à nação e ao Estado que então se formavam. Afinal, embora formalmente a Constituição de 1824 reconhecesse como iguais, atribuindo direitos de cidadania, todos os homens livres, incluídos os libertos, na prática os cidadãos descendentes de escravos reclamavam por ser considerados cidadãos de segunda categoria, inaugurando, na linguagem política brasileira, o que hoje poderia ser chamado de "luta contra a discriminação racial".[1]

Nesse quadro, a Sabinada ocupa um lugar especial. Derrotada em 1838, em Salvador, pelo recém-empossado governo de Araújo Lima, que inaugurou o Regresso, a maior revolta da história da Bahia foi uma das últimas em toda a história do Brasil a ter entre suas plataformas a condenação das distinções entre cidadãos brasileiros por conta de suas origens.

Este texto tem como objetivo discutir a politização das questões relativas à cor ocorrida na década de 1830, tendo como destaque a Sabinada e os projetos políticos a ela atrelados, evidenciados por participantes como Sabino e oponentes como Antonio Pereira Rebouças e Montezuma, todos "intelectuais negros" que viveram intensamente, nos planos pessoal e político, as contradições e tensões da época.[2]

O clima era tenso na cidade de São Salvador em novembro de 1837. Havia meses "boatos de desordem" eram reportados pelas autoridades à corte, alertando sobre a possibilidade de ocorrência de distúrbios, por conta da insatisfação das tropas, que reclamavam, entre outras reivindicações, aumento de soldos, e das pregações "revolucionárias", lidas quase diariamente nos jornais.[3] Segundo o presidente da província, a população devia estar alerta para a existência de um "partido desorganizador", simpatizante das revoltas que grassavam o Pará e o Rio Grande do Sul,[4] mas não havia com que se afligir: as autoridades garantiam que tudo estava sendo feito para que "a hidra não levante o colo".[5]

Só que não foi bem assim. Na noite de 6 de novembro, já sob suspeita de estarem tramando algo, os oficiais do Corpo de Artilharia — que, entre outras retaliações, temiam ser enviados para lutar no Rio Grande do Sul contra os farroupilhas —, acompanhados de civis como Francisco Sabino Vieira e João Carneiro da Silva Rego, deixaram o Forte de São Pedro e começaram a ocupar as redondezas. No dia seguinte, com a cidade sob seu controle, foram até a praça do Palácio, mandaram abrir a Câmara Municipal, onde convocaram uma sessão extraordinária para lavrar a ata fundadora do movimento.[6] Estava deflagrada a Sabinada. No documento, assinado por 105 homens, a Bahia declarava-se "inteira e perfeitamente desligada do governo denominado central do Rio de Janeiro", passando a ser um "Estado livre e independente", cujas eleições seriam marcadas brevemente.[7] A declaração ainda previa a instalação de uma Assembleia Constituinte, nomeando como presidente da província Inocêncio da Rocha Galvão, advogado exilado nos Estados Unidos, e Francisco Sabino, como secretário do novo governo (na ausência do primeiro, Sabino atuaria como presidente de fato, o que acabou batizando a revolta com seu nome).

Alguns dias depois, novo documento foi divulgado — este assinado apenas por 29 pessoas —, com a retificação da independência, que a partir de então valeria apenas pelo tempo que durasse a menoridade do imperador d. Pedro II. Quer dizer, o que parecia na primeira versão ser uma declaração de separação transformou-se em apoio à monarquia e ao imperador. Muito se questionou sobre o significado dessa mudança de orientação, denominado pelos contemporâneos "lapso de pena". A discussão é importante, na medida em que toca um dos pontos nevrálgicos da revolta: seus reais objetivos, naquilo que se refere à autonomia e independência em relação à corte, e seu suposto caráter republicano. Sacramento Blake considera a manifestação nada menos que contrarrevolução; para Braz do Amaral, trata-se de prova conclusiva de que o movimento nada tinha de republicano.[8] Luiz Vianna Filho, autor da primeira grande obra sobre a Sabinada, defende exatamente o contrário, argumentando ter sido a meia-volta uma decisão puramente prática: "a revolução, para viver, negava os próprios ideais".[9] F.W.O. Morton, autor da tese *Conservative Revolution*, acreditava que vários dos rebeldes, principalmente os mais abastados, se haviam recusado a romper com a corte.[10] É Paulo César Souza, no entanto, que aprofunda mais a análise, ao relacionar a revolta e sua retórica republicana com o processo mais amplo de independência de Brasil. Para ele, a retórica republicana que marcou os jornais editados por Sabino e seus correligionários na Bahia refletia a crescente insatisfação federalista que desde o início da década de 1830 sacudia a província. Mais: desde que, na época da independência — que na Bahia é celebrada a 2 de julho de 1823 —, os senhores de engenho locais se uniram à corte contra os portugueses, os assim chamados liberais radicais, crescentemente afastados das instâncias decisórias e insatisfeitos com os rumos tomados pelo país, passaram a apoiar propostas federalistas, que culminaram na proclamação de independência de 1837.

Ainda que fosse com uma proposta de república sem igual, já que se mantinha leal ao imperador, pode-se dizer, com Paulo César Souza, que "a Sabinada pertence a uma linha de revoltas federalistas baianas que propunham o fim da integridade do império, por uma comunidade imperial de províncias", sendo "o acerto de contas final entre esses grupos e a elite local, novamente aliada ao Rio de Janeiro".[11] O que genericamente estamos denominando "esses grupos" na verdade trata-se de profissionais liberais, funcionários públicos, artesãos e pequenos comerciantes, além, evidentemente, de militares, entre soldados e oficiais. O antilusitanismo os unia, assim como o *background* urbano e a crise econômica por que passava a província então. Essas características faziam com que as motivações políticas do movimento, portanto, embora importantes, não fossem um fator de coesão entre seus membros.

Até porque muito havia o que lutar antes de decidir qual seria o melhor formato para o novo governo; enquanto os rebeldes dominavam Salvador e redigiam manifestos, o governo provincial, refugiado no Recôncavo, começou a mobilizar suas forças para reagir, principalmente por intermédio da Guarda Nacional, que começou a ocupar a região de Piraji, nos subúrbios da cidade. Proclamações do governo ordenavam que todos os empregados públicos saíssem da cidade, assim como prometiam anistia aos soldados rebeldes que desertassem. Em janeiro de 1838, reforços vindos de Pernambuco e Sergipe contribuíram consideravelmente para o início da reação. Mas a falta de armas e munição determinou que a estratégia adotada pelo presidente da província, Antonio Pereira Barreto Pedroso, fosse, em vez do ataque, o cerco à cidade, apesar das pressões da corte para que a questão fosse rapidamente resolvida.

Deu certo. A decisão de tomar Salvador de assalto só ocorreu quando a cidade já padecia com os efeitos do cerco, sofrendo com a falta de gêneros alimentícios, com o desespero da população e com o desânimo das tropas ainda fiéis aos rebeldes. A batalha final, no dia 14 de março, foi descrita por Braz de Amaral como tendo sido "mil vezes mais horrorosa que a de 6 de novembro de 1837".[12] Realmente, ficaram na memória da cidade as lembranças dos incêndios que tomaram cerca de 70 sobrados, a maioria no bairro de Conceição da Praia, cujos responsáveis até hoje são objeto de debate. Segundo Paulo César Souza, o fogo teria sido atiçado tanto pelos rebeldes, sem esperanças de vitória, quanto pelos invasores legalistas, para desentocar os inimigos.[13]

Na tarde do dia seguinte, com a cidade semidestruída e um grande número de mortos pelas ruas, os rebeldes içaram a bandeira branca, pedindo que fossem mantidos em liberdade e "que jamais devem ser tidos como criminosos pelo simples fato de dissentimentos de opiniões políticas".[14] O pedido nem foi ouvido. A repressão foi intensa e violenta, com suspensão de direitos individuais e degredo de vários presos para outras províncias antes do fim de seus julgamentos. Sabino, líder e símbolo da revolta, foi preso na manhã do dia 22 de março na casa do cônsul francês.

Segundo as estimativas oficiais, teriam morrido em combate 1.258 rebeldes e 594 soldados legalistas. Foram presos 2.989 rebeldes, dos quais os considerados mais perigosos foram aprisionados em porões de navios ancorados no porto, como o *Presiganga,* que ficou famoso por abrigar nada menos que 780 prisioneiros. As deportações também foram muitas: 1.520 homens foram mandados para as províncias do Rio de Janeiro e Rio Grande do Sul, e os africanos livres envolvidos foram enviados diretamente para a África.[15] Doze militares foram condenados à morte por fuzilamento, seis civis à forca, e três às galés.[16] O decreto imperial de 22 de agosto de 1840, no entanto, anistiou todos os envolvidos em crimes políticos, o que fez com que o destino de Sabino acabasse bem diferente do que ele provavelmente teria previsto em março de 1838.[17]

Enviado para Goiás, Francisco Sabino acabou envolvido na política local, o que provocou sua deportação para o Mato Grosso, a pedido do próprio presidente da província. Mesmo tendo chegado acorrentado a Cuiabá, conseguiu transferir-se para São Luiz do Cáceres, indo morar na fazenda de um correligionário, o major Ferreira Leite, onde passou o resto de seus dias tratando de enfermos. Sabino faleceu em 1846.[18]

Gilberto Freire caracterizou a Regência como "período de frequentes conflitos sociais e de cultura entre grupos de população — conflitos complexos com aparência de simplesmente políticos — que todo ele se distingue pela trepidação e pela inquietação".[19] De fato, ressaltar o clima de descontentamento e insegurança que se seguiu à abdicação no império, visível em episódios como os confrontos diretos entre portugueses e brasileiros na corte, em Recife e em Salvador, a insatisfação das tropas e as denúncias dos jornais, é consenso entre os historiadores que se dedicam ao período.[20] Só as sete revoltas ocorridas em 1831 — cinco no Rio de Janeiro, uma no Ceará e uma em Pernambuco —, além de conflitos de menores proporções em outras províncias, dão bem a dimensão de como a renúncia do imperador não havia contribuído para a maior satisfação da população nem de alguns dos líderes *exaltados,* ao perceberem que, do novo arranjo político encabeçado pelos moderados, não sairiam reformas políticas suficientemente profundas.[21]

Entre os descontentes com a nova ordem, estavam os chamados "livres de cor", homens livres e libertos, descendentes de africanos, mas que não haviam conhecido, necessariamente, a escravidão. Ao contrário, às vezes tratava-se de pessoas livres havia tantas gerações, que o tempo do cativeiro já não fazia parte de suas memórias familiares. Para muitos desses homens, apesar de a Constituição ter estabelecido que "todo cidadão pode ser admitido aos cargos públicos civis e militares, sem outra diferença que não seja a de seus talentos e virtudes", na prática havia outras diferenças que não os talentos e virtudes individuais, como expressava o princípio liberal: a ascendência africana, traduzida na cor de suas peles.[22]

Por isso, advogavam a efetiva igualdade de direitos entre os cidadãos brasileiros, independentemente da cor, conforme garantia a Constituição, ao afirmar, por exemplo, que no Brasil "não há mais que escravos ou cidadãos".[23] Como cidadãos, portanto, queriam ter garantido seu direito de ir e vir, sem que sobre eles pairasse a suspeita de ser escravos fugidos; queriam ter direito a ser oficiais da Guarda Nacional se cumprissem todas as qualificações obrigatórias aos outros cidadãos;[24] repudiavam os castigos físicos a eles atribuídos; e reivindicavam participação efetiva na vida pública do país.

Não que esses assuntos fossem novidade na agenda política brasileira. Na verdade, nem das Américas. Ao contrário, a discussão sobre a participação política de livres e libertos de ascendência africana foi bastante comum em várias cidades americanas, sobretudo quando os movimentos de independência sacudiram cidades com grande contingente populacional de negros livres, como era o caso de Baltimore e Nova Orleans, nos Estados Unidos.[25] David Geggus argumenta que as ideias libertárias da Revolução Francesa, em conjunto com aquelas difundidas durante a Revolução Americana, influenciaram muito mais libertos do que escravos. Ele cita as revoltas de São Domingos, Coro, Maracaibo, Guadalupe e outras 12 mais, para demonstrar sua hipótese.[26] Stuart Schwartz corrobora este argumento, enfatizando que, se os libertos, em sua maior parte crioulos e integrados à cultura hegemônica local, buscavam a inserção formal na estrutura social, a maioria das revoltas escravas era, na realidade, africana, e estava mais relacionada à insatisfação quanto às condições básicas da vida nas colônias.[27]

A SABINADA E A POLITIZAÇÃO DA COR NA DÉCADA DE 1830

No Brasil, a questão das reivindicações políticas de indivíduos de ascendência africana ocupa as preocupações das autoridades coloniais desde pelo menos o século XVII, quando Henrique Dias, ex-escravo, líder de um exército de cativos e forros que se destacou nas lutas contra os holandeses em 1654, foi a Portugal pedir fidalguia para si e seus genros, além de alforria para soldados e oficiais escravos que haviam participado da guerra a seu lado.[28] Ao longo do século XVIII, como demonstraram A. J. R. Russell-Wood, Silvia Lara e Hendrik Kraay, a crescente presença de pardos e negros em meio às forças armadas da colônia em locais como Rio de Janeiro, Minas Gerais e Salvador era indicativa da importância social do grupo, ao mesmo tempo que constituía foco permanente de tensões.[29] Desde meados do Setecentos, eram comuns as reclamações de oficiais mulatos, insatisfeitos com a falta de reconhecimento de seus méritos e exigindo tratamento e privilégios iguais aos dos brancos.[30] As diferenças no tratamento e as constantes suspeitas de constituírem ameaça à segurança serviram de base para o crescimento das reivindicações — e das consequentes frustrações, já que a maioria não era atendida —, principalmente entre os grupos urbanos. As reivindicações concentravam-se basicamente na equiparação do soldo entre todos os oficiais, na igualdade de privilégios entre os oficiais de cor da milícia (reclamavam que não eram reconhecidos pelos oficiais brancos, nem respeitados pelos soldados das tropas regulares) e na possibilidade de os milicianos pardos ocuparem os postos superiores de seus regimentos.[31] Foi nesse quadro que, na década de 1790, oficiais do regimento de mulatos da milícia de Salvador solicitaram esclarecimentos ao rei sobre uma cláusula da lei de 1773 que afirmava terem os descendentes de africanos permissão para ocupar qualquer cargo, recebendo honras e privilégios se assim o merecessem. Para eles, no Brasil isso não acontecia. Por isso, reivindicavam uma série de privilégios, entre eles o de os oficiais mulatos e negros livres serem julgados por tribunal militar.

A situação em Salvador era de tal forma alarmante para as autoridades, que em 1796 o governador propôs ao príncipe regente reformar a estrutura do regimento de mulatos livres, abolindo os postos superiores ocupados por mulatos. Mesmo sem esperar aprovação real, o governador já foi destituindo os oficiais e nomeando um sargento-mor e um ajudante de ordens brancos. Posteriormente, tendo o rei aprovado a atitude do governador, os oficiais mulatos protestaram, o que aconteceu apenas dois anos antes da Conjuração Baiana. Nesse contexto, é compreensível a crescente frustração dos pardos livres, que colocavam expressamente a questão da igualdade de direitos com os brancos. Nesse caso, é impossível desvincular as demandas dos novos súditos e cidadãos "de cor" ocorridas nas primeiras décadas depois da independência das reivindicações que já ocorriam no período colonial, da mesma maneira que é impossível separar estas reivindicações das demandas dos milicianos, como na questão dos soldos. Tratava-se, fundamentalmente, das mesmas pessoas envolvidas nas mesmas demandas.

Essas reivindicações seriam maiores à medida que a presença de libertos e negros livres aumentava no contingente militar e na vida pública brasileira, a partir da década de 1820.[32] Na Bahia, a participação de mulatos e negros foi fundamental não só para vencer as batalhas contra os portugueses, como, principalmente, para convencer os proprietários locais sobre que partido deveriam tomar. Não é à toa que, após receber tantas honrarias pelos bons serviços prestados contra as tropas portuguesas, oficiais negros e mulatos tenham criado tantas expectativas em relação ao novo regime.[33] Presente em praticamente todas as reivindicações de libertos e negros livres à época, a defesa da igualdade de oportunidades entre indivíduos de cores diferentes ganhou força com a outorga da Constituição de 1824, ao estabelecer que todos os brasileiros livres teriam os mesmos direitos civis.[34]

Foi nesse quadro de crescentes demandas que a abdicação significou, para muitos, a finalização do processo de independência, uma vez que portugueses ainda ligados ao governo colonial eram alijados de postos importantes e que as promessas de aprofundamento das reformas liberais pareciam estar em vias de implementação, como parecia sinalizar o ato adicional de 1834. Com maior autonomia para as províncias, e, a partir de 1835, com Feijó sozinho na Regência, esperava-se a aprovação de reformas que limitassem o poder dos senhores ligados à corte e aumentassem os poderes provinciais. Isso, porém, não aconteceu, e os efeitos não tardaram a se fazer sentir em várias províncias, com a eclosão de revoltas federalistas, como a dos Cabanos em Pernambuco, da Cabanagem no Pará, a Revolução Farroupilha no Rio Grande do Sul, e, um pouco mais tarde, da Balaiada no Maranhão.[35] No caso da Bahia, a renúncia de Feijó, dando lugar a um grupo comprometido com o fortalecimento político da corte, foi significativa para pôr fim às esperanças de levar adiante o projeto de descentralização política e experimentação federalista. Além disso, a decadência econômica que a cidade vinha conhecendo desde pelo menos 1820 exacerbou os ânimos dos militares em geral, desiludidos pelos baixos soldos, pelos altos impostos e pela ausência de reformas jurídicas liberais.[36]

Somada a esse quadro, a política de reformas militares desagradou significativamente aos oficiais. O primeiro governo da Regência, ao criar a Guarda Nacional em 1831, substituiu milicianos e soldados por civis, diminuindo o número de batalhões ativos. Entre 1831 e 1834, foram desmantelados dois batalhões de infantaria e um esquadrão de cavalaria na Bahia, deixando a província com apenas duas unidades. Assim, não foi à toa que, em 1835, 70% dos militares de Salvador assinaram uma petição reclamando da ausência de promoções desde 1824, dos baixos salários e da criação da "organização monstruosa", a Guarda Nacional.[37]

Como bem afirmou Hendrik Kraay, a "Sabinada desafia caracterizações fáceis".[38] Para além do consenso de seus intérpretes quanto ao fato de ela ter sido a última das revoltas que caracterizou a Bahia da primeira metade do século XIX e a gota-d'água para a implementação do projeto conservador do Regresso, o desafio de interpretar um movimento simultaneamente separatista e leal ao imperador, que envolvia exército, milícias, escravos, mulatos e negros livres profissionais urbanos, continua existindo.

Esquecida no auge do período imperial, foi Sacramento Blake, o biógrafo baiano autor do monumental *Dicionário biobibliográfico brasileiro*,[39] quem, de acordo com Kraay, começou a recuperar a Sabinada e a imagem de Sabino, ao afirmar que "gente de primeira classe apoiou a Sabinada"[40] já quando o império dava sinais incontestáveis de crise. Praguer ainda compararia Sabino a Tiradentes, preconizando que ele se tornaria mártir de igual monta — o que de fato nunca aconteceu, apesar de o estado da Bahia ter proclamado o dia 7 de novembro feriado, "deplorável erro", para Braz do Amaral.[41]

Estudada com profundidade décadas mais tarde por Luiz Vianna Filho, quando de seu centenário, por Paulo César Souza, na década de 1980, e finalmente por Hendrik Kraay, nos anos 1990, a Sabinada jamais teria apelo equivalente ao da Inconfidência Mineira, conforme afirmou este último, e é exatamente desse tema que trataremos daqui em diante.[42] Para Kraay, a radicalidade das propostas da Sabinada dificultaram sua mitificação. Se o exército e as milícias usaram a revolta para expressar seus descontentamentos com as reformas militares ocorridas na década de 1830 — como, de resto, aconteceu em outras revoltas no mesmo período —, foram os ataques a quem os mulatos e negros livres denominavam "fofos aristocratas" que demonstraram seu repúdio à forma como o Estado brasileiro vinha sendo organizado desde a independência.

Ao contrário de revoltas anteriores, como a dos Malês, que envolveu basicamente africanos e escravos, na Sabinada eram os descendentes de africanos, sobretudo aqueles nascidos livres, que estavam entre os protagonistas. Embora seja sempre difícil mensurar dados relativos à cor, é importante notar que muitos contemporâneos consideraram a revolta fundamentalmente composta por negros e mulatos. Afinal, apesar da exclusão dos africanos da participação oficial nas tropas rebeldes, muitos escravos crioulos abandonaram seus senhores, na esperança de que o alistamento lhes garantisse a liberdade.[43] Outras fontes evidenciam a fuga de brancos da cidade, como notou o cônsul britânico, que disse ter Salvador ficado "totalmente enegrecida, com exceção dos estrangeiros". Em carta, Barreto Pedroso estimou que dois terços da força rebelde eram compostos de negros. Dos dez prisioneiros falecidos durante a viagem para a prisão em Fernando de Noronha, depois do fim da rebelião, segundo a anotação do capitão do navio, seis eram crioulos, três eram pardos, e um era cabra.[44]

Entre os porta-vozes da revolta, havia tácito reconhecimento de que o conflito tinha dimensões raciais. Pelo menos assim o evidenciava a retórica utilizada nos jornais e panfletos espalhados pela cidade durante o conflito. Vale a pena um olhar mais pormenorizado a um deles. Em editorial publicado no *Novo Diário da Bahia* em dezembro de 1837, os sabinos explicitaram o motivo pelo qual os proprietários da Bahia tinham tanta ojeriza a suas ideias:

> Mas enfim eles nos estão fazendo a guerra porque são brancos, e na Bahia não devem existir negros e mulatos, principalmente para subirem a postos, salvo quem for muito rico, e mudar as opiniões liberais, defendendo títulos, honras, morgados, e todos os princípios da fidalguia (...).[45]

O artigo segue atacando aquele cujo exemplo não deveria ser seguido: o mulato Antonio Pereira Rebouças, que havia ficado do lado do governo, depois de ter abandonado suas "opiniões liberais":

> (...) quem não for mulato rico como Rebouças, e como ele enfatuado peru, tendo sido dos *trancafios*, não pode ser coisa alguma (...).[46]

É conhecida a posição legalista do mulato Antonio Pereira Rebouças em todos os conflitos posteriores à independência dos quais participou. Nascido na região do Recôncavo Baiano, filho de pai português e mãe liberta, além de pai do engenheiro e famoso abolicionista André Rebouças, foi um dos ícones do movimento pela independência do Brasil na Bahia. Nascido pobre, passou a mocidade em Salvador, onde trabalhou como escrivão de comércio, guarda-livros e escrevente de cartório. Lá, descobriu o direito, vocação que iria seguir por toda a sua vida. Sem meios para frequentar a faculdade de direito de Coimbra, tornou-se autodidata e, em 1821, conseguiu permissão especial para advogar em sua província natal (em 1847, conseguiria permissão para exercer a profissão em todo o país). Durante os episódios da luta pela independência na Bahia, tornou-se um dos líderes do movimento de resistência em Cachoeira, ficando conhecido em todo o país pelos serviços então prestados à nação. Várias vezes deputado provincial e membro da Câmara dos Deputados, reconhecido como um dos maiores especialistas em direito civil do país, Antonio Pereira Rebouças tornou-se afamado pela adesão irrestrita aos princípios do liberalismo. Tinha como máxima o parágrafo da Constituição de 1824 que estabelecia que os cidadãos brasileiros só poderiam ser distinguidos de acordo com seus talentos e virtudes. Em seus discursos na Câmara e em suas atuações no foro, seus principais temas foram as discussões em torno do direito de propriedade (princípio que, para ele, justificava a continuidade da escravidão) e, ao mesmo tempo, o da concessão de direitos civis aos libertos.

Embora fosse considerado moderado em suas ações políticas, pela ênfase na ordem, enquanto parlamentar liberal Rebouças repudiou veementemente qualquer associação entre cor e posições políticas ou condição social, considerando que nenhum cidadão devia ser discriminado em função de sua origem. Devido justamente a suas posições políticas e da recusa em participar da revolta só por ser, ele próprio, mulato, para o também mulato Sabino, Rebouças encontrava-se do lado errado da disputa, já que sua presença entre os críticos da revolta só enfraquecia seu argumento de ser a Sabinada uma revolta de negros e mulatos contra brancos.

Para além das questões específicas relacionadas às demandas e expectativas da população de cor na década de 1830, das quais a Sabinada é um dos episódios mais radicais, salta aos olhos o envolvimento de duas pessoas públicas altamente influentes na sociedade salvadorenha da primeira metade do século XIX, ambas mulatas. Assim como Montezuma, futuro visconde de Jequitinhonha e ministro da Justiça, Sabino e Rebouças eram dois mulatos sem berço, alçados à condição de gente importante na Bahia Oitocentista por se terem destacado como profissionais em seus campos de atuação — um médico, outro rábula — e se envolvido nas lutas pela independência entre 1822 e 1823.[47] Francisco Sabino, mulato de olhos azuis, como enfatizam todas as descrições a seu respeito, também era conhecido pela habilidade com que praticava sua profissão de cirurgião, pela notabilidade que alcançou em sua carreira, tornando-se professor visitante da Escola de Medicina da Bahia (onde era colega de Manoel Maurício, irmão de Antonio Pereira Rebouças), pelo exercício do jornalismo e pela quantidade de livros que possuía em sua biblioteca, cujos volumes incluíam exemplares de obras de Voltaire e Montesquieu, igualmente encontrados na coleção de Antonio Pereira Rebouças.[48] Não é difícil imaginá-los lado a lado pelas ruas de Cachoeira, organizando as tropas brasileiras. Assim como não é difícil imaginá-los conversando no início da década de 1830, quando, ao assumir seu mandato parlamentar na corte, Rebouças passou a direção de seu jornal, *O Bahiano*, para Sabino.[49] Um pouco mais complicado talvez seja descobrir como e por que, justamente quando a demanda envolvia questões de "igualdades entre as cores", a Sabinada iria deixar Rebouças e Montezuma de um lado, Sabino de outro. Mas talvez não: quem, em 1837, soubesse que 14 anos depois Montezuma viraria deputado constituinte, que Rebouças assumiria a secretaria da presidência da província de Sergipe e que Sabino seria preso, acusado de radicalismo, provavelmente entenderia que, para além das simpatias e estratégias políticas individuais, havia várias maneiras de se compreender a questão da "igualdade de cores" na Sabinada.[50] E é justamente isso o que o embate entre Rebouças e Sabino representa.

Antonio Pereira Rebouças estava em Salvador em novembro de 1837, quando começaram a correr os rumores da revolta. Assim, no dia 7, ao ser informado de que se levantava um grande movimento revolucionário nas imediações da Fortaleza de São Pedro e da fuga do presidente da província para um barco na baía, começou a contatar seus correligionários, para organizar a resistência. Assim Rebouças convenceu o vice-presidente Paim a passar para Santo Amaro e, de lá, assumir a presidência interina da província; providenciou com o tesoureiro-geral Manoel José de Almeida Couto para resgatar o maior número possível de moedas de cobre do Tesouro; e preveniu Antonio Simões da Silva, chefe de polícia interino, a deslocar "o corpo de soldados permanentes para uma das localidades mais apropriadas ao acampamento do exército da legalidade, que tivesse de sitiar os rebeldes, logo que soubesse achar-se instalado no Recôncavo o governo legal".[51]

Embora sua participação no movimento contrarrevolucionário não tenha sido tão marcante, ao menos de acordo com os demais contemporâneos, é interessante verificar a importância atribuída pelo próprio

Rebouças ao fortalecimento de sua imagem como defensor da ordem durante a Sabinada. Na disputa de espaços de poder entre os liberais moderados após o início da política centralizadora do Regresso, a defesa da ordem era fundamental, embora não significasse necessariamente o apoio ao projeto centralizador.

Por conta de sua postura em prol da ordem e da legalidade, demonstrada nos episódios de maior importância ocorridos em sua província, Rebouças continuou dispondo de bom conceito entre as altas autoridades do império mesmo depois da queda de Feijó, como se pode verificar pela carta que lhe mandou Pedro de Araújo Lima, o futuro marquês de Olinda, um dos homens mais influentes do império à época, pouco depois de ter assumido a chefia do gabinete ministerial, na qual demonstra confiança na atuação de Rebouças na repressão à Sabinada:

> Amigo e Sr. Rebouças (...)
> Há de ter sofrido com a desordem que aí apareceu. Estou certo de que não há de ter sido indiferente aos negócios públicos, que há tais que obrigam a todo o homem a tomar parte neles. Aonde iremos sem um centro comum, meu caro Amigo? Enfim o seu juízo é claro, e conto com a sua cooperação para o restabelecimento da ordem.[52]

Cartas como essa dão a impressão de que Rebouças tinha prestígio suficiente para manter seu espaço garantido no jogo da política baiana e nacional. Os embates ocorridos na época da Sabinada, entretanto, revelam justamente o contrário. Apesar da atuação política, da credibilidade conseguida em escala nacional, Antonio Pereira Rebouças ainda era continuamente desafiado a reforçar seus princípios de apego à ordem monárquico-constitucional. Afinal, sempre que se via envolvido em uma discussão política, os argumentos de seus adversários invariavelmente eram dedicados a lembrar à elite baiana que Rebouças era mulato, e que, como tal, suas ideias e suas atitudes seriam sempre passíveis de suspeição.

Durante a Sabinada, além de incomodar o próprio Sabino, a postura de Rebouças irritava Francisco Gonçalves Martins, então chefe de polícia de Salvador, pelo fato de o primeiro ser e ao mesmo tempo construir sua imagem como defensor da ordem, já que, de acordo com seu raciocínio, haviam sido os mulatos os responsáveis por boa parte dos tumultos que haviam abalado a Bahia no passado recente. Em oposição a ele, Antonio Pereira Rebouças havia argumentado que, justamente por ser mulato, ele se considerava um "fiador dos brasileiros", como explicou alguns anos depois em sessão na Assembleia Geral:

> (...) [Francisco Gonçalves Martins] interpretou mal ter eu dito na assembleia provincial da Bahia que me considerava um fiador dos brasileiros. De fato eu disse e o digo (...). E se sou fiador da união, provei-o nestas circunstâncias calamitosas de 1837 (...); provei eficazmente, nessa conjuntura difícil, que a minha qualidade de mulato valia muito, como um grande elemento de ordem e de mútua confiança entre todos os brasileiros; porquanto, figurando no partido rebelde, da maneira a mais saliente, um homem de igual qualidade à minha, amigo do chefe de polícia Gonçalves [refere-se a Sabino], foi muito vantajoso achar-me eu, meus irmãos, meus parentes, meus amigos e muitos homens honrados da nossa qualidade no lado da ordem, desfazendo com o nosso exemplo e a nossa devotação constitucional as intrigas desse homem de furor. É assim que fui, sou e serei um fiador da união geral da família brasileira.[53]

De fato, no caso específico da Sabinada, as preocupações de Rebouças em demonstrar que sua "qualidade de mulato" não significava necessariamente concordância com as ideias dos rebeldes eram de extrema importância para ele. Afinal, sua trajetória tinha muitos elementos em comum com a de Francisco Sabino Álvares Vieira, e importava reafirmar que, apesar das aparências, as diferenças eram fundamentais.

Para Sabino, por sua vez, a mágoa em não ter Rebouças a seu lado também parece ser compreensível: se uma das motivações da Sabinada configurou-se justamente nas frustrações daqueles mulatos que viram na independência uma possibilidade de ascensão política e social, principalmente através da carreira militar, a figura de Rebouças significava justamente o oposto: havia conseguido construir uma carreira política e profissional, mas não levantava a voz para defender seus pares — ao menos não da forma que estes gostariam de vê-lo fazer.

E os sabinos bem que tentaram ganhar Rebouças, procurando convencê-lo de que estava lutando do lado errado. No mesmo jornal, apelavam para ele, alegando que

> Não suponham os *Rebouças* e *Martins* que ao lado da revolução não estejam homens que *saibam dizer duas palavras juntas*; estão iludidos, e Deus queira não o conheçam sem remédio: unam-se conosco, se querem salvar a Bahia e a si próprios: os direitos de igualdade e liberdade hão de ser defendidos pelos bravos do dia 7 de novembro até a morte: o solo da Bahia não há de ser mais poluído por atrevidos fidalgões; hão de igualar em talentos e virtudes, se querem ser distintos; ouçam nosso conselho e aviso salutar, que não vem do medo, porque nada receamos, nem vemos do que, mas é porque deveras queremos o bem de todos.[54]

Mas Rebouças ignorou o chamado feito no jornal. Em vez disso, enfatizou novamente ser o "fiador da união geral da família brasileira" e ressaltou a importância de mostrar que também havia mulatos na resistência à Sabinada. Dessa forma, ele se colocou definitivamente contra Sabino e aqueles que pretendiam transformar a cor em argumento político através de ações que considerava extremas. Para ele, era justamente importante fazer o contrário, desvinculando o significado da revolta de qualquer conotação racial, para demonstrar que a cor não tinha qualquer relação com a filiação política. Ainda que pudesse concordar com a leitura dos revoltosos sobre o estado de coisas na província, não seria por meio da revolta e do separatismo que Rebouças iria protestar, nem seria pelo argumento da cor que ele ofereceria sua solidariedade.

Assim, Rebouças recusou a oferta de Sabino de salvar-se pela adesão à Sabinada. Na realidade, considerava a Sabinada uma tragédia para seu projeto político. Se sua ênfase principal estava na ausência de diferenciação entre os cidadãos por conta da cor, o que os revoltosos faziam era justamente chamar a atenção para o fato de que existiam reivindicações políticas específicas de negros e mulatos na Bahia. Assim, sua ênfase quase desesperada em demonstrar que a cor não significava necessariamente a adesão a determinados princípios políticos era, no fundo, uma tentativa de reforçar seus princípios de tratamento igualitário a todos os cidadãos, fossem eles brancos, negros ou mulatos.

A disputa entre Sabino e Rebouças não teria um final feliz. Com Sabino já se sabe o que aconteceu. Preso, deportado para outra província, apesar das tentativas de continuar com alguma atuação política, morreu no ostracismo. Com Rebouças, embora longa vida ainda o aguardasse — morreu em 1880, no Rio de Janeiro, aos 82 anos —, a trajetória política, embora diferente, não renderia frutos duradouros. Ter ficado do lado da ordem durante a Sabinada não lhe trouxe nenhum bem. Ao contrário, sua posição evidenciou sua fragilidade política. Boa parte das revoltas ocorridas na década de 1830 apontava que havia agudo descontentamento popular com relação à política da Regência e que esse sentimento estava baseado em experiências vividas por africanos e seus descendentes, fossem escravos, libertos ou livres. Para Rebouças, nada pior. O reconhecimento desta situação fez com que sua principal bandeira, a dos direitos civis, passasse a ser vista com extrema desconfiança pelos membros da Assembleia Legislativa e dos quadros políticos da Regência. Pessoalmente, Antonio Pereira Rebouças até sobreviveria politicamente por algum tempo às revoltas que sacudiram a Bahia na década de 1830. Mas suas ideias estavam irremediavelmente condenadas.

Afinal de contas, a política posta em prática pelos *regressistas* havia feito com que os espaços políticos passíveis de ocupação pelos liberais diminuíssem consideravelmente, acirrando a competição entre os pretendentes a cargos na política e administração pública. A ocorrência da Sabinada veio a agudizar esse quadro na província da Bahia. Afinal, depois da retomada de Salvador, em março de 1838, todos os membros das tropas da repressão buscaram conseguir dividendos políticos da vitória, cujos efeitos tinham alcance nacional, já que a pacificação da Bahia, por sua posição estratégica e por sua importância política, era fundamental para que o império permanecesse unido.[55]

O chefe de polícia Francisco Gonçalves Martins foi justamente um daqueles que mais ganhou notoriedade a partir do fim da Sabinada; deputado à Assembleia Geral em 1838, ele não se fartou de usar a revolta como exemplo da vitória do governo contra os "bárbaros costumes, contra o declínio da civilização", contra aqueles que não queriam apenas mudar a forma de governo, mas causar a completa destruição do império brasileiro.[56] A julgar por sua trajetória posterior, pode-se ver como, efetivamente, a Sabinada deu grande impulso a sua carreira. Gonçalves Martins foi juiz de direito, chefe de polícia e daí em diante sempre em ascensão. O principal problema de Rebouças, a partir de então, aliás, era ter que enfrentar a ascensão política de seus adversários, no exato momento em que a sociedade brasileira era percebida como perigosamente dividida em linhas raciais.[57]

As tensões raciais da década de 1830, portanto, tiveram considerável influência na trajetória de Antonio Pereira Rebouças. Apesar de, o tempo todo, se afirmar como defensor da ordem, mostrando que sua cor nada tinha a ver com a adesão aos princípios monárquico-constitucionais, e apesar de reforçar seu total compromisso com a legalidade, Rebouças acabaria sempre considerado aquele que, justamente por sua visibilidade, defendia ideias perigosas.

Nesse sentido, a política do Regresso o afetou muito mais do que a qualquer outro político liberal, por mais confiança e admiração lhe devotassem Bernardo Pereira de Vasconcelos e Pedro de Araújo Lima. Sua atuação na repressão à Sabinada não lhe havia rendido qualquer dividendo político significativo. E pior: suas ideias de que "qualquer pardo ou preto poderia ser general" passaram a ser consideradas cada vez mais perigosas, uma vez que, mesmo sendo contrário a qualquer levante contra a ordem estabelecida, elas estavam comprometidas pela marca racial que os movimentos ocorridos na década de 1830 haviam tomado.

Por outro lado, justamente por causa dessas revoltas, o fato de Rebouças ser mulato passou a ser mais importante do que o conteúdo de suas ideias, daí elas terem sido consideradas perigosas. Nesse sentido, Rebouças não é o único político liberal a sofrer com o avanço do Regresso. Mas, sendo um dos únicos a defender um projeto de sociedade escravista de fato liberal, com preocupações com a extensão da cidadania a um conjunto maior de habitantes do país, passou a ser figura extremamente contraditória e de difícil compreensão, aos olhos de seus pares.

Assim, mesmo já estando acostumado à conexão que seus adversários estabeleciam entre sua cor e suas ideias políticas, passou a ser muito mais difícil para Antonio Pereira Rebouças defender-se de xingamentos como o de Gonçalves Martins, que o chamou de "moleque de rua" em plena Assembleia Provincial, ou de alusões como a de seu conterrâneo João Maurício Wanderley, que, em debate parlamentar de 1846, a seu respeito observou que "água impura e lamacenta, não importa quão filtrada e purificada, sempre mostra sua origem".[58]

A derrota, portanto, de Sabino e Rebouças na Sabinada expressa mais do que perdas pessoais. *Intelectuais negros* no sentido cunhado por Paul Gilroy e aprofundado por Hebe Mattos para o caso brasileiro, fruto dos movimentos políticos iniciados com a independência, os dois eram defensores dos direitos de cidadania independente de raça ou origem, sem deixar de ser, ao mesmo tempo, profundamente marcados pela experiência de ser descendentes de africanos.[59] Embora talvez Rebouças recusasse o termo identidade negra (Sabino certamente não), foi a adesão aos princípios universalistas da cultura ocidental e suas experiências concretas de vida que tornaram possível a criação desta identidade (que, à época, poderia ser também denominada parda), com demandas mais amplas do que aquelas especificamente ligadas à questão dos soldos ou dos privilégios nas milícias. Esta diferença — essa "dupla consciência", no entender de Gilroy — teria produzido indivíduos capazes de reivindicar não só questões pontuais, como também a legitimidade do direito à participação política de maneira ampla por parte dos homens livres. Ao mesmo tempo, porém, como afirmou Hebe Mattos, "a experiência do racismo e a inserção no ambiente das revoluções liberais e suas promessas de igualdade civil e liberdade" teriam produzido homens "dilacerados por uma dupla consciência", de homem pardo e de cidadão brasileiro. Negando qualquer restrição aos direitos de cidadania com base em critérios de origem, Rebouças e Sabino viveram e morreram como indivíduos racializados. Desnecessário dizer que isso não fazia de nenhum dos dois crítico do regime escravista que, até então, permanecia inquestionado na sociedade brasileira. A disseminação da propriedade escrava e a premissa de que qualquer indivíduo, se livre, poderia ser cidadão brasileiro, permitiram que os dois, publicamente assumidos como homens pardos em campos políticos opostos, fossem igualmente contra o fim da escravidão e a extensão de direitos a africanos livres.

Sabino e Rebouças, intelectuais negros em atuação na década de 1830, foram politicamente derrotados porque, como já bastante apontado, a Sabinada foi a última das revoltas a sacudir a Bahia com demandas ligadas às reivindicações da "gente de cor". Da Revolta dos Alfaiates, em 1798, ao fim da Sabinada, em 1838, foram 40 anos de disputas e expectativas de mulatos, negros e pardos livres, definitivamente sepultadas com a consolidação do Regresso.[60]

Os anos que se seguiram, conhecidos como o apogeu do império, durante o Segundo Reinado, foram ágeis em eliminar a possibilidade da existência de demandas de políticas públicas baseadas no que hoje poderia ser chamado de discriminação racial. Ao contrário: ao garantir no papel a ausência de distinção entre as cores, mas perpetuando as práticas sociais que distinguiam negros, brancos e mulatos, acabou sendo consolidada na sociedade brasileira, por muitos e muitos anos, a ideia de que a universalização dos princípios liberais de igualdade, por permitir a ascensão social individual — por "talentos e virtudes", como rezava a Constituição —, por si só poderia fazer com que as diferenças entre as cores deixassem de existir.

Notas

1. Hebe Mattos, *Marcas da escravidão. Memórias do cativeiro, biografia e racialização na história do Brasil*, tese apresentada em concurso para professor titular de história do Brasil, Niterói, Universidade Federal Fluminense, 2004; Ivana Stolze Lima, *Cores, marcas e falas: sentidos da mestiçagem no império do Brasil*, Rio de Janeiro, Arquivo Nacional, 2003; João José Reis, "O jogo duro do dois de julho:

o partido negro na independência da Bahia", *in* João José Reis e Eduardo Silva, *Negociação e conflito: a resistência negra no Brasil escravista*, São Paulo, Cia. das Letras, 1989.
2. A expressão "intelectuais negros" está sendo utilizada da forma conceituada por Hebe Mattos, *op. cit.*, baseada, por sua vez, em Paul Gilroy, *Atlântico negro: modernidade e dupla consciência*, Rio de Janeiro, Ed. 34/Univ. Candido Mendes, 2001, e será desenvolvida na conclusão do texto.
3. A expressão boatos de desordem foi utilizada pelo presidente da província da Bahia, Francisco de Souza Paraizo, em ofício a Aguiar Pantoja, de 27 de maio de 1837, *in* Paulo César Souza, *A Sabinada: a revolta separatista da Bahia*, São Paulo, Brasiliense, 1987, p. 25. A descrição da revolta está baseada neste último e em Luiz Vianna Filho, *A Sabinada: a república baiana de 1837*, Rio de Janeiro, José Olympio, 1938.
4. Sobre a Cabanagem e a Revolução Farroupilha, ver, neste volume, os capítulos de Magda Ricci e Sandra Pesavento, respectivamente.
5. Paulo César Souza, *op. cit.*, p. 29, nota 8.
6. A ata foi escrita ainda no Forte de São Pedro por Francisco Sabino e pelo bacharel José Duarte da Silva, mas foi levada à Câmara para ser registrada. Paulo César Souza, *op. cit.*, p. 33.
7. *Apud* Paulo César Souza, *op. cit.*, p. 34.
8. *Apud* Paulo César Souza, *op. cit.*, p. 37.
9. Luiz Vianna Filho, *op. cit.*, p. 108. O autor defende que, sendo os fatos "mais fortes do que o sonho republicano", as revoluções "para vencerem são levadas a poupar o sentimento conservador da maioria" (p. 109).
10. Paulo César Souza, *op. cit.*, p. 159-160.
11. Paulo César Souza, *op. cit.*, p. 165 e 177.
12. Paulo César Souza, *op. cit.*, p. 103.
13. Paulo César Souza, *op. cit.*, p. 103, nota 89.
14. Paulo César Souza, *op. cit.*, p. 105.
15. Legalmente, a deportação dos africanos livres era referendada por lei de 1835, outorgada imediatamente após a Revolta dos Malês, que estabelecia que qualquer africano livre estava sujeito à deportação. Hendrik Kraay, "As Terrifying as Unexpected: The Bahian Sabinada, 1837-1838", *The Hispanic American Historical Review*, v. 72, n° 4, novembro de 1992, p. 521; e João José Reis, *Rebelião escrava no Brasil*, São Paulo, Cia. das Letras, 2003.
16. Hendrik Kraay, "As Terrifying as Unexpected", *op. cit.*, p. 521.
17. As estimativas de Paulo César Souza apontam o total de 5.000 indivíduos presos, feridos ou assassinados durante o ataque a Salvador, o que totalizaria 7,7% de sua população. Durante os cinco meses de cerco à cidade, os rebeldes ficaram sem provimento de farinha e com sérias dificuldades de prover alimentação básica à população. As condições básicas de sobrevivência e as hesitações de Barreto Pedroso em iniciar o ataque podem ser verificadas em "A Sabinada nas Cartas de

Barreto Pedroso a Rebouças", in *Anais da Biblioteca Nacional*, 88, 1968, p. 207-218. Em carta datada do final de dezembro, respondendo à cobrança de Rebouças pelo início do ataque que poria fim ao conflito, Barreto Pedroso responde: "Não se persuada que intenciono reduzir com a fome os rebeldes à obediência, seria essa uma vitória improfícua: estou convencido de que devemos atacar, e o pretendo fazer, mas como se inda temos cerca de 800 homens sem armas nos acampamentos?" (p. 210).

18. Os restos mortais de Francisco Sabino foram enviados para o Instituto Histórico da Bahia 50 anos depois. Eduardo Tourinho, *Alma e corpo da Bahia*, Rio de Janeiro, Pongetti, 1953.
19. Gilberto Freire, *Sobrados e mucambos*, Rio de Janeiro, Record, 8ª ed., 1990, p. 389-390, *apud* Ivana Stolze Lima, *op. cit.*, p. 19-20.
20. Para uma síntese sobre o período regencial, ver Marco Morel, *O período das regências (1831-1840)*, Rio de Janeiro, Jorge Zahar, 2003. A historiografia sobre o período foi amplamente discutida por Marcello Basile no capítulo que integra este volume da coleção.
21. Roderick Barman, *Brazil: The Forging of a Nation*, Stanford, Stanford University Press, 1988, p. 168.
22. Constituição de 1824, artigo 179, parágrafo XIV. No Rio de Janeiro, em 1833, um pasquim liberal *exaltado*, denominado o *Mulato* ou *o Homem de Cor*, publicava em 4 de novembro: "Não sabemos o motivo por que os brancos moderados nos hão declarado guerra, há pouco lemos uma circular em que se declara que as listas dos Cidadãos Brasileiros devem conter a diferença de cor e isto entre homens livres!..." O mesmo jornal tinha como epígrafe o trecho da Constituição anteriormente citado, sobre os talentos e as virtudes. Hebe Mattos, *Marcas da escravidão*, *op. cit.*, cap. 2, p. 11. Sobre a presença desses jornais no panorama político da corte no período regencial, ver Ivana Lima, *op. cit.*
23. Ver Keila Grinberg, *O fiador dos brasileiros: escravidão, cidadania e direito civil no tempo de Antonio Pereira Rebouças*, Rio de Janeiro, Civilização Brasileira, 2002; Gladys S. Ribeiro, *A liberdade em construção*, Rio de Janeiro, Relume Dumará, 2003; e José Murilo de Carvalho, *Cidadania no Brasil*, Rio de Janeiro, Civilização Brasileira, 2001.
24. Sobre a discussão em torno da participação de libertos na Guarda Nacional e a discussão correspondente, ver Keila Grinberg, *op. cit.*, e Hebe Mattos, *Escravidão e cidadania no Brasil monárquico*, Rio de Janeiro, Jorge Zahar, 2000.
25. Ver, a respeito, Christopher Philips, *Freedom's Port: The African American Community of Baltimore, 1790-1860*, Urbana, University of Illinois Press, 1997; Stephen Whitman, *The Price of Freedom: Slavery and Manumission in Baltimore and Early National Maryland*, Kentucky, University Press of Kentucky, 1997; Ira Berlin, *Slaves Without Masters: The Free Negro in the Antebellum South*, Nova York, Random House, 1974; Kimberly Hanger, *Bounded Lives, Bounded Places: free black society in colonial New Orleans, 1769-1803*, Durham, Duke University Press, 1997.

26. David Patrick Geggus, "Slavery, War and Revolution in the Greater Caribbean, 1789-1815", *in* David Barry Gaspar e David Patrick Geggus (orgs.), *A Turbulent Time: The French Revolution and the Greater Caribbean*, Bloomington, Indiana University Press, 1997, p. 13.
27. Stuart Schwartz, *Segredos internos: engenhos e escravos na sociedade colonial, 1550-1835*, São Paulo, Cia. das Letras, 1988, p. 381. Sobre os projetos de distinção social entre libertos e escravos em algumas regiões dos Estados Unidos, ver também Philip Morgan, *Slave Counterpoint: Black Culture in the Eighteenth Century Chesapeake & Lowcountry*, Chapell Hill e Londres, University of North Carolina Press, 1998, p. 485-486.
28. Hebe Mattos, "A escravidão moderna nos quadros do império português: o Antigo Regime em perspectiva atlântica", *in* João Fragoso, Fátima Gouveia e Maria Fernanda Bicalho, *O Antigo Regime nos trópicos: a dinâmica imperial portuguesa (séculos XVI-XVIII)*, Rio de Janeiro, Civilização Brasileira, 2001, p. 149.
29. A. J. R. Russell-Wood, *Escravos e libertos no Brasil colonial*, Rio de Janeiro, Civilização Brasileira, 2005, principalmente o capítulo 5; Silvia H. Lara, *Fragmentos setecentistas: escravidão, cultura e poder na América portuguesa*, São Paulo, Cia. das Letras, 2007, principalmente o capítulo 3; e Hendrik Kraay, *Race, State and Armed Forces in Independence-Era Brazil. Bahia, 1790s-1840s*, Stanford, Stanford University Press, 2001.
30. Silvia Lara, *op. cit.*, p. 167.
31. Russell-Wood, *op. cit.*, p. 137.
32. Hendrik Kraay, *Race, State and Armed Forces in Independence-Era Brazil. Bahia, 1790s-1840s, op. cit.*; e Marcus Carvalho, "Os negros armados pelos brancos e suas independências no Nordeste (1817-1848)", *in* István Jancsó (org.), *Independência: história e historiografia*, São Paulo, Hucitec/Fapesp, 2005, p. 881-914.
33. Hendrik Kraay, *Race, State and Armed Forces in Independence-Era Brazil. Bahia, 1790s-1840s, op. cit.*, capítulo 5, especialmente a p. 107.
34. Para a discussão sobre o status dos libertos na Constituinte de 1823 e na Constituição de 1824, ver José Honório Rodrigues, *A Assembleia Constituinte de 1823*, Petrópolis, Vozes, 1974; Jaime Rodrigues, *O infame comércio: propostas e experiências no final do tráfico de africanos para o Brasil (1800-1850)*, Campinas, Unicamp, 2000; e "Liberdade, humanidade e propriedade: os escravos e a Assembleia Constituinte de 1823", *Revista do Instituto de Estudos Brasileiros da USP*, n° 39, 1995, p. 159-167; Rafael Marquese e Marcia Berbel, "La esclavitud en las experiencias constitucionales ibéricas, 1810-1824", *in* Ivana Frasquet (org.), *Bastillas, cetros y blasones. La Independencia en Iberoamérica*, Madri, Fundación Mapfre-Instituto de Cultura, 2006, p. 347-374. Keila Grinberg, *O fiador dos brasileiros..., op. cit.*, capítulo 3; Hebe Mattos, *Escravidão e cidadania no Brasil monárquico, op. cit.*
35. Esses movimentos aconteceram em 1832-1835; 1835-1840; 1836-1845; 1838-1841, respectivamente.

36. Depois das guerras de independência, havia falta de vários alimentos de consumo básico, como mandioca, o que estimulava a alta de preços. Além disso, a produção descontrolada de moedas de cobre ativara uma inflação sem precedentes na história da província. Hendrik Kraay, "As Terrifying as Unexpected", *op. cit.* Ver também João José Reis, *Rebelião escrava no Brasil, op. cit.*, p. 37-63; Paulo César Souza, *op. cit.*, p. 165-168.
37. Hendrik Kraay, "As Terrifying as Unexpected", *op. cit.*, p. 508-513. Em estudo sobre a Balaiada, Matthias Röhrig Assunção também encontra evidências de descontentamentos populares relacionados ao Exército e ao recrutamento militar precedentes à revolta. Matthias R. Assunção, "Elite Politics and Popular Revellion in the Construction of Post-colonial Order. The case of Maranhão, Brazil (1820-1841)", *Journal of Latin American Studies*, v. 31, 1999, p. 1-38.
38. Hendrik Kraay, "As Terrifying as Unexpected", *op. cit.*, p. 510-513.
39. Augusto Vitorino Alves Sacramento Blake, *Diccionario Bibliographico Brazileiro*, Rio de Janeiro, Typographia Nacional, 1883; reedição: *Dicionário biobibliográfico brasileiro*, Rio de Janeiro, Imprensa Nacional, 1902.
40. Augusto Victorino Alves do Sacramento Blake, "A revolução de 7 de novembro e o Dr. Francisco Alves (sic.) da Rocha Vieira", *Revista do Instituto Histórico e Geográfico Brasileiro*, v. 50, nº 4, 1887, p. 187. Kraay, "As Terrifying as Unexpected", *op. cit.*, p. 508-513.
41. A parte relativa à historiografia da Sabinada está baseada em Hendrik Kraay, "As Terrifying as Unexpected", *op. cit.*, p. 508-513.
42. Paulo César Souza, *op. cit.* Hendrik Kraay, "As Terrifying as Unexpected", *op. cit.*, p. 508-513.
43. Apesar de os líderes da Sabinada não terem tido a intenção de acabar com a escravidão, terminaram por criar, em janeiro de 1838, um batalhão de libertos no qual qualquer escravo poderia alistar-se, isto porque, com o grande número de escravos que voluntariamente assentava praça, muitos soldados recusaram-se a lutar ao lado de escravos, pedindo para ser transferidos para outras unidades. O recrutamento de escravos, no entanto, previa a indenização a seus senhores, e africanos foram excluídos de tomar parte no movimento. Hendrik Kraay, "As Terrifying as Unexpected", *op. cit.*, p. 517-518.
44. Hendrik Kraay, "As Terrifying as Unexpected", *op. cit.*, p. 516-517. Em carta a Rebouças, Barreto Pedroso também menciona o grande número de escravos recrutados pelos revoltosos: "A força de Pernambuco é de 500 homens, a de Sergipe de 100. É ótima gente, mas V. Sa. sabe que os rebeldes têm os pretos que se batem com bastante vigor", in *A Sabinada nas cartas de Barreto Pedroso a Rebouças...*, *op. cit.*, p. 214.
45. *Novo Diário da Bahia*, 26 de dezembro de 1837, p. 2.
46. *Idem*. Agradeço a Hendrik Kraay o envio dessa fonte.
47. Há divergências quanto às origens sociais de Montezuma: Katia Mattoso o classifica como sendo de origem modesta, oriundo de meio social "relativamente

simples", filho de um capitão de um brigue que fazia tráfico de escravos; Pena, por outro lado, afirma que "ele foi realmente filho de um poderoso traficante baiano de escravos", dono de mais de um brigue. Katia Mattoso, *Bahia, século XIX: uma província no império*, Rio de Janeiro, Nova Fronteira, 1992, p. 273-274; Eduardo Pena, *Pajens da casa imperial: jurisconsultos e escravidão no Brasil do século XIX*, Campinas, Ed. Unicamp, 2001, p. 42-46. Sobre Montezuma, ver também Raul Floriano et al., *Ex-presidentes do Instituto dos Advogados Brasileiros, desde Montezuma*, Rio de Janeiro, s/e., 1988, p. 19-45; Alberto Venancio Filho, *Francisco Gê de Montezuma, visconde de Jequitinhonha, primeiro presidente do Instituto dos Advogados Brasileiros*, Rio de Janeiro, IAB, 1984. Célia Azevedo, "A recusa da 'raça': antirrracismo e cidadania no Brasil dos anos 1830", *Horizontes Antropológicos*, Porto Alegre, ano 11, nº 24, p. 297-320, julho/dezembro de 2005.

48. Sabino foi descrito pelo funcionário que o prendeu em 1833 como tendo "estatura mediana, cabeça arredondada, testa alta e larga com uma cicatriz transversal, sobrancelhas grossas, cabelos castanhos e crespos, olhos grandes e azuis, nariz grande um tanto largo, lábios finos, barbas fechadas e com suíças pequenas, e uma cicatriz do lado do queixo inferior esquerdo". Wanderley Pinho, *A Sabinada*, p. 257, *apud* Paulo Cesar Souza, *A Sabinada...*, op. cit., p. 46. Para Luiz Viana Filho, Sabino tinha os lábios finos, "os olhos azuis, muito vivos, contrastando com os cabelos castanhos crespos e o nariz largo, que traem a ascendência negra". *A Sabinada (a república bahiana de 1837)*, op. cit., p. 67. De Voltaire e Montesquieu, Rebouças possuía as *Obras Completas*, no original. Ver o inventário de Carolina Pinto Rebouças, nº 196, galeria B, liv. 5, fl. 202, 1865, Rio de Janeiro, Arquivo Nacional.

49. Sabino dirigiu O *Bahiano* por pouco tempo; logo depois, fundou seu próprio periódico, O *Investigador*, que, por sua vez, era rodado na tipografia de Gonçalves Martins, chefe de polícia quando da Sabinada.

50. Para esta última informação, ver João José Reis, "O jogo duro do dois de julho: o partido negro na independência da Bahia", op. cit.

51. Antonio Pereira Rebouças, *Recordações da vida patriótica*, op. cit., p. 103.

52. Carta do marquês de Olinda sobre política, 16 de novembro de 1837. Ver também a carta de Maciel Monteiro de 31 de dezembro de 1837, na qual reitera sua confiança na lealdade de Rebouças, principalmente quanto à pacificação de Salvador, Rio de Janeiro, Biblioteca Nacional, Sessão de Manuscritos, docs. I-3, 23, 62 e I-3, 23, 29, respectivamente.

53. *Annaes do Parlamento Brasileiro*, sessão de 13 de maio de 1843.

54. *Novo Diário da Bahia*, 26 de dezembro de 1827, p. 3.

55. Ver a fala do trono de maio de 1838, na qual o regente Araújo Lima descreve as condições internas do Brasil em termos encorajadores, advogando o fim da anarquia e do republicanismo no Brasil. *Falas do trono desde o ano de 1823 até o ano de 1889...*, Brasília, Instituto Nacional do Livro, 1977, p. 187.

56. *Annaes do Parlamento Brasileiro*, sessão de 18 de maio de 1838.
57. Thomas Flory, "Race and Social Control in Independent Brazil", *Journal of Latin American Studies*, n° 9, v. 2, 1977, p. 225-250.
58. *Idem, ibidem*, p. 213, nota 37. Para citação de Wanderley, ver *Annaes do Parlamento Brasileiro*, sessão de 1846, v. II, p. 571.
59. Paul Gilroy, *op. cit.* Ver também, além das obras já citadas de Hebe Mattos, "Resenha de O Atlântico Negro — Modernidade e Dupla Consciência de Paul Gilroy", *Estudos Afro-Asiáticos*, Rio de Janeiro, ano 24, 2002, n° 2, p. 409-414.
60. Ilmar de Mattos, *O tempo saquarema: a formação do Estado imperial*, Rio de Janeiro, Hucitec, 1990.

CAPÍTULO VII O fim do tráfico transatlântico de escravos para o Brasil: paradigmas em questão

Jaime Rodrigues

> No encaminhamento do problema da escravidão é possível distinguir quatro momentos principais, que podem também ser pensados enquanto situações típicas de resposta político-partidária à resistência da sociedade agrária escravista à alteração do *statu quo*: a) extinção do tráfico (...) b) Lei do Ventre Livre (...) c) Lei dos Sexagenários (...) d) abolição.
>
> PAULA BEIGUELMAN, *Formação política do Brasil*, p. 231-232

> Não há dúvida (...) de que foi a súbita extensão (...) das operações antitráfico da esquadra britânica em águas e portos brasileiros que, provocando a crise política no Brasil, levou diretamente à aprovação de uma nova lei antitráfico e ao seu cumprimento (...). No mínimo, pode-se dizer que a ação naval britânica acelerou grandemente, se é que não os precipitou sozinha, os derradeiros e bem-sucedidos esforços do Brasil para suprimir o tráfico negreiro.
>
> LESLIE BETHELL. *A abolição do tráfico de escravos no Brasil*, p. 343.

Dois fortes paradigmas impregnam há décadas as histórias gerais da escravidão no Brasil. Em poucas palavras, trata-se da gradualidade da abolição e da pressão inglesa como fator determinante para que o tráfico de africanos chegasse ao fim, como as epígrafes deste texto expressam com clareza.

Para muitos autores, entre os quais me incluo, o ano de 1850 reuniu as condições que teriam permitido finalizar o tráfico. A relação de tais condições, no entanto, não obtém a unanimidade dos estudiosos. Emília

Viotti da Costa nomeou algumas delas, bem como os sujeitos históricos ativos no processo que resultou no fim do tráfico:

> O empolgamento da questão pelo jogo político partidário, a pressão britânica, o recrudescimento da vigilância nos mares pela marinha inglesa, o fato de setores extensos estarem mais ou menos abastecidos de escravos criaram as condições que serviram de base para que se resolvessem definitivamente a questão do tráfico.[1]

A questão do fim do tráfico transatlântico de escravos para o Brasil presta-se a uma interpretação do olhar dos historiadores diante do problema que se colocam. A inegável pressão britânica sobre o governo imperial do Brasil, por exemplo, foi lida de maneiras diversas, conforme a postura de quem se dispôs a analisá-la. Autores como José Honório Rodrigues, por exemplo, viam a pressão como um confronto entre os interesses das classes dominantes do Brasil e da Inglaterra e entenderam a Lei Eusébio de Queirós como ato de soberania nacional tomado por iniciativa brasileira — já que, como demonstram as estatísticas do contrabando, o tráfico se ampliou enquanto persistiu a repressão inglesa após 1830.[2]

Brasilianistas como Richard Grahan, Bethell e Robert Conrad tiveram papel de destaque na consolidação do paradigma da pressão inglesa como motivo determinante para o fim do tráfico. De modo um pouco mais conciliador, Grahan elogiou "ambas as nações" e afirmou que o encerramento do tráfico se deveu à intervenção britânica (sem se importar com as causas que levaram a isso) e às providências tomadas pelo Brasil.[3] Conrad, por sua vez, creditou à "poderosa persuasão diplomática e naval" inglesa a força que obrigou o governo brasileiro "a respeitar suas leis e tratados relativos ao tráfico escravista, *e por esse motivo o tráfico africano chegou ao fim*". Em obra anterior, o autor já havia reforçado os paradigmas da gradualidade da abolição e da pressão britânica:

Entrincheirada como estava, a escravatura recebeu seu primeiro golpe sério quando sua fonte de abastecimento foi cortada em 1851 e 1852 pela supressão do tráfico africano. Esta primeira medida, contudo, não foi tomada pelos abolicionistas brasileiros, tendo sido, principalmente, o resultado da pressão estrangeira.[4]

Neste texto, procuro expor, em forma de síntese, as preocupações que nortearam parte das pesquisas que realizei sobre o tráfico negreiro para o Brasil ao longo de anos, muitas vezes debatendo com os dois paradigmas que apontei até aqui.[5] Procurei avaliar a perspectiva senhorial e letrada em torno da questão desde o final do século XVIII até a segunda proibição do tráfico de escravos, ocorrida em 1850. Estabeleci tais recortes para possibilitar o debate com a historiografia, considerando que, para alguns estudiosos, foi na obra *Etíope resgatado, empenhado, sustentado, corrigido e libertado*, escrita por Manoel Ribeiro Rocha e editada em 1758, que se levantaram os primeiros questionamentos à escravidão de maneira mais semelhante à prática abolicionista da segunda metade do século XIX.[6] O objetivo foi ler algumas obras e discursos de letrados Setecentistas e Oitocentistas, tendo como contraponto a recuperação dessas fontes pelos historiadores da escravidão nos séculos XX e XXI. Com isso, inventariei os argumentos anteriores à pressão inglesa mais incisiva pelo fim do tráfico de escravos no Atlântico sul para recuperar o processo histórico em uma dimensão não necessariamente caudatária dos paradigmas apontados.

A independência política do Brasil e a institucionalização dos poderes durante o Primeiro Reinado introduziram novas questões a serem examinadas no encaminhamento do tema. Em primeiro lugar, a partir de 1822 (ou 1825, se considerarmos a data do reconhecimento formal da coroa portuguesa em relação à emancipação) havia um novo governo com o qual os ingleses deveriam negociar. Ao mesmo tempo, a emancipação trazia para a ordem do dia inúmeros projetos de nação, discutidos no meio político institucional e em publicações de toda ordem, editadas a partir da década de 1820. Tais projetos inovavam também ao trazer argumentos para o debate sobre o tráfico — tema central para a nação pretendida — e ao reinterpretar os argumentos tradicionais, vindos da segunda metade do século XVIII.

Por fim, discuto a importância do comércio de escravos para a construção da nação entre as décadas de 1830 e 1850, ou seja, entre as duas leis de proibição do tráfico. Vender escravos africanos por meio do comércio transatlântico já era prática criminosa nesse período, e pretendo examinar o debate e os encaminhamentos legais a respeito do contrabando, prestando atenção às contradições de se lidar com um crime sem abrir mão da "soberania nacional" conquistada, em parte, graças à luta em defesa de uma decisão brasileira a respeito de quando o tráfico deveria cessar.

Reafirmar o processo que levou ao fim do tráfico como aspecto fundante da nação requer trazer à tona a multiplicidade de propostas sobre o modo de realizar tal objetivo. Os embates foram inúmeros, entre os que desejavam homogeneidade social ou racial para o povo brasileiro e os que queriam garantir a continuidade da produção agrícola nos moldes até então vigentes, opiniões aparentemente contraditórias e que foram constantes ao longo da história da colonização da América portuguesa.

Nas palavras de Davis, durante mais de dois séculos coexistiram duas grandes correntes de opiniões a esse respeito: a primeira afirmava que a escravidão era a base da economia e o principal caminho para a acumulação de riqueza individual e dos impérios, sendo por isso necessário garantir o fluxo constante de escravos africanos e proteger os senhores no usufruto de suas propriedades. Os defensores da segunda corrente acreditavam que os escravos africanos representavam perigo à segurança pública, e os governos deveriam "limitar seu número, fiscalizar suas atividades e alentar a introdução de servidores e artesãos brancos".[7] Para Davis, a resolução do dilema entre as duas correntes no âmbito das políticas públicas só começou a acontecer a partir da segunda metade do século XVIII. No caso brasileiro, é preciso que se diga, esses dois posicionamentos não são os únicos encontrados na primeira metade do século XIX nem são coerentes ou cristalizados. As nuanças nas falas e nos escritos políticos permitem que encontremos até mesmo defesas da expulsão dos africanos em nome da humanidade, da liberdade e da homogeneidade social.

O FIM DO TRÁFICO TRANSATLÂNTICO DE ESCRAVOS PARA O BRASIL

Apresentados os paradigmas mais recorrentes nos estudos históricos, meu objetivo principal é apresentar algumas possibilidades que permitam discuti-los e ir além deles na análise do fim do tráfico. Não será meu propósito estabelecer um debate direto com os autores e suas interpretações, mas sim apresentar temas presentes nas fontes dos séculos XVIII e XIX que podem vir a ser esmiuçados, permitindo uma aproximação com os variados argumentos anteriores e posteriores ao marco da "nação" construído no contexto do fim do tráfico negreiro. Os temas que elegi, entre outros possíveis, são a composição do "povo brasileiro", a suposta corrupção dos costumes trazida pela presença de africanos em meio a esse mesmo povo, o medo branco em relação a possíveis ações de escravos em busca da liberdade, as concepções senhoriais da liberdade a ser usufruída pelos escravos à medida que fossem sendo gradativamente emancipados e as especificidades dos projetos de abolição gradual da escravidão, sobretudo na primeira metade do século XIX — tudo isso permeado por menções à pressão britânica mais ou menos incisiva, conforme a circunstância, pelo fim do comércio transatlântico de africanos para o Brasil.

FORJAR O "POVO BRASILEIRO"

A preocupação com o tipo de trabalhador mais adequado ao Brasil remonta pelo menos ao início do século XIX. Descrevendo os problemas que causavam e agravavam a pobreza mineira naquele período, Basílio de Saavedra Freire apontava a dificuldade em conseguir comprar escravos africanos graças à preferência dada ao abastecimento das colônias espanholas, o que fazia aumentar o preço dos cativos. Além disso, a dificuldade em se conseguir mão de obra naquela capitania advinha da "louca opinião de que a gente forra não deve trabalhar" para não se igualar aos escravos. A fim de remediar essa "louca opinião", Freire sugeria mecanismos para obrigar os mulatos forros ao trabalho: leis restringindo o tamanho de suas eventuais propriedades, obrigando-os a trabalhar nos ofícios artesanais, "e principalmente proibir que uns pretos possam ter outros em escravidão, nem uns mulatos a outros mulatos (...)".[8]

Seu contemporâneo Luiz dos Santos Vilhena apontava a preguiça como característica inerente aos africanos, independentemente de sua condição ser a de escravos ou forros. Paradoxalmente, o fluxo anual de milhares de africanos para o Brasil não contribuía para o aumento da população, devido às más condições de vida e à índole dos escravos:

> Por natureza são os pretos de um temperamento frouxo, acostumados ao ócio desde que nasceram (...); são metidos como uma pilha no porão de um navio, em tal forma que só de o pensar lacrima e se horroriza a humanidade (...) aportam finalmente no Brasil (...) entregues muitas vezes a um feitor, que nem pelo nome conhece a humanidade (...) Ora, quem não vê que a opressão desta gente é um outro obstáculo para a população?[9]

Para ele, tal "temperamento frouxo" levava à pobreza material e de caráter, impedindo o crescimento do povo. Embora a referência fosse à Bahia, o mais rico estabelecimento português na América, suas impressões estendiam-se ao conjunto das capitanias: apesar da prodigalidade da natureza, os baianos formavam uma "congregação de pobres", e o Brasil era "a morada da pobreza, o berço da preguiça e o teatro dos vícios".[10]

Embora prestasse atenção às condições de vida dos escravos, Vilhena não condenou a escravidão diretamente. Para combater a preguiça que ele considerava inerente a essa forma de trabalho e para aumentar a população, fazendo crescer, consequentemente, a riqueza, esse professor de língua grega na Salvador Oitocentista propunha um rosário de medidas: a divisão de terras entre as famílias, aumentando a classe dos proprietários produtivos; o estímulo ao comércio interno; uma legislação repressiva à vadiagem nas cidades e o uso da mão de obra indígena.

O texto de Vilhena insere-se no debate em torno da composição do povo e de sua utilidade — no caso, como instrumento de multiplicação de riquezas que não necessariamente seriam usufruídas por seus produtores diretos. Para ele, o governo deveria impor mecanismos legais e policiais para realizar a difícil tarefa de forjar um povo laborioso a partir de matéria-prima que ele julgava pouco nobre. A grande população negra e escrava não constituía um povo justamente por estar descomprometida com a geração de riquezas.

Também preocupado com a riqueza do império português, o bispo Azeredo Coutinho foi outro autor preocupado com a definição e a composição do "povo". Tal como Vilhena, ele considerava o "povo" como mão de obra geradora de riqueza, instrumento que neste caso poderia ser substituído por máquinas assim que essas estivessem suficientemente desenvolvidas. O tráfico, ligação com as fontes africanas abastecedoras do trabalho, deveria acabar gradualmente, à medida que fossem introduzidos avanços técnicos na produção.

Para Coutinho, povo e multidão ainda eram sinônimos, ou seja, uma massa aglomerada "sem vínculo algum ou subordinação entre si". Se na "multidão" cabiam todos os homens, no "povo" por ele projetado só caberiam aqueles indivíduos organizados e enquadrados na "ordem estabelecida em a nação".[11] No interior dessa "ordem", nem mesmo os proprietários de terras podiam questionar a ordem absolutista, em cujo topo encontrava-se o soberano, a quem Coutinho professava sua obediência.

Povo, população e mão de obra tinham significados muito próximos nas obras de autores da virada do século XVIII para o XIX, como os que foram aqui apontados.[12] Como já assinalei, os eventos ligados ao processo de independência política na década de 1820 trouxeram novos elementos para o debate. A criação de uma identidade brasileira ou de uma nacionalidade passava a ser discutida com enfoques até então inexistentes, remetendo à homogeneização do povo e à busca de novas formas de exploração do trabalho.

No âmbito parlamentar, cujos debates começaram a partir dos trabalhos da Assembleia Constituinte de 1823, muitos representantes traziam consigo experiências e posições da discussão já iniciada em torno do tema no século XVIII. Alguns deles haviam, aliás, escrito textos sobre o assunto que só viriam a ser impressos no início do século XIX, e não poucos haviam ocupado postos na administração colonial portuguesa.

O início dos trabalhos legislativos brasileiros também abria um novo e importante campo para o debate em torno da construção da nação e do povo brasileiros.

Bom exemplo disso é a obra de Antônio Rodrigues Veloso de Oliveira,[13] bacharel em direito por Coimbra que fora chanceler na Relação maranhense até 1818. Mais tarde deputado à Constituinte reunida no Rio de Janeiro, "defendeu com toda energia a ideia de se acabar com a escravidão dos africanos".[14] A obra em questão, escrita em 1810, foi publicada em 1822, com as devidas alterações que o situassem no contexto da luta pela independência política e das desavenças com a coroa lusa, que o levaram a deixar o cargo no Judiciário do Maranhão.

Suas propostas de transformações na escravidão baseavam-se na crença de que o trabalho escravo era responsável por danos morais à nação, além dos danos econômicos vinculados ao custo do escravo em relação a sua produtividade. Veloso de Oliveira ambicionava promover a imigração europeia, além de estimular o uso dos indígenas e dos trabalhadores brancos ou mestiços pobres nacionais como substitutos dos escravos africanos. Para ele, os escravos trabalhavam de modo imperfeito porque eram coagidos, impedindo assim "o estabelecimento da verdadeira agricultura, das artes e manufaturas mais preciosas".[15]

O tráfico, "causa largamente discutida", poderia ser conservado. Para o autor, a maneira de conciliar a escravidão aos princípios humanitários e à segurança interna era promover a liberdade dos filhos dos escravos nascidos no Brasil. A fórmula para isso era astuciosa: a escravidão viria a tornar-se algo "puramente pessoal" e não mais hereditária; funcionaria como um pagamento dos escravos aos senhores pela salvação da morte e ao mesmo tempo, instituindo-se o ventre livre, evitava-se o perigo representado pela massa de escravos descontentes com a transmissão da condição de cativo à prole. Tratava-se de evitar a resistência dos cativos à escravidão, cujo exemplo mais gritante e recente vinha do Caribe: "São mui dignos de particular reflexão os casos tristes e mais recentes da Jamaica, de Suriorão (*sic*) e de São Domingos."[16]

Afastado o perigo, ganhava-se, de quebra, a garantia da manutenção da mão de obra escrava, tanto porque o tráfico prosseguiria como porque os recém-nascidos prestariam serviços na casa de seus senhores até completar 25 anos de idade. Para Oliveira, o fim do tráfico e o fim da escravidão não mantinham entre si inexorável relação de causalidade. A composição do "povo" brasileiro passava necessariamente pela definição do estatuto de cidadania dos trabalhadores. Uma vez que os libertos tendiam a tornar-se contingente significativo no conjunto do povo caso se optasse pela libertação gradual, era preciso definir claramente os limites da cidadania para os ex-escravos e os homens livres e pobres. Cidadania e liberdade, temas profundamente ligados ao encaminhamento da questão do tráfico negreiro, foram discutidos em diferentes ocasiões e perspectivas na Assembleia Constituinte de 1823.[17] Cairu, entre outros parlamentares contemporâneos, conceituava a escravidão como um "cancro", mas nem por isso ele e muitos de seus pares pensavam que a liberdade coletiva deveria ser debatida abertamente. No máximo, era possível encaminhar os mecanismos para a consecução da liberdade individual, extirpando o "cancro do cativeiro" enquanto os libertos fossem atraídos à ordem nacional (que não fora sequer definida). Nesses termos, o visconde alinhava-se a outros parlamentares que defendiam a diminuição paulatina do tráfico ou a concessão de limitada cidadania aos libertos.

Apesar do brusco encerramento dos trabalhos da Assembleia Constituinte, nem tudo o que se discutiu ali foi perdido.[18] As limitações à cidadania dos libertos, por exemplo, foram incorporadas ao texto da Constituição de 1824, e também foram reiteradas no texto, hoje bem conhecido, que José Bonifácio preparava para apresentar à Assembleia, o que acabou não ocorrendo. Bonifácio queria ver nos negros "amigos e clientes", condição a ser assumida gradativamente, à medida que adquirissem "a esperança de virem a ser um dia nossos iguais em direitos".[19]

Governantes e parlamentares pareciam ter consciência de que qualquer intervenção por meio de leis na relação entre senhores e escravos não seria vista com bons olhos. A ausência de marcos legais referentes à concessão de alforrias, por exemplo, reforça essa interpretação. A liberdade a partir do ventre ou o combate ao tráfico pareciam ser as únicas brechas passíveis de regulamentação, ainda assim tendo de enfrentar a oposição de muitos senhores de escravos que não se mostravam dispostos a cooperar em projetos tão intangíveis e distantes, como o da construção de um povo, nação ou nacionalidade. Emancipar as crianças nascidas de mulheres escravas ou extinguir o tráfico transatlântico, no entanto, eram propostas que, embora contassem com defensores na primeira metade do século XIX, foram objetos de disputas em diferentes campos sociais até se tornar viáveis.

Em 1836, o baiano Henrique Jorge Rebelo, juiz de direito em Nazaré, na província da Bahia, publicou sua *Memória e considerações sobre a população do Brasil* — obra que considero a mais radical entre as dos autores que refletiram sobre a criação do supostamente inexistente "povo brasileiro" até meados do século XIX. Além de pretender aumentar a população, Rebelo também indicava o papel a ser desempenhado pelo Estado nesse processo — o que justifica suas alegadas filiações intelectuais a Thomas Malthus (preocupado com os modos de restringir o crescimento populacional e difusor da ideia de que o crescimento geométrico das populações criaria riscos à subsistência) e Gaetano Filangieri (propositor de reformas sociais a serem implantadas por meio da legislação e conduzidas por um soberano absolutista tocado pela razão iluminista).

Na proposta de Rebelo, soldados e trabalhadores livres seriam cidadãos de segunda linha, enquanto os africanos sequer poderiam fazer parte desse conjunto. O melhor destino para eles era voltar à África pelo mesmo caminho por onde tinham vindo:

> será desses entes sem cultura e civilização que o Brasil espera aumentar e fazer progredir sua população? Não: o Brasil não quer o aumento e progresso de sua população provenientes desses infelizes habitantes d'África. Sim, vão outra vez habitar as áridas margens do Senegal esses filhos de incultos campos, esses selvagens dignos da compaixão da humanidade. Se o Brasil quer aumentar sua população, mande vir colonos alemães, suíços e outros de outras nações civilizadas.[20]

Em sua opinião, a população deveria ser aumentada, ampliando-se também o número de proprietários. Os escravos corrompiam os trabalhadores nacionais com sua indolência e, a ter uma população assim, era melhor não ter nenhuma... Entre as causas da propalada indolência dos trabalhadores nacionais figurava a escravização dos africanos, mas nem por isso Rebelo propôs a abolição geral: isso era "o que no Brasil se pode dizer *impossível*".[21] O que deveria ser combatido era o tráfico negreiro, denominado "comércio infame" e "tráfico de carne humana":

> Dir-me-ão alguns crédulos cidadãos: semelhante tráfico existe proibido; já o Brasil não sofre que sejam arrancados das ardentes praias d'África homens pretos, homens como nós! Coitados, como se iludem! Uma conseqüência triste e natural de proibições mal executadas é que as precauções tomadas e necessárias para as iludir introduzem um mistério, uma precipitação tal, que as fazem duas vezes irregulares, tornando a sorte desses infelizes africanos duplicadamente cruel.[22]

As condições em que o tráfico se fazia tornaram-se mais atrozes depois da proibição de 1831, pois os navios passaram a vir ainda mais abarrotados, e as condições a bordo haviam piorado, devido ao receio dos capitães negreiros em enfrentar a repressão britânica nos mares, sugeria Rebelo. Precursor da ideia de "para inglês ver" aplicada à lei de proibição do tráfico de 1831, esse autor afirmava que "a abolição do tráfico, tal, como tem existido até o presente (...) tem ocasionado maiores males que vantagens".[23] A fórmula para diminuir a dependência era introduzir máquinas e imigrantes europeus (ainda que de origem "mais ordinária") e proibir efetivamente a entrada de novos africanos, diminuindo-lhes a presença na composição da população e a propagação do "grande mal" da indolência.[24]

A vinda em massa de imigrantes livres europeus como substitutos dos escravos africanos, ainda que fosse uma possibilidade bastante remota na primeira metade do século XIX, manteve-se presente nas argumentações de outros autores preocupados com a composição populacional e com o mercado de mão de obra no Brasil. Entre eles, o ministro, senador e membro do Conselho de Estado marquês de Abrantes (Miguel Calmon du Pin e Almeida), autor de *Memória sobre os meios de promover a colonização*, publicada em meados da década de 1840. Embora não comparasse o trabalho de africanos e imigrantes europeus (alemães, por exemplo) de forma desfavorável aos primeiros, pretendia ver implantada a paulatina substituição dos escravos, promovendo ao mesmo tempo a doação de terras a companhias de colonização, responsáveis por estabelecer os imigrantes. A existência da escravidão no país era entendida como a causadora de um mal poucas vezes mencionado em outras obras do período: tratava-se da crença existente entre os estrangeiros de que o trabalho manual no Brasil era indigno. Nas palavras de Almeida, até o escravo que via o branco trabalhar a terra "considerava-o de inferior condição". O fim do tráfico e o consequente aumento do preço dos escravos deveriam diminuir essa repugnância, subproduto da escravidão. Tais eram as principais medidas sugeridas por Abrantes para fazer o trabalho livre substituir o trabalho escravo. Isso, todavia, só se daria "mais tarde":

> Digo mais tarde porque não me parece realizável o desejo, aliás, patriótico e louvável, de suprir neste momento com braços livres e na escala que se deseja a falta de braços escravos que se vai sentindo nas fazendas já estabelecidas e em grande cultura nas diferentes províncias.[25]

As propostas inventariadas indicam que o fim do tráfico não era considerado por todos os autores e atores políticos prerrequisito para a abolição da escravidão. Mesmo aqueles que defendiam o final do tráfico às vezes não viam em tal medida o início do declínio da escravidão no Brasil. Ao contrário, homens como Henrique Rebelo ou Antônio Veloso de Oliveira encaravam essa medida como fortalecedora da escravidão, por acreditar que ela apontava para uma mudança no tratamento dispensado aos escravos, propiciando a reprodução endógena sem a dependência do fluxo de novos africanos pelo tráfico transatlântico. De qualquer forma, para manter a escravidão e criar parâmetros ao exercício da cidadania de libertos e livres pobres, era necessário reforçar o controle sobre os trabalhadores e impor a disciplina no trabalho, impedindo que a "corrupção dos costumes" creditada aos africanos que atravessavam o oceano se espalhasse ainda mais.

A CORRUPÇÃO DOS COSTUMES E O MEDO SENHORIAL

A corrupção dos costumes dos brasileiros pelos africanos traficados teve vida mais longa nos discursos políticos voltados para a questão do tráfico negreiro do que a pressão inglesa, embora o tratamento historiográfico não costume expressar essa longevidade. Também podemos observar diferenças no significado dessa suposta corrupção de acordo com quem a usava como argumento político.

A corrupção poderia ser literal, como no caso dos traficantes ilegais e das autoridades policiais que fechavam os olhos ao contrabando de escravos após 1831 e eram continuamente denunciadas (aparentemente sem consequências mais profundas) na imprensa, nas rodas de amigos e também na Câmara e no Senado do império.[26] Porém, creio que a definição mais próxima do sentido abrangente de corrupção dos costumes pelos africanos no Brasil do século XIX tenha sido pronunciada pelo senador pernambucano Antonio Luís Pereira da Cunha, marquês de Inhambupe, do alto da tribuna do Senado em 1831:

> o maior bem que nos resulta da abolição da escravatura (...) é arredarmos de nós esta raça bárbara, que estraga os nossos costumes, a educação dos nossos filhos, o progresso da indústria, e tudo quanto pode haver de útil, e até tem perdido a nossa língua pura![27]

Quase europeus era como os membros da elite política imperial se viam, sendo a menção à "nossa língua pura" sinal dessa divertida (e distorcida) autoimagem. Nessa lógica, o Brasil era território bastante europeizado se comparado à África, o que concedia benefícios inquestionáveis aos africanos trazidos como escravos para o outro lado do Atlântico. Os benefícios eram de ordem climática e moral, estes últimos embasados na convivência com os brasileiros (não miscigenados até essa altura, a julgar pela fala de Inhambupe) no cotidiano da escravidão.[28] A paga por esses benefícios, entretanto, era a vingança, expressa na corrupção dos costumes que impedia o progresso material e moral da nação — visão que já surgia, ainda que de forma tímida, em textos coloniais como o de Vilhena, por exemplo.

Do geral ao particular, o gesto de apontar a corrupção dos costumes sofisticou-se. Ao ser incorporado às preocupações das academias médicas imperiais, por exemplo, o olhar dirigiu-se principalmente às mulheres escravas e ganhou evidentes contornos discriminatórios. As africanas ou suas filhas provinham de "povos supersticiosos, estúpidos, de costumes corrompidos",[29] o que as fazia mulheres impróprias para servirem como amas de leite ou mesmo prostitutas. Como amas, poderiam induzir as crianças brancas a se voltar contra seus próprios pais nos limites domésticos; como prostitutas, causariam dano ainda maior, atingindo um grande número de homens no ambiente da rua, onde a vigilância e a disciplina eram de mais difícil manutenção. A escravidão era vista como uma das causas da prostituição no Rio de Janeiro e, para remediar esse aspecto da corrupção dos costumes, um médico carioca pugnava pelo fim do tráfico e, audaciosamente, pela abolição da escravidão na corte:

> Quando na antiga Roma as leis concernentes à escravatura pareceram tender a extirpar este cancro, deparando aos particulares os meios de satisfazer a variedade de seus desejos, sem ser preciso saírem de suas casas, ele se agravou profundamente, pois que as desordens domésticas, fazendo irrupção no meio do povo, levaram a toda parte sua infecção. Isto que sucedeu na Cidade Eterna é o que tem lugar e sempre terá na capital do Brasil *enquanto não cessar completamente a importação de tão fatal mercadoria.*[30]

Apesar de propostas como essa, a ideia de que a escravização dos africanos era um agente civilizador persistiu durante algum tempo, entrando em choque com a crescente percepção de que também se corrompiam os costumes das famílias e dos trabalhadores nacionais enquanto o sistema fosse mantido. No Brasil como em outras partes da América, houve quem defendesse a expulsão dos negros livres ou libertos desde a década de 1820 e, principalmente, após a Revolta dos Malês (1835), alegando motivos como crimes, prostituição, desordem pública e causa de descontentamento entre os escravos que não recebiam alforria.

A preguiça e a visão do negro como mau trabalhador também surgia em outros discursos na Câmara, como na fala de Rebouças, para quem era preciso impedir aos libertos o emprego no comércio varejista. A intenção era fechar-lhes uma das poucas portas de acesso ao mercado de trabalho para homens livres; assim, eles "sairiam imediatamente do país, pois eles não querem trabalhar".[31]

No Brasil da primeira metade do século XIX convivia a imagem fluida e conveniente do africano trabalhador com a do africano preguiçoso. Esse contraponto poderia servir de argumento aos interessados em convencer os senhores de terras de que, cedo ou tarde, era preciso encontrar alternativas de mão de obra. O acirramento das pressões inglesas pelo fim do tráfico na década de 1840 reforçava essa necessidade, mas questões menos tangíveis também entravam na conta do convencimento dos senhores, como veremos a seguir.

A busca de alternativas para o abastecimento legal de mão de obra adensou-se e acelerou-se em meados do século XIX — e não se deve meramente ao acaso o adensamento, na mesma marcha, das evidências do medo senhorial em relação às ações dos escravos. O tema, que surgiu em obras editadas no final do século XVIII em função da revolução no Haiti, ganhou relevo no início do século seguinte, alimentado pela difusão de notícias acerca das ações individuais e coletivas dos escravos contra seus senhores ou em favor de sua libertação.[32]

Sem se referir especificamente aos escravos de Santo Domingo, embora escrevesse depois da revolução negra na porção francesa da ilha caribenha, Vilhena acreditava que todos os escravos representavam perigo, não se furtando de matar seus senhores sempre que houvesse oportunidade e usando as armas que lhe caíssem nas mãos.[33] Se a opressão da escravidão era a causa disso, a ação coletiva se mostrava ainda mais amedrontadora e ajuda a explicar por que, para alguns autores, a melhor solução seria uma extinção gradual do tráfico de escravos — como queria o autor de *Memórias sobre o comércio de escravos*, de 1838, evitando "saltos nocivos" provocados por rupturas bruscas como uma abolição de caráter mais geral.[34]

As reiteradas menções dos memorialistas da primeira metade do século XIX às possibilidades de ações coletivas dos escravos indicam o quanto o universo senhorial estava impregnado por essa ideia. Na obra de Maciel da Costa, entre outras, o medo era implícito e assumia a forma de preocupação com o futuro dos brancos do Brasil assim que "a população heterogênea, incompatível com os brancos, antes inimiga declarada", se tornasse majoritária. Com base em cálculos que projetavam a população futura, Costa gostaria de submeter o tráfico negreiro a freio — caso contrário, "veríamos, em breve, a África transplantada para o Brasil e a classe escrava nos termos da mais decidida preponderância".[35]

A africanização e a haitianização pareciam perigos contra os quais os senhores de escravos e seus representantes políticos deveriam tomar providências. Ao menos como figura de linguagem, os processos históricos poderiam repetir-se e, por isso, as ações contra esses perigos deveriam começar pelos próprios discursos públicos. Francisco Muniz Tavares, padre e deputado à Assembleia Constituinte por Pernambuco, pronunciava-se naquele fórum rechaçando a discussão sobre a extensão da cidadania aos libertos, atribuindo a alguns oradores da tribuna francesa em plena Revolução a responsabilidade pelos "desgraçados sucessos da ilha de São Domingos". Maciel da Costa tinha visão semelhante e admitia que os brasileiros incorreriam no mesmo erro ao insistirem na discussão: "Se felizes circunstâncias têm até agora afastado das nossas raias a empestada atmosfera que derramou idéias contagiosas de liberdade e quimérica igualdade nas cabeças dos africanos das colônias francesas (...) estaremos nós inteira e eficazmente preservados? Não."[36]

Se durante séculos vivera-se o dilema da escravidão como geradora de riquezas e motivo de convulsões sociais, o exemplo do Haiti introduzia, entre finais do século XVIII e início do XIX, um poderoso elemento para dirimir a questão,[37] desembocando em novas posturas, com dimensões sociais amplas e que alcançavam tanto os senhores quanto os escravos.[38]

O FIM DO TRÁFICO TRANSATLÂNTICO DE ESCRAVOS PARA O BRASIL

PROJETOS DE ABOLIÇÃO GRADUAL E CONCEPÇÕES SENHORIAIS DE LIBERDADE

Ao discutir o fim do tráfico e, eventualmente, da escravidão, uma das principais questões em jogo era a necessidade de manter a oferta de mão de obra para a lavoura. Como conciliar isso à eventual concessão de cidadania restrita e fazer cessar a corrupção dos costumes e os riscos da africanização e da haitianização do país era o nó que demandava solução por meio de uma fórmula política aplicável a toda a sociedade.

Na elaboração dessa fórmula, era preciso definir os termos pelos quais a liberdade seria usufruída à medida que fosse concedida. Na concepção senhorial e de seus representantes políticos, a liberdade dos africanos e seus descendentes não envolvia a escolha do tipo de trabalho: este deveria ser principalmente agrícola, gerador de riquezas para o Estado e os cidadãos plenos (proprietários de terras e, por enquanto, de escravos). Além do que, a vinculação do exercício da liberdade à obrigatoriedade do trabalho agrícola ampliava a possibilidade de vigilância sobre os trabalhadores, reunidos em uma área comum e submetidos a um tipo de feitorização bastante semelhante à dos tempos em que a escravidão não sofria questionamentos mais sérios.

A liberdade a ser usufruída após a alforria individual ou a abolição da escravidão era entendida como concessão (e não uma conquista dos escravos) pelos políticos e memorialistas no Brasil de finais do século XVIII até a primeira metade do século XIX. Mesmo porque a própria existência da escravidão moderna ocidental era legitimada por fortes argumentos, que remetiam às diferenças entre europeus e africanos no campo da civilização. Na discussão sobre liberdade no século XIX, novos argumentos precisavam ser encontrados.

A legitimidade da perda da liberdade e as concepções sobre a vida livre dos africanos e seus descendentes foram temas recorrentes ao longo do período em análise. Afirmando que os africanos viviam regulados por (poucas) leis ditadas pela vontade, Oliveira Mendes apontava, em 1793, os modos legais pelos quais a liberdade era perdida: o adultério, a nomeação para receber a pena de escravidão no lugar de um superior na hierarquia social, o roubo e a derrota nas guerras.[39]

Além das condenações legais, a força também reduzia os homens à escravidão na África, bem como a traição, da qual as maiores vítimas eram as crianças que, enganadas, eram conduzidas sob qualquer pretexto ao local onde eram vendidas aos "sertanejos" compradores de escravos. Na visão de Oliveira Mendes, todas essas leis originavam-se dos princípios do direito romano: uma derivação da lei Júlia punia o adultério, ou da antiga lei de Rômulo permitia a entrega dos filhos para cumprir a pena dos pais, ou da lei Aquília para punir roubos. Com isso, o autor pretendia demonstrar a universalidade e, portanto, a superioridade inquestionável das instituições jurídicas europeias, presentes até mesmo entre povos que viviam "no centro da barbaridade"[40] e que aplicavam a lei de forma intuitiva, já que não tiveram em momento algum acesso aos códices romanos da Antiguidade.

Tais afirmações, retomadas por Muniz Barreto no século XIX, deviam muito ao debate existente sobre a legitimidade da escravidão desde o século XVI. Em 1569, o teólogo dominicano espanhol Tomás de Mercado admitia a legalidade da escravidão, "aceitando os motivos tradicionais da guerra, do crime e da venda de si próprio". Mesmo considerando os africanos bárbaros, "aceitava a justiça de suas leis que condenavam os transgressores à escravidão perpétua". David Brion Davis, em quem se apoiam estas observações, chamou a atenção para o uso repetido da obra de Mercado fora de seu contexto, mencionando autores do início do século XX como exemplos.[41] Podemos estender esta observação aos memorialistas que, como Oliveira Mendes ou Muniz Barreto, usaram tais argumentos no final do XVIII e início do XIX em defesa do tráfico de africanos com base em leis que eles imaginavam vigorar naquele continente.

A perda da liberdade entre os povos africanos aparece também na obra de Azeredo Coutinho. Como a escravidão se baseava no direito que o vencedor exerce sobre o vencido — justo porque pertinente à circunstância da guerra —, tratava-se na verdade de "uma grandíssima utilidade não só para a humanidade e para o bem geral das nações, mais ainda para a nação vencedora e talvez para a vencida".[42] A vida era valor mais importante do que a liberdade. Tratava-se, para ele, de regra geral pela qual o homem, com base no direito natural, podia optar por sofrer os efeitos de um mal menor.⁴³ A escravidão era respaldada pela desigualdade intrínseca entre brancos e negros, e negá-la seria um ultraje a todos os avanços da civilização:

> Todas as coisas têm um preço de estimação: o homem civilizado é de um preço inestimável entre as nações civilizadas; o homem bruto e selvagem tem o preço que se lhe dá a sua nação; querer comparar a estimação do homem civilizado com a do homem selvagem é ou não saber estimar os homens, ou é ultrajar o homem civilizado e querer de propósito confundir o branco com o preto.⁴⁴

Brancos e negros teriam suas diferenças ditadas pela natureza. Note-se, porém, que a natureza em Azeredo Coutinho era um correlato de civilização, sendo as diferenças entre os homens ditadas por graus civilizatórios, medidos pela materialidade e pelos avanços intelectuais, tendo como parâmetros a compreensão que disso se tinha na Europa de então. Sendo para ele civilizatória a diferença, abria-se o caminho para a superação da barbárie implantando-se gradativamente a civilização. A África de seu tempo seria um espelho do passado europeu, já que franceses, alemães e ingleses também haviam sido "escravos, vendidos, açoitados e castigados por seus senhores" em épocas remotas.⁴⁵ O tráfico era como uma catapulta que, ao retirar o africano de seu "estado de barbárie", o arremessava para o convívio dos homens que se adiantaram na civilização. A civilização, portanto, era adquirida pelo convívio, e era também um processo no qual se podiam queimar etapas.

A discussão ganhava corpo e deixava o terreno das possibilidades remotas quando adentrava o Parlamento. Naquele espaço, as propostas de emancipação gradual apresentadas por vários deputados e senadores motivavam discussões que faziam vir à tona as concepções de liberdade de deputados e senadores.

Nas palavras do já mencionado marquês de Inhambupe, o projeto apresentado pelo também senador Felisberto Caldeira Brant, o marquês de Barbacena — que viria a tornar-se lei em 7 de novembro de 1831, proibindo o tráfico de escravos — era interessante não só "pelas vantagens que há de abolir-se este comércio" como também porque não se podia ficar indiferente aos "princípios de humanidade e filantropia". Porém, dar simplesmente a liberdade aos negros costeados — homens tidos por Inhambupe como "bisonhos, não têm inteligência alguma" — seria desgraçá-los mais ainda. A questão era dotá-los de um ofício — como já vimos, a concepção de liberdade para muitos letrados do início do império vinha sempre acoplada à ideia de utilidade para a nação. Tornar livres os africanos introduzidos por contrabando ou alforriar escravos não significava deixá-los à vontade para escolherem seus destinos. Era necessário transformá-los em trabalhadores disciplinados e engajados no projeto de nação socialmente agregada e sem conflitos.

O significado da liberdade era tema de debate em todas as regiões escravistas do mundo ocidental, cuja persistência no tempo e no espaço trazia em comum a afirmação de que os africanos e seus descendentes seriam incapazes de assumir sua liberdade repentinamente, sem preparo ou monitoria senhorial nesse processo. Deixado a sua própria sorte, acreditava-se que o africano livre ou liberto não procuraria o trabalho disciplinado e útil.[46]

De acordo com Inhambupe, sendo os negros "incapazes de por si mesmos se poderem governar", deveriam ser entregues a curadores ou tutores por prazo "que os encaminhe ao que for necessário para a sua felicidade".[47] Caso se fechasse questão em torno da liberdade pura e simples, o lugar de seu usufruto não deveria ser o Brasil, nas palavras de Almeida e Albuquerque: "Devem fazer-se sair logo que se lhe der liberdade, e vão gozá-la na sua terra (...)."[48] A discussão era provocada pela ausência, no projeto de Barbacena, de um artigo prevendo a reexportação dos africanos apreendidos no contrabando após o início da vigência da lei que proibiria o tráfico transatlântico. O volumoso abastecimento de escravos nos últimos anos da década de 1830 e o medo crescente da haitianização são dados importantes para se compreender a recusa de inúmeros parlamentares em manter no país os africanos recém-introduzidos, embora não parecessem dispostos a abrir mão daqueles trazidos entre março de 1830 — início da vigência do tratado com a Inglaterra — e a data de discussão do projeto de Barbacena. O medo da haitianização, expressado pelos memorialistas e parlamentares desde o início do século e fomentado pelo conhecimento das experiências caribenhas e norte-americanas, integrava o ideário senhorial e motivava encaminhamentos drásticos como esse em torno da expulsão dos africanos.

A persistência do medo, alimentado pela releitura da história caribenha e da experiência da escravidão no Brasil, especialmente após a Revolta dos Malês em Salvador,[49] é parte essencial de um contexto no qual o fim do tráfico de escravos para o Brasil pode ser mais bem compreendido. Explícito ou de forma velada, travestido de "corrupção dos costumes" da sociedade, o medo em relação aos escravos perpassava os escritos e as falas dos letrados desde o final do século XVIII. Pode-se atribuir a ele o acréscimo do artigo prevendo a reexportação dos africanos livres no projeto de Barbacena que, assim modificado, se tornou lei em novembro de 1831, proibindo o tráfico de africanos para o Brasil. A posterior ineficácia da lei, tanto no que se refere à efetiva proibição do tráfico como à expulsão (dissimulada sob o eufemismo de "reexportação") dos africanos, não invalida o que venho discutindo até aqui. O medo das ações escravas e a recusa dos parlamentares em permitir a continuidade da suposta "corrupção dos costumes" foram componentes presentes na discussão que levou à elaboração da lei.

Uma vez verificada sua ineficácia, ao longo da década de 1830, a liberdade e sua ligação com o trabalho produtivo permaneceram em debate. Os africanos não foram enviados em massa de volta à África, e a questão da substituição da mão de obra escrava continuava em pauta em diferentes instâncias de discussão.

A liberdade que se pretendia dar aos africanos e seus descendentes num prazo mais ou menos dilatado tinha significados variados para os diversos sujeitos históricos que se preocuparam em defini-la. O tema já aparecera conjugado a outros, como a civilização, a escravidão na própria África, a (des)humanidade dentro da qual o tráfico era praticado e a criação do povo brasileiro entendido como mão de obra produtiva.

A proposta de Maciel da Costa procurava conciliar a necessidade econômica de uma agricultura dependente da mão de obra escrava com um "melhoramento" da população, aumentando o número de brancos livres. Escrevendo em 1821 e ainda em nome do império português, ele expunha a linha de ação a ser seguida:

> Convindo no interesse de adotar o sistema de trabalho por braços livres, [Portugal] não podia convir na abolição imediata da introdução dos escravos sem preparo e sem um prazo arrazoado para tomar suas medidas, sob pena de arruinar a agricultura e o comércio de seus estados (...). Sustentamos que a introdução deles deve ainda durar algum tempo entre nós por amor da causa pública.[50]

O tráfico deveria continuar até que, gradativamente, fosse diminuindo o número de escravos introduzidos todos os anos, na proporção em que chegassem os livres europeus para os substituir. A comparação entre os resultados do trabalho dos escravos africanos e dos europeus livres aparecia nesse autor com imensas vantagens para o segundo. A proposta de limitar vagamente o fluxo de africanos para o Brasil num prazo dilatado era muito mais uma resposta ao medo do futuro da nação em termos da estrutura demográfica e racial do que um projeto de abolir a escravidão começando por extinguir o tráfico.

Costa usava a gradualidade como argumento para seu projeto de nação. Defendendo a manutenção do tráfico "por amor da causa pública", ele não definia uma data para seu término, que dependeria do tempo necessário para "melhorar" a população. Esse melhoramento, conforme frisou Célia Azevedo, era parte das atribuições do Estado, que deveria se esforçar para moldar a sociedade usando todos os mecanismos a sua disposição,[51] entre eles as leis repressivas à vadiagem, a ação da polícia, o registro dos indivíduos e o incentivo à imigração. Maciel da Costa, representante de um tipo de pensamento que atribuía ao Estado o papel de demiurgo da sociedade e da nação, desejava frear o tráfico recorrendo a uma ideia que soava terrivelmente familiar ao ideário de seus interlocutores: sem um controle estrito, o império se tornaria um "reino do Congo!" e, para evitar isso, se deveriam "tomar medidas preparatórias para se extinguir, *um dia*, até o nome de escravidão entre nós".[52] Esse dia, no entanto, estaria longínquo o suficiente para não assustar os senhores ao sentir que poderiam ficar sem seus escravos, mesmo tendo em conta todos os inconvenientes do medo que se usavam frequentemente entre os homens letrados. Maciel da Costa vivia o dilema da camada senhorial do início do século XIX que, mesmo tomada pelo crescente medo das ações escravas, tinha de conciliar isso com a impossibilidade de encontrar substitutos efetivos para a mão de obra escrava africana.

Pouco tempo antes da edição dessa obra, veio à luz o texto de Muniz Barreto — cujo contexto de produção é tão importante quanto o da publicação. Barreto escrevera *Memória* na Bahia em 1817[53] — ano em que os governos britânico e português assinavam a convenção adicional ao tratado de 1815, que proibira o tráfico ao norte do Equador, até então desrespeitado pelos traficantes baseados em Portugal e no Brasil.[54] Pela data e pelo local do manuscrito, são compreensíveis as semelhanças entre essa e a já mencionada obra de Oliveira Mendes, seu contemporâneo e provável interlocutor. Muniz Barreto descreveu a escravidão na África de maneira muito parecida com a de Oliveira Mendes, citando as mesmas leis que supostamente permitiriam a escravização naquele continente. A publicação de *Memória*, porém, só ocorreu em 1837, em contexto muito diverso: o manuscrito de Barreto fora tirado do esquecimento pelos parlamentares conservadores para contraporem-se à propaganda liberal, que publicara o trabalho de Frederico Burlamaqui no mesmo ano, atacando o tráfico.[55] Assim, a edição de *Memória* de Muniz Barreto traz os argumentos favoráveis ao tráfico do final do século XVIII para a ordem do dia na década de 1830, período marcado por intensos debates no meio letrado em função do descumprimento da legislação que proibia esse comércio e da pressão inglesa contra o tráfico brasileiro ilegal. Certamente, seria precipitado ceder à tentação de dizer que o uso de tais argumentos era um anacronismo. Na luta política pela manutenção do tráfico de africanos, valiam todos os argumentos em defesa desse comércio que, afinal de contas, dava boas provas de sua vitalidade ao prosseguir ativo e regular na ilegalidade.

O autor de *Memória sobre o comércio de escravos*, de 1838, como outros que fizeram a apologia do tráfico de escravos, encarava-o como problema cuja solução se daria quando as circunstâncias econômicas permitissem. Colocada a questão sobre a data para se acabar com ele, a resposta era direta:

> Quando (...) o Brasil contar em seu seio uma população correspondente a seu território, quando seu comércio for tão extenso quanto é capaz sua fertilidade e seus grandes meios: quando a indústria européia tiver, pela introdução das artes e ofícios e competentes máquinas, feito menos precisos um grande número de braços para suster e fazer andar nossos trabalhos, então, digo eu também, este comércio deve ser abolido, e ainda assim com aquela gradação que deve ter, para se evitar na marcha dos acontecimentos saltos que sempre são nocivos.[56]

A gradualidade com que se pretendia conceder liberdade e cidadania parcial aos negros libertos se explica pelo fato de que era gradativamente que se iria constituir o povo brasileiro, no pensamento desses homens. Desde há muito se enraizara o conceito de que os brasileiros eram preguiçosos e, mais do que nunca, essa preguiça era vista como fruto dos prejuízos que a escravização dos africanos trouxera ao país. A visão cataclísmica sobre o futuro da agricultura caso se abolisse abruptamente essa forma de exploração do trabalho marcou a primeira metade do século XIX e pôde ampliar o entendimento das propostas de extinção gradual do tráfico.

Os projetos de abolição gradual dos diversos autores eram, de modo geral, meios de fazer com que o Brasil se livrasse de uma população tida como de pouco valor produtivo e moral e aos poucos se elevasse com a introdução dos civilizados, fossem eles imigrantes europeus (possibilidade mais remota naquele período) ou nacionais, desde que devidamente disciplinados ao trabalho.[57]

Se de um lado o medo da africanização ou da haitianização do Brasil eram palpáveis e bastante presentes no cotidiano do mundo escravista da primeira metade do século XIX, a impossibilidade de repor os escravos também era elemento importante no ideário dos senhores do período, adiando a decisão sobre o fim do tráfico. No equilíbrio entre o medo das ações violentas dos escravos e a necessidade de manter a produção, devem ser procuradas as explicações para as idas e vindas na decisão de se acabar com o tráfico transatlântico de escravos africanos. É importante, porém, ressaltar a dificuldade de se penetrar o universo extremamente complexo das relações escravistas apenas pelas falas dos memorialistas ou parlamentares. Dados de outras fontes e novas abordagens têm sido tentados, com sucesso, pela historiografia desde pelo menos a década de 1980.[58]

Encaminhar soluções para esses medos era o que embasava algumas propostas feitas na Câmara. O deputado José Clemente Pereira, do Rio de Janeiro, formulava um projeto que estipulava para 1840 a extinção do comércio transatlântico de escravos africanos, além da venda em hasta pública dos navios apreendidos após aquela data, recomendando ainda a elaboração de uma lei que regulasse "a forma e modo de educar e empregar utilmente os mesmos libertos".[59] Mais próximo de uma abolição gradual longínqua era o projeto do deputado baiano Antônio Pereira Rebouças: elaborado em 1830, previa a aplicação, no Brasil, de legislação semelhante àquela promulgada em Portugal a respeito dos mouros cativos. A principal forma de se conseguir a liberdade seria o escravo pagar o total de seu valor acrescido de um quinto.[60]

À medida que se aproximava a data em que a proibição do tráfico entraria em vigor, nos termos do tratado com a Inglaterra, multiplicavam-se projetos de extinção gradual da escravidão. Ferreira França foi pródigo em propostas: além de retomar a ideia de Clemente Pereira sobre a venda dos escravos da nação, elaborou projeto prevendo o fim da escravidão para dali a 50 anos: no primeiro libertar-se-ia "o cinquentavo", no seguinte "o quarenta e noveavo e assim por diante".[61] Com a entrada em vigor do tratado, a soberania estava visivelmente arranhada, e em apenas um dia da legislatura de 1831, três projetos foram lidos na Câmara dos Deputados: o de Antônio e Ernesto Ferreira França, reafirmando a ideia do "cinquentavo" para consumar a gradual abolição em 50 anos; o do pernambucano Francisco Xavier Pereira de Brito, que retomava a possibilidade de libertação mediante avaliação e pagamento pelo escravo de seu próprio valor; e o do fluminense (e padre) Antônio João de Lessa, único a fazer menção aos africanos introduzidos por contrabando após o fim do tráfico legal.⁶²

Tais projeto podem ser entendidos como tentativas de alongar a legalidade do tráfico, mais do que iniciativas emancipacionistas. Afinal, pelo acordo assinado com os ingleses em 1826, aquele comércio se deveria encerrar em três anos. Se os problemas decorrentes do tráfico serviam muitas vezes como argumentos para a construção ou consolidação da nação, brandindo-se o princípio da soberania, o contrário também podia ser observado. Sob o argumento da garantia da nação soberana também abrigaram-se os interesses ligados ao comércio de escravos, pouco comprometidos com qualquer projeto de cunho constitutivo da nacionalidade.

Após cerca de um século de discussões em torno do direito natural e sobre se ele justificava ou não o tráfico e a escravidão como benefícios para os africanos, a vitória do argumento que defendia a injustiça do tráfico parecia cristalizada. Porém, mesmo vencedor enquanto discurso, não se conseguia fazer efetiva a proibição daquele comércio, posto que ressurgia então com toda a força o argumento da defesa do tráfico como provedor de mão de obra para a agricultura. Qualquer proposta referente ao comércio de escravos deveria submeter-se à necessidade da geração de riquezas e não mais ao julgamento do direito natural.

A PRESSÃO INGLESA E A REDEFINIÇÃO DOS INTERESSES SENHORIAIS

É bastante conhecido o axioma segundo o qual a lei de proibição do tráfico em 1831 fora feita "para inglês ver", tornando-se mesmo uma expressão idiomática do português do Brasil para indicar algo feito apenas para constar oficialmente, sem aplicação efetiva. À luz dos temas já tratados até aqui e que povoam o debate político até a década de 1830, vamos revisitar aspectos da pressão inglesa pelo fim do tráfico para o Brasil e a visão de letra morta incidente sobre aquela lei.

Tal pressão remontava à vinda da família real portuguesa para o Rio de Janeiro, em 1808, um ano após a proibição do tráfico transatlântico de escravos feito em navios de bandeira inglesa. Os princípios para uma futura (e, naquela altura, incerta) abolição do tráfico nas colônias portuguesas seriam lançados nos termos do Tratado de Aliança e Amizade de 1810, pelo qual os portugueses se comprometiam a traficar apenas naqueles territórios africanos em que a soberania lusa não fosse questionada. Seguiram-se negociações em torno da captura de tumbeiros portugueses durante o Congresso de Viena (1815) e a proibição do comércio negreiro ao norte do equador, incluindo fontes abastecedoras tradicionais dos senhores baianos no Golfo da Guiné. Dois anos depois, novos regulamentos entraram em vigor, merecendo destaque a criação das Comissões Mistas anglo-portuguesas para julgar os contrabandistas. O reconhecimento da independência do Brasil pelos governos europeus em 1825 também envolveu promessa a extinção do tráfico, ao menos diante dos ingleses. É isso o que o tratado de 1826 referendava, renovando as garantias dos acordos anteriores, firmados com o governo português. Esse tratado previa o fim do tráfico de escravos três anos após sua ratificação (ou seja, 13 de março de 1830, já que a coroa britânica o aprovara nesses mesmos dia e mês do ano de 1827).[63]

Vejamos, então, como tentativas de proibição do tráfico repercutiram nos confrontos internos no Legislativo brasileiro, nas disputas entre os poderes e nos projetos referentes ao entendimento do país emerso após a separação de Portugal. Como a pressão externa esteve sempre pairando sobre o tráfico de africanos, ela seria fator significativo para a aglutinação das diferentes propostas que circularam no meio político até a década de 1830.

Uma das explicações que alguns parlamentares observavam no debate acerca do acirramento da pressão britânica sobre o governo imperial para extinguir o tráfico transatlântico era o projeto político de conquista direta de territórios na África. José Honório Rodrigues foi um dos historiadores que observou o interesse dos ingleses em afastar a eventual influência brasileira sobre os reinos africanos e a coincidência das datas entre o início da penetração inglesa e francesa na África e a extinção do tráfico de africanos para o Brasil. Leslie Bethell, embora se opondo a tal argumento, não deixou de observar que, no tratado de reconhecimento da independência de 1826, uma cláusula fazia o Brasil renunciar a qualquer possessão na África.⁶⁴

Embora usando palavras indignadas para referir-se aos termos desse tratado, a maioria dos parlamentares conservou-se imóvel até o final da década de 1820, ao mesmo tempo que as menções humanitárias para criticar os traficantes e a escravização dos africanos diminuíram sensivelmente e assim se mantiveram até 1850. Creio que essa imobilidade era justificada e relativamente calculada, fazendo parte da estratégia da elite política da época enquanto não se chegasse a uma solução que contemplasse o setor social mais influente no Brasil daquela época — os senhores de terras e escravos. Para chegar a isso, debates, convencimentos e lutas seriam travados em vários campos da sociedade.

A partir do segundo quartel do século XIX, além de fonte de abastecimento de mão de obra, o tráfico tornara-se pivô da soberania brasileira. Nas palavras do deputado pela província de Goiás Raimundo José da Cunha Mattos, "o comércio de escravos deve acabar, mas deve acabar quando assim o quiser a nação brasileira, livre, soberana e independente dos caprichos e da vontade do governo de Inglaterra".⁶⁵

O uso da expressão "nação brasileira" e o teor mais geral das discussões parlamentares indicam quem participaria dessa entidade política. Mantendo a cidadania plena restrita a uma pequena camada de proprietários com amplos poderes decisórios, o recado era que a construção da "nação" passava pela consolidação do poder senhorial na sociedade brasileira, no país recém-instituído. Essa ordem exigia uma regulamentação da sociedade pela criação do povo "melhorado" e "morigerado" e da constante vigilância, bem como a definição dos limites do poder das autoridades para interferir na relação senhor/escravo. As pressões diplomática e militar dos ingleses pelo fim do tráfico eram entendidas como interferências no processo de organização nacional, expressado nos projetos dos parlamentares para tentar bloquear as iniciativas britânicas e fazer uma lei antitráfico depois de alcançada a fórmula da coesão social.

O contexto das regências parecia uma conjuntura propícia à extinção do tráfico transatlântico. O aumento da ação dos cruzeiros britânicos, aliado à nebulosa situação política gerada pela abdicação de d. Pedro I, em meio à qual ascenderam políticos liberais (entre 1831 e 1837) que defendiam o término da atividade, parece ter desencorajado os importadores por algum tempo. Porém, a julgar pelas estimativas de contrabando de africanos já na década de 1830, as convulsões provinciais não influíram na flutuação da demanda por escravos, ainda que algumas províncias tenham importado menos cativos devido à queda nos preços de seus principais produtos agrícolas ou a uma repressão mais severa ao contrabando no litoral do Norte e Nordeste do país.⁶⁶ Com poucos sucessos na repressão, os liberais não conseguiram aplicar a lei com eficácia.

O fim do tráfico perdurou no debate político entre conservadores e liberais até meados da década de 1850. A postura dúbia dos partidários de ambos os grupos foi anotada por estudiosos, que também assinalaram terem todas as medidas efetivas contra o tráfico sido tomadas por gabinetes conservadores (após 1837).⁶⁷

Após a promulgação da lei de novembro de 1831, o Poder Legislativo passou a discutir diversos pontos seus, tais como a atuação das comissões mistas anglo-brasileiras e a própria serventia do texto legal.⁶⁸ De acordo com o senador fluminense marquês de Maricá, a inobservância da lei de 1831 era atestada pelas "lições da experiência já adquirida sobre os meios e modos de continuar o contrabando".

Na Câmara, durante a legislatura 1834-1837, várias vezes cogitou-se revogar todas as leis antitráfico e também fez-se vista grossa ao contrabando de escravos. Barbacena, o autor da lei que proibira o tráfico em 1831, elaborava em 1837 um novo projeto a ser discutido no Senado, dessa feita para revogar a lei de sua própria autoria. Nesse projeto, os africanos livres que tivessem sido comprados como escravos ficavam impossibilitados de reverter sua situação e de reivindicar a condição de livres, porque os senhores que os tivessem comprado ficavam a salvo de qualquer ação penal. Todo o ônus do tráfico ficava com o traficante, mantendo-se como passíveis de processo os tripulantes das embarcações e os que auxiliassem nos desembarques. Se lembrarmos que um dos dispositivos da lei de 1831 incluía os compradores de escravos na condição de réus por crime de contrabando e compararmos a situação àquela apresentada no novo projeto, podemos observar que os senhores de escravos escaparam da culpa. Pela iniciativa de Barbacena em 1837, alguns réus mencionados na lei em vigor eram mantidos nessa condição (equipagem dos navios negreiros e pessoas que auxiliassem nos desembarques clandestinos, por exemplo), mas quem comprasse africanos ficava isento de qualquer pena referente ao crime de contrabando.[69] Assim, o risco da transação ficava apenas sob a responsabilidade dos traficantes e de seus auxiliares.

O projeto de Brant acirrou as questões com o governo inglês, especialmente por sua declarada intenção de revogar a lei de 1831, mas não parece ter repercutido tão mal entre os senhores de escravos e seus representantes. Apesar de alguns deputados e senadores na corte referirem-se à "honra nacional ofendida" e à "dignidade nacional (...) freqüentemente menoscabada",[70] os membros das assembleias provinciais começaram a pressionar pela votação, em regime de urgência, do projeto que revogava a lei de 1831. A forma relapsa como as autoridades policiais encaravam a repressão ao tráfico clandestino, em vez de motivar reprimendas, era entendida como indício de que os brasileiros aprovavam o comércio de escravos e, consequentemente, não aceitavam os termos da lei que proibira o tráfico. Nessa situação, se o governo quisesse fazer cumprir a lei, teria de dividir o Brasil: "Há de pegar a metade da nação, meter na cadeia, e a outra metade montar guarda?"[71]

A demora em colocar o projeto vindo do Senado em pauta motivou a Câmara a propor um substitutivo curto e direto, no final de 1841: "Art. 1 — Fica revogada a lei de 7 de novembro de 1831; Art. 2 — Ficam revogadas as leis em contrário."[72] Porém a tramitação desse projeto acabou bloqueada pelas turbulências políticas (as chamadas revoltas liberais de São Paulo e Minas Gerais em 1842) que levaram à dissolução da Câmara e ao retorno de seu funcionamento somente em 1844. Nessa nova legislatura, a pauta incluía a elaboração de um novo tratado antitráfico, pois o que fora firmado em 1826 perderia a validade naquele ano. Para isso, o novo gabinete, liderado pelo visconde de Macaé, passava a exigir tratamento preferencial aos produtos brasileiros no mercado britânico e a revisão das tarifas privilegiadas na importação de produtos vindos da Grã-Bretanha.

O Legislativo encontrava-se entre duas pressões poderosas: de um lado, os ingleses pressionando pela manutenção dos termos do tratado de 1826 e da proibição do tráfico, exigências que não se limitavam às conversações diplomáticas, mas que assumiam, cada vez mais, formas bélicas, como o apresamento de navios no próprio litoral brasileiro; de outro lado, a pressão dos senhores brasileiros que, diretamente ou por intermédio das assembleias provinciais, pediam modificações ou a revogação da lei de 7 de novembro de 1831.[73]

Até poucos anos antes, a tônica dos discursos parlamentares remetia à necessidade de mão de obra para a produção agrícola e o tráfico era encarado como elemento fundante da nação, por atender a essa demanda tão fundamental. O acirramento das pressões inglesas na década de 1840, porém, tornava-se ameaça concreta, especialmente quando comparada à ameaça menos palpável da falta de mão de obra. Diante da hesitação do governo e do Legislativo brasileiros em acertar os termos para um novo tratado de proibição do tráfico, os britânicos encerraram as negociações e promulgaram de forma unilateral a *bill* Aberdeen em 8 de agosto de 1845, apesar dos protestos formais das autoridades brasileiras. Tratava-se de uma lei que autorizava o governo inglês a julgar os navios brasileiros como piratas em tribunais ingleses, onde quer que fossem capturados.[74]

Diante da ineficácia dos protestos e da previsão feita no Conselho de Estado acerca de "quantos vexames devemos temer da parte daquela potência".[75] A Câmara voltou a discutir o projeto Barbacena a partir de setembro de 1848. Eusébio de Queirós seria o responsável pela continuidade da discussão desse projeto em 1850, excetuando-se o artigo que revogava a lei de 1831, discutido em sessões secretas.[76]

A indignação contra os apresamentos ingleses de navios brasileiros envolvidos no tráfico dava tom ao debate, acalorado e repleto de intervenções e apartes incomuns em sessões da Câmara em que a pauta não tratasse de assunto tão apaixonante e momentoso. A discussão final do projeto de extinção do tráfico provocou a agitação do público no recinto, levando a decisão final a ser tomada em sessão secreta.

O desfecho da movimentada história do fim do tráfico transatlântico de escravos para o Brasil, tal como o conhecemos, aproximava-se. Mudanças significativas foram feitas no projeto que se tornou a lei conhecida pelo nome de Eusébio de Queirós, embora tivesse sido apresentado por Felisberto Caldeira Brant, o marquês de Barbacena, em 1837. O tráfico foi juridicamente equiparado à pirataria. Os traficantes, colocados sob a jurisdição de um tribunal especial — a Auditoria de Marinha —, ficaram sujeitos a penas de prisão e pagamento das despesas de reexportação dos africanos embarcados de volta à África. Os senhores de escravos que comprassem africanos passariam a ser julgados em outra categoria penal, a alçada da justiça comum, certamente mais branda, escapando da Auditoria de Marinha. Quem auxiliasse os negócios negreiros, apesar de reconhecidas suas culpas, não seria mais definido como contrabandista.

Do ponto de vista penal, a Lei Eusébio de Queirós era menos abrangente do que a lei de 1831, pois quem comprasse africanos importados ilegalmente não seria mais considerado réu em crime de contrabando. Essa mudança de foco ajuda a explicar a necessidade de uma segunda lei de proibição do tráfico, num momento em que a figura do traficante/contrabandista "descolara-se" da imagem dos senhores de terras e escravos perante a opinião pública.[77]

A abordagem do tema pelos caminhos feitos até aqui permite tentar responder a uma questão que julgo essencial: por que o fim do tráfico ocorreu depois de 1850 e não após 1831? A indagação não é nova, e, nos últimos anos, Manolo Florentino foi um dos historiadores que para ela procurou respostas. Embora aponte o peso da pressão britânica, o autor a isso não se restringiu e analisou a "comunidade de traficantes"[78] e seu profundo envolvimento em diferentes esferas da sociedade e dos poderes constituídos, abrindo nova seara de pesquisas a ser explorada em todos os portos do país, receptores de fluxos consideráveis de cativos pelo tráfico transatlântico.

Creio que o estudo pelo viés clássico da pressão inglesa como fator determinante já rendeu bons frutos. Outras motivações também merecem ser consideradas nas análises do fim do tráfico transatlântico — ainda reduzidas na historiografia brasileira, apesar da relevância do tema. Entre essas motivações, sugiro a maior coesão de parcelas da elite política, o esgotamento do projeto de construção do mercado de mão de obra baseado exclusivamente nos escravos africanos, a estreita vinculação entre a suposta "corrupção dos costumes" e a escravidão, a manutenção do direito sobre as propriedades escravas já existentes e a brandura policial e judicial para com os senhores que compravam escravos contrabandeados. A tudo isso aliava-se a separação entre os interesses senhoriais e os do traficante, do ponto de vista moral e legal, propiciando o apoio relativo dos senhores de escravos das províncias à nova lei, já que eles não estavam mais ameaçados pela justiça. Se entendermos essas motivações simultâneas numa conjuntura em que o medo das ações coletivas dos escravos aumentava (e, evidentemente, a pressão inglesa se acentuava), então é razoável afirmar que em 1850 a proibição legal do tráfico pôde ter, efetivamente, maior sucesso.

Notas

1. Emília Viotti da Costa, *Da monarquia à república: momentos decisivos*, São Paulo, Grijalbo, 1977, p. 243.
2. José Honório Rodrigues, *Brasil e África: outro horizonte*, 3ª ed., Rio de Janeiro, Nova Fronteira, 1983, p. 180-199. Os dados estatísticos sobre a importação ilegal de africanos após 1831 são discrepantes nas quantidades, mas todos os autores apontam a tendência de elevação do contrabando nesse período. Ver, entre outros, Maurício Goulart, *Escravidão africana no Brasil: das origens à extinção do tráfico*, São Paulo, Martins, 1949, p. 270; Leslie Bethell, *A abolição do tráfico de escravos no Brasil: a Grã-Bretanha e o Brasil e a questão do tráfico de escravos*, Rio de Janeiro/São Paulo, Expressão e Cultura/Edusp, 1976; Pierre Verger, *Fluxo e refluxo do tráfico de escravos entre o Golfo de Benin e a Bahia de Todos os Santos dos séculos XVII ao XIX*, São Paulo, Corrupio, 1987, p. 663; David Eltis, "The nineteenth-century transatlantic slave trade: an annual time series of imports into the Americas broken down by region", *Hispanic American Historical Review*, v. 67, nº 1, 1987, p. 109-138.
3. Richard Grahan, *Grã-Bretanha e o início da modernização no Brasil*, São Paulo, Brasiliense, 1973, p. 173.

4. Robert Conrad, *Tumbeiros: o tráfico escravista para o Brasil*, São Paulo, Brasiliense, 1985, p. 212 (grifo meu), e *Os últimos anos da escravatura no Brasil*, 2ª ed., Rio de Janeiro, Civilização Brasileira, 1978, p. 30, respectivamente.
5. Tais pesquisas resultaram nas obras *O infame comércio: propostas e experiências no final do tráfico de africanos para o Brasil (1800-1850)*, 2ª ed., Campinas, Ed. Unicamp, 2005, e *De costa a costa: escravos, marinheiros e intermediários do tráfico negreiro de Angola ao Rio de Janeiro (1780-1860)*, São Paulo, Cia. das Letras, 2005.
6. Manuel Ribeiro Rocha, *Ethiope resgatado, empenhado, sustentado, corrigido e libertado*, Lisboa, Of. Patriarchal de Francisco Luiz Ameno, 1758.
7. David Brion Davis, *El problema de la esclavitud en la cultura occidental*, Buenos Aires, Paidós, 1968, p. 121 (tradução brasileira: *O problema da escravidão na cultura ocidental*, Rio de Janeiro, Civilização Brasileira, 2001). Ver também W. E. B. Du Bois, *The Supression of the African Slave Trade to the United States of America (1638-1870)*, Nova York, Dover, 1970, p. 4-6.
8. Basílio Teixeira de Saavedra Freire, "Informação da capitania de Minas Gerais", *Revista do Arquivo Público Mineiro*, v. 1, 1897 (manuscrito de 1805), p. 674 e 677, respectivamente.
9. Luiz dos Santos Vilhena, *Recompilação de notícias soteropolitanas e brasílicas*, Bahia, Imprensa Oficial, 1921, p. 921. A primeira edição foi publicada por volta de 1800. As condições dos navios em que se faziam as travessias transatlânticas ainda estão por merecer estudo mais alentado. Sobre esse assunto, remeto a meu livro *De costa a costa*, op. cit., em especial p. 131-158, e a meu texto "Arquitetura naval: imagens, textos e possibilidades de descrições dos navios negreiros", *in* Manolo G. Florentino (org.), *Tráfico, cativeiro e liberdade: Rio de Janeiro, séculos XVII-XIX*, Rio de Janeiro, Civilização Brasileira, 2005, p. 79-123.
10. Vilhena, *Recompilação...*, op. cit., p. 905 e 914.
11. José Joaquim da Cunha Azeredo Coutinho, *Análise sobre a justiça do comércio do resgate dos escravos da costa da África*, Lisboa, Nova Oficina de João Rodrigues Neves, 1808, p. 296 a 304. As citações encontram-se às p. 296 e 298 e remetem à edição organizada por Sérgio Buarque de Holanda, *Obras econômicas de J. J. da Cunha Azeredo Coutinho*, São Paulo, Cia. Editora Nacional, 1966 (o manuscrito é de 1796).
12. Para discussão acerca do significado de "povo" em alguns outros autores dos séculos XVIII e XIX, ver Francisco J. C. Falcon, "O povo brasileiro: ensaio historiográfico", *Revista USP*, n° 46, julho/agosto de 2000, em especial p. 33-38.
13. Antônio Rodrigues Veloso de Oliveira, *Memória sobre os melhoramentos da província de São Paulo, aplicável em grande parte a todas as outras províncias*, Rio de Janeiro, Tipografia Nacional, 1822. Utilizei-me da segunda edição, publicada em 1868 na *Revista do Instituto Histórico e Geográfico Brasileiro*, v. 31, 1ª parte.
14. Nas palavras de Augusto Victorino Alves Sacramento Blake, *Dicionário bibliográfico brasileiro*, v. I, Rio de Janeiro, Tipografia Nacional, 1883/1902, p. 304-305.

15. Oliveira, *Memória*, *op. cit.*, p. 75-76.
16. *Idem, ibidem*, p. 76.
17. Para análise das discussões em torno da definição do significado e do alcance da cidadania na Assembleia Constituinte, ver *O infame comércio*, *op. cit.*, p. 54 e ss. Sobre a perspectiva de liberdade que a instalação da Constituinte pode ter significado para os escravos, ver Jaime Rodrigues, "Liberdade, humanidade e propriedade: os escravos e a Assembleia Constituinte de 1823", *Revista do Instituto de Estudos Brasileiros*, n° 39, 1995, p. 159-167.
18. Para visão mais ampla acerca dos temas discutidos na Constituinte de 1823, ver José Honório Rodrigues, *A Assembleia Constituinte de 1823*, Petrópolis, Vozes, 1974. Os papéis produzidos ao longo dos meses de debate foram organizados e depositados no Arquivo da Câmara dos Deputados, em Brasília, *cf. Inventário analítico do arquivo da Assembleia Geral Constituinte e Legislativa do império do Brasil, 1823: descrição do acervo e sinopse de tramitação*, Brasília, Câmara dos Deputados, 1987.
19. José Bonifácio de Andrada e Silva, "Representação à Assembleia Constituinte e Legislativa do império do Brasil sobre a escravatura (1823)" in *Memórias sobre a escravidão*, Rio de Janeiro/Brasília, Arquivo Nacional/Fundação Petrônio Portela, 1988, p. 70.
20. Henrique Jorge Rebelo, *Memória e considerações sobre a população do Brasil*, Salvador, Tipografia da Viúva Serva, 1836, p. 19.
21. Rebelo, *Memória*, *op. cit.*, p. 42, destaque no original.
22. Rebelo, *Memória*, *op. cit.*, p. 33.
23. Rebelo, *Memória*, *op. cit.*, p. 34.
24. No papel de magistrado, Rebelo foi acusado, em 1858, de infringir as leis repetidas vezes, por exemplo, concedendo cartas de emancipação a menores, subtraindo escravos de seus senhores e deixando de intimar testemunhas em processos. Acusações desse tipo o levaram ao banco dos réus na Justiça baiana. Cf. *Arquivo do Estado da Bahia*, Seção Judiciária, Autos-Crimes, Maço 5.263, Auto 3.
25. Miguel Calmon Du Pin e Almeida, *Memória sobre os meios de promover a colonização*, Berlim, Tipografia de Unger Irmãos, 1846, p. 42.
26. Para estudo acerca do papel desempenhado pela polícia e por outras autoridades governamentais na repressão ao tráfico clandestino pós-1831, ver *O infame comércio*, *op. cit.*, p. 131 e ss.
27. *Anais do Senado*, 15 de junho de 1831, I, p. 366.
28. Argumentos dessa ordem podem ser encontrados em textos como os da lavra de João Severiano Maciel da Costa, "Memória sobre a necessidade de abolir a introdução de escravos no Brasil, sobre o modo e condições com que esta abolição se deve fazer e sobre os meios de remediar a falta de braços que ela pode ocasionar", de 1821, e Domingos Alves Branco Muniz Barreto, "Memória sobre a abolição do comércio da escravatura" (manuscrito de 1817 e primeira edição em

1837), in *Memórias sobre a escravidão*, Rio de Janeiro/Brasília, Arquivo Nacional/Fundação Petrônio Portela, 1988, p. 79-99 e 9-59, respectivamente.
29. Agostinho José Ferreira Bretas, *Dissertação inaugural sobre a utilidade do aleitamento maternal e os inconvenientes que resultam do desprezo deste dever*, Rio de Janeiro, Tipografia de Cremière, 1838, p. 22.
30. Herculano Augusto L. Cunha, *Dissertação sobre a prostituição, em particular na cidade do Rio de Janeiro*, Rio de Janeiro, Tipografia Imparcial de Francisco de Paula Brito, 1845, p. 33 (grifo meu).
31. *Atas da Câmara dos Deputados*, 5 de agosto de 1831, II, p. 30.
32. Sobre o assunto, ver o instigante artigo de Carlos Eugênio Soares e Flávio Gomes, "Sedições, haitianismo e conexões no Brasil escravista: outras margens do Atlântico negro", *Novos Estudos Cebrap*, n° 63, julho de 2002, p. 131-144.
33. Vilhena, *Recopilação, op. cit.*, p. 136.
34. *Memórias sobre o comércio de escravos, em que se pretende mostrar que este tráfico é, para eles, antes um bem do que um mal*, Rio de Janeiro, Tipografia Imperial e Constitucional de Jilles Villeneuve, 1838, p. 13. Em trabalho anterior (*O infame comércio*), atribuí (como outros historiadores antes de mim) a autoria desse texto a José Joaquim da Cunha Azeredo Coutinho. A minuciosa pesquisa de Rafael de Bivar Marquese e Tamis Peixoto Parron convence-me de que o autor da obra seria, na verdade, José Carneiro da Silva, o primeiro visconde de Araruama, *cf.* Azeredo Coutinho, visconde de Araruama, e "Memória sobre o comércio dos escravos", de 1838, *Revista de História*, n° 152, 2005, p. 99-126.
35. Costa, *Memória, op. cit.*, p. 21-22.
36. A intervenção de Tavares pode ser lida nos *Anais da Assembleia Constituinte*, 30 de setembro de 1823, v. 5, p. 258; Costa, *Memória, op. cit.*, p. 22.
37. Davis, *El problema, op. cit.*, p. 152.
38. Rafael Marquese apontou a profusão de escritos senhoriais acerca da forma de administrar o trabalho dos escravos a partir das primeiras décadas do século XIX, em meio às notícias sobre o sucesso da revolta dos escravos no Haiti (1804), às tensões nos portos por onde entrava o maior volume de africanos no país e ao ciclo de revoltas escravas na Bahia (1807-1835). Ver *Feitores do corpo, missionários da mente: senhores, letrados e o controle dos escravos nas Américas, 1660-1860*, São Paulo, Cia. das Letras, 2004, p. 266 e ss.
39. Luiz Antônio de Oliveira Mendes (1793), *Memória a respeito dos escravos e tráfico de escravatura entre a costa d'África e o Brasil*, Porto, Publicações Escorpião, 1977, p. 39.
40. *Idem, ibidem*, p. 28.
41. Davis, *El problema, op. cit.*, p. 171-172.
42. Coutinho, *Análise sobre a justiça, op. cit.*, p. 261.
43. O debate a respeito do direito do homem de vender-se e de seus filhos e a posição das diferentes ordens religiosas foi recuperado por Manuela Carneiro da Cunha, "Sobre a servidão voluntária, outro discurso", *Antropologia do Brasil*: mito-his-

tória-etnicidade, São Paulo, Brasiliense/Edusp, 1986, p. 145-158. A posição de Azeredo Coutinho, nesse particular, aproximava-se mais daquela defendida pelos dominicanos quinhentistas: "A liberdade e a preservação da vida são ambas de Direito Natural. Se entram em conflito, deve prevalecer 'a de maior vigor', que é a regra da preservação da vida." *Análise sobre a justiça, op. cit.*, p. 152. Tal debate não se restringia apenas aos letrados católicos, estimulando também protestantes europeus e americanos, como anotou Davis, *El problema, op. cit.*, p. 181 e ss.

44. Coutinho, *Análise sobre a justiça, op. cit.*, p. 263.
45. Idem, ibidem, p. 280.
46. A esse respeito, remeto ao estudo clássico de Eugene Genovese, *Roll, Jordan, Roll: the world the slaves made*, Nova York, Vintage Books, 1976; aos trabalhos fundamentais de Eric Fonner "O significado da liberdade", *Revista Brasileira de História*, n° 16, março/agosto de 1988, p. 9-36; e *Nada além da liberdade*, Rio de Janeiro/Brasília, Paz e Terra/CNPq, 1988; e ao livro de Rebecca J. Scott, *Emancipação escrava em Cuba: a transição para o trabalho livre (1860-1899)*, Rio de Janeiro/Campinas, Paz e Terra/Ed. Unicamp, 1991.
47. *Anais do Senado*, 15 de junho de 1831, I, p. 364.
48. *Anais do Senado*, 15 de junho de 1831, I, p. 369. A questão continuou a ser debatida em 21 de junho, cf. *Anais do Senado*, 1831, I, p. 409-413.
49. Assunto para o qual é inescapável recorrer à obra de João José Reis, *Rebelião escrava no Brasil: a história do levante dos malês em 1835*, São Paulo, Cia. das Letras, 2003, revista e ampliada em relação à primeira edição, de 1986.
50. Costa, *Memória, op. cit.*, p. 14 e 17. Note-se que o europeu não era a única possibilidade vislumbrada naquele momento para substituir o africano. Escrevendo no mesmo ano que Maciel da Costa, outro autor sugeria a vinda de chineses e indianos, com a vantagem sobre os africanos, na sua opinião, de serem laboriosos e ativos, ajudando a diminuir a vadiagem. Ver João Rodrigues de Brito, *Cartas econômico-políticas sobre a agricultura e o comércio da Bahia*, Lisboa, Imprensa Nacional, 1821. Utilizei a edição do Arquivo do Estado da Bahia de 1985, p. 50-51.
51. Célia Maria Marinho de Azevedo, *Onda negra, medo branco: o negro no imaginário das elites*, Rio de Janeiro, Paz e Terra, 1988, p. 49.
52. Costa, *Memória, op. cit.*, p. 27 (grifo meu). A circulação das ideias no mundo escravista americano apresenta similaridade no jargão usado pelos letrados. Em 1736, um certo coronel William Byrd escreveu que a Virgínia "corria o risco de tornar-se uma Nova Guiné se não fosse barrado o tráfico de escravos (curiosamente o pai de Byrd fora coproprietário de um navio negreiro). Ver Davis, *El problema, op. cit.*, p. 139.
53. Domingos Alves Branco Muniz Barreto, *Memória sobre a abolição do comércio da escravatura*, Rio de Janeiro, Tipografia de Francisco de Paula Brito, 1837.
54. O acordo estabelecia o direito de visita recíproca dos navios mercantes ingleses e portugueses pela Marinha de Guerra das duas nações, ao mesmo tempo que criava

as Comissões Mistas de Londres, Serra Leoa e Rio de Janeiro, para julgar os navios apreendidos no comércio ilegal de escravos. *Cf.* Verger, *Fluxo e refluxo*, *op. cit.*, p. 307.
55. Robert Conrad, *Tumbeiros: o tráfico escravista para o Brasil*, São Paulo, Brasiliense, 1985, p. 109.
56. *Memória sobre o comércio de escravos*, *op. cit.*, p. 13.
57. Para a análise do encaminhamento de proposta de uso dos indígenas como possíveis substitutos dos africanos que deixariam de entrar no Brasil a partir do final do tráfico transatlântico, ver Jaime Rodrigues, "Índios e africanos: do 'pouco ou nenhum fruto' do trabalho à criação de 'uma classe trabalhadora'", *História Social*, 2: 1995, p. 9-24.
58. Dentre os trabalhos que contribuíram para a compreensão dessas relações construídas por senhores e escravos, ressalto os de Silvia Hunold Lara, *Campos da violência: escravos e senhores na capitania do Rio de Janeiro (1750-1808)*, Rio de Janeiro, Paz e Terra, 1988; Azevedo, *Onda negra, medo branco*, *op. cit.*; Sidney Chalhoub, *Visões da liberdade: uma história das últimas décadas da escravidão na Corte*, São Paulo, Cia. das Letras, 1990; Maria Helena P. T. Machado, *O plano e o pânico: os movimentos sociais na década da abolição*, São Paulo/Rio de Janeiro, Edusp/Ed. UFRJ, 1994; Regina Célia L. Xavier, *A conquista da liberdade: libertos em Campinas na segunda metade do século XIX*, Campinas, CMU/Unicamp, 1996; Maria Cristina C. Wissenbach, *Sonhos africanos, vivências ladinas: escravos e forros em São Paulo*, São Paulo, Hucitec/História Social USP, 1998; Joseli Maria N. Mendonça, *A lei de 1885 e os caminhos da liberdade*, Campinas, Ed. da Unicamp/Cecult, 1999.
59. Projeto de lei para a abolição do comércio de escravos, *Atas da Câmara dos Deputados*, 18 de maio de 1826, I, p. 86.
60. *Atas da Câmara dos Deputados*, 14 de maio de 1830, I, p. 144.
61. *Atas da Câmara dos Deputados*, 18 de maio de 1830, p. 169.
62. Os três projetos estão reproduzidos em Branca Borges Góes (org.), *A abolição no Parlamento: 65 anos de luta (1823-1888)*, Brasília, Senado Federal, 1988, v. I, p. 59-60. Um sumário das discussões em torno deles está em *Atas da Câmara dos Deputados*, 16 de junho de 1831, I, p. 159.
63. Informações mais alongadas sobre os diversos tratados desde 1810, assinados entre os governos inglês, português e brasileiro, podem ser vistas em Verger, *Fluxo e refluxo*, *op. cit.*, p. 300-317; e Bethell, *A abolição do tráfico de escravos no Brasil*, *op. cit.*, entre outros.
64. Rodrigues, *Brasil e África*, *op. cit.*, p. 204; Bethell, *A abolição*, *op. cit.*, p. 60.
65. *Anais da Câmara dos Deputados*, 2 de julho de 1827, III, p. 13.
66. Conrad, *Tumbeiros*, *op. cit.*, p. 91 e 92.
67. Paula Beiguelman, *Pequenos estudos de ciência política*, 2ª ed., São Paulo, Pioneira, 1973, p. 20; José Murilo de Carvalho, *A construção da ordem: a elite política imperial*, Rio de Janeiro, Campus, 1980, p. 131.

68. *Anais da Câmara dos Deputados*, 10 de maio de 1833, I, p. 116.
69. "Nenhuma ação poderá ser tentada contra os que tiverem comprado escravos, depois de desembarcados, e fica revogada a lei de 7 de novembro de 1831 e todas as outras em contrário." *Anais do Senado*, 30 de junho de 1837, tomo único, *apud* Góes, *A abolição, op. cit.*, I, p. 100-102.
70. *Atas da Câmara dos Deputados*, 4 e 9 de julho de 1839, II, p. 60 e 125; *Anais do Senado*, 11 de outubro de 1839, IV, p. 379.
71. *Atas da Câmara dos Deputados*, 23 de maio de 1840, I, p. 437.
72. *Atas da Câmara dos Deputados*, 2 de outubro de 1841, III, p. 384.
73. Representações nesse sentido surgiram em diversas oportunidades, como as enviadas pelas assembleias de Minas Gerais e São Paulo no início de 1843. *Atas da Câmara dos Deputados*, 30 de janeiro de 1843, I, p. 439.
74. As arrastadas negociações entre o Brasil e a Grã-Bretanha, que culminariam na *bill* Aberdeen, foram tratadas por vários autores. Ver, entre outros, Goulart, *Escravidão africana no Brasil, op. cit.*, p. 250 e ss.; Bethell, *A abolição, op. cit.*, p. 232-254; Beiguelman, *Formação política, op. cit.*, p. 64-72; Verger, *Fluxo e refluxo, op. cit.*, p. 377-383. Sobre os protestos brasileiros, ver Góes, *A abolição, op. cit.*, I, p. 121-136; *Atas da Câmara dos Deputados*, 7 de março de 1845, III, p. 101, e *Atas do Conselho de Estado*, III, 12 e 16 de setembro de 1845, p. 125-130.
75. *Atas do Conselho de Estado*, III, 12 de junho de 1845, p. 108.
76. *Cf.* Beiguelman, *Formação política, op. cit.*, p. 78; *Atas da Câmara dos Deputados*, 12 de julho de 1850, II, p. 176.
77. Sobre a transformação da imagem social dos traficantes de comerciantes respeitáveis a piratas, ver Jaime Rodrigues, "Os traficantes de africanos e seu 'infame comércio'", *Revista Brasileira de História*, v. 15, nº 29, 1995, p. 139-155. O governo português, nessa altura dos acontecimentos, também já identificava os traficantes e, eventualmente, tentava impedir que eles ocupassem cargos importantes — como no caso de Antonio Pompílio Pompeo de Castro, "indivíduo [que] foi sempre reputado como contrabandista d'escravos na província de Angola" e que desejava ser nomeado cônsul português no Rio de Janeiro. O secretário da Marinha e Ultramar desencorajava tal nomeação, por acreditar que "com esta qualidade será para recear que (...) se continue a dedicar ao contrabando de escravos e a favorecê-lo pelo modo que tiver ao seu alcance". *Cf.* Carta do secretário da Marinha e Ultramar ao ministro dos Negócios Estrangeiros, 4 de dezembro de 1844, *Arquivos Nacionais/Torre do Tombo*, fundo Ministério dos Negócios Estrangeiros, correspondência vinda do Ministério da Marinha, Caixa 7 (nº de ordem 385).
78. Manolo Garcia Florentino, *Em costas negras: uma história do tráfico de escravos entre a África e o Rio de Janeiro (séculos XVIII e XIX)*, 2ª ed., São Paulo, Cia. das Letras, 1997, p. 204 e ss.

CAPÍTULO VIII O Vale do Paraíba escravista e a formação do mercado mundial do café no século XIX

Rafael Marquese
Dale Tomich

A MONTAGEM DA CAFEICULTURA BRASILEIRA NA HISTORIOGRAFIA

> Será de ora em diante o escudo de armas deste Reino do Brasil, em campo verde uma esfera armilar de ouro atravessada por uma cruz da Ordem de Cristo, sendo circulada a mesma esfera de 19 estrelas de prata em uma orla azul; e firmada a coroa real diamantina sobre o escudo, cujos lados serão abraçados por dois ramos das plantas de café e tabaco, como emblemas da sua riqueza comercial, representados na sua própria cor, e ligados na parte inferior pelo laço da Nação.[1]

Essas palavras, firmadas por d. Pedro em 18 de setembro de 1822, estabeleciam o escudo de armas a ser gravado na bandeira do Estado nacional recém-instituído. A letra do decreto expressava antes de tudo uma aposta para o futuro. Naquela altura, ainda que suas exportações verificassem crescimento acelerado há cerca de uma década, o café brasileiro estava longe de ser um "emblema da riqueza nacional". Se o escudo pretendesse efetivamente traduzir o quadro econômico do novo império, deveria trazer feixes de cana-de-açúcar, fardos de algodão e um navio negreiro. A aposta embutida simbolicamente no decreto, no entanto, logo demonstraria ter sido certeira.

Com efeito, em 1828 o Brasil despontava como o maior produtor mundial de café, e, ao longo da década seguinte, os valores obtidos com sua exportação ultrapassariam o que o país amealhava com o envio de açúcar ao mercado mundial.[2] Quase toda essa produção, ademais, vinha de uma só região. O vale do rio Paraíba do Sul, ou simplesmente Vale do

Paraíba, compreendendo terras das províncias de São Paulo, Rio de Janeiro e Minas Gerais, passou por completa alteração no curso de duas gerações: relativamente desocupado em 1800, 50 anos depois adquiriria o caráter de típica região escravista de plantation. Algo semelhante havia ocorrido em outros momentos e espaços na história do Brasil, como na zona da mata pernambucana e no Recôncavo Baiano na passagem do século XVI para o XVII, ou no Maranhão e em Campos dos Goytacazes nas décadas finais do século XVIII. A escala do que se verificou no Vale do Paraíba na primeira metade do século XIX, contudo, foi inédita, e seu impacto para a conformação do Estado nacional brasileiro, decisivo. Já se escreveu que, se a cafeicultura tivesse deitado raízes em outra região do território nacional e não nas proximidades da corte, a história do império bem poderia ter sido outra. Daí o dito Oitocentista "o Brasil é o Vale", com larga carreira no senso comum e mesmo na historiografia. Mas, não apenas isso. Poder-se-ia igualmente afirmar que o café como produto de massa era o Vale. Afora o completo domínio que o Brasil assumiu no mercado mundial do artigo ao longo do século XIX, o volume inaudito de sua produção foi central para a própria transformação da natureza daquele mercado, que passou das restrições ligadas ao consumo de luxo para a escala qualitativamente distinta do consumo de massa.[3]

As articulações entre mercado mundial e a montagem da cafeicultura brasileira estiveram na pauta de investigação dos pesquisadores desde a década de 1940. Encarando a cafeicultura como uma espécie de "destino manifesto" do Brasil, os historiadores tenderam a relacioná-la à crise da mineração e à retomada das atividades agroexportadoras na virada do século XVIII para o XIX. De acordo com essa interpretação, o café, plenamente adequado às condições naturais do Centro-Sul do Brasil (terras virgens, clima, altitude, proximidade dos portos litorâneos), começou a ser produzido em larga escala no momento em que a demanda mundial aumentou, após a revolução escrava de São Domingo e o arranque da industrialização nos países centrais, mobilizando, para tanto, os recursos ociosos — capitais e escravos — derivados da crise da mineração.[4] Em que pesem as variações de ênfase, todos esses estudos se prenderam ao que Stuart Schwartz denominou o "paradigma dependentista" de análise do passado colonial brasileiro, ou seja, um modelo de interpretação que ressaltava seu caráter escravista, agroexportador e voltado para a geração de riquezas nos centros da economia mundial capitalista.[5]

Os esforços de revisão desse modelo promovidos a partir da década de 1970, aliados à verificação empírica de que o estoque de mão de obra escrava empregada nos primeiros cafezais não era aquele das antigas zonas de mineração, levou alguns historiadores a modificar as lentes utilizadas para a análise da formação da cafeicultura brasileira. O foco, então, passou a incidir sobre a dinâmica societária local. Um bom exemplo dessa perspectiva é o trabalho de João Fragoso.[6] Com base na constatação de que a expansão definitiva da produção escravista de café do Vale do Paraíba ocorreu em uma conjuntura de queda nos preços internacionais do artigo (1822-1830), Fragoso voltou sua análise para as formas de produção e circulação articuladas em torno da praça mercantil do Rio de Janeiro. Configurando um "mosaico de formas não capitalistas de produção", elas teriam permitido a acumulação de capitais nas mãos dos grandes negociantes residentes no Rio de Janeiro, que monopolizavam o tráfico negreiro transatlântico e operavam no mercado interno. Esses capitais, por sua vez, teriam sido reinvestidos em larga escala na produção escravista em zonas de fronteira, a despeito de sua lucratividade menor em relação às atividades mercantis. O movimento todo seria impulsionado pelo ideal "arcaico" que conformava o *éthos* senhorial-escravista, isto é, a posse de terras e homens como sinal decisivo de distinção social. Nas palavras de Fragoso, "no sistema abordado, o investimento na produção está subordinado a uma lógica que é a da recorrência de uma dada estratificação assentada nas diferenças entre os grupos sociais, via prestígio".[7] Nada, portanto, de resposta às demandas do mercado mundial: a cafeicultura escravista brasileira teria sido montada única e exclusivamente em razão das ações locais.

As inconsistências empíricas e teóricas do modelo de Fragoso — uma espécie de espelho invertido do "paradigma dependentista" — já foram devidamente criticadas pelos historiadores.[8] Em todas essas críticas ou mesmo nas interpretações mais recentes acerca do tema,[9] os pesquisadores ressaltam a impossibilidade de compreender o processo de montagem da cafeicultura escravista brasileira sem se remeter a processos globais mais amplos, examinando suas interconexões com as condições locais.

É o que pretendemos fazer neste capítulo, que tratará do papel do Vale do Paraíba na formação do mercado mundial do café ao longo do século XIX. Por um lado, a análise do quadro global partirá do pressuposto de que os espaços produtivos mundiais se formaram uns em relação aos outros. A unidade submetida à análise, por conseguinte, não serão as colônias ou os países agroexportadores tomados de forma isolada, mas sim a arena mais ampla da economia-mundo. Isso é tanto mais premente para o caso dos artigos tropicais: como iremos indicar no capítulo, os movimentos do café e do açúcar guardaram estreita relação nos séculos XVIII e XIX. Por outro lado, a análise do quadro local levará em conta não só a composição regional de terra, trabalho e capital, mas igualmente a dinâmica política, vale dizer, as relações entre fazendeiros, trabalhadores escravizados e Estado nacional. A formação da cafeicultura escravista brasileira dependeu de ações políticas concertadas, no plano da esfera nacional, para criar as condições institucionais necessárias ao arranque da atividade e ao consequente controle do mercado mundial do produto. Essas ações incidiram fundamentalmente no campo da política da escravidão. O período de montagem das grandes unidades cafeicultoras do Vale Paraíba avançou na fase de ilegalidade do tráfico negreiro transatlântico (1835-1850), com a aquisição de escravarias que, de acordo com a lei imperial de 7 de novembro de 1831, seriam formalmente livres. Sem a existência de quadro interno que desse segurança política e jurídica aos senhores possuidores de africanos ilegalmente escravizados, decreto o Brasil não despejaria nos portos e armazéns do hemisfério norte as sacas de café com as quais dominou o mercado mundial do produto no século XIX.

A ERA DAS REVOLUÇÕES E OS NOVOS PRODUTORES NA ARENA MUNDIAL, C. 1790-1830

A despeito de o café ter sido, desde o século XVI, um dos mais valiosos bens agrícolas a entrar nos circuitos mercantis internacionais, os poderes coloniais europeus demoraram a produzi-lo. Até finais do século XVII, essa esfera era monopólio dos árabes,[10] e foram os holandeses os primeiros europeus que o partilharam. Na década de 1690, a Companhia das Índias Orientais (VOC) implantou seu cultivo em Java, no que logo foi seguida pelos franceses em Reunião. Na década de 1720, quando o arbusto foi também aclimatado em colônias do Novo Mundo (Suriname, Martinica, Guadalupe), holandeses e franceses introduziram pioneiramente quantidades substantivas do gênero nos mercados metropolitanos. Até meados do Setecentos, contudo, o volume não foi vultoso em vista do que seria obtido posteriormente, girando, no caso dos holandeses, em torno de 3.000 toneladas anuais, montante semelhante ao que os franceses obtinham na Martinica em 1750.[11]

O salto na produção a cargo dos europeus ocorreu após a Guerra dos Sete Anos, em larga medida por conta da explosão cafeeira de São Domingo. As exportações dessa colônia pularam do patamar de cerca de 3.100 t, em 1755, para perto de 32.000 t, em 1790. Na última data, a produção dos franceses nas Antilhas e no Índico (São Domingo, Martinica, Guadalupe, Caiena, Reunião) somava cerca de 48.000 t, algo equivalente a 70% do total do globo, estimado em 69.400 t. Como se vê, às vésperas da revolução, São Domingo era responsável por quase metade da produção mundial de café, afora cerca de um terço da produção mundial de açúcar.[12] Esse mercado, contudo, era relativamente restrito, limitado ao consumo de luxo das camadas urbanas da Europa continental e do Levante Asiático.

O crescimento da cafeicultura em São Domingo esteve no coração dos eventos que conduziram à revolução. Por razões técnicas e ecológicas, as terras inicialmente cultivadas com os pés de café não eram as empregadas na empresa açucareira, isto é, os outeiros — ou *mornes* — do interior da colônia, cuja geomorfologia impedia a formação de grandes unidades rurais. Com exigências iniciais de inversão bem menores do que o açúcar, a atividade cafeeira oferecia uma via de acumulação de riqueza e mobilidade social aberta aos pequenos e médios proprietários escravistas, sobretudo ao número crescente de mulatos e negros livres que dispunham de poucos capitais.[13] O sucesso econômico da cafeicultura acirrou, na década de 1780, os conflitos entre esses grupos racialmente subalternos, mas endinheirados, e a população branca da colônia, vale dizer, os grandes empresários açucareiros e os brancos pobres (*petit blancs*). Esse quadro altamente explosivo veio abaixo com os eventos revolucionários metropolitanos. A instituição da Assembleia Nacional em Paris, no ano de 1789, estimulou de imediato os anseios autonomistas das classes senhoriais antilhanas. Ainda no segundo semestre de 1789, os senhores das diversas ilhas francesas, notadamente os de São Domingo, formaram assembleias coloniais para lutar por maior liberdade política e econômica. Entretanto, não foram apenas os proprietários escravistas brancos que se articularam para obter ganhos com a nova conjuntura política: os homens de cor livres, negros e mulatos, muitos dos quais lastreados nos recursos obtidos com o café, também se mobilizaram, buscando ampliar seus direitos políticos. Os proprietários escravistas negros e mulatos exigiam em especial o direito de participação nas eleições para a Assembleia Colonial. O conflito entre negros e mulatos livres, por um lado, e brancos, por outro, acirrou-se durante 1790, distendendo-se logo em confronto aberto. Até meados de 1791, essas lutas não comprometeram a economia escravista de São Domingo. A grande virada veio em agosto desse ano: a impressionante revolta dos escravos da parte norte da colônia acabou de vez com o equilíbrio precário que vinha sendo mantido entre brancos e mulatos desde 1789.[14]

Não cabe aqui sumariar o processo revolucionário que levou, em janeiro de 1804, à proclamação do segundo Estado soberano do Novo Mundo. O que importa é que a Revolução do Haiti, no curso de seus 15 anos, além de ter acabado nos campos de batalha com a escravidão negra e assombrado os poderes escravistas em todo o hemisfério americano, alterou por completo a configuração da oferta mundial de café e de açúcar. Mesmo que o café tenha continuado a ser cultivado — agora em bases camponesas — no país recém-independente, ao contrário do abandono do açúcar,[15] somente em finais do século XIX essa produção voltou ao patamar anterior à revolução, ou seja, à cifra de 30.000 toneladas anuais; nos anos do conflito e nas décadas imediatamente posteriores, o volume caiu para menos da metade do que era em 1790. Em uma conjuntura de curva ascendente do consumo, a retirada brusca de São Domingo do mercado teve impacto imediato nas demais zonas cafeicultoras mundiais.

De início, mais se aproveitaram desse vácuo os espaços que já produziam café antes de 1790. Tome-se, em primeiro lugar, o caso das possessões britânicas. Ao longo do século XVIII, a produção cafeeira cresceu lentamente nas Antilhas inglesas, muito por conta da política tarifária adotada pela metrópole. Por volta de 1730, o governo imperial estabeleceu pesada taxação sobre as importações de café, com o objetivo de proteger o trato asiático do chá, comandado pela Companhia Inglesa das Índias Orientais (EIC).[16] Na década de 1780, com a redução dessas tarifas, a produção colonial aumentou, a ponto de a Jamaica obter cerca de mil toneladas em 1790. Com o levante escravo no norte de São Domingo e a radicalização do processo revolucionário, a resposta dos senhores de escravos jamaicanos foi imediata. A produção saltou para 6.000 t nos anos finais do século XVIII, atingindo o pico histórico de 13.500 t em 1808.[17] Foi nessa conjuntura que P. J. Laborie, cafeicultor escravista de Saint Domingue refugiado na Jamaica, escreveu — em inglês — seu famoso livro, reportado por boa parte do século XIX como o manual agronômico mais importante sobre o assunto, traduzido para o português e o espanhol já na década de 1800.[18]

As terras empregadas na cafeicultura jamaicana eram diferentes das que se utilizavam no negócio açucareiro, por razões semelhantes às registradas para a colônia francesa. Ainda que, no que se refere àquele insumo, não houvesse competição entre o açúcar e o café, o mesmo não se pode afirmar em relação ao fator trabalho. O quadro se agravou sobremaneira após a abolição do tráfico transatlântico de escravos para as colônias inglesas, não sendo de estranhar que o ponto máximo da cafeicultura jamaicana tenha sido atingido justamente em 1808. Para além da exaustão ecológica e do restrito consumo metropolitano,[19] os cafeicultores jamaicanos precisaram enfrentar, na esfera local, a demanda de braços escravos por parte dos engenhos de açúcar, que mantiveram a duras penas sua viabilidade econômica nas décadas seguintes. Não obstante a queda de competitividade, decorrente de quase dois séculos de exploração ininterrupta e de uma planta agromanufatureira inadequada diante das novidades trazidas por seus concorrentes internacionais diretos, nas três primeiras décadas do século XIX os engenhos de açúcar jamaicanos provaram ser mais eficazes que seus congêneres cafeeiros.[20] Problema análogo de competição entre os engenhos de açúcar e as fazendas de café pelos cativos cada vez mais escassos, sempre em prejuízo das últimas, verificou-se em Demerara, antiga possessão holandesa adquirida pelos ingleses no curso das revoluções atlânticas.[21]

De todo modo, se os proprietários jamaicanos aproveitaram satisfatoriamente o vácuo de São Domingo nas décadas de 1790 e 1800, o mesmo não se pode afirmar da VOC no espaço do Índico, algo tanto mais notável em vista do papel que Java desempenharia no mercado mundial a partir da década de 1830. Na verdade, durante todo o século XVIII a oferta javanesa foi inelástica. Nos primeiros anos de exploração sistemática da atividade, posteriores a 1725, a VOC coagiu as autoridades autóctones no oeste da ilha, em Priangan e Ciberon, para que ofertassem café a preços fixos. Esses poderes locais, por sua vez, obrigavam seus súditos a cultivar o produto em pequena escala, retendo parte ou a totalidade da renda obtida por esses camponeses a título de impostos. O método foi aplicado em outras partes da ilha nas décadas finais do século XVIII, tendo sido mantido após a dissolução da VOC em 1800, e o início da administração colonial direta pelo governo holandês. Tal organização do processo de trabalho dificultava respostas rápidas ao aumento da demanda na arena mundial, pois envolvia necessariamente negociação com os poderes locais: os camponeses, afinal, granjeavam café em pequena escala e operavam fora do sistema de preços internacionais, haja vista ser o montante pago por unidade estabelecido de modo coercivo pela VOC. Os esforços dos holandeses para aumentar a produção, na esteira da Revolução de São Domingo, resultaram na séria rebelião de Ciberon, em 1805: na ocasião, os camponeses arrancaram os arbustos de café que cultivavam e queimaram os armazéns que estocavam as safras anteriores. Todo o sistema de trabalho e de exploração colonial em Java teve de ser reconstruído, o que só renderia frutos três décadas depois.[22]

O mercado mundial do café, no período em tela (1790-1830), passou por sensíveis momentos de alta e de baixa, derivados não só do impacto de São Domingo como também dos conflitos militares que polarizaram as grandes potências atlânticas. Durante o curso dos eventos revolucionários na colônia francesa (1791-1804), os preços em Amsterdã tiveram forte alta, que se mantiveram nos três anos seguintes. O bloqueio continental e o aguçamento do confronto entre França e Inglaterra de 1808 a 1812 criaram um descompasso entre os preços (altos) registrados na praça de Amsterdã e os preços (baixos) pagos nos portos das regiões produtoras.[23] A volta da paz trouxe alta global acentuada do café, que perdurou até 1822. No decênio seguinte, os preços caíram continuamente, até atingir patamar correspondente ao que vigorara 20 anos antes. O período de 1812 a 1830, assim, pode ser apreendido como uma quadra de ajuste do mercado, sendo a primeira fase (1812-1822) de alta, após a retração artificial, e, a segunda (1822-1830), de baixa, que conduziu à equalização entre oferta e demanda, mas que, ao mesmo tempo, afastou do mercado os produtores menos eficazes.

Não por acaso, foram exatamente os anos de 1822 a 1830 que marcaram a clara diferenciação no mercado mundial entre velhas e novas regiões produtoras de café. O processo que conduziu a tanto, todavia, iniciara-se três décadas antes. A Revolução do Haiti trouxe disjunção no tempo histórico do mundo atlântico, inaugurando simultaneamente o declínio da escravidão colonial caribenha francesa e inglesa e a ascensão dos novos espaços escravistas do século XIX. Em outras palavras, o período entre as décadas de 1790 e 1820 compreendeu tanto a crise da estrutura histórica do escravismo norte-atlântico — cuja base geográfica era formada pelas Antilhas inglesa e francesa — como a montagem da nova estrutura histórica do escravismo oitocentista — cuja base geográfica passou a ser as vastas áreas virgens do território cubano, brasileiro e norte-americano.[24] Esses novos espaços do século XIX estavam fora das relações imperiais tradicionais que travejavam os Caribes inglês e francês, e não apresentavam as constrições geográficas e fundiárias aí presentes. Para o nosso objeto, o Sul dos Estados Unidos — peça-chave na estrutura histórica do escravismo Oitocentista — constitui caso à parte, pois nunca produziu café, e tampouco a produção de açúcar da Louisiana se destacou no mercado mundial. Cuba e Brasil, no entanto, competiram palmo a palmo pelo comércio internacional de açúcar e café após 1790.

As raízes do deslanche açucareiro e cafeeiro cubano se encontram no período das reformas bourbônicas. Cuba dispunha de amplos recursos naturais para o estabelecimento de uma economia de plantation, mas até finais do século XVIII eles permaneciam subexplorados. Entre as décadas de 1760 e 1780, a política de liberalização comercial gradual promovida pelos ministros de Carlos III e a atuação decidida das oligarquias locais possibilitaram a fundação de sólida rede de engenhos na parte ocidental da ilha, em torno do Porto de Havana. Em finais dos anos 1780, o montante da produção açucareira cubana era equivalente ao da produção total da América portuguesa.[25] Entre as primeiras medidas do novo monarca Carlos IV, em 1789, esteve a decretação do livre comércio de escravos por dois anos, uma medida longamente solicitada pelos proprietários cubanos, e que foi reiterada em várias ocasiões nos anos seguintes. Ainda que por algum tempo os traficantes hispano-cubanos não fossem capazes de dominar completamente o negócio (até 1807, o abastecimento de africanos em Cuba foi realizado basicamente por mercadores ingleses e norte-americanos), logo o tráfico negreiro transatlântico se tornaria um dos principais motores da economia escravista cubana, senão o mais importante.[26]

Quando veio a oportunidade do colapso de São Domingo, enfim, os produtores cubanos estavam devidamente equipados para aproveitar as novas condições do mercado mundial. O crescimento da economia escravista de plantation cubana foi vertiginoso após 1791. Foram fundados vários novos engenhos de açúcar, os antigos elevaram sensivelmente sua capacidade produtiva, e, pela primeira vez, montaram-se plantações escravistas de café, tanto no oriente como no ocidente da ilha. Esse arranque, por sua vez, contou com a reordenação do comércio de Cuba, ocorrida em resposta à conjuntura das guerras revolucionárias. Em 1796, as trocas de Cuba com a Península Ibérica foram interrompidas, situação essa que durou até 1802. Após breve normalização do intercâmbio entre metrópole e colônia, ocorreu em 1804 nova interrupção do comércio entre Cuba e Espanha, que se prolongou até 1812. Nesses anos críticos, os Estados Unidos foram o principal parceiro comercial da colônia espanhola: o açúcar e o café cubanos eram adquiridos por mercadores norte-americanos (cuja nação era neutra nos conflitos atlânticos do período), que reexportavam o que não era consumido em seu país para os mercados continentais europeus. Entre 1813 e 1816, com a volta da paz na Europa e a guerra entre Estados Unidos e Inglaterra, a marinha mercante inglesa controlou as exportações agrícolas cubanas. O que importa em tudo isso é o fato de a erosão da Espanha como reexportadora dos artigos cubanos ter levado à promulgação do livre comércio colonial em 1818, autorizando nas letras da lei o comércio da ilha com mercadores de todas as bandeiras. A partir desse decreto, o controle espanhol sobre a economia de Cuba tornou-se apenas fiscal: a metrópole facilitava, com tarifas baixas, as saídas dos artigos cubanos ao mercado mundial, mas estabelecia taxas de importação que protegiam os produtos espanhóis na colônia.[27]

As ligações da revolução em São Domingo com o avanço cafeeiro cubano foram bem mais estreitas do que o mero incentivo do mercado. O conflito generalizado que se instaurou na colônia francesa após 1791 levou muitos proprietários escravistas ao exílio, entre os quais vários cafeicultores. Dadas a proximidade geográfica e as condições ambientais favoráveis, a região montanhosa do oriente de Cuba foi a que mais recebeu refugiados franceses. Os novos imigrantes foram decisivos para a transmissão do *know-how* técnico necessário à produção do artigo, e esse saber rapidamente foi repassado para os proprietários que estavam montando cafezais na parte ocidental da ilha (eixo Havana-Matanzas). Até 1807, a produção cubana foi diminuta, não ultrapassando a faixa de 1.000 t, mas o plantio em larga escala efetuado a partir de 1804 permitiu que, em 1810, esse número saltasse para 4.600 t. No decênio seguinte, a produção oscilou bastante, chegando em anos como 1815 e 1821 a cerca de 10.000 toneladas anuais.[28]

Nessa altura (1821), a produção cubana era equivalente à jamaicana, sendo ambas superiores à javanesa. Na década de 1820, no entanto, enquanto a produção jamaicana estacionou, as de Cuba e de Java cresceram de forma substantiva, a primeira mais do que a segunda. Não obstante os preços internacionais terem caído de modo acentuado entre 1822 e 1830, a produção cubana praticamente triplicou no período, atingindo, em 1833, cifra próxima à de São Domingo em 1790, isto é, cerca de 29.500 t. Isso foi resultado da ampliação da área de cultivo e do consequente aumento do número de escravos alocados na atividade. Em 1827, a produção açucareira e a de café empregavam em Cuba igual número de trabalhadores escravizados, por volta de 50.000 cada.[29] Afora isso, no ocidente da ilha, onde então se localizava a maior parte das fazendas, o arbusto era cultivado nas mesmas zonas voltadas para a lavoura canavieira: café e açúcar, portanto, competiam pelos mesmos recursos naturais.

A década de 1820 é significativa, pois, pela primeira vez, o volume da produção brasileira de café se equiparou ao das grandes regiões cafeicultoras do globo. Tal como na colônia espanhola, o granjeio do artigo na América portuguesa foi irrelevante até a última década do século XVIII. Como se sabe, o café foi introduzido no Estado do Grão-Pará e Maranhão na década de 1720, no mesmo movimento que levou à sua introdução na Martinica e no Suriname, mas, até finais daquele século, foi planta exclusivamente ornamental. Ainda que tenha feito parte do cálculo imperial dos administradores pombalinos na década de 1760, que pretendiam diversificar a pauta de exportações agrícolas da América portuguesa, o café não teve os cuidados que produtos como o algodão e o arroz — remetidos em grande escala para Lisboa já na década seguinte — receberam. De todo modo, a aclimatação do cafeeiro no Centro-Sul da América portuguesa ocorreu nesse período, nas chácaras e quintais da cidade do Rio de Janeiro.[30]

Como se leu na introdução do capítulo, os especialistas em história da cafeicultura brasileira relacionaram, desde seus primeiros trabalhos, a crise da mineração à montagem das fazendas de café no início do século XIX. Com base no conhecimento atualmente disponível, pode-se afirmar que de fato existiu relação entre um processo e outro, porém não no sentido tradicionalmente apontado. Certos pontos que seriam decisivos para o deslanche cafeeiro do Brasil já se encontravam presentes em meados do século XVIII, muito por conta da economia do ouro: um volumoso tráfico negreiro transatlântico bilateral entre os portos da África Central e o Rio de Janeiro, controlado por negociantes desta praça; a existência de vias que cruzavam o Vale do Paraíba no sentido norte-sul (Caminho Novo entre o Rio de Janeiro e a capitania de Minas Gerais, aberto na década de 1720) e leste-oeste (Caminho Novo da Piedade, articulando o Rio de Janeiro a São Paulo, aberto na década de 1770 para facilitar as comunicações da sede do vice-reino com as minas de Goiás e Mato Grosso); a disponibilidade de uma enorme área de terras virgens entre a serra da Mantiqueira e os contrafortes da serra do Mar, derivada da política oficial das "zonas proibidas"; por fim, um complexo sistema de transporte baseado em tropas de mulas, muito eficazes — diante dos meios disponíveis do período — para enfrentar a topografia acidentada do Centro-Sul do Brasil.

Essa infraestrutura, contudo, não foi mobilizada para a cafeicultura nas décadas de 1790 e 1800. Nesses anos, a resposta dos proprietários escravistas da América portuguesa ao impacto da Revolução de São Domingo se deu sobretudo no campo açucareiro. Afora a recuperação e ampliação da atividade nas antigas regiões da costa nordeste (Recôncavo Baiano e zona da mata de Pernambuco e Paraíba), os produtores do Centro-Sul montaram novos engenhos em Campos dos Goytacazes, no Recôncavo da Guanabara, no oeste de São Paulo (Itu, Jundiaí, Campinas) e mesmo ao longo das vias que então cortavam o Vale do Paraíba — um exemplo é o do famoso engenho Pau Grande, na beira do Caminho Novo. Nos anos 1790, o crescimento da produção açucareira da América portuguesa acompanhou o ritmo da cubana.[31] Cabe lembrar que a conjuntura de finais do século XVIII estimulou igualmente a produção de mantimentos e a criação de gado para o mercado interno, como o prova a diversificação ocorrida na comarca de Rio das Mortes, no sul da capitania de Minas Gerais, ou em diversas porções da capitania de São Paulo.[32]

O ponto de virada veio com a fuga da família real portuguesa para o Rio de Janeiro. Em primeiro lugar, o súbito aumento do contingente populacional da agora sede do império português — somado às rotas de peregrinação que o novo estatuto político do Rio de Janeiro imediatamente acionou — ampliou substancialmente a demanda por gêneros de primeira necessidade. Para atendê-la, a coroa joanina buscou aprimorar a rede de caminhos que cortavam o Centro-Sul da colônia, estimulando a construção de estradas para ligar diretamente a zona produtora de mantimentos do sul de Minas Gerais à nova corte. Duas dessas novas estradas, as da Polícia e do Comércio, concebidas para regularizar o fluxo de mercadorias de Minas Gerais ao Rio de Janeiro, seriam absolutamente centrais para o deslanche da cafeicultura no médio Vale do Paraíba: sua abertura gerou intensa febre fundiária, e em suas margens seriam em breve fundados dois dos maiores municípios cafeeiros mundiais do século XIX, Vassouras e Valença.[33] Em segundo lugar, a abertura dos portos permitiu, após 1808, a conexão direta dos senhores de escravos da América portuguesa com o mercado mundial. Em conjunção com o crescimento demográfico da corte, o decreto de livre comércio teve impacto imediato sobre a demanda de escravos: na década de 1800, desembarcou ali a média anual de 10.000 cativos africanos. No decênio seguinte (1811-1820), sob o novo regime de comércio, a cifra praticamente duplicou: cerca de 19.000 africanos aportaram anualmente como escravos no Rio de Janeiro.[34] Parte desses escravos obtidos a baixo custo no trato atlântico foi destinada às crescentes lavouras de café, cujos proprietários tinham à disposição, no porto carioca e em seus satélites ao longo do litoral até Santos, todo um sistema comercial (armazéns, casas mercantis etc.) montado há tempos para a exportação de açúcar, couros, algodão e outros gêneros.[35]

Os senhores de escravos que investiram em café na década de 1810 responderam claramente aos incentivos do mercado internacional. Afora uma série de preços pagos diretamente aos produtores entre 1798 e 1830,[36] temos o registro qualitativo de Saint-Hilaire. Nos primeiros meses de 1822, ao percorrer o Caminho Novo da Piedade, que cortava o Vale do Paraíba paulista em direção à cidade do Rio de Janeiro, o naturalista francês anotou que "as terras dos arredores de Taubaté são muito próprias à cultura da cana e do café. Antigamente, era a cana o que mais se plantava, mas depois que o café teve alta considerável, os agricultores só querem tratar de cafezais". Mais adiante, na altura de Areias, após entrevistar um senhor de escravos, registrou: "segundo o que me informaram ele, o filho e outras pessoas, a cultura do café é inteiramente nova nesta região e já enriqueceu muita gente".[37]

A avaliação de Saint-Hilaire encontra respaldo nos dados da exportação brasileira. A média anual no período de 1797 a 1811 (refletindo o quadro vigente antes da abertura dos portos) era de cerca de 400 toneladas. No quinquênio 1812-1816, o impacto do intercâmbio direto com o mercado mundial e seus preços em forte alta rapidamente se fez sentir: a produção brasileira de café subiu para a média anual de 1.500 t. No quinquênio seguinte (1817-1821), cresceu quatro vezes em relação ao lustro anterior, pulando para 6.100 t anuais. Nos anos da independência (1822-1823), a produção dobrou, chegando a 13.500 t, o que igualava o montante brasileiro ao que então se obtinha em Cuba. D. Pedro tinha razões de sobra para inscrever o ramo de café no escudo de armas do império recém-fundado: se o valor total de sua exportação ainda não suplantara a do açúcar, o crescimento que o artigo verificava desde 1812 muito prometia para breve.

O crescimento de fato se acelerou sobremaneira nos dez anos seguintes, quando a produção quadruplicou, de 13.500, em 1821, para 67.000 t, em 1833. Essa cifra equivalia ao montante mundial de 1790; o teto de São Domingo pré-revolução, até então inalcançável, era definitivamente coisa do passado. No início da década de 1830, o Brasil reinava como o maior produtor mundial, bem à frente dos demais competidores (Cuba, Java, Jamaica, Haiti). Como explicar o salto brasileiro da década de 1820, em uma conjuntura de queda acentuada dos preços internacionais? Os produtores deixaram de reagir ao sistema de preços, guiando suas estratégias empresariais pelo que vislumbravam em termos de ganhos sociais e simbólicos, como argumenta João Fragoso? E por que essa produção se concentrou quase exclusivamente no Vale do Paraíba?

Para responder às primeiras perguntas, é importante ter em conta duas especificidades do café. O hiato entre o plantio do arbusto e a venda de grãos beneficiados no mercado é de, no mínimo, três anos, sendo que a planta só entra em produção plena aos cinco anos de idade. Como meio para contornar o problema, os fazendeiros adotaram a prática, desde os primeiros anos da atividade no Brasil, de plantar milho e feijão entre as fileiras de arbustos, com o duplo objetivo de garantir sombreamento para os pés recém-plantados e manter a escravaria trabalhando de forma produtiva no amanho de mantimentos. A oferta de mais produto como resposta aos preços em alta em um determinado ano, portanto, só se faria sentir de três a cinco anos depois. O outro dado importante, como bem ressalta Pedro Carvalho de Mello, é o fato de os arbustos possuírem "uma característica de bens de capital, pois uma vez plantados, podem produzir frutos de café por muitos anos. (...) Não se podia, pois, abandonar a cultura, sem que isso representasse graves perdas de capital, o que contrastava com o algodão e a cana-de-açúcar. Mesmo com os preços em baixa, os fazendeiros continuavam a cuidar das árvores já plantadas, na expectativa de aumentos futuros no preço do café".[38]

O que os preços da década de 1820 indicam? Os valores pagos pelo café em Nova York — novo centro de distribuição mundial — caíram sensivelmente no período de 1823 a 1830, de 21 para oito dólares por libra.[39] Todavia, devemos lembrar aqui um aspecto da crítica de Gorender a Fragoso, a saber, o papel da desvalorização cambial na composição dos preços efetivamente recebidos pelos produtores brasileiros.[40] A intensidade da queda dos preços em dólares diminuiu entre 1827 e 1830, com tendência a se estabilizar em patamar baixo (de nove a oito dólares), nos exatos anos em que os fazendeiros brasileiros — conforme dados recolhidos por Luna e Klein para o fundo Vale do Paraíba paulista[41] — passaram a ganhar mais em mil-réis por unidade de produto; nesses anos, portanto, a desvalorização cambial favoreceu claramente os exportadores. A série de Luna e Klein se encerra em 1830; a de Nova York, por outro lado, indica alta de quase 30% nos preços pagos em dólares entre 1830 e 1835. Os índices das exportações brasileiras encontram notável correspondência com esses preços: a produção cresceu sensivelmente entre 1826 e 1828, fruto de cafezais que foram plantados antes de 1823, quando os preços estavam em alta; de 1828 a 1830 (cafezais plantados entre 1824 e 1826, preços externos e internos em baixa), a produção estacionou em torno de 27.000 t; de 1831 a 1834 (cafezais plantados entre 1827 e 1830, preços externos estacionados, mas os internos em alta), saltou de 32.940 t para 67.770 t.

Esses números dão a ver a pronta resposta dos produtores brasileiros ao que o mercado sinalizava. No entanto, permanece o fato de que os preços pagos caíram efetivamente na década de 1820. Segundo Fragoso, "entre 1821 e 1833, a queda anual registrada (em mil-réis) para o preço unitário do café foi de –2,07 %".[42] Falta examinar, então, quais as condições que permitiram que os senhores de escravos brasileiros ofertassem cada vez mais café no mercado mundial, a despeito da tendência acentuada de queda dos valores recebidos por unidade de produto.

Aqui entra o papel do Vale do Paraíba como região nova no mercado mundial do café. Já adiantamos que havia infraestrutura adequada no Centro-Sul do Brasil em finais do século XVIII, como resultado das alterações que a mineração trouxe para sua paisagem econômica. Vale retomar dois desses pontos, a saber, a disponibilidade de terras e o sistema de transporte. O Vale do Paraíba pode ser dividido em três sub-regiões: o alto Paraíba, ocupando terras das nascentes até a zona de Queluz e Resende, na atual divisa dos estados de São Paulo e Rio de Janeiro; o médio Paraíba, de Barra Mansa até a região de São Fidélis; o baixo Paraíba, que engloba as terras desse ponto até a foz, correspondentes *grosso modo* aos Campos dos Goytacazes. O primeiro trecho foi ocupado já no século XVII, como resultado da expansão paulista em busca de índios; o terceiro trecho, desde a segunda metade do século XVII, com a criação de gado e, posteriormente, produção de açúcar.[43] Pouco visitada no século XVII, na centúria seguinte a sub-região do médio Paraíba teve sua ocupação bloqueada por conta da política oficial portuguesa das áreas proibidas, adotada a partir da década de 1730; a ordenação buscava "evitar o extravio de ouro ao impossibilitar a abertura de novos caminhos e picadas nos matos em áreas onde inexistiam registros, passagens e a vigilância das Patrulhas do Mato".[44] É certo que, mesmo antes de sua revisão na década de 1780 (no contexto do reformismo ilustrado), as terras a leste e oeste do Caminho Novo — ou Estrada Real — foram exploradas por garimpeiros clandestinos e pequenos posseiros, mas o povoamento sistemático foi barrado de forma eficaz.[45] Como resultado dessa política, havia, no médio Paraíba de finais do século XVIII e inícios do XIX, enorme quantidade de terras virgens, sem travas fundiárias, plenamente aptas em termos de altitude e clima à cafeicultura e distantes não mais de 150 km da miríade de ancoradouros naturais localizados ao sul do grande porto do Rio de Janeiro. Não havia competição entre o açúcar e o café por essas terras, como ocorria em Cuba, e tampouco a ausência de terras virgens como na Jamaica. Trata-se, enfim, de espaço aberto à montagem de fazendas com escala inédita de operação.

A produtividade dos plantios em terrenos de derrubadas, já considerável em vista do húmus acumulado secularmente pela mata, era ainda maior no Vale em decorrência do método de cultivo não sombreado dos pés, quando em plena produção. Se, por um lado, os cafezais manejados dessa forma exigiam capinas constantes, tinham rendimento oscilante de uma safra a outra e seus grãos eram considerados de qualidade inferior, por outro lado apresentavam produção inicial bem mais elevada.[46] Os registros disponíveis indicam que a produtividade dos pés de café cultivados no Vale do Paraíba caiu ao longo do século XIX, mas, para as primeiras décadas, os números são bastante altos. Saint-Hilaire anotou, no relato citado, produção de 91 arrobas de café beneficiado por 1.000 pés, ao passo que o padre João Joaquim Ferreira de Aguiar, no primeiro manual agronômico que apresentou o saber elaborado no Vale do Paraíba, registrou a produtividade de 100 arrobas por 1.000 pés na região de Valença.[47] Para efeitos de comparação, vejam-se dados relativos a duas outras regiões. Carlos Augusto Taunay, com base na observação dos cafezais da Tijuca (Rio de Janeiro) em finais da década de 1820, apontou 20 arrobas por 1.000 pés.[48] O censo cubano de 1827, por sua vez, deu 27 arrobas de produção média por 1.000 pés plantados na ilha, número superior às 9,8 arrobas por 1.000 pés que o agrônomo cubano Tranquilino Sandalio de Noa supunha como norma em uma grande plantation em 1829.[49]

Para escoar a produção crescente do Vale do Paraíba na década de 1820, havia que ultrapassar os obstáculos da topografia acidentada e da distância dos portos do litoral. Nesse ponto residiu a maior contribuição da economia da mineração para a cafeicultura oitocentista. Em resposta à demanda mineira, elaborou-se, na segunda metade do século XVIII, um complexo sistema de criação e comercialização de mulas que articulava o Sul da América portuguesa às capitanias de São Paulo, Rio de Janeiro e Minas Gerais, fornecendo o meio básico de transporte para todo o Centro-Sul da colônia. Quando veio o empuxo do mercado mundial na virada do século XVIII para o XIX, esse sistema foi imediatamente mobilizado para o escoamento da produção cafeeira de serra acima. Na medida em que as novas fazendas do Vale do Paraíba distavam dos portos do litoral não mais do que sete dias de jornada (tendo por referência a jornada habitual de três léguas ao dia), e dados os custos relativamente baixos de aquisição e manutenção das tropas até meados do século XIX, a equação preço do artigo/preço do frete/volume a transportar/distância a percorrer foi plenamente operacional com o sistema das mulas.[50]

O DOMÍNIO DO VALE DO PARAÍBA SOBRE O MERCADO MUNDIAL DO CAFÉ, C.1830-1880

O gráfico das exportações globais de café entre 1823 e 1888 expressa com muita clareza a posição que o Brasil passou a ocupar no mercado mundial do artigo a partir da década de 1830. O resultado das safras de 1831 a 1833, que trouxeram a duplicação do volume anual, isolou-o bem à frente dos demais competidores. Outros saltos vieram entre 1843 e 1847, quando a produção se estabilizou no patamar de 150.000 t/ano, na segunda metade da década de 1860 (225.000 t) e em finais da década de 1870 (350.000 t). Com ligeiras alterações de uma safra a outra, o Brasil — leia-se o Vale escravista, ao menos até meados da década de 1870, quando o oeste paulista e da zona da mata mineira aumentaram o volume da produção — dominou de forma inconteste a oferta mundial no século XIX, tendo por único competidor real as colônias holandesas na Indonésia (Java).

Gráfico 1
Exportações de café — 1823-1888

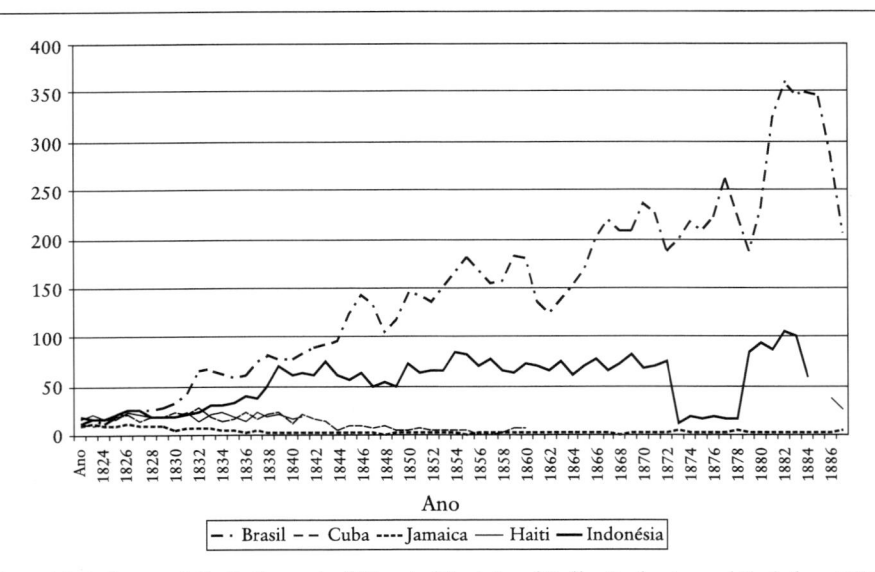

Fonte: Mario Samper & Radin Fernando, "Historical Statistics of Coffee Production and Trade from 1700 to 1960", in William Gervase Clarence-Smith & Steven Topik (orgs.), *The Global Coffee Economy in Africa, Asia, and Latin America, 1500-1989*, Cambridge, Cambridge University Press, 2003, p. 411-462.

A escala e o caráter do mercado se modificaram de modo igualmente profundo no século XIX. Na década de 1880, a produção total de café no globo era dez vezes maior do que cem anos antes. Entre uma data e outra, a grande novidade foi o aparecimento dos Estados Unidos como comprador. Nesse período, sua população aumentou 15 vezes e o consumo *per capita* anual passou de apenas 25 gramas para quatro quilos. Tratava-se de um mercado aberto, livre de tarifas de importação desde 1832, que pouco exigia a respeito da qualidade do café adquirido. Os demais grandes compradores do período, todos localizados no norte de uma Europa em rápido processo de industrialização e urbanização, também se distinguiram no século XIX pela explosão demográfica e pelo notável aumento nas taxas de consumo *per capita*. Interessa destacar nisso tudo que a passagem do mercado restrito e de luxo do século XVIII para o mercado de massa industrial do século XIX foi claramente induzida pela oferta a baixo custo do produto.[51]

As novas condições da economia internacional de artigos tropicais exigiram das regiões que operavam nessa arena aumento constante de produtividade, sob o risco de se verem excluídas do mercado. Para aquelas antigas regiões produtoras sem reservas de áreas para expansão ou que haviam sido afetadas pela crise do escravismo colonial (caso de São Domingo em finais do século XVIII, ou da Jamaica e Suriname nas primeiras décadas do século XIX), a perda de competitividade logo as afastou das posições centrais do mercado. Como se sabe, esse não foi o caso do Brasil e de Cuba, que, por meio de pactos firmados dentro dos marcos de suas respectivas monarquias constitucionais (império do Brasil e Espanha liberal), construíram arranjos políticos nas décadas de 1810 e 1820 que ajudaram a fundar a instituição escravista em bases mais seguras, capazes de enfrentar as fortes pressões antiescravistas externas capitaneadas pela Inglaterra.[52] No entanto, em vista do desempenho cubano na produção açucareira, de sua ampla disponibilidade de terras virgens e da continuidade do tráfico transatlântico de escravos até a década de 1860, sua exclusão do mercado cafeeiro mundial chama atenção. Por que isso ocorreu? E por que Java, na Indonésia, cuja economia não era escravista, conseguiu manter-se como grande região produtora ao lado do Brasil?

No que se refere à primeira questão, houve estreita relação entre o deslanche cafeeiro do Brasil, a crise da cafeicultura em Cuba e seu arranque açucareiro. Como já registramos, na região ocidental da colônia espanhola os cafezais haviam sido montados nas zonas de implantação dos engenhos, competindo, portanto, pelos mesmos recursos em termos de terras e trabalho. Até a década de 1820, não raro os grandes senhores de escravos empregaram seus capitais simultaneamente nas duas atividades.[53] O médio Vale do Paraíba, por seu turno, foi construído entre as décadas de 1810 e 1830 como região exclusivamente cafeeira, distinta das zonas açucareiras das terras baixas fluminenses e do oeste de São Paulo. Que as terras do ocidente de Cuba não fossem tão aptas para a cafeicultura como as do Vale, comprova-o a diferença na produtividade dos pés. O caráter de bens de capital dos arbustos de café criava dificuldade adicional para a atividade no ocidente de Cuba, região bastante assolada por furacões: se a intempérie não constituía obstáculo para os canaviais, capazes de, em um ano, retomar o padrão anterior à sua passagem, ela poderia ser devastadora para os cafezais, que teriam de ser replantados e demandariam pelo menos cinco anos para recuperar a produtividade plena.

Ao longo da década de 1820, os produtores cubanos tomaram consciência do peso da competição brasileira. Os preços em queda no mercado mundial eram resultado evidente do aumento global da produção. Em setembro de 1828, o Consulado de Havana, em resposta a inquérito solicitado pelo intendente da colônia, informava que *"las nuevas plantaciones que inundaran las regiones equinociales han hecho bajar el precio en términos que apenas da para costear los gastos de su producción, viéndose arruinar rapidamente multitud de cafetales que constituían gran parte del capital de la Isla, el cual no sería exagerado decir había disminuido en dos terceras partes"*.[54] Diante da crise, a Sociedade Econômica dos Amigos do País de Havana convocou, em 1829, debate sobre o assunto. Entre as questões sobre o cultivo do café colocadas na mesa, uma indagava se seria *"prudente abandonarlo"* em vista dos ganhos decrescentes.[55] A resposta, na ocasião, foi negativa, mas os debatedores concordaram sobre a necessidade de reduzir custos e aumentar a eficiência para fazer frente aos competidores brasileiros.

O conflito fiscal entre Espanha e Estados Unidos no começo da década seguinte excluiu os cubanos do principal mercado comprador do período, em franco processo de crescimento e no momento exato em que decretava o fim das tarifas de importação para o café. Conhecida como a "guerra das farinhas", a questão derivou da política fiscal que a Espanha adotou para tornar o mercado cubano cativo da produção cerealífera metropolitana. Em resposta, os Estados Unidos, grandes exportadores de mantimentos para Cuba, retaliaram a Espanha elevando as taxas de importação de artigos espanhóis, entre os quais o café cubano.[56] A represália não durou muito, porém o tempo suficiente para que os produtores escravistas brasileiros invadissem aquele mercado e atrelassem seu futuro aos padrões de consumo norte-americano.

A incapacidade de os produtores cubanos competirem com os produtores brasileiros em um quadro de queda acentuada dos preços, somada à sua exclusão do mercado dos Estados Unidos, selou o destino da cafeicultura na ilha. O início da construção da malha ferroviária cubana em 1837, ao aumentar a vantagem comparativa do açúcar cubano nos mercados internacionais, levou a massiva transferência de recursos — terras e escravos — de uma atividade para outra.[57] O devastador furacão de 1844 coroou a falência da outrora florescente cafeicultura do ocidente de Cuba. Houve, entretanto, o outro lado da moeda. O arranque açucareiro cubano a partir da década 1830 roubou paulatinamente o espaço que os senhores de engenho do Brasil ocupavam no mercado mundial. Durante a vigência do tráfico transatlântico de escravos, a economia açucareira brasileira acompanhou a duras penas a expansão dos cubanos nesse ramo, o que, porém, se tornou inviável após 1850.[58]

A última observação nos conduz ao ponto central para a compreensão do crescimento da produção cafeeira do Vale do Paraíba, isto é, o trabalho escravo. Nos anos 1820 e 1830, era voz corrente em Cuba que os escravos custavam lá o dobro do que se pagava no Brasil.[59] Os dados fornecidos por David Eltis corroboram a percepção dos contemporâneos:

até a década de 1850, as curvas nos preços dos cativos adquiridos no tráfico transatlântico para o Brasil e para Cuba foram estritamente congruentes, mas os valores cubanos estiveram sempre acima dos brasileiros.[60] A explicação para a diferença é simples. O tráfico para o Centro-Sul do Brasil era comandado desde a virada do século XVII para o XVIII por negociantes luso-brasileiros residentes na praça do Rio de Janeiro, que operavam fundamentalmente na zona congo-angolana: comando local das operações, viagens mais curtas e contatos mais sólidos no continente africano possibilitavam a redução do preço final dos africanos embarcados como escravos. Os traficantes hispano-cubanos, a despeito de serem tão eficazes como seus pares brasileiros e portugueses, só tinham entrado no infame comércio no início do século XIX, e a distância a ser percorrida no Atlântico era bem maior do que a rota dos negreiros que se dirigiam ao Centro-Sul do Brasil. A eficiência dos traficantes cariocas permitiu também a importação, após 1811, de quantidades expressivas de escravos da costa oriental da África.[61]

O custo dos escravos, contudo, não pode ser tomado como variável econômica independente, vinculada apenas ao jogo da oferta e da procura. A campanha sistemática comandada pela Inglaterra contra o tráfico negreiro transatlântico e a própria escravidão exigiu dos espaços escravistas em expansão uma resposta política concertada. No caso do Brasil, sua independência em 1822 abrira um flanco para a pressão inglesa, pois desde o Tratado de 1817 com a então coroa portuguesa a questão estivera congelada no plano diplomático. Em troca do reconhecimento formal do novo Estado soberano, a Inglaterra exigia de d. Pedro I compromisso efetivo com o encerramento do tráfico. A matéria se resolveu apenas em 1826, com a assinatura da convenção que previa o fim do tráfico entre África e Brasil para três anos após sua ratificação pela Inglaterra, o que ocorreu em 13 de março de 1827. A arenga diplomática, além de erodir parte não desprezível do capital político do primeiro imperador do Brasil e contribuir para sua queda em 1831, foi acompanhada de perto por negreiros e fazendeiros, que aceleraram as importações na segunda metade da década de 1820.[62] Entre 1821 e 1825, foram desembarcados no porto do Rio de Janeiro cerca de 112.000 africanos escravizados, ao passo que no lustro seguinte chegaram 186.000 cativos.[63] A aceleração das importações expressava com nitidez a concepção coeva de que o tráfico seria efetivamente encerrado em 1830.

Os anos de maior introdução de cativos africanos pelo porto carioca (1828 e 1829, com 45.000 e 47.000 africanos, respectivamente) encontraram correspondência nas safras abundantes de 1833 e 1834, quando a cafeicultura do Vale dobrou o volume da produção obtida em 1831. Vê-se, portanto, que parte considerável desses novos escravos foi parar em fazendas de serra acima. A produção de café brasileira girou em torno desse patamar até 1838, quando voltou a crescer, de início lentamente, para dar novo salto a partir de 1842, com 84.221 t; em 1843, 89.550 t; em 1844, 91.980 t; em 1845, 97.440 t; em 1846, 123.300 t. A produção de 1847 chegou a 141.810 t, maior volume anterior ao tráfico, estabilizando-se até o novo salto da safra de 1855, de 181.290 t.

Com os números das safras da década de 1840, queremos ressaltar a correlação estreita que houve entre o crescimento da cafeicultura e a escravaria adquirida no trato atlântico, e, em particular, o quanto a produção de 1842 em diante contou com cativos africanos comprados após 1835. Para tanto, a ação ensaiada dos fazendeiros do Vale do Paraíba com os grupos políticos ligados ao Regresso foi fundamental. Conforme a letra do tratado anglo-brasileiro de 1827, o tráfico cessaria em março de 1830. Com o objetivo de reafirmar a soberania brasileira na questão, um Parlamento bastante fortalecido com a queda de d. Pedro I aprovou a lei de 7 de novembro de 1831, que trazia disposições draconianas para combater o tráfico: os africanos que doravante fossem introduzidos em território nacional seriam automaticamente libertados, prevendo-se seu retorno imediato à África; os transgressores — vendedores ou compradores — seriam submetidos a processo criminal; as denúncias contra a prática tanto do desembarque ilegal como da mera posse de escravos ilegais poderiam ser apresentadas por qualquer indivíduo. Nas letras da lei, portanto, os fazendeiros que adquirissem africanos no trato transatlântico ficariam expostos a severas punições. Usualmente reputado como "para inglês ver", o decreto de 7 de novembro pretendia de fato acabar com o tráfico transatlântico e desse modo foi lido pelos coetâneos. Tanto é assim que, entre 1831 e 1835, as entradas diminuíram abruptamente (cerca de 4.000 no Centro-Sul do Brasil), tornando-se o tráfico como que residual.[64]

De 1835 em diante, ocorreu profunda reversão nesse quadro. As vozes pró-escravistas voltaram a articular-se nos espaços de opinião pública após período de refluxo, e ampla coalizão de ex-liberais moderados e ex-caramurus com setores dos proprietários rurais mais capitalizados do Centro-Sul — base da formação do futuro Partido Conservador[65] — passou a advogar pura e simplesmente a anulação da lei de 7 de novembro de 1831. Nesse movimento de mão dupla entre as demandas de grupos sociais expressivos e os esforços de arregimentação de eleitores por parte de uma nova força política, os fazendeiros de café do Vale do Paraíba desempenharam papel fulcral. Por meio de pressão política direta e de ações no espaço público, davam a ver sua disposição para reabrir o tráfico. Dos vários exemplos que poderiam ser citados, cabe lembrar uma representação que a Câmara de Valença — município do centro cafeicultor do médio Vale do Paraíba fluminense — endereçou ao Parlamento imperial em meados de 1836. Assinado por figuras de proa do senhoriato local (Manoel do Vale Amado, Camilo José Pereira do Faro, João Pinheiro de Souza, visconde de Baependy), o documento registrava:

> Augustos e Digníssimos Senhores Representantes da Nação. A Câmara Municipal da Vila de Valença, tendo-vos já pedido providências sobre a lei de 7 de Novembro de 1831, vem hoje novamente lembrar-vos que lanceis Vossas vistas sobre a mais respeitável e interessante porção da população do Império, que a maior parte está envolvida na infração da mencionada lei, porque a necessidade a ela os levou; cumpre portanto a Vós, Augustos e Digníssimos Senhores, evitar a explosão que nos ameaça, derrogando em todas as suas partes a dita lei de 7 de Novembro de 1831, porque sua execução é impraticável e ela, longe de trazer benefício a Vossos Concidadãos, os insinua à imoralidade; sua derrogação é de reconhecida

utilidade, e sua execução seria concitar os Povos a uma rebelião e formal desobediência, por que essa maioria respeitável de Vossos Concidadãos de qualquer das formas procurará com todas as suas forças conservar intactas suas fortunas, adquiridas com tantas fadigas e suores.[66]

Contra a eventualidade de execução da lei, que libertaria os cativos importados após 1831 e colocaria nas barras dos tribunais seus possuidores, os representantes dos cafeicultores ameaçavam o poder público com a possibilidade de resistência aberta. O que estava em jogo, no entanto, não eram apenas os africanos até então adquiridos, mas os que doravante seriam comprados. Ao tornarem a matéria — desde 1835 — pauta de campanha política, os agentes do Regresso conservador acenaram aos traficantes e cafeicultores que dariam sinal verde à retomada do infame comércio. A estratégia funcionou muito bem, pois, na segunda metade da década de 1830, enquanto desembarcavam nos portos do Centro-Sul do império mais de 150.000 africanos ilegalmente escravizados, número que subiu para 166.000 na década seguinte, os saquaremas conseguiram impor integralmente sua agenda à política imperial.[67]

Vê-se, por conseguinte, que o avanço cafeeiro do Brasil dependeu de modo estrito de acordos políticos internos que dessem segurança institucional aos que investiam no ramo. Todos os escravos africanos importados depois de 1831 eram formalmente livres, mas em momento algum o Estado brasileiro questionou a posse efetiva dos fazendeiros. A massa de africanos ilegalmente escravizados só se tornou questão política depois de segunda metade da década de 1860, já no contexto de perda de legitimidade social e política da instituição.[68] Em meados do século XIX, os municípios cafeeiros do médio Vale do Paraíba encontravam-se suficientemente abastecidos de trabalhadores cativos; de agora em diante, a reposição dessa força de trabalho, bem como a aquisição dos escravos necessários à expansão em novas frentes, como as de Cantagalo, no Rio de Janeiro, a da zona da mata mineira e do oeste de São Paulo, ocorreria basicamente por meio do tráfico interno, que foi articulado econômica e politicamente logo nos primeiros anos da década de 1850.[69]

Com ampla oferta de terra e de trabalho, as fazendas do Vale se diferenciaram de suas equivalentes em outras partes do globo por suas dimensões espaciais e quantidade de mão de obra empregada. A historiografia clássica veiculou a ideia de que a produção cafeeira do Brasil no século XIX advinha sobretudo de grandes unidades rurais, usualmente com o emprego de uma centena ou mais de escravos.[70] Pesquisas cuidadosas no campo da demografia histórica posteriores à década de 1980 procuraram rever essa imagem. Valendo-se de fontes até então pouco exploradas, como as listas nominativas de habitantes e os registros de matrícula de escravos elaborados após 1871, os investigadores apontaram para a existência de grande quantidade de pequenos e médios proprietários escravistas envolvidos diretamente na produção de café. A posse média de escravos, afirmam, estaria bem abaixo do número tradicionalmente anotado.[71]

A questão, no entanto, permanece em aberto, pois grande parte dos estudos demográficos disponíveis versa sobre os municípios cafeeiros de São Paulo nas primeiras décadas do século XIX. Com exceção de Bananal e de Campinas, antes do quarto final do oitocentos nenhuma localidade paulista rivalizou em volume de produção e montante relativo e absoluto de escravos com os grandes municípios escravistas do Vale fluminense, isto é, Vassouras, Valença, Piraí, Barra Mansa, Paraíba do Sul e Cantagalo. Faltam pesquisas demográficas detalhadas a respeito desses municípios, porém temos à disposição um trabalho recente e pormenorizado sobre Vassouras. Seu autor, Ricardo Salles, indica que, se a propriedade escrava nesse município foi desde o início da cafeicultura disseminada no tecido social, com um grande número de homens livres possuindo escravos, a concentração foi não obstante muito acentuada. Os dados agregados para o período de 1821 e 1880 informam que os "megaproprietários", donos de mais de cem escravos e correspondentes a 9% dos senhores, possuíram 48% da escravaria total; somados aos que tinham de 50 a 99 escravos ("grandes proprietários"), equivaleram a 21% dos senhores, donos de 70% dos cativos. Salles esclarece ainda que a acumulação de escravos nas mãos desses grandes e megaproprietários ocorreu na fase de expansão das lavouras de café, isto é, de 1836 a 1850, durante a vigência do tráfico transatlântico ilegal e não após seu encerramento.[72]

Em vista desses dados, pode-se afirmar que o grosso da produção de café de Vassouras era obtido em unidades com escravarias numerosas, conclusão passível de generalização para os demais municípios cafeeiros do médio Vale fluminense. Escravaria numerosa, entretanto, não significa necessariamente grande propriedade rural. Não raro houve fazendas com mais de cem escravos que contavam com menos de cem alqueires geométricos (480 hectares). Os trabalhos sobre a estrutura fundiária do Vale, aliás, documentam a presença substantiva de sítios e situações, unidades com menos de 50 alqueires que englobavam a maioria das posses rurais, afora uma miríade de agregados e pequenos posseiros que dependiam de acordos com os grandes senhores para sua permanência na terra, em relação eivada de tensões. O tamanho usual para as fazendas que empregavam mais de cem escravos girava de cem a 300 alqueires, sendo poucas as propriedades com área superior a isso; seja como for, eram seus donos que controlavam a quase totalidade da superfície de seus municípios.[73]

A distribuição das propriedades rurais em uma espécie de colcha de retalhos, com mescla caótica de grandes fazendas, fazendolas, sítios e posses de agregados, ligava-se não só às particularidades da ocupação agrária da região, em especial o papel que essa assimetria desempenhava no jogo político local baseado em práticas de clientelismo,[74] como também às especificidades da organização do processo de trabalho e de produção. Por um lado, a produção de café era plenamente viável em pequenas unidades que a combinavam com o plantio de mantimentos destinados à venda no mercado. Por outro lado, dadas as necessidades de controle espacial da escravaria,[75] as grandes unidades em plena operação tinham um tamanho máximo que era ditado pelo tempo de deslocamento dos trabalhadores da quadra da senzala — sempre acoplada à casa de vivenda e às instalações produtivas — ao eito. Nisso reside o porquê de muitos dos megaproprietários de escravos, donos de centenas e por vezes milhares de cativos, fundarem várias fazendas contíguas, cada qual com sua sede (senzalas, terreiros, engenhos, tulhas), em vez de as integrar em um único latifúndio. Fazendas com mais de 400 alqueires, afinal, exigiriam longas caminhadas da senzala aos cafezais, com o consequente dispêndio desnecessário de tempo e de energia dos trabalhadores. A configuração interna das fazendas era igualmente a de uma paisagem descontínua, algo determinado antes de tudo pela topografia dos mares de morros. Mas não apenas isso, pois as próprias estratégias de gestão agrária adotadas conduziam a tal conformação. O plantio alinhado vertical dos pés de café ocorria nos morros de meia laranja, em terrenos de derrubada e queima de mata. No entanto, não se alocava o arbusto em todos os outeiros. De acordo com a altitude em que se situava a fazenda, as fileiras eram dispostas ou nas faces dos morros que recebiam o sol da manhã ("noruegas") ou nas que eram ensolaradas à tarde ("soalheiras"). Durante o período de crescimento dos arbustos, cultivava-se milho e feijão entre as fileiras bastante espaçadas dos pés de café; baixios, várzeas e brejos, inadequados ao cafeeiro, eram cultivados com arroz e cana. Os arbustos assim plantados permaneciam produtivos por no máximo 25 anos, mas seus rendimentos eram perceptivelmente decrescentes a partir de 15 anos. Para se manter a produção em patamares estáveis, fazia-se necessário replantar constantemente pés de café em matas de derrubada, com vistas à substituição dos arbustos velhos e improdutivos prestes a serem convertidos em pasto, roças de subsistência ou capoeiras.[76]

Na base desses esquemas de administração da paisagem, cujos dois pontos essenciais eram o cultivo em derrubadas e o plantio alinhado vertical e bem espaçado dos pés, residia o propósito de otimizar o processo de trabalho. A adoção da primeira técnica permitia o rápido preparo do terreno sem dispêndio excessivo de tempo de trabalho. A segunda garantia, pela visualização, o controle estrito do trabalho dos escravos. No amanho dos cafezais, os escravos, organizados em turmas (ou ternos, na linguagem oitocentista) sob o comando de um capataz, eram alocados cada qual em uma fileira de arbustos, com o objetivo de seguirem todos o mesmo ritmo de trabalho. Dado que o espaçamento entre as fileiras era considerável (de 12 a 15 palmos, 2,64 a 3,3 metros), o capataz, na base do outeiro, poderia observar se a linha de cativos prosseguia no mesmo passo ditado pelos trabalhadores das pontas. No período de colheita, a organização do trabalho era distinta, seguindo um sistema de tarefas atribuídas individualmente a cada escravo do eito e variáveis conforme o volume estimado da safra.[77]

A cafeicultura escravista brasileira combinou assim as duas modalidades básicas de organização do processo de trabalho escravo presentes nas demais regiões de plantation do Novo Mundo, as turmas sob comando unificado (*gang system*) e o sistema de tarefas individualizado (*task system*).[78] Tal arranjo, ademais, permitiu aos senhores a imposição de assombrosa taxa de trabalho a seus cativos. Na cafeicultura de São Domingo, a um escravo de eito eram atribuídos usualmente entre 1.000 e 1.500 pés de café, o mesmo que se imputava aos escravos jamaicanos. Em Cuba, estimava-se que um cativo de roça cultivaria em média 2.000 pés, número semelhante ao do início da cafeicultura no Vale do Paraíba, onde, no entanto, pressupunha-se que os trabalhadores cultivariam também seus próprios mantimentos.[79] Registros posteriores dão conta do que se passou a exigir dos escravos com a progressiva especialização das fazendas. Um livro de contas de Cantagalo consultado pelo diplomata Johann Jakon von Tschudi em 1860 apontava cerca de 3.800 pés por escravo de roça. A tese que Reinhold Teuscher — médico de partido das fazendas de Antonio Clemente Pinto (barão de Nova Friburgo), também em Cantagalo — apresentou alguns anos antes à Faculdade de Medicina do Rio de Janeiro veiculava número ainda maior: "5 a 6.000 pés de café" para cada escravo de eito.[80] As consequências do método agronômico que possibilitava tais taxas de exploração do trabalho eram a erosão, o esgotamento do solo e o envelhecimento precoce dos pés, o que, por sua vez, demandava replantios periódicos em matas virgens. Sobre-exploração dos trabalhadores e devastação ambiental eram faces da mesma moeda na dinâmica da cafeicultura escravista do Vale do Paraíba e na formação do mercado de massa da bebida.

De 1840 em diante, a única região produtora mundial que se mostrou capaz de competir com o Vale do Paraíba foi a possessão holandesa de Java, na Indonésia. Suas trajetórias, porém, foram bastante distintas: enquanto a produção brasileira verificou aumento constante, a de Java estacionou no patamar de 75.000 toneladas anuais. A discrepância muito revela sobre a natureza do complexo cafeeiro escravista do Vale. Vimos, na segunda parte do capítulo, que a economia de Java passou por sérias atribulações na virada do século XVIII para o XIX. Os esforços de reforma posteriores ao fim da VOC levaram, na década de 1830, à construção de um novo modelo de exploração colonial, o *Kultuur Stelsel*, ou "sistema de cultivo". Seu elaborador, Johannes Van den Bosch, avaliava que, em face da proximidade com os mercados europeus e o baixo custo do trabalho proporcionado pela escravidão negra nas Américas, seria impossível a Java competir no mercado mundial valendo-se unicamente do emprego de trabalho livre em grandes unidades pertencentes a investidores privados. Em resposta ao problema, Van den Bosch propôs um esquema — logo implementado pelo Estado holandês — no qual os camponeses indonésios seriam compelidos a pagar seus tributos em espécie, e não em dinheiro. Tratava-se de reconfiguração em novas bases de práticas pretéritas da VOC: sob o *Kultuur Stelsel*, os camponeses deveriam alocar um quinto de suas terras para o granjeio de artigos determinados pelo governo, fornecendo-os a preços fixos aos armazéns oficiais sem ser supervisionados no processo de produção. O café tornou-se a espinha dorsal do sistema e a principal fonte de rendas para o Estado colonial. Os preços pagos aos camponeses não seguiam os valores do mercado mundial do café, o que resultava em imensa transferência de excedentes para os poderes coloniais. Os ganhos se ampliavam com as operações da Nederlandsche Handelmaatschappij, companhia semimonopolista que remetia o artigo para venda no mercado de Amsterdã.[81]

O "sistema de cultivo" permitiu notável aumento da produção de café de Java em relação ao século XVIII, levando-a a oferecer parte significativa do volume importado pela Europa no século XIX. O produto javanês, entretanto, só poderia crescer caso ocorresse o mesmo com sua população camponesa, mais preocupada com a combinação de atividades econômicas que garantiam o provento de suas famílias do que com a maximização da produção cafeeira, vista como imposição do Estado colonial.

O contraste com o império do Brasil não poderia ser mais completo. Em 1883, já no contexto da crise do escravismo, C. F. van Delden Laërne, agrônomo holandês com vasta experiência de terreno em Java, visitou as províncias do Rio de Janeiro, Minas Gerais e São Paulo para examinar qual o segredo do volume da produção brasileira. Após estada de seis meses, redigiu minucioso relatório que ainda hoje é uma das melhores fontes para o estudo da escravidão na cafeicultura brasileira. Após avaliar a quantidade de cativos empregados diretamente nas fainas do café, Laërne advertia o leitor que prestasse atenção "a esses cálculos, por mais que pareça neste país [Holanda] que o plantio do café no Brasil requeira mais mãos do que efetivamente ocorre. No capítulo a respeito da agronomia do café, vamos aprender como é possível, com tão poucas pessoas, produzir uma safra com mais de seis milhões de sacas [360.000 t]".[82] A resposta ao enigma era simples. A fronteira aberta e a mobilidade proporcionada pelo trabalho escravo, somadas, após a década de 1860, à construção da malha ferroviária e à adoção de maquinário avançado de beneficiamento que permitia poupar mão de obra e deslocar mais cativos ao eito,[83] tornaram a produção brasileira altamente elástica, apta não só a responder, célere, aos impulsos do mercado mundial, como, sobretudo, a comandá-los.

É aqui que se encontra o caráter radicalmente moderno da escravidão no Vale do Paraíba. Com base nela, o Brasil tornou-se capaz de determinar o preço mundial de um artigo indissociável do cotidiano das sociedades urbanas industriais, cujos ritmos de trabalho passaram a ser marcados pelo consumo da bebida. Nas fábricas, no comércio, nas repartições públicas, nos hospitais, nas escolas ou em qualquer outro lugar no qual a cadência fosse ditada pelo tempo do relógio, o estimulante tornou-se onipresente. Não por acaso, Brasil e Estados Unidos — o paradigma do novo modo de vida industrial e do consumo de massa — foram as duas pontas principais da cadeia da mercadoria ao longo do século XIX, algo que se estreitou na centúria seguinte. E, como em vários outros momentos do capitalismo histórico, a formação de uma nova *commodity frontier* para o abastecimento das zonas centrais articulou de forma direta a degradação do trabalho e da natureza nas zonas periféricas. A novidade do Vale do Paraíba, em relação às outras fronteiras que o haviam precedido, consistiu em sua escala, até então sem precedentes. Seus fazendeiros não só promoveram um dos mais intensos fluxos de africanos escravizados para o Novo Mundo, parte do qual sob a marca da ilegalidade, como igualmente arrasaram, no espaço de apenas três gerações, uma das mais ricas coberturas florestais do mundo. Produção em massa, consumo em massa, escravização em massa, destruição em massa: tais foram os signos da modernidade que conformaram a paisagem histórica do Vale do Paraíba.

Notas

1. *Apud* Lilia Moritz Schwarcz, *As barbas do imperador. D. Pedro II, um monarca nos trópicos*, São Paulo, Cia. das Letras, 1998, p. 179.
2. Todos os dados referentes à produção mundial de café citados neste capítulo — exceto quando fornecemos outra referência — foram retirados do cuidadoso apêndice preparado por Mario Samper e Radin Fernando para o livro editado por William Gervase Clarence-Smith e Steven Topik, *The Global Coffee Economy in Africa, Asia, and Latin America, 1500-1989*, Cambridge, Cambridge University Press, 2003, p. 411-462. Os dados referentes aos valores relativos das exportações brasileiras podem ser vistos em Virgílio Noya Pinto, "Balanço das transformações econômicas no século XIX", *in* C. G. Mota, *Brasil em perspectiva*, São Paulo, Difusão Europeia do Livro, 1968, p. 152; e Alice P. Canabrava, "A grande lavoura (1971)" *in História econômica: estudos e perspectivas*, São Paulo, ABPHE/Hucitec/Ed.Unesp, 2005, p. 166.
3. *Cf.* Steven Topik, "The Integration of the World Coffee Market", *in* W. G. Clarence-Smith e S. Topik, *op. cit.*, p. 21-49.
4. Ver, a propósito, os trabalhos clássicos de Roberto Simonsen, *Aspectos da história econômica do café*, São Paulo, Separata da *Revista do Arquivo*, 1940; Caio Prado Jr. (1945), *História econômica do Brasil*, São Paulo, Brasiliense, 1985, p. 159-167; Stanley J. Stein (1957; trad. port.), *Vassouras. Um município brasileiro do café, 1850-1900*, Rio de Janeiro, Nova Fronteira, 1990; Celso Furtado (1959), *Formação econômica do Brasil*, São Paulo, Cia. Editora Nacional, 1974, p. 110-116; Orlando Valverde (1965), "A fazenda de café escravocrata no Brasil" *in Estudos de geografia agrária brasileira*, Petrópolis, Vozes, 1985; Emília Viotti da

Costa (1966), *Da senzala à colônia*, São Paulo, Brasiliense, 1989; Alice P. Canabrava, "A grande lavoura", *op. cit.*
5. *Cf.* Stuart B. Schwartz, *Da América portuguesa ao Brasil. Estudos históricos*, Lisboa, Difel, 2003.
6. *Cf.* João Luís Ribeiro Fragoso, *Comerciantes, fazendeiros e formas de acumulação em uma economia escravista-colonial: Rio de Janeiro, 1790-1888*, tese de doutorado em História, Niterói, ICHF/UFF, 1990; João Luís Ribeiro Fragoso, *Homens de grossa aventura: acumulação e hierarquia na praça mercantil do Rio de Janeiro (1790-1830)*, Rio de Janeiro, Arquivo Nacional, 1992; João Fragoso e Manolo Florentino, *O arcaísmo como projeto. Mercado atlântico, sociedade agrária e elite mercantil em uma economia colonial tardia. Rio de Janeiro, c.1790-c.1840*, ed. revista e ampliada, Rio de Janeiro, Civilização Brasileira, 2001.
7. Fragoso, *Homens de grossa aventura, op. cit.*, p. 297.
8. As críticas foram apresentadas sobretudo por Jacob Gorender, *A escravidão reabilitada*, São Paulo, Ática, 1990, p. 81-83; Stuart B. Schwartz, "Somebodies and Nobodies in the Body Politic: Mentalities and Social Structures in Colonial Brazil", *Latin American Research Review*, v. 31, n° 1, p. 113-134, 1996; Eduardo Mariutti, Luiz Nogueról e Mario Denieli Neto, "Mercado interno colonial e grau de autonomia: crítica às propostas de João Luís Ribeiro Fragoso e Manolo Florentino", *Estudos Econômicos*, v. 31, n° 2, p. 369-393, 2001.
9. *Cf.*, por exemplo, os ótimos trabalhos de Francisco Vidal Luna e Herbert S. Klein, *Evolução da sociedade e economia escravista de São Paulo, de 1750 a 1850*, (trad. port.), São Paulo, Edusp, 2005, p. 81-106; e Steven Topik e Mario Samper, "The Latin American Coffee Commodity Chain: Brazil and Costa Rica", *in* S. Topik, C. Marichal e Z. Frank (orgs.), *From Silver to Cocaine. Latin American Commodity Chains and the Building of the World Economy, 1500-2000*, Durham, Duke University Press, 2006, p. 147-173.
10. *Cf.* Michel Tuchscherer, "Coffee in the Red Sea Area from the Sixteenth to the Nineteenth Century", *in* Clarence-Smith e Topik (orgs.), *The Global Coffee Economy, op. cit.*, p. 50-66.
11. *Cf.* Louis-Philippe May (1930), *Histoire économique de la Martinique (1635-1763)*, Fort-de-France, Société de Distribution et de Culture, 1972.
12. *Cf.* Doria González Fernández, "Acerca del mercado cafetelero cubano durante la primeira mitad del siglo XIX", *Revista de la Biblioteca Nacional José Martí*, n° 2, 1989, p. 154; Michel-Rolph Trouillot, "Motion in the System: Coffee, Color, and Slavery in Eighteenth-Century Saint-Domingue", *Review*, v. 5, n° 3, p. 331-388, inverno de 1982, p. 337.
13. *Cf.* Trouillot, "Motion in the System", *op. cit.*; Christian A. Girault, *Le commerce du café en Haïti: habitants, spéculateurs et exportateurs*, Paris, CNRS, 1981, p. 55.
14. A melhor análise recente da Revolução de São Domingo está no livro de Laurent Dubois, *Avangers of the New World. The Story of the Haitian Revolution*, Cambridge, Harvard University Press, 2004.

15. Sobre as implicações políticas dessa reconfiguração, ver Michel-Rolph Trouillot, *Haiti, State against the Nation*. *The origins and legacy of Duvalierism*, Nova York, Monthly Review Press, 1990, p. 36-82.
16. *Cf.* S. D. Smith, "Accounting for Taste: British Coffee Consumption in Historical Perspective", *Journal of Interdisciplinary History*, v. 27, n° 2, p. 183-214, outono de 1996.
17. *Cf.* S. D. Smith, "Sugar's Poor Relation: Coffee Planting in the British West Indies, 1720-1833", *Slavery and Abolition*, v. 19, n° 3, p. 68-89, dezembro de 1998, B. W. Higman, *Jamaica Surveyed*. *Plantation Maps and Plans of the Eighteenth and Nineteenth Centuries*, Kingston, University of the West Indies Press, 2001, p. 159-191.
18. A edição em inglês foi publicada sob o título *The Coffee Planter of Saint Domingo; with an Appendix, containing a view of the Constitution, Government, Laws, and State of that Colony, previous to the Year 1789*, Londres, T. Cadell e W. Davies, 1798. A tradução para o português, a cargo de Antonio Carlos Ribeiro de Andrade, foi inserida na notável coleção dirigida por frei José Mariano da Conceição Velloso, *O fazendeiro do Brazil*, t. III, *Bebidas Alimentosas*, parte II, *O café*, Lisboa, Officina de Thaddeo Ferreira, 1800. A primeira edição em castelhano, vertida por Pablo Boloix, saiu em 1809, sendo reimpressa onze anos depois: *Cultivo del cafeto, o arbol que produce el café, y modo de beneficiar este fruto*, Habana, Oficina de Arazoza y Soler, 1820. Em 1870, tratando da cafeicultura no Ceilão britânico, Guilherme Sabonadière considerava o manual de Laborie a melhor peça já escrita sobre o assunto. Ver seu *O fazendeiro do café em Ceylão* (2ª ed. ingl., 1870), trad. port., Rio de Janeiro, Typographia do Diário do Rio de Janeiro, 1875.
19. Sobre o consumo metropolitano, ver os artigos de S. D. Smith citados nas notas 16 e 17; sobre a questão ambiental, ver Kathleen E. A. Monteith, "Planting and Processing Techniques on Jamaican Coffee Plantations, During Slavery", *in* V. Shepherd (org.), *Working Slavery, Pricing Freedom. Perspectives from the Caribbean, África and the African Diaspora*, Kingston/Oxford, Ian Randle Publ./James Currey Publ., 2002, p. 112-129.
20. *Cf.* J. R. Ward, *British West Indian Slavery, 1750-1834. The Process of Amelioration*, Nova York, Oxford University Press, 1988.
21. *Cf.* Emília Viotti da Costa, *Coroas de glória, lágrimas de sangue. A rebelião dos escravos de Demerara em 1823* (trad. port.), São Paulo, Cia. das Letras, 1998, p. 62-86.
22. Sobre Java no século XVIII, ver as rápidas notas de Robert Elson, *Village Java under the Cultivation System, 1830-1870*, Sydney, Asians Studies Association of Australia in association with Allen and Unwin, 1994, p. 24-25, e o estudo que o critica de W. G. Clarence-Smith, "The impact of forced coffee cultivation on Java, 1805-1917", *Indonesia Circle*, n° 64, p. 241-264, 1994, p. 241-243.

23. *Cf.* González Fernández, "Acerca del mercado cafetelero cubano", *op. cit.*, p. 157.
24. *Cf.* Dale Tomich, *Through the Prism of Slavery. Labor, Capital, and World Economy*, Boulder, CO, Rowman & Littlefield Publ., 2004.
25. Ver, a respeito, os dados de Manuel Moreno Fraginals, *O engenho: complexo socioeconômico açucareiro cubano*, trad. port., São Paulo, Hucitec/Unesp, 1989, v. III, p. 355; e Dauril Alden, "O período final do Brasil Colônia, 1750-1808", *in* L. Bethell (org.), *História da América Latina*, v. II, *América Latina Colonial*, trad. port., São Paulo, Edusp/Funag, 1999, p. 559.
26. *Cf.* David R. Murray, *Odious Commerce. Britain, Spain, and the Abolition of the Cuban Slave Trade*, Cambridge, Cambridge University Press, 1980; Pablo Tornero Tinajero, *Crescimento económico y transformaciones sociales. Esclavos, hacendados y comerciantes en la Cuba colonial (1760-1840)*, Madri, Ministério del Trabajo y Seguridad Social, 1996, p. 44-107; Sherry Johnson, "The Rise and Fall of Creole Participation in the Cuban Slave Trade, 1789-1796", *Cuban Studies*, n° 30, 1999, p. 52-75.
27. *Cf.* Tornero Tinajero, *Crescimento económico y transformaciones sociales, op. cit.*, p. 358-380; Josep M. Fradera, *Colonias para después de un império*, Barcelona, Edicions Bellaterra, 2005, p. 327-420.
28. *Cf.* Francisco Pérez de la Riva, *El Café: Historia de su cultivo y explotación en Cuba*, Havana, Jesus Montero, 1944, p. 50; Levi Marrero, *Cuba: economia y sociedad*, Madri, Ed. Playor, 1984, v. 11, p. 108; Alejandro García Alvarez, "El café y su relación con otros cultivos tropicales en Cuba colonial", trabalho apresentado no I Seminário de História do Café: História e Cultura Material, Museu Republicano Convenção de Itu, Museu Paulista/USP, novembro de 2006.
29. *Cf.* Marrero, *Cuba, op. cit.*, p. 114.
30. Sobre o café na América portuguesa setecentista, ver Affonso de E. Taunay, *Subsídios para a história do café no Brasil colonial*, Rio de Janeiro, Departamento Nacional do Café, 1935. Sobre as reformas pombalinas, André Mansuy-Diniz Silva, "Portugal e Brasil: a reorganização do império, 1750-1808", *in* L. Bethell (org.), *História da América Latina*, v. I, *América Latina colonial*, trad. port., São Paulo, Edusp/Funag, 1997, p. 488-498; Kenneth Maxwell, *A devassa da devassa. A Inconfidência Mineira — Brasil e Portugal, 1750-1808*, trad. port., Rio de Janeiro, Paz e Terra, 1978, p. 21-53; Guillermo Palácios, *Cultivadores libres, Estado y crisis de la esclavitud en Brasil en la época de la Revolución Industrial*, Cidade do México, Fondo de Cultura Econômica, 1998, p. 112-156.
31. Sobre o volume da produção açucareira cubana, ver Moreno Fraginals, *O engenho, op. cit.*, v. III, p. 355; sobre a produção da América portuguesa, ver José Jobson de Andrade Arruda, *O Brasil no comércio colonial (1796-1808)*, São Paulo, Ática, 1980, p. 360. A respeito do Engenho Pau Grande, há trabalho recente: Mariana de Aguiar Ferreira Muaze, *O império do retrato: família, riqueza e re-*

presentação social no Brasil oitocentista (1840-1889), tese de doutorado em História, Niterói, IFCH/UFF, 2006.
32. Sobre Minas Gerais, ver o primeiro capítulo de Laird Bergad, *Escravidão e história econômica: demografia de Minas Gerais, 1720-1888*, trad. port., Bauru, Edusc, 2004. A respeito de São Paulo, ver Luna e Klein, *Evolução da sociedade e economia escravista de São Paulo, op. cit.*, p. 41-53.
33. *Cf.* Alcir Lenharo (1979), *As tropas da moderação. O abastecimento da corte na formação política do Brasil, 1808-1842*, Rio de Janeiro, SMCTE/Prefeitura do Rio de Janeiro, 1992, p. 47-59.
34. *Cf.* Manolo Garcia Florentino, *Em costas negras. Uma história do tráfico atlântico de escravos entre a África e o Rio de Janeiro (séculos XVIII e XIX)*, Rio de Janeiro, Arquivo Nacional, 1995, p. 74.
35. *Cf.* Luna e Klein, *Evolução da sociedade e economia escravista de São Paulo, op. cit.*, p. 58-59.
36. *Cf.* Luna e Klein, *op. cit.*, p. 87.
37. Auguste de Saint-Hilaire, *Segunda viagem do Rio de Janeiro a Minas Gerais e a São Paulo (1822)*, trad. port., São Paulo/Belo Horizonte, Edusp/Itatiaia, 1974, p. 78, 100-101.
38. Pedro Carvalho de Mello, *A economia da escravidão nas fazendas de café: 1850-1888*, Rio de Janeiro, PNPE, 1982, v. 1, p. 12.
39. *Cf.* Edmar Bacha e Robert Greenhill, *150 anos de café*, Rio de Janeiro, Marcelino Martins & E. Johnston, 1992, p. 333-334.
40. *Cf.* Gorender, *A escravidão reabilitada, op. cit.*, p. 82.
41. *Cf.* Luna e Klein, *Evolução da sociedade e economia escravista de São Paulo, op. cit.*, p. 87.
42. João Fragoso, *Comerciantes, fazendeiros e formas de acumulação, op. cit.*, p. 506.
43. Ver John Manuel Monteiro, *Negros da terra. Índios e bandeirantes nas origens de São Paulo*, São Paulo, Cia. das Letras, 1994, p. 81-85, e Sheila de Castro Faria, *A colônia em movimento. Fortuna e família no cotidiano colonial*, Rio de Janeiro, Nova Fronteira, 1998, respectivamente.
44. As palavras são de Carla Maria Junho Anastasia, *A geografia do crime. Violência nas Minas setecentistas*, Belo Horizonte, Ed. UFMG, 2005, p. 36.
45. *Cf.* Stein, *Vassouras, op. cit.*, p. 31-34; Célia Maria Loureiro Muniz, *Os donos da terra. Um estudo sobre a estrutura fundiária do Vale do Paraíba Fluminense, século XIX*, dissertação de mestrado, Niterói, ICHF/UFF, 1979, p. 51-53; Márcia Maria Menendes Motta, *Nas fronteiras do poder. Conflito e direito à terra no Brasil do século XIX*, Rio de Janeiro, Vício de Leitura/Aperj, 1998, p. 34-40.
46. *Cf.* Warren Dean, *A ferro e fogo. A história e a devastação da Mata Atlântica brasileira*, trad. port., São Paulo, Cia. das Letras, 1996, p. 234.
47. *Cf.* Saint-Hilaire, *Segunda viagem, op. cit.*, p. 101; Pe. João Joaquim Ferreira de Aguiar, *Pequena memória sobre a plantação, cultura e colheita do café*, Rio de Janeiro, Imprensa Americana de I. P. da Costa, 1836, p. 11.

48. *Cf.* Carlos Augusto Taunay (1839), *Manual do agricultor brasileiro*, Rafael de Bivar Marquese (org.), São Paulo, Cia. das Letras, 2001, p. 130.
49. *Cf.* Marrero, *Cuba, op. cit.*, p. 110-111.
50. *Cf.* Rogério de Oliveira Ribas, *Tropeirismo e escravidão: um estudo das tropas de café das lavouras de Vassouras, 1840-1888*, dissertação de mestrado em História, Curitiba, UFPR, 1989, p. 170-197; Herbert S. Klein, "The Supply of Mules to Central Brazil: The Sorocaba Market, 1825-1880", *Agricultural History*, v. 64, n° 4, p. 1-25, 1990.
51. *Cf.* Topik, "The Integration of the World Coffee Market", *op. cit.*, p. 37-40.
52. *Cf.* Márcia Regina Berbel e Rafael de Bivar Marquese, "La esclavitud en las experiencias constitucionales ibéricas, 1810-1824", *in* Ivana Frasquet (org.), *Bastillas, cetros y blasones. La Independencia en Iberoamérica*, Madri, Fundación Mapfre/Instituto de Cultura, 2006, p. 347-374.
53. *Cf.* Pérez de la Riva, *El Café, op. cit.*, p. 141; García Alvarez, *El café y su relación, op. cit.*, p. 10.
54. *Apud* Marrero, *Cuba, op. cit.*, p. 112.
55. A citação é de Francisco de Paula Serrano, "Memoria publicada por la Real Sociedad Patriotica sobre esta cuestión del programa: 'Cuáles son las causas a que puede atribuirse la decadencia del precio del café, y si en las actuales circunstancias de su abatimiento seria perjudicial empreender su cultivo, o prudente abandonarlo'", programa publicado em *Diário del Gobierno de la Habana* em 10 de abril de 1829, *in Actas de las Juntas Generales que celebro la Real Sociedad Económica de Amigos del País de la Habana, en los dias 14, 15 y 16 de diciembre de 1829*, Havana, Imprenta del Gobierno, 1830, p. 79.
56. *Cf.* González Fernández, "Acerca del mercado cafetelero cubano", *op. cit.*, p. 164.
57. *Cf.* Antonio Santamaría García e Alejandro García Alvarez, *Economia y colonia. La economia cubana y la relación con Espana, 1765-1902*, Madri, CSIC, 2004, p. 129.
58. Entre 1820 e 1850, enquanto a produção de açúcar do Brasil triplicou, a de Cuba quintuplicou; nos 15 anos seguintes (1851-1865), contudo, a produção brasileira estacionou, ao passo que a cubana duplicou. Na última data, Cuba produzia cinco vezes mais açúcar do que o Brasil. Os dados são de Moreno Fraginals, *O engenho, op. cit.*, v. III, p. 356-357, e das *Estatísticas históricas do Brasil*, Rio de Janeiro, IBGE, 1987, p. 342.
59. *Cf.* González Fernández, "Acerca del mercado cafetelero cubano", *op. cit.*, p. 163.
60. *Cf.* David Eltis, *Economic Growth and the Ending of the Transatlantic Slave Trade*, Nova York, Oxford University Press, 1987, p. 262-263. Ver também Laird Bergad, Fe Iglesias García e Maria del Carmen Barcia, *The Cuban Slave Market, 1790-1880*, Cambridge, Cambridge University Press, 1995, p. 150.
61. Sobre o tráfico para o Brasil, ver, além de Florentino, *Em costas negras, op. cit.*; Luiz Felipe de Alencastro, *O trato dos viventes. Formação do Brasil no Atlântico*

Sul, séculos XVI e XVII, São Paulo, Cia. das Letras, 2000. Para o tráfico cubano, além dos trabalhos citados na nota 26, ver José Luciano Franco, *Comércio clandestino de esclavos*, Havana, Editorial de Ciencias Sociales, 1980. Sobre o trato de Moçambique no século XIX, ver Herbert S. Klein, *O tráfico de escravos no Atlântico*, trad. port., Ribeirão Preto, Funpec Editora, 2004, p. 70-71.

62. A diplomacia do tráfico nas décadas de 1810 e 1820 pode ser acompanhada em Leslie Bethell (1970), *A abolição do comércio brasileiro de escravos. A Grã-Bretanha, o Brasil e a questão do comércio de escravos, 1807-1869*, trad. port., Brasília, Senado Federal, 2002, p. 21-112. Sobre as discussões no Parlamento brasileiro a respeito do tratado de 1826, ver Jaime Rodrigues, *O infame comércio. Propostas e experiências no final do tráfico de africanos para o Brasil (1800-1850)*, Campinas, Ed. Unicamp, 2000; e Tâmis Peixoto Parron, *A política do tráfico negreiro no império do Brasil, 1826-1850*, relatório final de iniciação científica, São Paulo, DH/FFLCH/USP, 2006, p. 18-53.

63. *Cf.* Florentino, *Em costas negras, op. cit.*, p. 59.

64. A ideia central desse e do próximo parágrafo foi retirada de Parron, *A política do tráfico negreiro, op. cit.*, p. 53-115. Sobre o volume do tráfico ilegal para o Centro-Sul do Brasil entre 1831 e 1835, ver David Eltis, Stephen D. Behrendt, David Richardson e Herbert S. Klein, *The Trans-Atlantic Slave Trade: A Database on CD-ROM*, Cambridge, Cambridge University Press, 1999.

65. *Cf.* Jeffrey D. Needell, "Party Formation and State-Making: The Conservative Party and the Reconstruction of the Brazilian State, 1831-1840", *Hispanic American Historical Review*, v. 81, n° 2, p. 259-308, maio de 2001.

66. *O Sete d'Abril*, 13 de julho de 1836 *apud* Alain el Youssef, *Opinião pública e escravidão: os periódicos do império do Brasil na década de 1830*, relatório final de iniciação científica, São Paulo, DH/FFLCH/USP, 2007, p. 70.

67. Sobre o volume do tráfico ilegal, conferir Eltis *et al.*, *The Trans-Atlantic Slave Trade, op. cit.* Sobre a política dos saquaremas para a escravidão, ver, além de Parron, *A política do tráfico negreiro, op. cit.*, o estudo clássico de Ilmar Rohloff de Mattos, *O tempo saquarema. A formação do Estado imperial*, São Paulo, INL/Hucitec, 1987.

68. Ver, a propósito, os capítulos "O direito de ser africano livre. Os escravos e as interpretações da lei de 1831", de Beatriz Galloti Mamigonian, e "Para além dos tribunais. Advogados e escravos no movimento abolicionista em São Paulo", de Elciene Azevedo, ambos inseridos no livro editado por Silvia Hunold Lara e Joseli Maria Nunes Mendonça, *Direitos e justiças no Brasil. Ensaios de história social*, Campinas, Ed. Unicamp, 2006, p. 129-160, 199-238, respectivamente.

69. *Cf.* Robert Conrad (1972), *Os últimos anos da escravatura no Brasil*, trad. port., Rio de Janeiro, Civilização Brasileira, 1978, p. 63-87; Robert W. Slenes, "The Brazilian Internal Slave Trade, 1850-1888. Regional Economies, Slave Experience, and the Politics of a Peculiar Market", *in* Walter Johnson (org.), *The Chattel Principle. Internal Slave Trades in the Americas*, New Haven, Yale University Press, 2004.

70. Ver as publicações arroladas na nota 4.
71. A bibliografia sobre o assunto já é bastante numerosa. Para duas boas e atualizadas recensões, *cf.* José Flávio Motta, *Corpos escravos, vontades livres*. Posse de cativos e família escrava em Bananal (1801-1829), São Paulo, Annablume/Fapesp, 1999, p. 67-108, e Renato Leite Marcondes, "Small and Medium Slaveholdings in the Coffee Economy of the Vale do Paraíba, Province of São Paulo", *Hispanic American Historical Review*, v. 85, n° 2, p. 259-281, maio de 2005.
72. *Cf.* Ricardo Salles, *E o vale era o escravo. Vassouras, século XIX — Senhores e escravos no coração do império*, Rio de Janeiro, Civilização Brasileira, 2008.
73. A informação das fazendas com grandes escravarias, porém inferiores a 100 alqueires, foi retirada de Ribas, *Tropeirismo e escravidão, op. cit.*, p. 47. Sobre a composição fundiária do vale cafeeiro e suas tensões, ver os trabalhos de Muniz, *Os donos da terra, op. cit.*; Motta, *Nas fronteiras do poder, op. cit.*; Aldeci Silva dos Santos, *À sombra da fazenda. A pequena propriedade agrícola na economia da Vassouras oitocentista*, dissertação de mestrado em História, Vassouras, PPH/USS, 1999; Nancy Priscilla Naro, *A Slave's Place, a Master's World. Fashioning Dependency in Rural Brazil*, Londres, Continuum, 2000, p. 30-43. Para grandes fazendeiros e suas propriedades, temos à disposição três bons estudos de caso: Carlos Eugênio Marcondes de Moura (1976), *O visconde de Guaratinguetá. Um fazendeiro de café no Vale do Paraíba*, São Paulo, Studio Nobel, 2002; Eduardo Silva, *Barões e escravidão. Três gerações de fazendeiros e a crise da estrutura escravista*, Rio de Janeiro, Nova Fronteira, 1984; Hebe Maria Mattos de Castro e Eduardo Schnoor (orgs.), *Resgate. Uma janela para o Oitocentos*, Rio de Janeiro, Topbooks, 1995.
74. *Cf.* Motta, *Nas fronteiras do poder, op. cit.*; Richard Graham, *Clientelismo e política no Brasil do século XIX*, trad. port., Rio de Janeiro, Ed. UFRJ, 1997.
75. *Cf.* Rafael de Bivar Marquese, "Moradia escrava na era do tráfico ilegal: senzalas rurais no Brasil e em Cuba no século XIX", *Anais do Museu Paulista. História e Cultura Material*, Nova Série, v. 13, n° 2, p. 165-188, julho/dezembro de 2005.
76. Para uma boa visão das estratégias de gestão agrícola empregadas no Vale, ver João Luis Ribeiro Fragoso, *Sistemas agrários em Paraíba do Sul (1850-1920). Um estudo de relações não capitalistas de produção*, dissertação de mestrado em História, Rio de Janeiro, UFRJ, 1983. Ver também Stein, *Vassouras, op. cit.*, p. 260-265, e o relato contemporâneo de C. F. van Delden Laërne, *Brazil and Java. Report on Coffee-Culture in America, Asia, and Africa*, Londres/Haia, Martinus Nijhoff, 1885, p. 253-382.
77. Os manuais agrícolas mais importantes para a cafeicultura escravista do Vale do Paraíba, que expressavam as práticas efetivamente empregadas pelos fazendeiros, foram a *Pequena memória* do padre Aguiar, de 1836, e o famoso opúsculo de Francisco Peixoto de Lacerda Werneck (barão do Paty do Alferes) (1847), *Memória sobre a fundação de uma fazenda na província do Rio de Janeiro*, Eduardo

Silva (org.), Rio de Janeiro/Brasília, Fundação Casa de Rui Barbosa/Senado Federal, 1985. Para análise da série completa dessas publicações, ver Rafael de Bivar Marquese, *Administração & Escravidão. Ideias sobre a gestão da agricultura escravista brasileira*, São Paulo, Hucitec, 1999, p. 157-189.
78. *Cf*. Philip Morgan, "Task and Gang Systems. The Organization of Labor on New World Plantations", *in* P. Innes (org.), *Work and Labor in Early America*, Chapel Hill, The University of North Carolina Press, 1988.
79. Sobre São Domingo, ver David P. Geggus, "Sugar and Coffee Cultivation in Saint Domingue and the Shaping of the Slave Labor Force" *in* I. Berlin e P. Morgan (org.), *Cultivation and Culture. Labor and the Shaping of Slave Life in the Americas*, Charlottesville, University of Virginia Press, 1993, p. 77; para a Jamaica, Higman, *Jamaica Surveyed, op. cit*., p. 159-191; sobre Cuba, Tranquilino Sandalio de Noa, "Memoria publicada por la Real Sociedad Patriotica sobre esta cuestión del programa: 'Cuáles son las causas a que puede atribuirse la decadencia del precio del café, y si en las actuales circunstancias de su abatimiento seria perjudicial emprender su cultivo, o prudente abandonarlo'", programa publicado em *Diário del Gobierno de la Habana* em 10 de abril de 1829, *in Actas de las Juntas Generales que celebro la Real Sociedad Económica de Amigos del País de la Habana, en los dias 14, 15 y 16 de diciembre de 1829*, Havana, Imprenta del Gobierno, 1830, p. 131-133. As informações para o Brasil das décadas de 1820 e 1830 estão na *Pequena memória* de padre Aguiar e no *Manual do agricultor brasileiro*, de Carlos Augusto Taunay, *op. cit*., p. 130.
80. *Cf*. J. J. Tschudi (1866), *Viagem às províncias do Rio de Janeiro e São Paulo*, trad. port., São Paulo/Belo Horizonte, Edusp/Itatiaia, 1980, p. 41; R. Teuscher, *Algumas observações sobre a estatística sanitária dos escravos em fazendas de café*, tese apresentada à Faculdade de Medicina do Rio de Janeiro, Rio de Janeiro, Typ. Imp. e Const. de J. Villeneuve e Comp., 1853, p. 6; Pedro Carvalho de Mello, *A economia da escravidão nas fazendas de café, op. cit*., p. 17, trabalhando com documentos do Banco do Brasil produzidos entre 1867 e 1870, anotou de 2.976 a 4.955 pés de café por escravo, indicando que, quanto menor a propriedade, maior era a taxa de exploração.
81. Sobre o *Kultuur Stelsel* e a cafeicultura javanesa, ver Elson, *Village Java under the Cultivation System, op. cit*.; Clarence-Smith, "The impact of forced coffee cultivation on Java", *op. cit*.; J. S. Furnivall, *Netherlands India: A Study of Plural Economy*, Cambridge, Cambridge University Press, 1944, p. 80-147; F. V. Baardewijk, *The Cultivation System, Java 1834-1880*, Amsterdã, Royal Tropical Institute (KIT), 1993, p. 12-14.
82. Laërne, *Brazil and Java, op. cit*., p. 124.
83. *Cf*. William R. Summerhill, *Order against progress. Government, foreign investment, and railroads in Brazil, 1854-1913*, Stanford, Stanford University Press, 2003; Robert W. Slenes, "Grandeza ou decadência? O mercado de es-

cravos e a economia cafeeira da província do Rio de Janeiro, 1850-1888", *in* I. del Nero (org.), *Brasil: história econômica e demográfica*, São Paulo, IPE/USP, 1986; João Fragoso, "A roça e as propostas de modernização na agricultura fluminense do século XIX: o caso do sistema agrário escravista-exportador em Paraíba do Sul", *Revista Brasileira de História*, v. 6, n° 12, p. 125-150, março/agosto de 1986.

CAPÍTULO IX A Guerra do Paraguai

Vitor Izecksohn

O CONTEXTO

O Rio da Prata foi a principal via de comércio entre Buenos Aires e as minas de Potosí bem como a área prioritária dos contatos entre os impérios português e espanhol durante o período colonial. A posição secundária desfrutada pela região, a ausência de atividade mineradora direta, a limitada capacidade de fiscalização da metrópole e a baixa densidade populacional contribuíram para que o contrabando da prata se tornasse atividade essencial à economia da colônia. A partir de 1778, com a elevação de Buenos Aires a capital do recém-criado vice-reino do rio da Prata, predominou o comércio legal, e o desenvolvimento da cidade portenha alcançou novo patamar, tornando-se centro administrativo em processo de expansão acelerada. Seu controle administrativo estendia-se da Patagônia ao Alto Peru, incluindo as minas de Potosí, o Chile e o Paraguai.[1]

Para os hispano-americanos o século XVIII foi o tempo da prata e das reformas administrativas, período durante o qual ocorreu a última tentativa de salvar o império pelo emprego de ilustração estatizada, capaz de impor racionalidade e estabilidade a um conjunto de práticas decadentes. Em contraste, o século XIX foi o tempo das independências, de esperanças nos desígnios do progresso e da razão. Foi também, entretanto, época de entropia política e institucional que levou, em muitos sentidos, a retrocessos. Entre 1810 e 1824 os quatro vice-reinados do império espanhol fragmentaram-se em 18 novos países, além daqueles de existência efêmera. No período de uma geração desarticularam-se as antigas rotas de comércio e eclodiram várias guerras civis, cuja intensidade e duração foram decisivas para a destruição de antigos arranjos do poder nas ex-colônias. Nada seria como antes, mas não havia um projeto claro sobre as bases institucionais que marcariam a organização desses novos países, muitos deles criados a partir de disputas entre diferentes cabildos.[2]

O imediato pós-independência foi época de incertezas sobre o futuro, especialmente no que se refere à sobrevivência dos países de menor porte, cobiçados pelas antigas sedes de vice-reinado. O antigo vice-reinado do rio da Prata dividiu-se em cinco nações independentes: Chile, Províncias Unidas do Prata, Uruguai, Paraguai e Bolívia. Mesmo no interior das novas nações persistia, contudo, o conflito entre separatistas e unionistas.[3] O problema não se limitava à dificuldade dos regimes pós-independência em estabelecer monopólio sobre os meios de coerção em seus próprios territórios, abrangendo também a dificuldade para definir precisamente a extensão desses mesmos territórios, que permanecia indeterminada para grande parte de seus habitantes.

O que prevaleceu foram pequenas soberanias, definidas pela expressão geral *patria chica* (pátrias pequenas). A incerteza sobre o futuro imediato tornava muito difícil o estabelecimento de relações diplomáticas regulares entre o Brasil e as repúblicas vizinhas, situação agravada pelos contenciosos de fronteiras e pelas desconfianças dos platinos a respeito de pretensas intenções expansionistas do império. A suspeita de posição expansionista havia crescido durante o período do Reino Unido, em função da incorporação da banda oriental (atual Uruguai) como Província Cisplatina em 1821.[4]

Como é fato bem conhecido, a independência das ex-colônias espanholas não redundou de imediato na construção de estados ou nações. As forças centralizadoras em cada país persistiram na busca do controle territorial por parte dos novos centros políticos estabelecidos. Na região do Prata esse impasse ultrapassou o período das independências, estendendo-se até a década de 1870. A Guerra do Paraguai, também chamada de Guerra da Tríplice Aliança, Guerra Grande ou Maldita Guerra, foi capítulo importante desse processo. E dramático, tendo cada país pago alto preço em vidas, dívidas e dissensões internas.

Para os interesses do Brasil independente, especialmente após a perda da Província Cisplatina Oriental (1828), a abertura da navegação do rio da Prata e os acertos sobre os limites territoriais com as novas nações ofereceram as poucas oportunidades de contato oficial. As missões enviadas pelo império aos países da região normalmente aliaram diplomacia ao uso da força para a resolução dos contenciosos. A fragilidade institucional brasileira, especialmente durante o período regencial, limitava, porém, a atividade externa. A persistência dessa precária situação, aliada ao baixo grau de desenvolvimento do comércio entre os novos países criou situação quase permanente de conflito militar nas fronteiras, ainda que a intensidade desses confrontos tenha sido em geral muito pequena se comparada às guerras europeias do século XIX ou mesmo à Guerra Civil Estadunidense.[5]

O DRAMA PARAGUAIO

Nações são criadas por amor e ódio. O senso de identidade que mantém uma nação unida é a mistura de crenças compartilhadas, ideais e costumes, mas também de temores comuns e inimizades. Normalmente, no momento do nascimento, o medo de um inimigo comum é a força unificadora dominante — o medo do antigo regime corruptor ou do opressor estrangeiro. O Paraguai não foi exceção. A identidade nacional paraguaia foi cristalizada na segunda década do século XIX, a partir de vários fatores, entre eles a sua precária posição na bacia do Prata, sua exposição permanente à instabilidade das províncias unidas argentinas e seu isolamento em razão das rivalidades entre portenhos e brasileiros. Finalmente, a composição étnica do povo paraguaio, a maior parte do qual descendia da mestiçagem entre espanhóis e índios, e o uso massivo do guarani como língua franca, facilitaram a percepção de sua identidade nacional como distinta da identidade de Buenos Aires. Parte dessa diferença residia na oposição, estimulada pelas elites locais, entre a anarquia da Confederação Argentina e a tranquilidade do Paraguai. Os paraguaios responsabilizavam a política centralista da capital do antigo vice-reinado pela instabilidade, atitude que persistiu durante o restante da primeira metade do século XIX, tal como descrito no editorial do jornal *El Paraguayo Independiente*, de 4 de julho de 1846:

> *A las veces hemos dicho que una de las causas mas poderosas... para impedir el establecimiento del orden público, y conservar la Confederación Argentina en continua anarquía, guerra e devastación... es la terrible política de los Gobiernos, ó Gobernadores de Buenos Aires.*

Uma consequência da forma como o Paraguai obteve sua independência foi a interrupção dos contatos regulares com o exterior. As guerras civis nas províncias argentinas e o longo bloqueio naval durante o governo de Juan Manuel de Rosas estancaram o comércio ao longo do rio Paraguai. A limitação do comércio entre 1814 e 1852 isolou o Paraguai, contribuindo para o senso de excepcionalidade, que era muito forte entre seus habitantes. O primeiro ditador do país, Jose Gaspar de Francia, el Supremo (1776-1740) nutria forte ressentimento contra a política espanhola de monopólios. Curiosamente suas políticas de expropriação de terras acabaram por transferir os monopólios coloniais e oligárquicos para a alçada do recém-criado estado nacional paraguaio, reproduzindo, em escala nacional, algumas das práticas que os antigos administradores Bourbon haviam disseminado em suas possessões americanas. Esse é um dos pontos nos quais as análises históricas produzidas nas duas últimas décadas contrastam com os trabalhos influenciados pela Teoria da dependência. O excepcionalismo paraguaio não seria, portanto, fruto de um protossocialismo ou capitalismo de Estado, mas a consequência de um conjunto de fatores locais que teriam levado a liderança daquele país a aprofundar práticas protecionistas.[6]

As práticas regulatórias do Estado, a concentração da terra nas mãos do governo e a perseguição a portenhos e peninsulares não eram bem recebidas em outras áreas do Prata, aprofundando o distanciamento entre as províncias argentinas e a nação guarani. Mas o Paraguai não foi nem progressista nem precursor do nacionalismo de esquerda do século XX. Tratava-se de nação pequena, envolvida em permanente conflito por sua sobrevivência, para isso adaptando práticas protecionistas derivadas das reformas bourbônicas. A despeito dessa precariedade, o governo de Francia estabeleceu as bases do padrão republicano que seria seguido nos dois governos seguintes, até o final da primeira experiência republicana do país, em 1870. Nesse padrão a distribuição de terras e o controle da Igreja e do comércio internacional pelo Estado contrastavam com outras experiências políticas platinas.[7]

No que se refere às relações com o Brasil, os contatos foram sempre inconstantes, marcados por aproximações e recuos — empreendidos, em geral, em função das flutuações da política de Buenos Aires. Esse padrão foi mantido no caso do reconhecimento da independência do Paraguai, na década de 1840, frente à ameaça do expansionismo portenho sob Rosas. As alianças ocasionais, entretanto, não aproximaram os governos de forma permanente, e os dois vizinhos mantiveram-se divididos, tanto pelos contenciosos de fronteira, como também em relação à navegação do rio Paraguai. Este último ponto era fundamental para os interesses brasileiros, porque a rota fluvial oferecia acesso muito mais rápido à província de Mato Grosso. Não se tratava de mera retórica, mas de problema fundamental da integração nacional brasileira, agravado pela perda da Província Cisplatina e pela guerra permanente no litoral argentino.[8] Na ausência de comércio sistemático, as oportunidades de confronto se sucederam, e a possibilidade de guerra entre os dois países nunca foi descartada pelos militares em ambos os lados.

AS CAUSAS DA GUERRA

Geralmente as causas das guerras tendem a ser explicadas em termos da ação de "grandes forças", mas muitas vezes derivam menos de processos macro-históricos que de questões mais imediatas, ligadas às ambições pessoais dos líderes ou a problemas no exercício de sua autoridade, potencialmente prejudicada por contexto de crises. Durante a década de 1860 os paraguaios foram vítimas de ambos: mudanças na estrutura política da região e transformações na formulação da política externa guarani. Essas circunstâncias foram preponderantes para as catastróficas decisões tomadas pelo terceiro ditador da república, Francisco Solano López (1827-1870), levando o Paraguai a uma guerra que não tinha condição de vencer. O principal foco de tensão para o Brasil na região era a situação uruguaia. Naquele país, problemas da política interna do Brasil confrontavam-se com questões internacionais, tornando particularmente delicada a posição do império. Os estancieiros do Rio Grande do Sul relutavam em reconhecer a existência de uma fronteira entre os dois países, transferindo gado, escravos e trabalhadores livres para aquela república e, consequentemente, imiscuindo-se nos conflitos políticos locais. De acordo com José Pedro Barrán, na década de 1860, os cidadãos brasileiros controlavam cerca de 30% do território uruguaio. Nessa época os brasileiros formavam o mais importante grupo de estrangeiros que ali viviam, representando entre 10% e 20% da população.[9]

Com a ascensão do partido Blanco ao poder, em 1862, os conflitos entre brasileiros e uruguaios tornaram-se mais intensos. O partido adotou posição favorável à nacionalização das fronteiras, que implicava a taxação dos brasileiros ali residentes e o controle de gado e escravos que circulavam entre os dois países. Tratava-se de proposta de governo que pretendia forçar o poder político do interior sobre a capital. Esse posicionamento intensificou as divergências internas com os adversários tradicionais, retomando alguns dos principais problemas da chamada Guerra Grande (1830-1850).

Em 1863 teve início outra guerra civil no Uruguai. Os partidos Blanco e Colorado (na verdade milícias territorialmente situadas) eram os grandes protagonistas de um conflito que evidenciava a debilidade do processo de construção do Estado uruguaio sob as condições impostas pela paz de 1828. Essa guerra civil, como sempre, também envolvia interesses brasileiros e argentinos, só que, ao contrário do que geralmente acontecia, os interesses dos dois países convergiram no apoio aos colorados. Os líderes gaúchos pressionaram o governo imperial para que apoiasse a rebelião colorada, que também agradava aos comerciantes buenairenses. Mesmo dividido sobre a conveniência de fazê-lo, o gabinete brasileiro posicionou-se pelo apoio aos colorados, apaziguando os ânimos das lideranças do Rio Grande do Sul — as lembranças do separatismo gaúcho (1835-1845) ainda eram muito presentes na mente das elites imperiais.

A intervenção brasileira ocorreu em agosto de 1864, com a invasão do território uruguaio e o bloqueio naval do porto de Paissandu, efetivado em águas pretensamente neutras do rio da Prata. A ação brasileira e o apoio dado aos colorados no Uruguai irritaram o governo paraguaio que se havia oferecido para mediar diplomaticamente a situação. O desdém pela oferta paraguaia foi considerado uma afronta pelo ditador López, que anteriormente havia mediado com sucesso a guerra civil argentina. A avaliação paraguaia subsequente não levou em conta importantes transformações institucionais em curso na região, a partir da derrota do projeto federal argentino em 1862. A consolidação dos Estados nacionais brasileiro e argentino, a partir de projetos centralizadores, levou à diminuição do poder das lideranças regionais, que foram aos poucos cooptadas ou apenas militarmente derrotadas nos dois países.[10]

A ascensão de Bartolomeu Mitre (1821-1906) como presidente da República Argentina unificada permitiu a implementação de programa de modernização que iniciou a transformação da Argentina em economia moderna, fortemente integrada ao mercado internacional, projeto que se consolidaria algumas décadas mais tarde, mas que já dava sinais de fortalecimento quando a Guerra do Paraguai teve início. Como consequência dessa nova situação, muitos líderes provinciais, estimulados pelas possibilidades de progresso material, aderiram ao projeto unitário, submetendo-se à ordem centralizadora. Mesmo que essa adesão não tenha sido incondicional, ela aponta para uma situação muito mais estável do que a apresentada na década anterior, o que, entretanto, não foi percebido pelo líder paraguaio quando apostou na guerra como solução das contendas entre os vizinhos.

Paralelamente, do outro lado da fronteira, a reintegração da província do Rio Grande do Sul ao império (em 1845) restaurou a capacidade interventora brasileira no rio da Prata. A primeira manifestação dessa nova capacidade foi a intervenção que derrubou o ditador Rosas na Argentina, em 1852. Mesmo levando em conta que os processos de construção do Estado nacional no Brasil e na Argentina estivessem ainda bem longe de completa integração, ambos os países eram nações muito mais estáveis na metade da década de 1860 do que haviam sido até então. Isso implicava maior capacidade de extrair recursos do interior através de impostos, bem como de recrutar soldados em escala maior do que a habitual.[11]

O governo paraguaio preconizava o respeito ao equilíbrio de poder na bacia do Prata. O desprezo brasileiro foi visto como afronta a esse equilíbrio, só passível de ser respondida pela guerra. Nesse cálculo, o governo paraguaio contava com o apoio de alguns caudilhos e também com o suporte de oligarquias dissidentes que se opunham a Buenos Aires. López contava sobretudo com a cooperação do chefe político de Entre Rios, Justo José de Urquiza (1801-1870), apoio que jamais se materializou, uma vez que Urquiza gradualmente aceitou as novas regras e os procedimentos estabelecidos na Argentina, postura seguida por outros líderes regionais. Finalmente, o ditador paraguaio também esperava que a presença de escravos e o separatismo gaúcho comprometessem a capacidade operacional do Exército brasileiro. O problema com esses cálculos é que estavam baseados na situação internacional anterior, não levando em consideração as modificações ocorridas na região, que diminuíram as possibilidades de apoio dos paraguaios em caso de guerra.

As transformações relacionadas aos avanços da centralização e às mudanças das capacidades de cada um dos Estados levaram a grandes variações nas relações entre os diferentes governos da região. A diplomacia paraguaia, comandada por López, subestimou essas transformações ao acreditar que obteria a vitória num golpe de mão, levando o país para guerra que os paraguaios não tinham condição de vencer. Apesar da miopia diplomática, os primeiros movimentos paraguaios foram bem-sucedidos, inspirando a confiança da população em seu líder.

A OFENSIVA PARAGUAIA, DEZEMBRO DE 1864-JUNHO DE 1865

Em protesto contra a intervenção brasileira no Uruguai, o governo paraguaio apreendeu o navio mercante brasileiro *Marquês de Olinda*, que conduzia o presidente recém-nomeado da província de Mato Grosso,

Carneiro de Campos, em dezembro de 1864; levava também documentos, alimentos e armamentos para suprir as guarnições de Mato Grosso. A carga do navio foi confiscada, e sua tripulação, aprisionada.[12] Em seguida, uma expedição fluvial paraguaia desembarcou na cidade de Coimbra, atual Mato Grosso do Sul, iniciando a invasão daquela província. Rapidamente a maior parte do território oeste mato-grossense caiu em mãos paraguaias, até porque não havia preparo militar prévio para resistir a uma invasão em larga escala. As populações do sul e do oeste da província fugiram para áreas mais seguras, porém, como não havia plano de evacuação nem expectativa de invasão iminente, muito menos meios de transporte capazes de agilizar desocupação eficiente, essas fugas foram marcadas pela fome e pela improvisação, levando à destruição da infraestrutura produtiva e à perda de muitas vidas por inanição e doenças. Como observou o futuro visconde de Taunay (1843-1899), durante a invasão de Mato Grosso "todos só trataram de fugir; verdade é que o exemplo fora dado por quem corria a obrigação depressa de proceder de modo bem diverso".[13]

Os contatos regulares com a capital mato-grossense foram interrompidos, posto que o rio Paraguai era a principal via de comunicações entre a administração central e a provincial. Rotas interioranas seriam estabelecidas, mas esse processo levaria muito tempo, já que a maior parte da campanha ocorreria ao longo do território da Argentina.

Com a invasão de Mato Grosso as forças paraguaias obtiveram munição e suprimentos essenciais ao prosseguimento da campanha nos quatro anos seguintes. No entanto, o ataque custaria tempo precioso aos invasores, uma vez que os aliados blancos encontravam-se isolados no Uruguai e necessitavam de reforços imediatos. Em abril de 1865, quatro meses após o início das hostilidades, o governo paraguaio solicitou autorização ao governo argentino para cruzar a província de Missiones na tentativa de alcançar o Uruguai a tempo de mudar o destino da guerra civil daquele país. O presidente argentino, Bartolomeu Mitre, recusou essa permissão. Os unitários argentinos apoiavam os colorados e pretendiam manter a neutralidade no conflito entre o Brasil e o Paraguai. Após a recusa argentina, os paraguaios invadiram as províncias de Corrientes e Missiones, alcançando o Rio Grande do Sul por volta de junho. A invasão custou caro aos paraguaios que, rompendo com os argentinos, perderam importante fonte de suprimentos, especialmente de armas. Com duas províncias facilmente invadidas, surpreende o baixo nível de preparação militar do império. Não havia tropas em quantidade suficiente para repelir os invasores, apesar de a invasão paraguaia ter sido possibilidade prevista desde a década de 1850. O armamento era precário, e faltavam fortificações capazes de sustentar resistência prolongada. Os paraguaios avançaram por enormes extensões encontrando pouca resistência, já que, onde existiam, os destacamentos da Guarda Nacional não conseguiram contrapor-se aos inimigos. Nessa fase, o principal obstáculo anteposto à invasão foi a vastidão do território a ser conquistado, aliada à péssima preparação militar dos comandantes paraguaios e às decisões equivocadas de López, sempre exigindo rapidez no avanço sobre o território inimigo, mesmo quando tal velocidade interferia na capacidade de suprir suas tropas. O resultado foi a fome, a proliferação de doenças, as confusões entre os comandantes e o baixo moral dos soldados.

REPERCUSSÕES

As notícias sobre as hostilidades paraguaias alcançaram a capital do império no final de dezembro de 1864, sendo dali disseminadas para o resto do país. Foram recebidas com manifestações públicas de indignação, adensadas pela circulação de jornais que amplificavam a repulsa pelas ações paraguaias, enfatizando as atrocidades cometidas pelos invasores contra a população civil e o tratamento dispensado à tripulação do *Marquês de Olinda*. Essas notícias, somadas aos discursos de autoridades em todas as esferas do governo, ajudavam a cristalizar nos espaços públicos de discussão a associação do governo paraguaio com a barbárie. O regime ditatorial de López, sua economia dirigida de forma centralizada e a composição racial predominantemente indígena daquele país eram contrastadas à imagem do sistema político imperial (simbolizada pela monarquia constitucional existente no império), a sua economia baseada na agricultura de exportação e a suas potencialidades demográficas. Tal visão reforçava a missão civilizatória do governo imperial e o papel regenerador da Guerra do Paraguai: Os brasileiros deveriam defender a honra nacional ultrajada, expulsando os invasores para depois apear o ditador paraguaio e levar as conquistas da civilização para a república guarani. O periódico *A Semana Ilustrada* em editorial de 25 de dezembro de 1864 destacava esse estado de espírito:

> Um fato inaudito, da mais feroz selvageria acaba de ser praticado contra a integridade do Brasil! Infame, covarde e traiçoeiramente a nossa bandeira é insultada pelo bárbaro e despótico governo do Paraguai, governo indigno de reger os destinos de algum povo neste século onde impera só a luz da razão cultivada.

A intensidade e a frequência das manifestações populares durante o primeiro semestre de 1865 e o espaço reservado às notícias da guerra nos jornais de todo o país demonstram a consolidação do sentimento de patriotismo. Nesse *páthos* enraizavam-se tanto a repulsa pela invasão sem declaração prévia de guerra quanto o senso de pertencimento a um recorte territorial cuja consolidação datava de apenas duas décadas. Sociedades patrióticas foram espontaneamente estabelecidas em todas as províncias, com coletas de donativos e organização de grupos de voluntários. Ainda que a maioria da população visse com desdém a possibilidade do serviço militar, a primeira onda do recrutamento forneceu contingente adequado para a expulsão das forças paraguaias do território do Rio Grande do Sul.[14]

RECRUTANDO VOLUNTÁRIOS

O Paraguai possuía exército de dimensões nacionais, recrutado segundo conscrição universal e coeso em torno da liderança de López. Para lutar contra essa força disciplinada, as lideranças políticas do império optaram pelo aumento acelerado do contingente militar disponível. Isso foi feito pela inclusão de novos segmentos mediante formas distintas de incorporação, principalmente pela generalização dos métodos de alistamento, pela ampliação das forças de primeira linha, pela designação de regimentos da Guarda Nacional e pela criação dos corpos de Voluntários da Pátria.

Recrutar para o exército foi sempre um grande problema no Brasil imperial. O recrutamento expressava o aumento da intervenção governamental e a invasão das prerrogativas locais, com a apreensão de indivíduos e seu deslocamento para outras regiões. Durante boa parte do século XIX o recrutamento militar foi dificultado por forças locais e por um complexo sistema de isenções legais que impedia o alistamento de pessoas pertencentes a vários setores. A escassez permanente de soldados devia-se à fraqueza estrutural da burocracia e ao caráter localista do recrutamento. As condições da caserna podiam ser às vezes brutais, além do que o costume indicava que as comunidades utilizavam as levas para ver-se livres de desordeiros. Mesmo considerando-se as exceções a essa perspectiva, parece correto dizer que o recrutamento recaía sobre aqueles indivíduos que figuravam no grupo dos pobres desprotegidos.[15]

Desocupados, migrantes, criminosos, órfãos e desempregados eram os principais alvos dos recrutadores. Durante a maior parte do século XIX o serviço militar era considerado atividade brutal e perigosa, adequada apenas aos indivíduos vistos como socialmente indesejáveis. Esse serviço possuía implicações penais, dado o caráter disciplinar de sua ação sobre os indivíduos considerados desclassificados, apartando-os do restante da sociedade por longos períodos. Um deputado com larga experiência em assuntos militares resumiu bem a condição dos recrutas ao enfatizar que "...a maior desgraça em todo o universo é ser um recruta no Brasil. É realmente um castigo, um soldado comum é considerado como um escravo miserável".[16]

Por volta de 1860 o exército de linha era pequeno e ainda sofria as consequências da desmobilização promovida durante a Regência e da competição de instituição paralela, a Guarda Nacional, cuja principal missão era subtrair indivíduos ao insidioso recrutamento.[17] Percebendo o clima propício criado pela invasão paraguaia, as autoridades procuraram tirar proveito da situação, criando estruturas que facilitassem a rápida ampliação do Exército. A criação dos corpos de Voluntários da Pátria foi parte de uma estratégia para tornar o Exército espaço aceitável para brasileiros de todas as classes, diferenciando-os, assim, do recrutamento regular para o Exército. O imperador d. Pedro II alistou-se como voluntário número um, afirmando simbolicamente a igualdade entre todos os brasileiros voluntários no desejo de vingar a afronta à honra nacional.

De fato, a mobilização dos seis primeiros meses de 1865 surpreendeu as autoridades. Afluíram voluntários de várias partes do território, chegaram donativos de diferentes grupos sociais, incluindo imóveis, dinheiro, serviços e escravos, que eram libertos sob a condição de servir. A perspectiva de uma guerra curta, que se definiria a partir de algumas batalhas decisivas, motivara a maioria dos voluntários, que partiam para o que acreditavam ser aventura breve, oportunidade de conhecer realidades diferentes de suas cidades e vilas. Motivava-os também a promessa de terras, empregos públicos e pensões, feita aos Voluntários da Pátria. Essa mobilização teve caráter nacional, envolvendo províncias do Norte e do Nordeste que distavam milhares de quilômetros das áreas de conflito. Esses soldados eram enviados à corte, para depois partir rumo ao Uruguai, onde continuava a guerra civil.

Enquanto as novas forças eram reunidas no Sul, o ímpeto da invasão paraguaia aos poucos arrefeceu. Por volta de junho de 1865 as condições operacionais eram precárias, pois os soldados paraguaios encontravam-se pessimamente uniformizados, não havia casacos, nem linhas regulares de suprimentos. Confiando demais na *rage* militar de seus soldados e em suposta superioridade racial guarani, López não planejou adequadamente o avanço pelo território correntino nem seguiu a opinião de seu principal comandante, o general Wenceslao Robles, que recomendava avanço mais planejado. Robles, que criticou seguidamente a imprevidência da invasão, acabaria sendo fuzilado por indisciplina. A vanguarda das tropas invasoras rendeu-se sem resistência ao exército imperial em Uruguaiana, em setembro de 1865. O péssimo estado das tropas foi descrito por Juan Crisóstomo Centurión, segundo quem, os paraguaios "(...) *ya habian dado fin a las vacas y empezaban a comerse los caballos*".[18]

A INVASÃO DO PARAGUAI

A assinatura do Tratado da Tríplice Aliança, em maio de 1865, praticamente selou a sorte do Paraguai na guerra. Pelo tratado, os governos do Brasil, Argentina e Uruguai (agora efetivamente governado pelos colorados) comprometiam-se a não depor armas até a queda do ditador. As cláusulas então secretas eram draconianas: as instalações militares do Paraguai deveriam ser demolidas, seu exército desmobilizado, e os contenciosos territoriais resolvidos segundo os interesses dos membros da Aliança. O Tratado, a derrota em Uruguaiana e a destruição da Marinha paraguaia na batalha fluvial do Riachuelo isolaram os guaranis, tornando remotas as perspectivas de vitória militar. O único tipo de apoio recebido pelo Paraguai durante a guerra seria simbólico, com propostas de mediação por parte dos governos do Peru, da Bolívia e dos Estados Unidos. Essas propostas, porém, não foram levadas em consideração pelos membros da Tríplice Aliança, que se ativera às cláusulas do tratado.

Dado o isolamento, seria natural que os paraguaios se rendessem, mas assim não pensou López. Esperando que os aliados se desentendessem no decorrer da campanha, o ditador ordenou o recuo de suas forças para o próprio território, contando que os paraguaios oferecessem resistência encarniçada às tropas invasoras. A então ainda inacabada fortaleza de Humaitá era considerada também barreira quase intransponível, bloqueando os avanços da Marinha brasileira ao longo do rio Paraguai. Poucas vezes o moto *patria o muerte*, tão comum nos hinos das repúblicas platinas, terá feito tanto sentido como na conjuntura dos anos finais do conflito.

Sem apoio naval efetivo, a invasão do Paraguai, que teve início em agosto de 1866, tornou-se campanha penosa. Sem mapas, desconhecendo o terreno e sem oportunidades de reabastecimento a partir dos recursos locais, as tropas tiveram praticamente que tatear a cada passo. Dionísio Cerqueira, que serviu como voluntário da pátria e tornou-se posteriormente cronista do conflito, descreveu a situação difícil das forças invasoras, afirmando que nos pântanos do Paraguai "(...) a guerra não alimentava a guerra".[19]

Essa precariedade deixava as tropas da aliança dependentes dos comerciantes responsáveis pelo abastecimento, que cobravam preços extorsivos pelos gêneros enviados.[20] Ainda assim, os primeiros passos no Paraguai foram positivos. Em maio de 1866 as forças da Tríplice Aliança obtiveram importante vitória na batalha de Tuiuti, a maior até hoje já travada entre exércitos regulares na América Latina. Aproveitando-se das deficiências do comando paraguaio, que insistia em enfrentar as forças aliadas em campo aberto, foi possível destruir recursos militares irrecuperáveis. No entanto, a derrota na batalha de Curupaiti, em setembro do mesmo ano, paralisou as operações, criando clima de desesperança entre os aliados. Essa situação foi agravada pelo acirramento da guerra civil na Argentina, com a eclosão de revoltas nas províncias de Mendoza e La Rioja, que retirou do front não apenas o comandante-geral, Bartolomeu Mitre, como também parte considerável das tropas daquele país, que precisaram voltar para combater os revoltosos. A partir daquele momento o apoio argentino seria mais moral do que prático, partindo principalmente do governo unitário em Buenos Aires, não das províncias. Ainda assim, tratava-se de apoio fundamental, pois as províncias do norte da Argentina ofereceram a retaguarda para os hospitais de campanha e para os depósitos de armas e munições. Além disso, foi pelo território argentino que prosseguiu a invasão do Paraguai.

RESISTINDO AO RECRUTAMENTO

Aos poucos o estado de espírito foi mudando no império. A campanha mostrava-se longa e difícil. A morosidade das operações, os sérios problemas de infraestrutura, o grande número de baixas por doenças, o desamparo das famílias dos soldados e a necessidade de ampliação dos contingentes foram tornando o recrutamento cada vez menos atraente. A reação inicial foi aquilo que um contemporâneo denominou "resistência da inércia", ou seja, o aumento do número de justificativas para as isenções e a diminuição do contingente voluntário. Várias categorias profissionais estavam automaticamente isentas do recrutamento militar:

funcionários públicos, trabalhadores das estradas de ferro, empregados de casas comerciais, homens legalmente casados e outros; a tendência, portanto, foi o recrutamento atingir principalmente os segmentos pobres de trabalhadores, que contavam até então com a proteção dos chefes locais.

Já no começo da guerra cerca de 30% dos contingentes recrutados não chegavam aos campos de batalha.[21] O prosseguimento da campanha em território estrangeiro, porém, deteriorou rapidamente a disposição inicial, aumentando as taxas de deserção e isenção e comprometendo seriamente o esforço imperial. A proclamação do bispo de Mariana em 1866 ilustra o desespero das autoridades com a situação pouco alvissareira do recrutamento: "se sempre devemos estar prontos para aparecer no divino tribunal, quanto mais no meio das balas, das baionetas e dos torpedos!". Os apelos da Igreja, contudo, parecem não ter sido levados em consideração nem mesmo pela maioria dos párocos de Minas Gerais, uma das províncias mais refratárias ao recrutamento. Até 1867, da população estimada em 1.600.000 habitantes, somente 4.500 mineiros foram enviados ao front.[22]

Analisando a documentação oficial e os jornais da época, percebe-se o quanto o esforço de recrutamento para o conflito promove tensão nas estruturas sociais locais. A situação relatada nas fontes é dramática: fugas, brigas, agressões, ataques às escoltas e cadeias, mutilações, casamentos relâmpago, choques entre poderes e grupos políticos locais, preocupação com a designação de trabalhadores para a guerra, entre outros elementos, expunham as dificuldades apresentadas pela mobilização e o temor das autoridades locais de que ela resultasse em invasão irreversível do governo imperial nos negócios das localidades. Esses conflitos não eram novidade, dado o desprestígio do recrutamento. O que mudou foi a dimensão da insatisfação, já que várias províncias estavam envolvidas no esforço. O depoimento do presidente da província da Paraíba mostra a dimensão dos problemas enfrentados pelos recrutadores:

> Tendo sido assassinado ultimamente no Termo d'esta Província o Inspetor de Quarteirão, em conseqüência de diversas diligencias por elle feitas para captura de indivíduos destinados ao recrutamento, e contando-me igualmente de que ali, como em muitos outros lugares, lutam as autoridades policiais com sérios embaraços para a prompta aquisição de gente capaz para o serviço do Exército, visto que os que se acham em tais circunstancias procuram ocultar-se, empregando mesmo todos os meios de resistência, de que podem dispor, para inutilizar os esforços dos encarregados do recrutamento, e para que sou informado que até já existe no Termo de Bananeiras, vizinho aquele outro, um grupo de pessoas armadas...[23]

O principal foco de conflitos foi a designação de guardas nacionais para o Exército. Essa prática era comum entre as tropas do Rio Grande do Sul, especialmente no caso de invasão do território, quando contingentes da Guarda deveriam auxiliar o Exército de linha. O problema surgiu quando o governo imperial designou guardas de províncias não fronteiriças para atuar fora do país por período dilatado.

A Guarda Nacional, criada em 1831, era a força responsável pela manutenção da ordem interna. Apesar das modificações sofridas pela instituição ao longo do tempo, ser membro da Guarda ainda era, na década de 1860, símbolo de status e uma das melhores desculpas que um homem livre podia oferecer para escapar ao recrutamento. A Guarda funcionava como um guarda-chuva contra os métodos brutais empregados no apresamento dos recrutas, e é possível que em muitas províncias seu contingente tenha sido ampliado repentinamente como consequência dos temores provocados pela proximidade das escoltas recrutadoras. Por outro lado, o prestígio de muitos chefes locais era tradicionalmente associado à proteção que podiam proporcionar, aprofundando o sistema de lealdades que os ligava às comunidades interioranas. Ao transferir corpos da Guarda para o front externo e subordiná-los ao Exército, o governo imperial interferia diretamente na autoridade desses homens, modificando, ainda que temporariamente, as práticas do recrutamento militar, tal como haviam sido executadas até então.[24]

A situação se tornava mais grave porque, devido à precariedade da estrutura de comando, o governo continuava dependendo da ajuda dos chefes para o alojamento e o transporte dos recrutas. A cooperação local foi abalada na medida em que número cada vez maior de trabalhadores, normalmente isentos, foi sendo recrutado, afetando a posição da Guarda como santuário. Se a intenção inicial era transformar o Exército, pelo voluntariado, em espaço mais digno, a massificação operada pelo recrutamento teve efeito muito diferente do esperado, denegrindo a posição dos trabalhadores pobres e livres, que viam crescentemente seu status igualado ao dos demais recrutas, considerados a ralé. Denegria também o prestígio de muitos chefes locais, incapazes de assegurar a isenção de seus protegidos, situação que os enfraquecia na disputa com adversários locais.

Complicações decorrentes do forte grau de politização do recrutamento foram constantes, já que em tempos de escassez foi comum alistar adversários políticos. Essa estratégia tornava-se dramática durante o período das eleições, quando a competição eleitoral podia facilmente evoluir para distúrbios armados entre as facções políticas de cada localidade. Num caso extremo, levou ao adiamento das eleições provinciais no Rio Grande do Sul, para evitar que as rivalidades entre as facções comprometessem ainda mais o já precário estado do recrutamento naquela província estratégica.

As rivalidades políticas levavam à descontinuidade administrativa, com a remoção dos comandantes e a redistribuição dos regimentos, encorajando novas deserções; ampliavam também as divergências entre chefes militares, acirrada pela longa e forçada convivência nos acampamentos, nos quais eram reunidos e treinados os soldados recrutados. As disputas partidárias foram constantes e não estiveram restritas apenas às lideranças mais carismáticas do Exército. Em outubro de 1866 eram flagrantes as diferenças entre os dois principais comandantes militares brasileiros em atividade: o conservador Polidoro e o liberal Porto Alegre. Ao tomar conhecimento da designação de Caxias para o comando das tropas, Porto Alegre chegou mesmo a pedir sua exoneração ao ministro da Guerra. Esse tipo de rivalidade persistiu, ainda que com menor intensidade, após o comando de Caxias. Alfredo D'Escragnolle Taunay relata que parte de suas desavenças com o conde d'Eu provinha das diferenças partidárias existentes entre os dois oficiais monarquistas, o primeiro conservador, e o segundo liberal.[25]

Para os chefes políticos e seus agregados, um caminho imediato era a busca das isenções legais, que limitavam o recrutamento de funcionários públicos, arrimos de família ou de homens legalmente casados. Para aqueles obrigados a servir, uma primeira opção era a oferta de substitutos, livres ou libertos. Logo um mercado de substitutos começou a operar em diferentes províncias, recurso, porém, que só servia para quem pudesse pagar, reforçando a visão da guerra do homem rico sustentada pela luta do homem pobre. Para os mais humildes, a opção comum foi a fuga, cuja importância é bem captada por ditado típico da sabedoria da população interiorana, segundo o qual "Deus é grande, mas o mato é maior!"

Em geral isenções e fugas só seriam bem-sucedidas se contassem com o concurso de uma rede de proteção bem organizada ou a possibilidade de passar ao território estrangeiro. O general Osório, ao estruturar o Terceiro Corpo do Exército no Rio Grande do Sul, requereu poderes especiais para caçar desertores no Uruguai, uma vez que a fronteira atuava como poderoso incentivo para eles. Osório sugeria que o governo imperial obtivesse autorização do governo colorado uruguaio, no sentido de permitir que as escoltas cruzassem a fronteira para buscar os desertores. Ao justificar o pedido, o experiente general observou as diferenças entre a Guerra do Paraguai e conflitos anteriores, ressaltando que: "Os trabalhos das nossas campanhas passadas não têm paridade com os apuros e as dificuldades que tenho visto nessa."[26]

LIBERTANDO ESCRAVOS PARA O SERVIÇO MILITAR

Desde o começo da campanha contra o Paraguai escravos e libertos foram alistados no Exército e na Marinha. O alistamento desses indivíduos ocorria pela força, por doações, por substituições ou quando os escravos fugiam e se apresentavam como homens livres. Com exército cuja composição era multirracial, recrutada geralmente nas camadas mais desprotegias da sociedade, era difícil distinguir entre livres e escravos. Nessas ocasiões o uniforme funcionava como abrigo em relação à condição prévia de cativo. Apesar da necessidade de soldados, o governo imperial retornou pelo menos 36 indivíduos a seus donos, quase todos descobertos logo no início, o que demonstrava clara prioridade ao direito de propriedade.

A decisão de libertar número mais significativo de escravos para lutar contra o Paraguai foi oficialmente tomada pelo imperador d. Pedro II em novembro de 1866. Após consultar os membros do Conselho de Estado, foi decidido, por pequena margem, que o governo encorajaria o alistamento seletivo, isto é, libertando-se primeiro os escravos da nação e, posteriormente encorajando-se a libertação de escravos dos conventos e ordens religiosas. Numa terceira etapa, o governo estimularia a venda de escravos particulares, no que poderia ter sido um processo mais agressivo de libertação de escravos para posterior integração ao Exército. O que alguns conselheiros esperavam é que um número significativo de escravos pudesse ser libertado e integrado ao Exército, ajudando a repor as fileiras. Talvez, por essa mesma razão, as alforrias foram condicionadas à vontade dos senhores e não às necessidades do Estado.

O governo imperial não tinha a intenção de desapropriar os escravos. Também não pretendia manter um exército de escravos, como afirmam alguns historiadores.[27] Essa visão foi muito presente na imprensa platina, especialmente nos periódicos ilustrados paraguaios, que a todo momento identificavam o Exército brasileiro como sendo composto por macacos. O que o governo buscava era a cooperação dos senhores e dos religiosos, dispondo-se para isso a pagar preços de mercado. Essa cooperação foi procurada via uma série de "apelos" de caráter patriótico, cujo objetivo era convencer os proprietários a vender alguns escravos que deveriam ser alforriados sob a condição de servir. Muito poucos desses apelos foram satisfatoriamente respondidos e praticamente nenhum o foi sem contrapartida: a compra do escravo pelo governo.

Dada a resistência de senhores e clérigos, não surpreende que a maioria dos escravos libertados a partir do final de 1866 tenha vindo da casa imperial e da nação — 56% de todos os indivíduos emancipados vieram de atividades relacionadas a doações imperiais tais como a casa imperial e as fazendas do Estado. Metade das contribuições privadas foram feitas por substituições. As doações privadas representaram algo em torno de 2% do contingente total.

A falta de cooperação mais efetiva dos fazendeiros e outros senhores pode ser atribuída à crise do trabalho escravo. Mesmo levando-se em consideração as circunstâncias difíceis por que passava a agricultura, porém, sua cooperação ficou muito abaixo do que esperavam as autoridades estatais. Sobretudo a dificuldade para obter novos recrutas mediante a libertação de escravos demonstra a fraqueza do Estado imperial para extrair recursos dos setores privados, mesmo em tempos de crise internacional. Esse padrão, como assinalado por Hendrik Kraay, repetiu as crises do recrutamento do período colonial, diferenciando-se apenas no que se refere à clara indicação da libertação dos recrutas e suas famílias.[28]

Tal como apontado por Ricardo Salles, a presença de libertos no Exército constituiu importante preocupação do comandante brasileiro, o marquês de Caxias. Por meio da correspondência pessoal é possível perceber o impacto causado pela socialização de ex-escravos num exército que passava por processo intenso de reorganização. Nas cartas a diversas autoridades, Caxias sublinha o temor de que a ordem social do império pudesse entrar em colapso devido à enorme heterogeneidade racial dos soldados. A principal preocupação de Caxias referia-se à quebra da disciplina, especialmente na relação entre soldados e oficiais. O generalíssimo brasileiro via o número crescente de libertos como grande ameaça à manutenção da disciplina. Em carta confidencial ao ministro da Guerra, de dezembro de 1867, Caxias expressava sua posição sobre o tipo de escravo que havia sido liberto para servir:

> Vossa Excelência sabe que o exército brasileiro abriga muitos soldados que acabam de deixar o jugo da escravidão para serem transformados em defensores da dignidade da nação brasileira. Infelizmente, a grande maioria desses indivíduos representa os elementos mais degradados da escravidão. O escravo de bons hábi-

tos, gentil e educado nos costumes da obediência e do respeito, raramente chegou aos acampamentos. É muito difícil manter a ordem e a disciplina e sustentar a subordinação e a subserviência com esses elementos.[29]

CAXIAS

Com o afastamento de Bartolomeu Mitre, o comando das tropas da Tríplice Aliança passaria para o marquês de Caxias (1803-1880). Caxias era nome influente do Partido Conservador, símbolo da unidade nacional e condestável do império. Havia comandado a repressão às principais lutas separatistas durante o período da consolidação da unidade nacional. Sua nomeação para o Alto Comando contrariava as regras tradicionalmente estabelecidas quanto à ocupação dos cargos militares, que eram privilégio do partido do gabinete no poder. As relações entre o "marquês" e os progressistas não eram tranquilas. As enormes prerrogativas à disposição desse comandante no campo de batalha chocavam-se com os interesses do governo constituído, que se sentia desprestigiado pela preferência dada por d. Pedro II ao "Pacificador".

Caxias aliava conhecimentos e experiência na organização de exércitos com talentos políticos que facilitavam o entendimento com os comandantes dos exércitos aliados. Era um general político, capaz de coordenar as operações entre os três exércitos da Aliança; mas era também um problema para o funcionamento do sistema político do império, sendo adversário do gabinete no poder.

No que se refere especificamente ao exército imperial, as tarefas de reorganização deveriam ser executadas diretamente no campo de batalha, pela fusão dos diferentes grupos de soldados, independente das deliberações do mundo político e dos privilégios prometidos aos voluntários da pátria e aos guardas nacionais designados. Nessas circunstâncias, a nomeação de Caxias correspondia ao desejo do governo imperial em dotar o Exército de comando unificado, para guerra cuja complexidade total só foi atingida lentamente e com dificuldade.

Durante 1867 o desejo governamental de racionalizar a condução da guerra esbarrou na premissa irracional de sua continuidade como "questão de honra" da monarquia brasileira, contribuindo acentuadamente para o desgaste do sistema político, dada a politização do serviço militar. Do ponto de vista militar, esse desgaste se expressava na rarefação das tropas e na necessidade de convocação de novos contingentes, para suprir os batalhões.

A visão das clivagens políticas como elemento corruptor da tradição militar brasileira parece comum a todos os críticos da guerra. As disputas entre as facções eram responsabilizadas pela demora na organização do Terceiro Corpo do Exército, essencial ao prosseguimento da campanha. Nessas circunstâncias, a liderança de Caxias à frente dos exércitos da Tríplice Aliança atuava principalmente no sentido de conter os conflitos internos da oficialidade. Ao proceder assim e negociar mudanças na condução da campanha, enquadrava-se à lógica da ação administrativa do comando governamental. O que se pretendia era a reorganização do Exército como espaço apartado das influências proporcionadas pelas lutas políticas da sociedade. Assim, a intervenção imperial no comando do Exército pela nomeação de Caxias mantinha o mesmo padrão daquela do jogo partidário. Utilizando-se das prerrogativas do Poder Moderador, o imperador intervinha para regular os limites das disputas entre seus oficiais. E essa tarefa foi facilitada por estar grande parte das tropas fora do território brasileiro, permitindo certo distanciamento da disputa partidária interna.

Para reorganizar o Exército Caxias necessitou de 17 meses de paralisação, situação muito criticada por seus adversários políticos de dentro e de fora da instituição. Esse período, todavia, foi essencial para a preparação e o treinamento dos corpos, principalmente no que ser refere à fusão de diferentes grupos, ao treinamento no uso de armas de fogo e à escavação de trincheiras que permitiram a ampliação do cerco à Fortaleza de Humaitá, principal baluarte dos paraguaios.

DRENANDO RECURSOS

O prolongamento da campanha exigia a ampliação da capacidade fiscal do Estado. A alta incidência das despesas militares sobre o orçamento do império durante o período considerado não foi privilégio apenas das verbas do Ministério da Guerra, mas também das outras pastas relacionadas à campanha, como os ministérios da Fazenda, Justiça e Marinha. A necessidade de ampliação dos gastos públicos comprometia a capacidade do governo de planejar e controlar com adequação as despesas. Assim, o déficit governamental, característico de praticamente todos os orçamentos do período monárquico, manteve-se em patamares muito mais elevados durante os anos da Guerra do Paraguai.

Para fazer frente às despesas, o governo imperial recorria a créditos suplementares para cobrir os débitos. Sendo esses créditos implementados fora do orçamento regular, foi preciso, recorrentemente, governar a partir de decretos-leis. Por fim, no intuito de obter os recursos extraordinários para fazer frente às despesas da guerra, foi inevitável emitir apólices, papel-moeda e obter empréstimos particulares do Tesouro e mesmo externos. Esses expedientes afetavam de várias formas as finanças do país e dos proprietários não só pelo aumento dos procedimentos de extração direta (taxas e impostos), como também através da inflação e da baixa da taxa de câmbio frente à libra esterlina, que foi constante no período. A inflação afetava sobretudo a população mais pobre, vítima da carestia e do encarecimento do custo de vida, principalmente nas cidades maiores.

A facilidade para captar empréstimos no exterior, em especial junto a bancos ingleses, teve ainda um efeito deletério: impediu que o esforço de guerra fosse utilizado para o desenvolvimento de capacidades industriais e infraestruturais. A capacidade de tomar empréstimos no exterior tornava muito mais fácil comprar armamentos do que os produzir domesticamente. Isso não quer dizer que os arsenais de guerra e as fábricas de pólvora não tivessem sido ampliados; o foram e até mesmo com a utilização de trabalho escravo. Fato é, no entanto, que a guerra não dinamizou a capacidade industrial do país nem melhorou sua infraestrutura de transportes, adicionando muito pouco ao desenvolvimento da economia.

A QUEDA DOS PROGRESSISTAS

Enquanto a economia se deteriorava, o gabinete progressista aproximava-se do colapso. A fraqueza do ministério consistia na dependência em que ele mesmo se havia colocado para com o generalíssimo das forças brasileiras no Paraguai. Caxias contava com a confiança do imperador para a organização de todas as tarefas guerreiras. Isso significava completo controle sobre as atribuições referentes à guerra, incluindo o ministério, cujo orçamento constituía a prioridade do governo naquele momento. Ainda que o regime monárquico fosse caracterizado pela subordinação dos militares ao comando civil, Caxias utilizou-se de sua posição como comandante em período excepcional para forçar a queda do gabinete progressista e a ascensão de um governo conservador mais afinado com suas ideias e preferências.

Esse tipo de substituição enquadrava-se na tradição política do império (que permitia ao Poder Moderador dissolver gabinetes e convocar novas eleições). A forma como foi feita, porém, criou grandes constrangimentos entre os liberais, desgastando o imperador junto a setores importantes do mundo político. Ao submeter a autoridade do ministro da Guerra aos interesses do general, Caxias alterava a direção costumeira dos procedimentos que subordinavam os militares durante o Segundo Reinado. Mesmo que esse movimento fosse apoiado pela monarquia e que tivesse caráter temporário, e considerando ainda que o fizesse mais como político do partido Conservador do que como militar, ainda assim, criava perigoso precedente para um regime até então infenso às intervenções militares na política doméstica. Tão logo caiu o ministério progressista, a situação militar começou a melhorar.

A CONQUISTA DO PARAGUAI

Em agosto de 1868 a frota brasileira finalmente ultrapassou a Fortaleza de Humaitá. Sitiados por terra e pelo rio, os paraguaios ainda conseguiram evacuar a fortaleza antes de se renderem alguns dias mais tarde. Para todos os fins práticos, com o rio Paraguai sob controle, Humaitá destruída e Assunção sob risco de invasão iminente, a guerra estava terminada. O próprio Caxias propôs isso ao imperador, afirmando que seria perda de tempo e de dinheiro insistir no que chamava de "uma guerra de postos". O imperador, entretanto, insistiu na tomada de Assunção e na deposição definitiva do ditador. Como López também insistisse em continuar resistindo, as próximas etapas seriam as mais dramáticas em termos de perdas de vidas. A população paraguaia foi sendo paulatinamente evacuada, sem que esse movimento contasse com qualquer forma de apoio em termos de infraestrutura. Sem víveres, milhares de civis pereceriam nas marchas forçadas, pelos caminhos do interior. Os oficiais brasileiros que conseguiram salvar alguns desses grupos deixaram descrições impressionantes dos cadáveres encontrados ao longo das trilhas das marchas e do estado de prostração física daqueles afortunados que foram encontrados ainda com vida pelo caminho.[30]

A DEZEMBRADA

Entre agosto e dezembro de 1868 o Exército brasileiro contornou as trincheiras paraguaias pelo processo conhecido como "marcha de flanco". Ideia originalmente concebida por Bartolomeu Mitre, a marcha foi executada com precisão por Caxias, apoiado em seu corpo de engenheiros e no trabalho incessante dos soldados. Esse movimento permitiu que no final de 1868 um conjunto de batalhas fosse travado perto de Assunção, desimpedindo o acesso por terra à capital paraguaia. Destacam-se as batalhas do Avaí, de Itororó e de Lomas Valentinas. Nesses confrontos, o Exército paraguaio regular foi praticamente destruído. Por pouco López não foi capturado, escapando para o interior do país, em episódio que levou Caxias a ser acusado de condescendência com o líder paraguaio. Em janeiro de 1869 as tropas da aliança finalmente entraram em Assunção, que foi saqueada por cerca de dois dias. Para Caxias, bem como para muitos oficiais e soldados brasileiros, a guerra estava acabada, pois imaginavam que López deixaria o Paraguai após a incrível fuga diante das forças brasileiras.

Apesar das derrotas, Solano López escapara dos brasileiros e continuava no comando das tropas sobreviventes. Contrariando as expectativas do comando aliado, o ditador paraguaio decidiu prosseguir a guerra, apesar de todas as evidências de que sua causa estava perdida. Cansado dos combates, Caxias abandonou o Paraguai em janeiro de 1869, declarando terminada a guerra. A partida de Caxias e de seus principais assessores desanimou as tropas de ocupação. O resultado imediato foi a multiplicação dos pedidos de dispensa de oficiais e voluntários. Mais um ano de campanha ainda seria necessário para dar a guerra como terminada.

A CAMPANHA DA CORDILHEIRA E O FIM DA GUERRA

Cansados de lutar, muitos se preparavam para voltar a casa. A perspectiva de lidar com López e um exército de guerrilhas por vários anos, porém, levou as lideranças políticas do império a optar pelo prosseguimento da campanha. A Campanha da Cordilheira, que se iniciou em abril de 1869, foi longa e desgastante. Enquanto os exércitos da Tríplice Aliança ainda permaneciam parados nas cercanias de Assunção, a presença de López nas montanhas criava um problema para o império. Acreditava-se que daquela posição o ditador paraguaio poderia reorganizar seu exército e voltar ao poder, forçando o império a negociar uma paz que àquela altura seria humilhante. Capturá-lo tornou-se a obsessão do Imperador, que nomeou seu genro, o Conde d'Eu (1842-1922), comandante-em-chefe.

A indicação de um membro da família imperial pretendia diminuir os problemas das forças brasileiras, agravados pelos muitos anos de campanha, pela insatisfação dos veteranos e pelos conflitos políticos e pessoais que se alastravam entre os oficiais mais experientes. Apesar dessa perspectiva, o comando de d'Eu não foi fácil. Dificuldades operacionais, atrasos nos salários, falta de disciplina e impaciência do comandante foram problemas que atrapalharam a todo o momento o prosseguimento das operações.

A marcha das tropas também era embaraçada pelos efeitos da guerra sobre o povo guarani, com a multiplicação de mortes por epidemias, saques e remoções forçadas, que transformaram os meses finais do conflito no período mais catastrófico da história paraguaia. A população civil, evacuada das cidades, recuava com o ditador, em coesão muitas vezes alimentada pelo medo, pois López mantinha parentes dos soldados como reféns.[31]

Em meio ao caos com os salários atrasados, o desconhecimento do terreno e a profusão de refugiados, o conde ainda agravou o problema permanente do abastecimento. Para limitar o que considerava abusos dos fornecedores, d'Eu tentou regular o abastecimento através de concorrência que barateasse os custos de transporte, economizando dinheiro ao Tesouro imperial. A abertura da concorrência foi desastrosa, pois interrompeu o fornecimento regularmente feito pela firma argentina Lessica e Lanus, sem que outras firmas tivessem capacidade para assumir o trabalho. O resultado foi a desorganização do abastecimento, que, somada às enormes distâncias a serem percorridas a pé ou com gado de tração, levou a fome aos acampamentos de Potreiro Capivari e São Joaquim, postos avançados do Exército em operações.

A fome paralisou as operações por dois meses, resultando no aumento dos gastos, já que as medidas de emergência para regularizar o fornecimento de alimentos, que tornaram necessárias a intervenção de José Maria da Silva Paranhos (1819-1880), aumentaram as despesas, obrigando o diplomata brasileiro a encomendar rações a casa Mauá, em Montevidéu. Aos poucos, Lessica e Lanus retomaram suas atividades, e o abastecimento foi restabelecido no final de novembro. O dano à liderança do conde, porém, foi irreversível.

A partir desse episódio, o conde d'Eu passou a solicitar, repetidas vezes, sua saída do Paraguai, argumentando ser "ridículo" para o Brasil fazer, perante o mundo, "esforços colossais e impotentes para agarrar um fantasma". Na volumosa correspondência endereçada a parentes e amigos, esse era o tema principal. Seu desespero causou constrangimento aos oficiais brasileiros e ao próprio imperador, que teve que escrever muitas vezes para acalmá-lo. O desânimo levou o príncipe a se desinteressar da perseguição, voltando-se cada vez mais para os preparativos do retorno das tropas, especialmente dos batalhões de voluntários, aos quais dedicou muitas atenções, afirmando a Paranhos que "(...) justamente porque (...) a captura do López (...) não se dará senão em futuro remoto, e (...) não produzirá efeito moral nenhum (...) cumpre procurar o efeito moral necessário em outro fato, e qual melhor que a volta desses milhares de Voluntários, e as demonstrações de reconhecimento que a Nação lhes possa dar"?

No dia 1º de março de 1870, escoltas brasileiras sob o comando do general José Antônio Corrêa da Câmara (visconde de Pelotas) localizaram as tropas de Solano López num vale junto ao rio Aquidabã, no Departamento de Amambay, perto da fronteira com Mato Grosso. Após rápido combate, o ditador paraguaio foi morto. Encerrava-se a guerra, de maneira diferente da desejada, pois o imperador queria López preso ou exilado. A morte do ditador transformou-o em mártir, imagem que seria utilizada no futuro por políticos e historiadores revisionistas como símbolo de heroísmo, pois pouco antes de ser atingido pelo tiro de misericórdia López teria declarado segundo depoimentos: *"Muero con mi patria."*

Escrevendo alguns dias mais tarde, o ministro da Guerra previu os embaraços causados pela morte de López, reconhecendo que:

> (...) Na verdade o officio da Câmara deixa ver que o inimigo podia ser aprisionado sem a menor difficuldade attento o estado em que se achava. Faltou ainda pormenores completos do grande acontecimento, e quando a cama[rada] tiver de esclarece-los seria de muito proveito pa[ra] inteira gloria delle que fizesse desaparecer aquela nuvem suspiciosa. Va. Exa. bem pode guiá-lo (...) e despedaçar assim a arma com que nos quisesse ferir os descontentes, e de que sem dúvida usarão os partidistas de Lopes nos Estados Unidos e na Europa. Veja Va. Excelência se consegue (...) este triunfo.[32]

A notícia do desfecho da guerra foi recebida pelo príncipe quatro dias depois, na cidade paraguaia de Concepción. O conde d'Eu deixaria o

Paraguai em abril, mas seu papel como "Marechal da Vitória" estava esvaziado, apesar das festas e recepções cuidadosamente preparadas para a sua recepção na Corte. Para sua indignação, essa glória lhe seria negada. Os veteranos não foram autorizados a voltar em grandes contingentes, nem foram incorporados definitivamente ao Exército. Temendo revoltas de tropas ou o uso político da vitória pelos liberais, o governo esvaziou, na medida do possível, as paradas e outras manifestações de regozijo ligadas ao regresso dos veteranos. Os voluntários acabariam sendo desmobilizados em pequenos grupos, a partir de fevereiro de 1870. O Exército de linha retomaria seu tamanho de antes da guerra, pois não era do interesse da monarquia manter um contingente numeroso. As questões relacionadas à reforma do recrutamento ainda esperariam alguns anos, só sendo resolvidas em definitivo no século seguinte, com a lei do sorteio obrigatório, promulgada em 1916.

A OCUPAÇÃO DO PARAGUAI E AS QUESTÕES DIPLOMÁTICAS

Após a morte de López, a guerra finalmente terminou. Dado o grau de centralização política do país, o exílio ou a morte do ditador eram os únicos caminhos para o final da resistência. Dois problemas assombraram o gabinete conservador brasileiro nos anos seguintes: o retorno dos veteranos e o acerto dos contenciosos com os governos da Aliança, principalmente o da Argentina.

Os argentinos queriam manter as cláusulas do Tratado da Tríplice Aliança, que lhes permitiria tomar porção muito vasta do território paraguaio. A ocupação brasileira teve como objetivo dissuadir essa pretensão enquanto a diplomacia conservadora buscava reconstituir um governo paraguaio minimamente capaz de resguardar a independência do país, tarefa, aliás, muito difícil. A catástrofe demográfica que dizimou grande proporção da população guarani foi particularmente cruel com suas elites dirigentes. Nos meses finais da guerra, temendo conspiração que negociasse uma paz em separado, López liquidou praticamente todos os homens que o poderiam suceder. Os governos paraguaios subsequentes seriam uma mescla de veteranos de guerra e antigos inimigos de López, exilados na Argentina. O entendimento entre esses dois grupos, agravado por ambições pessoais, tornou árdua a tarefa de reconstituir um governo paraguaio.[33]

A dificuldade para encontrar quadros dirigentes capazes de monitorar a reconstrução do país levaria anos. Um contingente de cerca de 2.000 homens permaneceu estacionado no Paraguai até a resolução completa do tratado de paz, em 1876. Muitos desses veteranos acabariam estabelecendo laços familiares no país, como foi o caso do cabo Chico Diabo, a quem se atribui o tiro de misericórdia em López, que se casou com uma paraguaia.

No que se refere à volta dos soldados, a questão parecia igualmente delicada. Os milhares de indivíduos, voluntários ou não, que participaram da campanha do Paraguai tinham direito a festas e homenagens devidas tanto ao heroísmo dos que sobreviveram quanto à memória dos que tombaram na luta ou por doenças. Muitos líderes civis do império, porém, viam com desconfiança essas homenagens, temendo que as festas e celebrações organizadas para receber os soldados acabassem fortalecendo politicamente o Exército como instituição, num momento em que o regime ainda se recuperava dos efeitos da derrubada do gabinete progressista. Para esses observadores, era necessário desmobilizar rapidamente as tropas vitoriosas, reconduzindo o Exército de linha às dimensões do início da década de 1860. Os políticos também temiam o fortalecimento do Exército e a consequente repetição do intervencionismo militar, que havia marcado a história de várias repúblicas vizinhas. Por outro lado, a concentração de soldados desmobilizados era considerada ameaça à ordem pública, pois esses ex-combatentes poderiam mostrar-se recalcitrantes a enquadrar-se nos padrões da ordem social vigente. Tirá-los das ruas, desarmá-los e reconduzi-los à subserviência civil passou a ser objetivo das autoridades policiais. Ao passar os veteranos para a esfera do controle civil, o governo imperial também pretendia evitar possíveis revoltas de povo e tropa, que haviam sido comuns durante a década de 1830.

Curiosamente essas medidas tenderam a aprofundar as diferenças entre militares e civis. Tal como observado por John Schulz, o desprestígio dos militares, principalmente dos oficiais, no período que se seguiu ao final da guerra foi acompanhado por crescente ressentimento da caserna em relação à elite bacharelesca, aprofundando uma crise que aumentaria a distância entre militares e bacharéis nos anos finais da monarquia. Curiosamente, o primeiro presidente da nova república brasileira, proclamada em novembro de 1889, seria um oficial alagoano, veterano do longo conflito.

CONCLUSÕES

A Guerra do Paraguai foi a última das crises platinas, destacando-se pela duração, pelo grau de mobilização popular e pela violência. O mais longo conflito militar das Américas proporcionou mudanças tanto nas relações entre os estados envolvidos como também na dinâmica da política interna dos países beligerantes. Para a história do Segundo Reinado, as causas e consequências dessa guerra permanecem fonte de interpretações bastante diversas. Poucos temas foram objeto de mudanças de enfoque tão grandes, gerando ondas de revisão que seguem transformando a visão do conflito.

A campanha de quatro anos e sete meses demonstrou a fragilidade da organização militar do império apesar da vitória das armas brasileiras e exasperou as relações entre o poder central e as esferas locais, criando embaraços nas relações entre o governo imperial e lideranças regionais. No plano político a guerra levou ao fim da experiência da Liga Progressista, coalizão de liberais e conservadores cuja queda, ocasionada por intervenção do imperador, levou a redefinições do sistema partidário que modificaram a estrutura estabelecida nos anos 1840. Para a sociedade, a mobilização proporcionou alargamento dos contatos entre os habitantes e o poder central, embora sua crescente intromissão na vida das comunidades nem sempre tenha sido bem recebida.

Um dos efeitos principais do longo conflito foi a desorganização da vida política e institucional de quase todos os beligerantes. Exceção feita à Argentina, cujo processo de centralização foi acelerado, durante e após a guerra, nenhum dos outros países se beneficiou com seu desenrolar. Talvez devido a essa incapacidade de utilizar conflitos externos como instrumento de consolidação do Estado, a guerra tenha sido identificada por historiadores motivados pela teoria da dependência como conflito imperialista, mais um episódio da longa derrota de uma razão endógena latino-americana. As evidências encontradas até aqui, contudo, não respaldam essa afirmação, constatação que não retira o mérito de muitos desses trabalhos, tanto pela tentativa de unir teoria e pesquisa quanto por vários *insights* que ainda precisam ser desenvolvidos, entre eles a questão das finanças públicas e a capacidade de desenvolver o Estado nacional a partir das guerras externas.[34]

Para o império a campanha contra o Paraguai constituiu um conjunto de desafios, militares, diplomáticos e de política interna. O país não estava preparado para uma guerra de grandes proporções. Nessas condições, mobilizar a população, transformando civis em combatentes foi tarefa árdua, que demonstrou a dificuldade de coordenação entre o centro político e suas diversas periferias. O não cumprimento das promessas feitas aos voluntários agravaria a desconfiança dos militares em relação aos setores dirigentes, na medida em que os sacrifícios feitos nos campos de batalha do Paraguai permaneceriam sem reconhecimento.

Foi principalmente durante a década de 1930, no contexto da recuperação do legado monárquico, que se generalizou a construção de monumentos comemorativos à campanha do Paraguai. Destaca-se o monumento à retirada da Laguna, construído na Praia Vermelha, no Rio de Janeiro, sobre as ruínas da fortaleza destruída durante a revolta dos militares ligados à Aliança Nacional Libertadora, em novembro de 1935.

A partir de então, a memória do conflito seria manipulada de várias formas, atendendo aos interesses imediatos de uma historiografia patriótica (que prevaleceu até o final dos anos 1950), quanto a visões alternativas, construídas por intelectuais críticos da forma como o poder político era exercido durante a ditadura militar. Só a partir da década de 1980 o conflito seria, no Brasil, objeto de pesquisas conduzidas por historiadores profissionais, processo que permanece em curso mediante a publicação de livros e teses e da realização de seminários. Os novos trabalhos acompanham o aumento de pesquisas produzidas por historiadores alemães e norte-americanos, que crescentemente têm abordado o tema, tanto em trabalhos diretamente ligados ao assunto (Whigham, Ipsen) como em pesquisas mais gerais sobre o recrutamento militar e a criação de uma cultura disciplinar nas forças armadas brasileiras (Beattie, Kraay). O que parece prevalecer nesses trabalhos é uma visão menos crítica e também menos apologética do conflito. As pesquisas mais recentes focalizaram as repercussões da guerra em termos das questões ligadas à inclusão, à difusão do patriotismo, à profissionalização do exército e suas consequências para a ordem política, com debates sobre a maior ou menor repercussão desse processo em relação à proclamação da república,[35] bem como a questão do recrutamento de libertos e seus impactos na economia e na sociedade do Segundo Reinado. Temas como iconografia, especialmente o papel da imprensa ilustrada, aprofundaram as discussões sobre as representações patrióticas, a liberdade de opinião durante o Segundo Reinado e a adesão popular ao esforço de guerra.[36]

Muitos temas permanecem abertos a novos estudos. O papel dos veteranos no pós-guerra, especialmente dos asilos de voluntários e das colônias agrícolas foi abordado em recente tese de doutorado.[37] Ele oferece oportunidades para o aprofundamento das pesquisas a respeito das décadas finais do regime monárquico. A questão do recrutamento nas províncias, sobretudo no Nordeste, só agora passa a receber estudos específicos. A mobilização da Guarda Nacional no Rio Grande do Sul começa a ser pesquisada dentro das especificidades da situação de uma província que mobilizou provavelmente mais de 30.000 milicianos para o combate. Quais as consequências desse esforço para economia, para a vida social, para as relações entre homens e mulheres? Os vários diários dos combatentes, espalhados por diversos arquivos, ainda não foram objeto de estudos específicos, excetuando-se as publicações daqueles escritos por André Rebouças e por Manuel Lucas de Oliveira.[38]

É de esperar que a proliferação de pesquisas, facilitada pelo aumento do número de historiadores interessados no tema e pelo profissionalização mais intensa dos arquivos militares ofereça contribuições que permitam conhecimento mais amplo de questões específicas relacionadas ao impacto da mobilização sobre a sociedade brasileira e sobre suas estruturas de governo. Essas contribuições permitirão também que o assunto saia de vez do casulo disciplinar da história militar, aprofundando abordagens multidisciplinares que absorvam contribuições de outras áreas da ciências sociais e da própria história.

Notas

1. James R. Argentina Scobie, *A City and a Nation*, Nova York, Oxford University Press, 1971, p. 88-112; Thomas Whigham, *The Politics of River Trade. Tradition and development in the upper Plata, 1780-1870*, Albuquerque, University of New México Press, 1991, p. 1-105.
2. D. A. Brading, "A Espanha dos Bourbons e seu império americano", *in* Leslie Bethel (org.), *História da América Latina: a América Latina colonial*, v. 1, São Paulo, Edusp, 1998, p. 391-448; François-Xavier Guerra, "La desintegración de la monarquia hispânica. Revolución de la Independência" *in De los impérios a las naciones: Iberoamerica*, Zaragoza, Ibercaja, 1994, p. 195-227; Antonio Annino, "Soberanias in lucha", *idem*, p. 229-253.
3. Não estou considerando as subdivisões do que viria a ser o território da República Argentina atual.
4. Waldo Ansaldy e Jose Luis Moreno, *Estado y sociedad en el pensamiento nacional. Antologia conceptual para el análisis comparado*, Buenos Aires, Cântaro, 1996, p. 159-205; T. H. Donghi, *História da América Latina*, São Paulo, Círculo do Livro, 1979, p. 123-380; Oscar Oszlak, *La formación del Estado argentino. Orden, progreso y organización nacional*, Buenos Aires, Planeta, 1997, p. 15-44; Lester D. Langley, *The Americas in the Age of Revolution 1750-1850*, New Heaven, Yale University Press, 1997.
5. Zairo Cheibub, *Diplomacia, diplomatas e política externa: aspectos do processo de institucionalização do Itamaraty*, dissertação de mestrado em Ciência Política, Rio de Janeiro, Iuperj, 1984; Moniz Bandeira, *O expansionismo brasileiro e a formação dos estados na bacia do Prata. Argentina, Uruguai e Paraguai — da colonização à guerra da Tríplice Aliança*, 2ª ed., Brasília, Editora da UnB, 1995; Francisco Fernando Monteoliva Doratioto, *Maldita guerra. Nova história da Guerra*

do Paraguai, São Paulo, Cia. das Letras, 2002, p. 23-60; Miguel Ângelo Centeno, *Blood and Debt: War and the Nation-State in Latin America*, State College, Penn State University Press, 2002; Tau Golin, *A fronteira. Os tratados de limites Brasil-Uruguai-Argentina, os trabalhos demarcatórios, os territórios contestados e os conflitos na bacia do Prata*, v. 2, Porto Alegre, L&PM, 2004.

6. Vera Blinn Reber, "Small farmers in the economy: the Paraguayan example, 1810-1865", *The Americas*, v. 51, n° 4, abril de 1995, p. 495-524; Thomas Whigham, *The Politics of River Trade*, Albuquerque, University of New Mexico Press, 1991; José Carlos Chiaramonte, *Nación y Estado en Iberoamérica. El lenguaje político en tiempos de las independencias*, Buenos Aires, Editorial Sudamericana, 2004, p. 75-81.

7. Juan Carlos Garavaglia, "Soldados y campesinos: dos siglos em la historia rural del Paraguay", *Suplemento Antropológico*, v. 1, n° 1, junho de 1986, p. 7-71; Reber, 1995, *op. cit.*

8. Por litoral argentino entendem-se as províncias à margem do rio da Prata. Por interior, aquelas que não são banhadas pelo rio.

9. Pedro Barrán, "Apogeo y crisis del Uruguay caudillesco, 1839-1875", *in Historia uruguaya*, tomo 4, 1987, p. 82.

10. Ariel De La Fuente, *Children of Facundo. Caudillo and gaucho insurgency during the argentine state-formation process (La Rioja, 1853-1870)*, Durham, Duke University Press, 2000; James F. McLynn, "The causes of the War of the Triple Alliance: an interpretation", *Inter-American Economic Affairs*, v. XXXIII, n° 2, 1982, p. 244-284.

11. Diego Abente, "The War of Triple Alliance: three explanatory models", *Latin American Research Review*, v. XXII, n° 2, 1987, p. 47-60; Wilma Peres Costa, *A espada de Dâmocles. O exército, a Guerra do Paraguai e a crise do império*, São Paulo, Hucitec, 1996; Gabriela Nunes Ferreira, *O Rio da Prata e a consolidação do Estado imperial*, São Paulo, Hucitec, 2006.

12. Francisco Doratioto, *Maldita guerra. Nova história da Guerra do Paraguai*, São Paulo, Cia. das Letras, 2002.

13. Alfredo d'Escragnolle Taunay, *Memórias do visconde de Taunay*, Rio de Janeiro, Biblioteca do Exército, 1960, p. 187.

14. Ricardo Henrique Salles, *Guerra do Paraguai: escravidão e cidadania na formação do exército*, Rio de Janeiro, Paz e Terra, 1990; Peter Beattie, *The Tribute of Blood. Army, honor, race and nation in Brazil, 1854-1945*, Durham, Duke University Press, 2001; Vitor Izecksohn, *O cerne da discórdia. A Guerra do Paraguai e o núcleo profissional do Exército*, Rio de Janeiro, E-Papers, 2002, p. 84-109; Doratioto, 2002, *op. cit.*

15. Beattie, 2001, *op. cit.*; Vitor Izecksohn, "Resistência ao recrutamento para o exército durante as guerras Civil e do Paraguai: Brasil e Estados Unidos na década de 1860", *Estudos Históricos*, n° 27, 2001, p. 84-109; Fábio Faria Mendes, "Encargos, privilégios e direitos: o recrutamento militar no Brasil nos séculos XVIII e XIX" *in Nova história militar brasileira*, Rio de Janeiro, FGV, 2004.

16. Deputado general Cunha Matos, *apud* Michael C. McBeth, "The Brazilian recruit during the First Empire: slave or soldier?", *in* Warren Dean e Dauril Alden (orgs.), *Essays Concerning the Socioeconomic History of Brazil and Portuguese India*, Gainesville, University of Florida Press, 1971, p. 81.
17. John Schulz, *O exército na política: origens da intervenção militar, 1850-1894*, São Paulo, Edusp, 1994.
18. Juan Crisóstomo Centurión, *Memórias o reminiscencias históricas sobre la Guerra del Paraguai*, tomo 1, Assunção, El Lector, 1987, p. 312.
19. Dionísio Cerqueira, *Reminiscências da Campanha do Paraguai*, Rio de Janeiro, Bibliex, 1980, p. 82.
20. Divalte Garcia Figueira, *Soldados e negociantes na Guerra do Paraguai*, São Paulo, Humanitas/Fapesp, 2001, p. 123-172.
21. Izecksohn, 2001, *op. cit.*
22. Para uma discussão sobre os problemas administrativos da província durante a Guerra, ver Vitor Izecksohn, *War, Reform ans State-Building in Brazil and in the United States: Slavery, Emancipation and Decision-Making Processes in the Paraguayan and Civil Wars (1861-1870)*, tese de doutorado, University of New Hampshire, 2001, p. 170-180.
23. Adelino de Lima Freire para o ministro da Guerra (João Lustosa Paranaguá). Paraíba, 20 de dezembro de 1867. Arquivo Nacional, IG1 156, n° 137.
24. Fernando Uricoechea, *O minotauro imperial. A burocratização do Estado patrimonial brasileiro no século XIX*, Rio de Janeiro, Difel, 1978; Jeanne Berrance de Castro, *A milícia cidadã: a Guarda Nacional de 1831 a 1850*, São Paulo, Cia. Editora Nacional, 1979; Maria Auxiliadora Faria, "A Guarda Nacional em Minas Gerais (1831-1873)", *Revista Brasileira de Estudos Políticos*, n° 49, julho de 1979.
25. IHGB, Pasta n° 30, correspondência confidencial de 9 de novembro de 1866.
26. Osório para Caxias, 7 de abril de 1866. Arquivo Nacional, Documentos Referentes ao Duque de Caxias, Códice 551, pasta 11, folhas 16-17. Taunay, *op. cit.*, p. 330-331.
27. Julio José Chiavenatto, *O negro no Brasil: da senzala à abolição*, São Paulo, Brasiliense, 1982; Jorge Prata de Sousa, *Escravidão ou morte: os escravos brasileiros na Guerra do Paraguai*, Rio de Janeiro, Mauad, 1996.
28. Hendrik Kraay, "Arming slaves in Brazil from the Seventeenth Century to the Nineteenth Century", *in* Christopher Brown e Philip D. Morgan (orgs.), *Arming Slaves: from classical times to the modern age*, New Haven, Yale University Press, 2006.
29. Caxias para o visconde de Paranaguá, Tuyu-Cuê, 4 de dezembro de 1867. Arquivo Nacional, Códice 924, livro 2, Reservados, Confidenciais e Cartas, fl. 72.
30. Para um resumo dos sacrifícios impostos aos paraguaios nas etapas finais do conflito, ver Jerry W. Cooney, "Economy and Manpower. Paraguay at War, 1864-1869" *in* Hendrik Kraay e Thomas L. Whigham (eds.), *I Die With My Country*.

Perspectives on the Paraguayan War, 1864-1870, Lincoln, University of Nebraska Press, 2005, p. 23-43.
31. Bárbara J. Ganson, "Following their Children into Battle: Women at War in Paraguay, 1864-1870", *The Americas* 46, n° 3, janeiro de 1990, p. 335-371.
32. Barão de Muritiba para José Maria Paranhos, em 4 de abril de 1870. Arquivo Histórico do Itamaraty, correspondência do visconde do Rio Branco, lata 338, volume 2, doc. 65. Agradeço a Jeffrey Needel por essa referência.
33. Harris Gaylord Warren, *Paraguay and the Triple Alliance: the postwar decade, 1869-1878*, Austin, University of Texas Press, 1978.
34. León Pomer, *La Guerra del Paraguay — gran negócio!*, Buenos Aires, Ediciones Cálden SRL, 1968; Julio José Chiavenato, *Genocídio americano. A Guerra do Paraguai*, São Paulo, Brasiliense, 1979; Alfredo Fornos Peñalba, *The Fourth Ally: Great Britain and the War of Triple Alliance*, tese de doutorado, Los Angeles, Universidade da Califórnia, 1979.
35. Salles, 1990, *op. cit.*; Costa, 1996, *op. cit.*; Izecksohn, 2002, *op. cit.*; Doratioto, 2002, *op. cit.*
36. André Amaral Toral, *Imagens em desordem. A iconografia da Guerra do Paraguai (1864-1870)*, São Paulo, USP, 2001; Wiebke Ipsen, *A Delicate Citizenship: gender and nation-building in Brazil, 1865-1901*, tese de doutorado, Los Angeles, Universidade da Califórnia, 2005.
37. Marcelo Augusto Moraes Gomes, *A espuma das províncias. Um estudo sobre o Asilo dos Inválidos da Pátria, na corte (1864-1930)*, tese de doutorado em História Social, São Paulo, USP, 2007.
38. André Pinto Rebouças, *Diário da Guerra do Paraguai*, São Paulo, Instituto de Estudos Brasileiros, 1973; AHRS (org.), *Diário do coronel Manuel Lucas de Oliveira*, Porto Alegre, Edições Est, 1997.

CAPÍTULO X Histórias de gênios e heróis: indivíduo e nação no Romantismo brasileiro[1]

Márcia de Almeida Gonçalves

> *As províncias do norte do Brasil foram as que mais tarde aderiram à independência do Império. Caxias, então chamada "Aldeias Altas" no Maranhão, foi a derradeira. A independência foi ali proclamada depois de uma luta sustentada com denodo por um bravo oficial português que ali se fizera forte. Isto teve lugar a primeiro de Agosto de 1823. Nasci a 10 de Agosto desse ano.*[2]
>
> Gonçalves Dias

Com esta citação, retirada de nota autobiográfica escrita por Gonçalves Dias, em Paris, a pedido de Ferdinand Denis, Lúcia Miguel Pereira inicia seu texto sobre a vida do escritor maranhense. Se serviu à biógrafa como ponto de partida, a nós interessa utilizá-la como epígrafe, em outra apropriação, qual seja, a das pistas sobre a relação indivíduo/sociedade que ela sugere.

Como tantos que fizeram carreira no incipiente mundo das letras do reino, depois império do Brasil, no curso da primeira metade do século XIX, Gonçalves Dias testemunhou e participou da construção e consolidação do Estado e da nação como corpo político autônomo.[3] Vivenciou essas experiências na qualidade de quem a elas se integrou de tal forma, que, ao rascunhar nota autobiográfica, não descuidou de associar seu nascimento, ao fim das lutas de independência em sua pequena pátria, à cidade de Caxias, na província do Maranhão.

A menção "ao bravo oficial português" contrário ao movimento de secessão das Cortes e do governo de Lisboa não nos parece fortuita. Se denota o conflito entre os que articularam semelhante demanda, "brasileiros", na acepção dos que abraçaram "a causa do Brasil", e os que passaram, sob a alcunha de "portugueses", a se opor à perspectiva de romper com a antiga metrópole, destaca, em paralelo, a expansão de projeto emancipacionista, na origem, urdido por grupos cujos interesses gravitavam no Rio de Janeiro e regiões contíguas à cidade-capital.[4] Em suas palavras, as províncias do Norte foram as que mais tarde aderiram à independência.

No exercício do que lembrar, e do que esquecer, Gonçalves Dias registrava que nascera junto com o império do Brasil. Firmava então um pertencimento e, mais, diríamos, um compromisso. Em seu caso particular, e de outros letrados de sua contemporaneidade, este último pareceu mesclar intimamente suas ações individuais ao conjunto contraditório de experiências coletivas edificadoras da entidade política que o nome império do Brasil passou a identificar. Na própria pena desses que se quiseram ou vieram a ser apontados como os construtores do Brasil,[5] suas histórias de vida deveriam representar, no jogo metonímico entre a parte e o todo, a comunidade imaginada,[6] sentida e significada como nação.

Esse compromisso, de grafar e grifar laços entre trajetórias individuais e vida nacional agregou, em sociabilidades e afinidades eletivas, letrados e artistas os mais diversos. Ainda em menção a Gonçalves Dias, cabe destacar o detalhe, em nada perdido pelo olhar atento da biógrafa Lúcia Miguel Pereira, de que a motivação para o exercício autobiográfico do autor maranhense atendeu à sugestão de Ferdinand Denis, francês que se encantara pelas terras do Brasil, em estada transcorrida entre 1816 e 1819, e autor de *Resumo da história literária do Brasil*, de 1826, texto, ao fim, tornado programático por esses que se quiseram, no mundo das letras e das artes, construtores do Brasil.[7]

O exercício autobiográfico de Gonçalves Dias, mesmo que inacabado, transposto em valor pela ação escriturária de sua principal biógrafa, não foi empreitada isolada entre alguns de seus pares e contemporâneos. José de Alencar, em *Como e por que sou romancista*, ensaiou algo similar, em texto tornado público pela ação de seu filho Mario de Alencar.[8] Junqueira Freire, em 1854, um ano antes de sua morte, produziu breve autobiografia.[9] Manuel de Araújo Porto Alegre, como bem analisa Letícia Squeff, legou, além de um diário, aquilo que designou como *Apontamentos biográficos*, entre seus papéis pessoais[10] — transposições discursivas e figurações de si e de outros sujeitos, que, em certa medida, mesmo que não programadas para tal uso, acabariam por informar o código de valores das letras e de uma cultura tomada como autenticamente nacional. Era como se o nascimento e a trajetória da unidade indivíduo devesse, em sentido, confundir-se com a unidade da nação. No plano da consciência de si e do outro, tais enunciações criavam um lugar para cada um e para todos, e, mais, constituíam um referente no nome que designava a coletividade de cidadãos brasileiros.

Em tempos e terrenos movediços, como foram os do estabelecimento de estados independentes nas diversas regiões americanas transfiguradas pela ação colonizadora europeia, entre os séculos XVI e XVIII, o ato de circunscrever uma identidade para os jovens países emergentes tornou-se missão e compromisso políticos. Na construção e consolidação do império do Brasil, no curso da primeira metade do século XIX, muitos foram os letrados que, afetados direta ou indiretamente pelas tensões resultantes da independência, formularam reflexões e projetos sobre tais experiências e seus impactos no meio social em que se inseriam.

Alguns, em suas produções intelectuais, delinearam o que, nos termos da época, deveria representar a "cor local", num esforço por imaginar e materializar o caráter único, selo de identificação, das terras e das gentes do jovem país em formação. Elaboraram, nos mais diversos campos, os manifestos de um desejo de autonomia cultural.[11]

Em textos e ícones variados, enunciados empíricos e imagens enunciativas,[12] buscaram expressar e constituir o "ser brasileiro", como outro, na relação e na diferença, frente às heranças e características do colonizador português. Assim, de romances, peças teatrais e musicais, biografias, autobiografias, memórias, textos e pinturas históricas, das investigações sobre a língua falada e escrita, da crítica das letras e artes, emergiram alguns dos referentes da terra tomada como pátria e nação.

Particularmente no que se refere às representações e ponderações sobre o par indivíduo/sociedade ou, de forma mais precisa, aos esforços discursivos, trabalhos de memória, de associar sentidos de trajetórias individuais aos da sociedade tida como nação, pode ser concedido destaque às biografias e autobiografias, em especial as primeiras, pela relevância nas produções letradas de muitos dos que assumiram o compromisso e a missão política de construir o império do Brasil.

Na indagação sobre características e valores de alguns dos projetos biográficos que compuseram o elenco diversificado dos "enunciados empíricos" e "imagens enunciativas" edificadores da identidade e da autonomia cultural do "ser brasileiro", encontramos tema de reflexão e estudo. Talvez ao escavá-lo, fazendo uso da metáfora que aproxima o trabalho do historiador ao do arqueólogo, possamos interpretar alguns dos sentidos das versões que ficaram e valeram, entre aquelas que ainda informam códigos de pertencimento a este lugar: o singular plural Brasil.

SENSIBILIDADES ROMÂNTICAS: VALORES E VISÕES DE MUNDO

O valor da escrita biográfica, como prática discursiva nas averiguações acerca de condicionamentos entre ações individuais e ordens sociais, emergiu com força no debate acadêmico nos últimos 30 anos, em diversos espaços institucionais, em especial nos campos das ciências sociais e humanas. Sob a chave da renovação ou do retorno do biográfico, ou sob a designação do nascimento de uma nova biografia, tal gênero, para alguns, ou metodologia, para outros, teria sua posição reservada entre as formas de escrita da história ou de materialização de saberes sociológicos, antropológicos, não perdendo de vista também produções da teoria e da história literária.

De forma protocolada ou não, no caso das produções acadêmicas brasileiras, assiste-se à proliferação de trabalhos que se pautam no que alguns chamam de aposta na biografia, nos termos da proposta de eleger um protagonista como foco de análise, ou de investigar um grupo específico, valendo-se do instrumental prosopográfico, além das reflexões que, em alguma medida, realizariam uma espécie de teoria do biográfico.[13]

Sem entrar em indagações sobre as circunstâncias específicas dessa transformação, ela nos serve para o questionamento de uma ideia um pouco mais antiga, e que parece ainda sustentá-la: a da biografia como enunciado imbricado, em seus usos e possibilidades de significação, com a própria escrita da história, em relevo, as histórias de coletividades tomadas como nações. Na escavação que empreendemos, cumpre situar as ideias em suas ambiências e, no caso de que aqui nos ocupamos, elas nos remetem ao momento em que algumas concepções, como essa que agrega biografia/história/nação, se espraiaram sob os ventos do romantismo.

É comum associarem-se as práticas de criação dos pertencimentos nacionais aos valores do movimento romântico, tanto nas sociedades europeias como em regiões americanas. Sem menosprezar essa associação e buscando em certa medida problematizá-la, nossa perspectiva de análise procurará entender o romantismo para além do seu lugar de manancial de referências sobre a nação.

Em cada uma das sociedades em que o romantismo veio a se manifestar como movimento estético, filosófico e cultural, suas significações foram múltiplas e profundamente impregnadas por especificidades regionais. Daí, como decorrência, a pluralização — romantismos — e a procura de caracterizá-la com os cuidados de precisar as variações semânticas que o adjetivo romântico adquiriu nas diversas línguas, com direito a periodizações particulares para as gerações de autores de cada país. Instaurou-se, então, como possibilidade de análise, no campo da teoria e da historiografia sobre romantismo, abordagens focadas no uso dos recortes geopolíticos nacionais. Assim, fala-se nos casos alemão, inglês, francês, italiano, português, brasileiro e tantos outros.

Um primeiro deslocamento que julgamos necessário refere-se à própria história dos conceitos de nação e romantismo. A íntima relação entre eles nos parece o resultado de concepções elaboradas em complexos processos de enunciação e sedimentação de discursos. Tais conceitos, nas significações que ainda hoje afetam as sociedades ocidentais, remontam à modernidade instaurada, *grosso modo*, entre meados do século XVIII e meados do século XIX. No curso dessa temporalidade, os que se quiseram românticos definiram uma atitude e uma visão de mundo a partir das quais procuraram caracterizar o novo frente ao que foi interpretado como tradição.

Na remissão e na oposição a ordens instituídas e vigentes, a atitude romântica, na temporalidade mencionada, se quis moderna, ampliando, consideravelmente os sentidos que essa condição poderia encerrar. Entende-se, nesses termos, a extensão e a variedade de posturas, propostas e questionamentos que a atitude romântica passou a designar. A sua maneira, tal atitude, pressupunha, em diversos campos da ação humana, outra equação para os usos e sentidos da liberdade, da imaginação, da racionalidade, e para as próprias formas de conhecer e de se relacionar com o mundo e a natureza por parte dos sujeitos humanos.[14] Para Paolo d'Angelo, o romantismo foi fenômeno que modificou radicalmente toda a cultura europeia. Em suas palavras,

> no campo filosófico não houve apenas uma estética romântica, mas também uma filosofia da história, uma filosofia da natureza, uma ética e uma filosofia da religião (...) que penetraram profundamente nas disciplinas históricas nascentes.[15]

Elias Thomé Saliba analisa tais ambiências ao diagnosticar a instabilidade que passou a afetar sociedades europeias, em maior ou menor grau, a partir das repercussões da Revolução Francesa e da Revolução Industrial inglesa. Para letrados, artistas, filósofos e dirigentes políticos a compreensão de certas modificações abruptas tornou-se o alimento de tantas utopias. Como esclarece Thomé Saliba, a síndrome do "nenhum lugar", sentido original da palavra utopia, assumiu funções de remédio possível frente à percepção de que "tudo que era deixou de ser, tudo o que será não é ainda", nas palavras de Alfred de Musset.[16] O autor francês, entre os que assumiram para si a identidade de românticos, traduzia, no fragmento, uma associação forte, qual seja, entre o ser e o tempo, na remissão que parecia querer fazer desse *topos* uma convenção, espaço retórico, referência possível.

Nas formulações dos que partilharam a atitude romântica, as utopias tornaram-se a tematização do lugar de cada um, como indivíduo, e de todos, como sociedade e/ou comunidade, na ordem cultural que viesse a ser construída. Nesses termos, a nação, como lugar, espaço modificado pelas relações entre sujeitos diversos, passava a figurar entre as muitas utopias da história — experiência humana no mundo — e do tempo — durações dessas experiências —, que os romantismos fizeram existir.

Entenda-se, com isso, ênfase que ao par romantismo/nação acrescenta história/utopia. A incerteza e a imprevisibilidade de circunstâncias como as que caracterizaram a passagem do século XVIII para o XIX, na Europa e na América, aguçaram paradoxalmente o próprio valor da história como conhecimento passível de dar sentido ao que já deixara de ser — o passado — e àquilo que pudesse vir a ser — o futuro. Na ânsia de compreender e de intervir no seu tempo presente, atores diversos construíram a percepção de que ele se estabelecia como a fronteira móvel entre *espaços de experiências* e *horizontes de expectativas*.[17]

Como argumenta François Hartog, assistiu-se à "temporalização da história", à emergência de um novo "regime de historicidade", em que as categorias "passado", "presente" e "futuro" vieram a ser articuladas a partir da noção de processo e da ênfase no caráter único e irrepetível do que viesse a ser considerado fato histórico.[18]

Poderíamos dizer que a atitude e a visão de mundo românticas se quiseram uma espécie de consciência crítica, em alguns casos, atormentada, das transformações em curso.[19] Compreende-se assim, em alguma medida, o diálogo, às vezes tenso, entre as formulações associadas à ilustração e à filosofia iluminista e aquelas características dos romantismos. Nesse aspecto, o valor e os sentidos da história, como experiência e conhecimento, tão fulcral para os propositores da *Enciclopédia*,[20] não só foram reificados pelos românticos como subvertidos e amplificados.

Tal diálogo, e muitos de seus antagonismos e complementaridades, materializaram-se em outros *topoi*, provavelmente os que mais tenham contribuído para figurar a especificidade daquela consciência crítica. Antigo/moderno, ingênuo/sentimental, clássico/romântico, imitação/criação; razão/imaginação, civilização/cultura, universal/local-nacional, em modulações variadas, nas tematizações sobre arte, literatura, retórica, filosofia, política, direito, religião, ciência, acabaram por designar posições distintas nas maneiras de ver e interpretar a condição humana e tudo o que interferisse em sua ação no mundo.

As palavras de Herder, pensador e protagonista da consciência crítica em questão, expressam parcialmente o que o uso discursivo dos antagonismos mencionados poderia vir a propor e a significar:

> Como é difícil expressar a qualidade de um ser humano individual, e como é impossível dizer exatamente o que diferencia um indivíduo de outro, sua forma de sentir e viver; quão diferente e individual tudo se torna quando é visto pelos olhos, compreendido pela alma e sentido pelo coração. Quanta profundidade existe no caráter de um só povo que, independentemente das vezes que seja observado, mesmo assim, escapa a palavra que procura descrevê-lo e ainda com essa palavra para compreendê-lo, raramente é reconhecível ao ponto de ser universalmente compreendido e sentido. Se isto é assim, o que será que acontece quando alguém procura dominar um oceano completo de povos, épocas e culturas, com um só golpe de vista, um sentimento, mediante uma só palavra! Palavras, pálido jogo de sombras! Um quadro completo e dinâmico de formas de vida, hábitos, desejos e características do céu e da terra, deve ser acrescentado ou proporcionado de antemão; se queremos sentir um só dos seus atos ou inclinações, ou todos eles juntos, devemos começar por sentir simpatia pela nação.[21]

O que Herder sugere, menos do que a nação-contrato, concepção e projeto derivados de apropriações do pensamento liberal e do constitucionalismo, e que consubstanciou, no desenho de ordens políticas contemporâneas, a emergência da nação moderna,[22] mesmo que em diálogo com ela, é a nação tomada como meio e fundamento para outras formas de conhecer o característico, enquanto individual e específico, de povos, épocas e culturas. Como substrato maior para a promoção dessa forma de conhecer, acrescentaríamos a história, naquilo que esse saber consolidasse os valores acima decantados para a nação.

Na reflexão sobre as letras e artes, no campo da estética, da poética e da retórica, campos seminais para a emergência da atitude e da visão romântica, em muitas das sociedades europeias, com destaque para os povos do norte — alemães e ingleses, entre outros —, na classificação proposta por Mme de Staël,[23] as referências à história particular de cada povo, somadas a condicionamentos locais, entre eles o clima e os elementos constitutivos do mundo natural, assumiam centralidade nas estratégias explicativas sobre o caráter particular, único e autêntico das produções letradas.

A mesma estratégia, ao fim, sedimentava, a perspectiva complementar de pôr em xeque as regras e os critérios universais que se queriam aplicáveis para todo e quaisquer povos e sociedades, e, nessa acepção, os fundamentos dos padrões clássicos e neoclássicos no estabelecimento de hierarquias sobre o belo e o gosto — que, aliás, passaram, na demolidora crítica romântica, a ser interpretados como a convenção oriunda do local. Para Novalis, "tudo o que é nacional, temporal, local, individual pode-se universalizar e conseqüentemente consagrar e generalizar. Cristo é um camponês enobrecido desta maneira".[24]

O que parece estar em jogo é um embate discursivo que, segundo João Adolfo Hansen, deslocou certas formas de conceber e de conhecer. No curso do século XIX, tais embates viabilizaram a emergência de uma "nova retórica", produto das indagações românticas, e da própria significação da literatura em dimensões que não só a particularizaram frente às "belas letras", como, em alguns casos, fizeram da história a possibilidade de enunciar tal particularidade.[25] No que alguns autores qualificaram como a "revolução romântica", a teoria da arte passaria a ser sua história, de onde deveriam nascer os juízos e sua própria relativização, nos termos, segundo Novalis, de perceber que "cada poesia tem as suas relações com as várias espécies de leitores e com as múltiplas circunstâncias. Tem o seu próprio ambiente, o seu mundo, o seu Deus".[26]

A associação entre poesia, leitores e circunstâncias era tanto a medida de uma consciência como de um desejo de história, nos termos tão bem caracterizados por Stephen Bann. Para além da proposição que tantos letrados e artistas mobilizou, entre protagonistas românticos e seus diletos críticos, cabe não perder de vista algo igualmente destacado pelo autor mencionado, a saber: o alcance e circulação de tais formulações em espaços de difusão crescente da palavra impressa, a sensibilizar leitores e ouvintes em proporções até então inéditas.[27]

Por fim, no que nos interessa analisar, caberia uma última consideração, qual seja, a das relações da biografia com as formas de conceber o valor da história e da nação, segundo as visões e atitudes românticas. Entre as tantas grafias que pareceram inundar as sociedades europeias e americanas, entre meados do século XVIII e meados do século XIX, atendo-nos apenas ao recorte já eleito, as que tratavam das trajetórias de sujeitos individuais adquiriram projeção, vindo assumir, no curso do século XIX, em dicionários de línguas nacionais, a classificação de gênero, leia-se, nesse caso, uma narrativa com forma e função específicas.[28]

Esse status para o gênero biográfico não se estabeleceu sem contradições. A escrita de histórias de vida, no ocidente europeu, entre os séculos XV e XVIII, fazia parte de um quadro de produções discursivas, dentre as quais se destacavam personagens como reis e nobres, além da enorme relevância das hagiografias, entre as estratégias catequistas e saberes teológicos veiculados pela Igreja de Roma e por suas ordens religiosas. Tanto assim o era que *Vidas paralelas*, de Plutarco, além de textos de outros autores gregos e romanos, foi obra tomada como referência, em especial quando o sujeito a ter sua vida transformada em texto atendia às intenções de exemplificar uma conduta e um conjunto de valores éticos e políticos.

Lida por Maquiavel, Montaigne e por Rousseau, *Vidas paralelas*, de Plutarco, tornou-se, nas apropriações variadas realizadas por esses pensadores, um manancial de referências para a ação humana no mundo, a complementar e deslocar, pela ênfase no cunho particular e individualizador, os aprendizados que a história, como conhecimento, e como mestra da vida, poderia vir a fornecer.[29] Como destaca Pedro Paulo Funari, a preocupação central de Plutarco não era a "descrição acurada dos acontecimentos", nos termos de uma escrita da história baseada em Tucídides, mas sim "ilustrar o caráter", ou *éthos*, de um personagem.[30] Assim, nesses termos, na narrativa plutarquiana sobressairia outra forma de contar histórias, em que se desenhava a virtude moral daqueles que, apenas por esse meio, poderiam vir a ser considerados grandes homens.

Havia, nesse sentido, uma tradição a informar a escrita biográfica no momento em que os ventos românticos passaram a soprar com mais força. Os mesmos, todavia, não a viraram de cabeça para baixo, como talvez tenham atuado em outros campos, com destaque para a poesia, as artes figurativas como a pintura, o teatro, e a escrita em prosa, na forma posteriormente chamada de ficção, por excelência, o romance.

A despeito do que poderia ser visto como certa marginalidade do biográfico entre enunciados e produções textuais afetados e valorizados pelas indagações românticas, ele se tornou importante naquilo que pudesse contribuir para a caracterização de singularidades e especificidades da cultura de povos e sociedades. No movimento de conhecer e caracterizar via o local, individual, nacional, o biográfico passava a ter lugar entre saberes cujo fundo era a história.

Na relação entre o biográfico e as possibilidades de figuração de sujeitos individuais, no que possuíssem de característico e único, edificou-se o valor de uso da biografia e de narrativas afins, em especial a que veio a ser denominado autobiografia, e todas as que possuíssem tom confessional — memórias, cartas pessoais, diários —, tão ao gosto das revelações íntimas e imperscrutáveis a olhares generalizantes.

Entenda-se que nesse uso e qualificação do biográfico as experimentações derivadas da emergência do romance, no curso do século XVIII, sobretudo as produções em língua inglesa — textos de Daniel Defoe, Henry Fielding, Samuel Richardson —, e toda uma atividade crítica que problematizou o que se queria como moderno no texto em prosa, interferiram na natureza e na projeção de narrativas que pudessem figurar e representar histórias de vida.[31] Em certa medida, as apropriações de Rousseau de *Vidas paralelas* de Plutarco, podem ser mais bem compreendidas no quadro dessas ambiências. Para o autor de *A nova Heloísa*,

> Preferi a leitura das vidas particulares para começar o estudo do coração humano, porque então por mais que o homem se esconda, o historiador o perseguirá por toda a parte não lhe dando quartel, não lhe permitindo nenhum esconderijo onde possa livrar-se do expectador.[32]

A categoria indivíduo, como sujeito, tornava-se um universo a ser explorado. Nessa empreitada, tão cara para as investigações românticas, o romance, a história, a biografia poderiam guardar traços de uma comunhão como formas de conhecer e sensibilizar expectadores, leitores, autores. Nas palavras de Friedrick Schlegel:

> Muitos dos melhores romances são um resumo, uma enciclopédia de toda a vida espiritual de um indivíduo genial; obras que tenham esse caráter, ainda que a sua forma seja outra (...) ganham um colorido de romance.[33]

A esse aspecto valorativo das narrativas sobre vidas individuais, acrescentaríamos outro, cujo uso, nos exercícios de uma crítica literária em choque contra os valores clássicos, analisava obras e suas características por meio da escansão da subjetividade do autor. A equação autor/obra, em termos de avaliação estética, era substancialmente alterada. Os juízos sobre a última, na perspectiva clássica, presos às regras de diagnóstico do belo, cediam lugar à emergência da "função autor",[34] tão cara, nas formulações românticas, ao conceito de gênio.[35]

Nas análises de Maria Helena Werneck, em diálogo com Jean-Claude Bonnet e Daniel Madélenat, essa escansão da subjetividade autoral adquiriu metodologia exemplar nas relações de alguns escritores com seus respectivos secretários, em destaque, Goethe e Eckerman e Samuel Johnson e James Boswell. Este último foi o responsável por *Vida de Johnson*, de 1791, biografia de mais de mil páginas, definindo uma espécie de modelo em que se apresentava não somente uma história da trajetória de Johnson no mundo, mas uma visão de seu espírito através de suas cartas e conversas.[36]

Complementar a essa atitude, assistiu-se à proliferação de estudos e reflexões centrados na averiguação das condições históricas de surgimento das obras em questão, em desenho argumentativo que fazia da crítica a história de autores e obras. Nesses casos, particularmente, a biografia do autor era às vezes o passaporte para compreender a relevância e a natureza de sua produção. Nesses usos do biográfico, em muito comprometidos com a figuração do autor como gênio, projetou-se a categoria "homens de letras", a conformar, aliás, uma significação moderna para a literatura em suas articulações com o *topos* da nação.

Tensões e ambiguidades à parte, a escrita biográfica conheceu notória expansão na modernidade da qual nos ocupamos, diversificou-se em seus usos e, em determinados casos, passou, tanto quanto a história e a literatura, a contribuir para a fundação simbólica de individualidades nacionais. A verificação mais cuidadosa dessas relações, se quisermos ser coerentes com a atitude e a visão romântica, demanda a escolha de um local. Passemos, então, ao império do Brasil.

O IMPÉRIO COMO UTOPIA, A LITERATURA COMO QUESTÃO HISTÓRICA

Muitos foram os protagonistas da ação de fundar e construir significados para o império do Brasil. A própria ideia de império já pressupunha uma escolha, diga-se de antemão, em nada tranquila. Melhor seria, se quisermos frisar um caminho de interpretação historiográfica, entender a emergência de tal ideia como resultado de embates e conflitos entre projetos políticos distintos naquilo que se referia à edificação do Estado e da ordem institucional e administrativa que esse deveria corporificar, ao romper com as cortes de Lisboa.

Tal formulação, se remetia fortemente às heranças de um passado ainda presente, qual seja, o de parte constitutiva do império ultramarino do reino de Portugal, no desenho que esse assumiu no curso do século XVIII, aquilo que então se instaurara sob a designação império do Brasil representou, para alguns, a realização de algo novo, no sentido de viabilizar a união entre suas partes constitutivas, a saber, as diversas províncias.

Como governar em prol dessa ligação? A pergunta, nem sempre formulada dessa forma, tornou-se a questão a assombrar seus diversos protagonistas. Monarquistas federalistas, monarquistas unitaristas, republicanos, ou, para sermos mais próximos dos nomes que batizaram suas identidades políticas tão plurais, moderados, exaltados, corcundas, progressistas, regressistas, restauradores, liberais, conservadores, luzias, saquaremas, enfrentaram-se, alternadamente, ao longo das décadas de 1820 a 1850. Ao fim, como circunstância, edificou-se o império, sob a premissa da unidade política e administrativa e da integridade territorial, tão caras aos adeptos do liberalismo de viés conservador, destacando-se, entre esses, os saquaremas e todos os que com eles negociaram e conciliaram. Nessa perspectiva, podemos compreender o império do Brasil como utopia de nação.

A esse conjunto de experiências políticas associadas à construção e consolidação do Estado imperial nas terras do Brasil, aqui apenas mencionadas em linhas bastante gerais, somaram-se, em estreita relação, tantas outras cujos objetivos vincularam-se à constituição da autonomia cultural da jovem entidade então instaurada. Na síntese interpretativa de Ilmar Rohloff de Mattos, a constituição da nação, no desenho do império do Brasil, se fez, uma vez construído o Estado independente, sob a forma de expansão diferente: "uma expansão para dentro", materializada, em meio a demais estratégias, "na elaboração de uma língua, uma literatura e uma história nacionais, entre outros elementos."[37]

Nesse aspecto, a premissa da autonomia cultural, tão decantada como resultado maior do compromisso firmado por letrados e artistas, estabeleceu-se em um conjunto de iniciativas variadas: da publicação de revistas e textos programáticos à criação de sociedades, institutos e estabelecimentos de ensino. A tônica era contribuir para a elaboração e circulação de autorreferências que fizessem significar o império do Brasil como nome próprio, singular, específico, alteridade que se firmava como independente do império ultramarino do reino de Portugal.

No que se refere à palavra impressa, assistiu-se, após a instalação da corte portuguesa no Rio de Janeiro, em 1808, e a criação da Imprensa Régia, ao paulatino surgimento de periódicos. A proliferação maior desses materiais foi estabelecida a partir da Revolução do Porto, em 1820. A liberdade de imprensa então decretada, ao lado dos conflitos e dos debates sobre os acontecimentos que tanto afetaram os governos dos reinos de Portugal e Brasil, culminando na primeira declaração de independência, no segundo semestre de 1822, ultimaram a expansão de jornais e panfletos.[38]

Se a ênfase de muitos foi centrada em questões políticas, estas não deixaram de resvalar para crescente tematização das belas-letras e das belas-artes e de tudo o que ao fim interferisse, em alguma medida, no reconhecimento da soberania do jovem império do Brasil. Precariedades à parte, fizeram circular, mesmo que entre o diminuto grupo de letrados, em letra de fôrma, o que ao fim poderia simbolizar os esforços de dar forma à nação imaginada.

José Aderaldo Castello nomeia algumas dessas publicações. Ao fazê-lo, destaca as que teriam surgido durante o período joanino (1808-1821). Entre elas, menciona *As Variedades ou Ensaios de Literatura*, lançado na Bahia, em 1812, por Diogo Soares da Silva de Bivar. Valoriza o *Correio Brasiliense*, sob a direção de Hipólito José da Costa Furtado de Mendonça, editado em Londres, entre 1808 e 1822, em especial pelas notícias sobre movimentos científicos e literários da Europa e da América. Indica também *O Patriota*, jornal literário, político, mercantil etc., criado no Rio de Janeiro por Manuel Ferreira Araújo Guimarães, circulando nos anos de 1813 e 1814. Neste último, seria verificada a premissa de divulgar a cultura do Brasil da época em seções que englobavam de literatura e história a topografia e botânica.[39]

Cumpre lembrar a especificidade de 1815 e 1816, momento que assinala o fim das guerras napoleônicas na Europa, a realização do Congresso de Viena, a política restauradora na França e, no caso das terras do Brasil, a elevação à categoria de reino e, em especial, a vinda da missão artística francesa, trazendo, entre outros, Jean-Baptiste Debret e Nicolas-Antoine Taunay. Importa destacar a chegada crescente de estrangeiros, produtores de tantos registros e imagens sobre as terras e gentes do Brasil, em um movimento simbólico de abertura dos portos, potencializado, pela missão francesa, e, como nos interessa analisar, pelo valor imputado a tais registros e imagens por parte de letrados que assumiram a missão e o compromisso de construir a autonomia cultural do jovem império do Brasil.

Caso exemplar, como nos ensina Maria Helena Rouanet,[40] foi o de Ferdinand Denis, já mencionado na qualidade de mentor de Gonçalves Dias quanto à produção de sua autobiografia. Encantado pelo mundo americano, em particular, pelo Brasil, no qual residiu entre 1816 e 1819, o autor francês tornou-se uma espécie de ícone na galeria dos nomes reverenciados entre os que muito fizeram para singularizar o jovem império. Seu *Resumo da história literária do Brasil*, de 1826, texto que acompanhava, em única publicação, seu *Resumo da história literária de Portugal*, inaugurou, entre apropriações e citações variadas, uma linhagem de ideias em muito abraçadas pelos que demonstraram "simpatia pela nação", nos termos da visão romântica.

Escrito em francês, e assim lido pelos que dele se valeram para frisar determinadas versões, tornou-se, em certa enunciação, texto programático. Isso, porque, entre outras ideias, Ferdinand Denis ponderou que:

> O Brasil, que sentiu a necessidade de adotar instituições diferentes das que lhe havia imposto a Europa, o Brasil experimenta já a necessidade de ir beber inspirações poéticas a uma fonte que verdadeiramente lhe pertença; e, na sua glória nascente, cedo nos dará as obras-primas desse primeiro entusiasmo que atesta a juventude de um povo. Se essa parte da América adotou uma língua que a nossa velha Europa aperfeiçoara, deve rejeitar as idéias mitológicas devidas às fábulas da Grécia (...). A América, estuante de juventude, deve ter pensamentos novos e enérgicos como ela mesma (...). Nessas belas paragens tão favorecidas pela natureza, o pensamento deve alargar-se como o espetáculo que se lhe oferece; majestoso, graças às obras-primas do passado, tal pensamento deve permanecer independente, não procurando outro guia que a observação. Enfim, a América deve ser livre tanto na sua poesia como no seu governo. (...) Quer descenda do europeu, quer esteja ligado ao negro, ou ao primitivo habitante da América, o brasileiro tem disposições naturais para receber impressões profundas (...); afigura-se que o gênio particular de tantas raças diversas nele se patenteia: sucessivamente arrebatado, como o africano; cavalheiresco, como o guerreiro das margens do Tejo; sonhador, como o americano, quer percorra as florestas primitivas, quer cultive as terras mais férteis do mundo, quer apascente seus rebanhos nas vastas pastagens, é poeta.[41]

Nas figurações da liberdade propostas por Denis, a do governo, condição para a independência e soberania políticas, seria complementada pela referente à poesia, entendamos, por uma capacidade de criação fundadora do caráter autêntico e original do próprio brasileiro, que por "disposições naturais", fosse pelas "belas paragens da natureza", fosse pela constituição híbrida do "gênio particular de tantas raças", seria poeta.

O próprio Denis, em exercício tomado como referencial pelos que lhe seguiram ideias e passos, cuidou, nesse texto, de propor uma espécie de esboço da história da produção literária, leia-se, do mundo das letras, de autores comprometidos já, em épocas anteriores à independência, com essa tematização poética das terras e gentes do Brasil. Registrava assim uma imagem e um sentido para o passado do que deveriam ser as futuras letras nacionais.

Assim, feito o que intitulou "considerações gerais sobre o caráter que a poesia deveria assumir no Novo Mundo", estabeleceu "visões sumárias" sobre alguns poetas dos séculos XVII e XVIII. Em tópicos à parte, destacou menções e análises sobre José de Santa Rita Durão e seu poema "Caramuru", Basílio da Gama e seu "O Uraguai", Tomás Antônio Gonzaga e Cláudio Manuel da Costa, entre outros. Para esses aqui citados, Denis reservou cuidados de mesclar suas análises acerca do valor de suas produções poéticas a fragmentos e citações retirados de seus poemas, a querer relevar, sobretudo, as figurações da natureza e do povo que tanto expressavam a cor local.

Há nas ponderações de Denis ênfase subliminar que orienta seu esforço de síntese, a saber: a individuação dos sujeitos autorais na medida em que essa caracterizava a obra e, por correlação, valores da identidade do ser brasileiro. Entre a terra e seus habitantes, a natureza, tão pródiga quanto tropical, e os que nela vivem e viveram, com destaque para os elementos autóctones, um conjunto de ambiências e circunstâncias em tudo conspirou para fazer existir algo original. Se isso já poderia ser percebido e documentado por meio da poesia, para Denis muito ainda estaria por vir, nos mais diversos campos em que a criatividade fizesse par com a originalidade. Nesses termos, vaticinava:

> Ainda que o Brasil, até agora, não haja dado compositores célebres à América, penso que é, talvez, de todos os países do Novo Mundo, o que está destinado a produzi-los em maior número. A música é cultivada em todas as situações, ou antes, faz parte da existência do povo, que torna agradáveis, cantando, os seus lazeres, e chega a esquecer as preocupações inerentes ao trabalho pesado, todas as vezes que ouve ligeiros acordes de guitarra e de bandolim. (...) Encontram-se freqüentemente grupos numerosos de jovens que combinam os sons dos bandolins com os da flauta; (...) e essas canções simples, tão docemente recitadas, vos enchem de melancolia, sobretudo durante uma linda noite tropical.[42]

Em tempos em que tantos outros queriam ver e constituir o que viesse a individualizar o império do Brasil como Estado, povo e nação, entende-se, em parte, alguns dos motivos que interferiram na significativa circulação e apropriação das ideias de Denis. Em movimento complementar, Denis, junto a outros, enunciou e anunciou o Brasil e os brasileiros, compondo algumas das versões que, em alguma medida, ficaram na qualidade de referências fundantes de uma identidade.

Como já argumentamos, vale frisar, nesse aspecto, o quanto a possibilidade de criação, circulação e enraizamento de certas versões sobre a identidade do brasileiro dependeram, na época em questão, da palavra impressa. Se, como identificamos, no debate sobre a organização política e administrativa do Estado, as posições e projetos foram bastante diversificados, mesmo entre os que pugnavam pela defesa de princípios liberais; na cultura letrada, as polaridades se manifestaram igualmente múltiplas, no que se referiu, entre outras controvérsias, a proximidades maiores com as perspectivas românticas.

Na apreensão de José Aderaldo Castello, a década de 1830 representaria uma espécie de divisor de águas no campo das publicações periódicas tematizadoras das letras, ciências e artes brasileiras. Realça, naquele momento específico, o surgimento da *Revista da Sociedade Filomática*, em 1833, editada pela associação de mesmo nome, vinculada a professores e estudantes da Faculdade de Direito de São Paulo. Enumera, a partir dessa iniciativa, tantas outras, surgidas ao longo das décadas de 1830 e 1870, reunindo muitos dos que tiveram naquele estabelecimento forte núcleo de sociabilidades, amizades e, acrescentaríamos, polêmicas.

No número inicial da revista da *Filomática*, em junho de 1833, o texto de apresentação era, ao mesmo tempo, expressão das escolhas e ambiguidades das propostas de seus signatários. Ao informar que a publicação teria duas divisões, uma destinada à literatura e outra às ciências, explicitava que "em Literatura nossos princípios serão os da razão, e do bom gosto, combinados com o espírito, e necessidades do século: tão longe do Romantismo frenético como da servil imitação dos antigos".[43]

Nesse caso específico, a busca de "modificações justas e adequadas nas antigas conveniências" dava o tom de uma proposta pouco arrojada quanto a certas proposições românticas. Se as mesmas já haviam, em solo europeu, abalado os valores clássicos sobre o belo e o bom gosto, em solo americano, sua recepção foi pontuada por ambiguidades, todas em nome da liberdade de criação autoral ou de usos adequados às necessidades locais, o que, pela própria plasticidade de princípios da visão romântica, acabavam por favorecer apropriações tão particulares.

Tornou-se recorrente, no caso específico do império do Brasil, no campo da história da literatura, eleger o surgimento de uma revista como ponto de inflexão quanto à projeção maior da atitude e da visão romântica entre autores brasileiros. A *Niterói — Revista Brasiliense de Ciências, Letras e Artes,* lançada em 1836, em Paris, por um grupo de jovens, parte deles egressas da Academia de Medicina do Rio de Janeiro, como no caso de Domingos José Gonçalves de Magalhães e Francisco de Sales Torres Homem, apoiados por outros, dentre os quais se destacou Manuel José de Araújo Porto Alegre, veio a ser uma espécie de emblema do que José Aderaldo Castello denomina "influxo renovador do romantismo europeu".[44]

Do número inicial de *Niterói,* um texto merece destaque, seja por se relacionar à projeção do nome Gonçalves de Magalhães, na qualidade de fundador de uma nova sensibilidade poética, corporificada em *Suspiros poéticos e saudades,* de 1836, seja, em especial, pelo projeto que nele se encerrava de uma literatura brasileira moderna. Falamos do artigo intitulado Discurso sobre a história da literatura do Brasil.[45]

A dialogar, entre outros, com Ferdinand Denis, Magalhães realizava seus diagnósticos cruzando o que a literatura do Brasil havia sido, em tempos coloniais, com aquilo que, acima de tudo, ela deveria passar a ser. Desenhava, então, a partir de uma maneira de conceber o passado da literatura, um sentido para ela, em tudo dependente da ação presente dos que com ele partilhassem o mesmo "horizonte de expectativas", para aplicar aqui as mencionadas considerações de Reinhardt Koselleck.

Para José Aderaldo Castello, a iniciativa inaugurada em Paris, seguiu viagem para as terras do Brasil. Adquiriu novos adeptos e colaboradores, desdobrando-se no surgimento de dois outros periódicos: a *Minerva Brasiliense. Jornal de Ciências, Letras e Artes,* publicada, entre 1843 e 1845 por uma "Associação de Literatos", entre os quais figurava Torres Homem e Santiago Nunes Ribeiro, e a *Guanabara,* igualmente redigida por uma "Associação de Literatos", e dirigida por Manuel de Araújo Porto Alegre, Antônio Gonçalves Dias e Joaquim Manuel de Macedo, editada entre 1849 e 1855.[46]

Nos quadros de uma proliferação de textos sobre a literatura no e do Brasil, cabe ainda referenciar mais um deles. Em artigo intitulado Da nacionalidade da Literatura Brasileira, publicado na *Minerva Brasiliense,* em novembro de 1843, Santiago Nunes Ribeiro, apresentava reflexão que, em nosso entendimento, buscava firmar uma identidade de valores intelectuais.

O endosso para a mesma se sustentava no diálogo com autores europeus, transmutados em passaporte e legitimação que alçava algumas das proposições românticas à qualidade de projeto e ação no campo da cultura letrada. A questão aparentemente simples proposta por Nunes Ribeiro — "O Brasil tem uma literatura própria e nacional, ou as produções dos autores brasileiros pertencem à literatura portuguesa(...)?" —, denotava, para além da dúvida, um objetivo a ser alcançado, a nortear esforços, batalhas discursivas em prol de criar o valor do "gênio brasileiro", autêntico, autônomo, na expressão de sua nacionalidade e de sua história.[47]

Na arquitetura dos argumentos de Nunes Ribeiro, breve citação de *Hamlet*, de Shakespeare, parecia querer guiar leitores sob a máxima de que os poetas realizavam a crônica do tempo. A isso acrescentava a história como aquilo que permitia apresentar o "caráter específico, a fisionomia própria e demonstrativa da idéia" que regeria cada época. Ao apresentar a questão central de seu artigo, recorreu a Friedrick Schlegel, para quem a "literatura seria a voz da inteligência humana, o complexo dos símbolos que representam o espírito de uma idade, ou o caráter de uma nação."[48]

Se, dessa forma, explicitava critérios sobre aquilo que pretendia demonstrar, somava a esses o uso da contenda e assim delimitava seu lugar de fala. Para o articulista, em determinadas épocas, e talvez nisso percebesse os impasses do seu tempo presente, haveria, na literatura, a manifestação simultânea de princípios tradicionais e de princípios novos, por vezes harmonizando-se, por vezes guerreando. Nomeia, entre os adeptos de posicionamentos lidos como "tradição", dois interlocutores: o general José Inácio de Abreu e Lima e o doutor Gama e Castro.

Quanto a este último, as objeções de Nunes Ribeiro pautavam-se na discordância relativa à perspectiva de que "os produtos intelectuais do gênio brasileiro pertenciam à pátria de Camões",[49] em alusão às análises de Gama e Castro, publicadas em artigo no *Jornal do Commercio*. Para Nunes Ribeiro, o fato de a literatura no Brasil e em Portugal valer-se da mesma língua não permitiria unificá-las, o que, assim, entendido, negava qualquer autonomia ou referencialidade específica para a literatura do Brasil.

Quanto ao general Abreu e Lima e a seu *Bosquejo histórico, político e literário*, editado em 1835, o foco das críticas de Nunes Ribeiro se deslocava da questão da língua para a discussão do conceito de literatura. Entre uma e outra provocação, afirmava, contudo, que muito sentia em combater o autor da "nova história do Brasil".[50]

Na interpretação de Nunes Ribeiro, Abreu e Lima esposava a ideia de que a rejeição da literatura portuguesa levaria os brasileiros a "uma condição quase selvagem". Ao atacar tal juízo "estranhíssimo", Santiago Nunes Ribeiro o associava ao engano sobre o que deveria ser a natureza e a constituição da "literatura propriamente dita". Identificamos nesse ponto o detalhe significativo. Na batalha discursiva em questão estavam em confronto duas visões de mundo sobre o que era, ou deveria ser a literatura, frisemos, na apreensão do articulista.

Por essa leitura, Abreu e Lima seria adepto de princípios tradicionais, ao ver que:

> (...) o essencial numa literatura consiste na cópia, variedade e originalidade de obras relativas às ciências exatas, experimentais, e positivas; e que a poesia, a eloqüência, a história apenas são acessórios, apêndices de pouca monta.[51]

Em contrapartida, Nunes Ribeiro entendia que:

> (...) a palavra literatura na sua mais lata acepção significa a totalidade dos escritos literários ou científicos (...) Mas daqui se não segue que devamos admitir tal acepção quando se trata da literatura propriamente dita. Ninguém ainda procurou a literatura italiana, inglesa ou francesa nas Memórias da Academia del Cimento (...). Não é de Galileu, Volta e Galvani que se nos fala na história literária (...), mas de Dante, Petrarcha, Ariosto, Machiavelli, Tasso, Shakespeare, Milton e Bossuet, Corneille.[52]

Por meio desse modo de conceber, no qual saía a literatura (acepção mais lata) e entrava a história literária, manifesta em adjetivações nacionais — italiana, inglesa, francesa — pretendia-se diagnosticar uma perspectiva nova, aquela que fundamentava toda argumentação de Nunes Ribeiro, associada aos nomes explicitados de Friedrick Schlegel, Chateaubriand, Mme de Staël, entre outros, inseridos todos na crítica mais liberal e compreensiva, trazida pelos ventos do romantismo. E, valendo-se dos ensinamentos desse, os extremava naquilo que a relação entre história/literatura/nação pudesse contribuir para a elaboração de juízos estéticos:

> Terá razão pretender que as literaturas das outras épocas carecem de beleza neste ou naquele dos seus aspectos, só porque nele não se acha a forma que nos agrada? Não; isto seria voltar aos princípios

acanhados da crítica dos clássicos. Procuremos pois compreender que o gosto é, como Goethe o ensina, a justa apreciação do que deve agradar em tal país ou em tal época, segundo o estado moral dos espíritos. Ora, como conhecer o estado moral sem atender à religião, aos costumes, às instituições civis? Quem quiser estudar a literatura fora de tudo quanto forma ou contribui à existência social de um povo, criará uma espantosa mentira (...)[53]

A par dessas considerações e, frisemos, de uma forma de conceber o valor moderno do que seria a história literária, Nunes Ribeiro se dispunha a analisar particularidades da produção dos que poderiam ser identificados como artífices da literatura nacional, com destaque para a poesia. Finaliza seu texto por meio da proposição de uma periodização, que deveria primar pela caracterização das "evoluções íntimas da literatura", deslocando-as dos fatos tão somente da história política, assim, recomendava:

> Nós entendemos dever dividir a história literária do Brasil em três períodos. O primeiro abrange os tempos decorridos desde o descobrimento do Brasil até o meado do século XVII. Cláudio Manoel da Costa faz a transição desta época para o segundo que termina em 1830. Os padres Caldas e S. Carlos, bem como o Sr. José Bonifácio, formam a transição para este terceiro em que nos achamos.[54]

Cabe acrescentar que o "representante legítimo e natural", nas palavras de Nunes Ribeiro, da terceira época, leia-se, o seu tempo presente, seria o sr. dr. Magalhães. Para além de selar a criação de vínculos estreitos entre o campo do literário e os condicionamentos específicos derivados do recorte nacional, firmando, aliás, uma resposta positiva para a questão que abria e justificava o valor de suas digressões — "O Brasil tem uma literatura própria e nacional(...)?" —, Nunes Ribeiro, ao periodizá-la, demarcava um sentido e, mais, sobrepunha as épocas e suas transições aos nomes que melhor as representariam. Fazia, assim, à sua maneira e na sintonia com alguns de seus contemporâneos, da literatura uma questão histórica, temporalizada e só, nesses termos significada. Identidades singulares de épocas e transições circunscritas, na síntese, pela alusão particularizada ao nome de um autor.

A essa altura de nossas análises, talvez possamos destacar filiações, em muito derivadas dos enfrentamentos da palavra impressa, entre proposições de Ferdinand Denis, de Gonçalves de Magalhães e as de Santiago Nunes Ribeiro. A história literária brasileira estava por ser escrita, fazê-lo era condição e elemento condicionante da própria nacionalidade, no que essa representasse a autonomia, a originalidade e a soberania cultural do império do Brasil, e acrescentaríamos, um lugar de reconhecimento para ele, entre as nações modernas e civilizadas.

Nessa ilação situa-se tanto o império do Brasil como utopia quanto a literatura como questão histórica. Nessas metáforas, o nome do autor, entre tantas formulações das visões e sensibilidades românticas, encontrava seu lugar de fundador de uma referencialidade, qual seja: a parte, na qualidade de indivíduo, que substituiria o todo, a sociedade desejada como nação. Ambos, por vezes, como procuraremos discutir, também construídos pelas figurações do biográfico.

GÊNIOS E HERÓIS DO BRASIL

A partir da década de 1840 proliferaram as publicações, em crescente movimento de afirmação da palavra impressa como campo de registrar e fazer circular, enfim, expandir para dentro, tantas imagens e reflexões sobre as terras e gentes do império do Brasil. Entre algumas das iniciativas diretamente comprometidas com a construção dessa entidade política e cultural, imprescindível situar o Instituto Histórico e Geográfico do Brasil, surgido em 1838, sob os auspícios da Sociedade Auxiliadora da Indústria Nacional, a publicar, com regularidade, sua revista, a partir de 1839. O IHGB tornou-se, por sua produção letrada e pelo núcleo de sociabilidades que enfeixou, um dos principais ícones das estratégias de construção do imaginário nacional do império do Brasil.[55]

Outros espaços — instituições, em alguns casos, diretamente vinculadas às ações do Estado — representaram possíveis lugares de realização do movimento de fazer existir a cultura nacional, como valor e como prática. A título de ilustração, cabe mencionar a Academia Imperial de Belas Artes, o Conservatório Dramático Nacional, a Real Biblioteca e, entre os estabelecimentos de ensino, o Imperial Colégio Pedro II.

Interessante perceber como as histórias dessas instituições e espaços de sociabilidade, nos próprios registros que vieram a ser elaborados, misturaram-se às histórias de vida de seus criadores e membros. Salta aos olhos do leitor contemporâneo, ao percorrer antologias e coletâneas biográficas de alguns daqueles que passaram a ser qualificados como os "nossos" letrados fundadores das letras e artes do Brasil, em tempos imperiais, o quanto as mesmas reificam esse cruzamento entre histórias individuais e história nacional.

No nosso entendimento, em alguma medida, a premissa liberal tão bem sintetizada pelas apreciações de Ernest Renan, para quem "a nação, como o indivíduo", seria "o resultado de um longo passado de esforços, de sacrifícios e de devoções",[56] corresponderia não só ao ponto de vista do historiador francês, proferido em conferência, em 1882, na Sorbonne, como também, a uma forma de conceber a relação indivíduo/sociedade, algo influenciada pelas sensibilidades românticas e pelas tensões da modernidade que as circunscreveram. Como buscamos caracterizar nesse texto, as mesmas, ao tematizarem a liberdade e tantas questões correlatas à ação dos homens no mundo, interferiram diretamente nas equações que buscavam sedimentar as figurações e os sentidos do nacional.

Nesse quadro, a escrita de histórias de vida daqueles que formaram a nação, no império do Brasil, em especial entre as décadas de 1830 e 1870, cresceu em número e em diversidade. Tais apostas no biográfico materializaram o que o mesmo Ernest Renan enalteceu sob a chave do "culto aos ancestrais", entre as estratégias de constituir o "capital social sobre o qual se assentaria a idéia nacional".[57]

Entre algumas das coletâneas então produzidas, publicadas sob a forma de livro, destacaram-se: *Plutarco Brasileiro*, de autoria de João Manuel Pereira da Silva, editado em 1847, relançado, com modificações, em 1858 e 1871, sob o título de *Varões ilustres do Brasil durante os tempos coloniais*;[58] *Galeria de brasileiros ilustres*,[59] organizado por Sebastião Augusto

Sisson, em 1859-1861; *Brasileiras célebres*, de Joaquim Norberto de Sousa Silva, em 1862;[60] o *Ano biográfico brasileiro*, sistematizado por Joaquim Manuel de Macedo, em 1876.[61]

Antonio Cândido ressalta que, independente da publicação sob a forma de livro, muitos foram os letrados que produziram ensaios e esboços crítico-biográficos presentes em periódicos e revistas. Cabe, nesse caso, situar e valorizar o conjunto expressivo de textos que vieram a figurar na seção Biografia dos brasileiros ilustres pelas ciências, letras, armas e virtudes, constante da *Revista do IHGB*, desde seu segundo número, em 1839.[62]

A coletânea assinada por João Manuel Pereira da Silva, na edição de 1847, representou uma das primeiras publicações no gênero da galeria de retratos de homens ilustres, para além do que já era produzido na forma da seção sobre biografias, na *Revista do IHGB*. Como argumentou Antonio Cândido, em *Plutarco brasileiro* predominaram as biografias de personagens que se destacaram no que seria a vida literária, e, a despeito das imprecisões e do uso, sem direito a créditos, de informações colhidas em outros autores, tais perfis biográficos seriam originais pela correlação entre vida e obra e pelas apreciações críticas derivadas de tais associações.[63]

De outra natureza e com fins particulares, foi a coletânea assinada por Sisson. Nela foi concedido maior destaque aos que ocuparam funções e cargos na direção política do Estado. Dado relevante é que essa coletânea não tratou apenas de dignos falecidos, posto que muitos dos biografados foram apresentados como contemporâneos. Essa era, aliás, uma das chaves centrais para os critérios de seleção dos que deveriam figurar naquela galeria de brasileiros ilustres. A marca que mais distingue a coletânea de Sisson é, contudo, a junção entre narrativa e litografia, no simbolismo de "dar a ver", dos que ali vieram a ser representados.[64]

Brasileiras célebres, de Joaquim Norberto de Sousa e Silva, é a coletânea que guarda, para além da especificidade da categoria gênero como critério aglutinador de suas biografias, explícito uso pedagógico quanto à educação das moças. O mesmo, por sua vez, exemplifica, a reflexão sobre os valores do biográfico entre as estratégias de disciplinar e padronizar condutas do "ser brasileiro(a)".[65]

Ano biográfico, de Joaquim Manuel de Macedo, produzido como uma espécie de calendário cívico, em que, para cada dia do ano figurava um eleito, foi elaborado em função da participação do Brasil na Exposição Internacional de Filadélfia, em 1876. Assumiu, assim, entre outras significações, uso particular do biográfico, qual seja: os retratos em papel e letras ali urdidos deveriam compor o mosaico que bem apresentasse os brasileiros perante os outros, em particular, os que também partilhavam, em alguma medida, a identidade de americanos.

Conjunto expressivo de textos biográficos veio a ser composto, como mencionamos, na seção da *Revista do IHGB* intitulada de Biografia dos brasileiros distintos por letras, armas, virtudes etc., que, entre 1839 e 1889, sofreu alterações no seu título e no ritmo de sua periodicidade. Nesse período, cerca de cem textos biográficos, de autoria diversificada, vieram a ser publicados; reunidos como série integraram uma curiosa coleção de retratos em papel e letras, a denotar, por parte dos sócios e colaborados daquela importante instituição, uma aposta nos usos do biográfico entre os alicerces de uma ideia de nação.[66]

Como bem argumenta Temístocles César, no discurso do Cônego Januário da Cunha Barbosa de inauguração dos trabalhos do IHGB, no ano de 1839, explicitou-se projeto biográfico, cujo objetivo era "arrancar ao esquecimento, em que jazem sepultados, os nomes e feitos de tantos ilustres Brasileiros, que honraram a pátria por suas letras e por seus diversos e brilhantes serviços".[67]

De fato, do ano do início da publicação da *Revista do IHGB*, até a década de 1870, cerca de 90 biografias, de extensão e autoria variadas, figuraram nas páginas do periódico, demonstrando valor e lugar dos focalizados nas atuações culturais e letradas do referido instituto. O maior ímpeto, digamos, dessa realização biográfica situou-se nos 11 primeiros anos de atuação desses que se quiseram, sua maneira, construtores do império do Brasil. Registram-se cerca de 68 textos, 25 dos quais, assinados ou por Francisco Adolfo de Varnhagen ou pelo cônego Januário da Cunha Barbosa. Em proporções bem menores, João Manuel Pereira da Silva e Joaquim Norberto de Sousa e Silva também contribuíram.

O que nos parece importante de ser atestado é a relevância e a diversidade de usos, formas e funções da escrita biográfica, que, tanto quanto outras estratégias da "expansão para dentro", era um dos alicerces de fazer significar o império do Brasil. Nas galerias de brasileiros e brasileiras distintos e ilustres, elegeram-se os indivíduos cujas vidas em seus sentidos e realizações deveriam confundir-se com os da própria nação.

Interessante perceber que nessas figurações sobre o indivíduo, na qualidade de autor e de ator comprometido com as realizações da nação, dois conceitos, os de gênio e herói, merecem reflexão e atenção, seja por sua repetição e centralidade, em especial entre narrativas biográficas, seja pelos usos particulares que vieram a ter em tempos de fazer existir e significar uma literatura e uma história nacional.

No caso das narrativas biográficas, a apresentação de histórias de vida de personagens reais, a identidade maior desse gênero de escrita, no Oitocentos, foi instituída por uma série de recursos narrativos, entre eles a aplicação particular de conceitos tomados como sínteses de valores e ideias acerca da ação dos homens no mundo. A fugacidade da condição humana — seres no e do tempo —, forte percepção da modernidade reificada pelas experiências da Revolução Francesa e da Revolução Industrial, foi, em alguma medida, burlada, pela produção de textos materializadores de uma permanência possível, qual seja, o registro dos feitos de uma existência, a produção de sentido para ela, em um jogo de significações no qual os conceitos de gênio e herói imprimiram os juízos qualificadores do conjunto dos atos biografados.

Nessas ambiências, a escrita biográfica, tanto quanto a escrita da história, garantiu a vida de alguns mortos ilustres. Veio a possuir, assim, a função de escritura mortuária,[68] buscando suprir faltas constitutivas e preencher lacunas, elaborando, por meio da performance de gênios e heróis, uma pedagogia da comunidade imaginada como nação. Para além da eleição de quem não deveria ser esquecido, era estabelecida a dimensão do como deveria ser lembrado, e assim fazer da memória de alguns diletos cidadãos elemento constitutivo da própria memória nacional.

O conceito de gênio, pela recorrência e centralidade de sua figuração em textos biográficos, tornou-se uma espécie de palavra-chave. Ao abordá-lo quanto a seus usos sociais e culturais, Raymond Williams verificou que o significado moderno dominante de gênio como "capacidade extraordinária" possui história complexa e interativa tanto nas línguas inglesa e francesa, como na alemã. Atentou, contudo, para o aspecto de que tal significado moderno dominante não apagou de todo o sentido mais antigo, derivado da palavra latina *genius* e relacionado à ideia de espírito guardião. De todo, na circulação que remete a textos do século XVII, gênio assumiu também a conotação de "caráter", nos termos de uma remissão a algo que poderia particularizar um indivíduo, um lugar, uma época e uma sociedade.[69]

Para Raymond Williams, o significado moderno de gênio, no curso do século XVIII, esteve cada vez mais associado ao de duas outras palavras, quais sejam: criatividade e originalidade. Não por mero acaso a obra *Conjecturas sobre a composição original*, de Edward Young, datada de 1759, tornou-se referência para a forte correlação entre gênio, originalidade e poder de criação.

Instaurava-se, assim, a associação fundadora de uma nova filosofia da arte, da natureza e da sociedade,[70] uma das marcas da modernidade compreendida entre a segunda metade do século XVIII e a primeira metade do XIX, no que se referiu ao debate intelectual, caro à ilustração e aos romantismos. Nesse debate, que tanto afetou as formas de conceber o homem e sua subjetividade, como argumentamos na parte inicial desse texto, a dualidade e/ou a complementaridade entre razão e imaginação foi, entre outros temas e princípios, critério norteador da capacidade de cada sujeito individual de estar e atuar no mundo, informando os valores de caracterização de atitudes geniais e/ou heroicas.

Se houve ambiências comuns quanto à formulação dos valores de caracterizações das fisionomias de sujeitos individuais, cabe destacar, no campo diversificado das sensibilidades românticas, e de uma reflexão específica sobre crítica estética, o redimensionamento e a projeção do conceito de gênio, aplicado, por determinados autores, kantianos e pós-kantianos, na acepção de um máximo poder de invenção, critério, nesse sentido, de diferenciação, identificação e hierarquização entre os seres humanos. Nas palavras de Marcio Suzuki, "(...) com os românticos, o gênio será interpretado tanto numa leitura mais Kantiana como 'sistema de talentos', quanto noutra mais fichtiana, como 'plural interior'".[71]

No caso das formulações kantianas, tornadas referenciais para uma nova filosofia da arte, em especial a que veio a ser divulgada pelo grupo de Jena, com destaque para os já citados irmãos Schlegel e para Novalis, o gênio seria aquele que ditaria regras à arte. Segundo palavras de Kant,

> (...) o talento de descobrir chama-se gênio. Mas esse nome só se dá ao artista, àquele que sabe fazer alguma coisa e não se dá ao artista que imita apenas, mas àquele que é capaz de produzir sua obra com originalidade.[72]

Derivou-se dessa perspectiva aquela elaborada por Schopenhauer, que entendia que "(...) enquanto para o homem comum o patrimônio cognoscitivo é a lanterna que ilumina o caminho, para o gênio, ele é o sol que revela o mundo".[73]

A síntese mais esclarecedora pode ser recuperada pelas ponderações de Novalis:

> Quem procura, duvidará. O gênio, porém, diz tão atrevida e seguramente o que vê passar-se dentro de si porque não está embaraçado em sua exposição e, portanto, tampouco a exposição embaraçada [n]ele, mas sua consideração e o considerado parecem consoar livremente, unificar-se livremente em uma obra única.[74]

Entendemos, então, que na formulação de autores românticos o gênio se tornaria o intérprete perfeito de si e do mundo, capaz de expressar tal percepção por meio de obras únicas, que, nessa qualidade, representariam também sua própria ação. Todos os homens poderiam ser gênios, mas apenas alguns de fato o seriam. Nesse aspecto, repousaria o caráter individualizador e diferenciador da genialidade como vontade e potência de criação.

Importante asseverar, como esclarece Paolo d'Angelo, o quanto a concepção do autor como gênio não só constituiu uma categoria central da estética romântica, como igualmente informou profundas alterações nas teorias poéticas, fosse pela crítica demolidora quanto ao princípio da imitação e à passividade do sujeito autoral, fosse pelo valor concedido à autonomia e à produção original e única, expressas, entre outras categorias, no *witz*, tomado tanto como argúcia quanto como engenhosidade.[75]

No que se refere ao conceito de herói, ele também veio a ser utilizado sob a tônica de perfilar a especificidade de cada sujeito individual, por vezes de forma comprometida com a construção de modelos de ação virtuosa, passíveis de repetição por parte daqueles que em tais exemplos se mirassem. Para Sabina Loriga, o conceito de herói, central na caracterização de narrativas biográficas do século XIX, no ocidente europeu, não foi utilizado de maneira homogênea, variando entre autores que dele lançaram mão para retratar seus biografados.[76]

Obra referencial entre textos oitocentistas, datada, em sua emergência, da década de 1840, foi a de Tomas Carlyle intitulada *On heroes*.[77] O autor inglês estabeleceu cuidadosa tipologia de heróis, construindo argumentos para os que simpatizavam com uma escrita da história centrada na apresentação dos feitos e realizações de seus diletos homens da política, da religião e das letras.

A narrativa carlyliana, nesse texto, materializou uma concepção de história universal que se estabeleceria a partir da história dos grandes homens.[78] Houve, nessa empreitada, uma forte dimensão moralizadora e, em alguns casos específicos, correlata à máxima da história mestra da vida, fonte privilegiada de exemplos a serem seguidos. Todavia, nas conferências dedicadas ao herói como poeta e em especial ao herói como homem de letras, o autor os situava sob o signo da genialidade, e nisso muito parecia dialogar com as formulações, diríamos, propriamente românticas.[79]

A ambiguidade que se manifesta nas formulações de Carlyle nos sugere um quadro de tensões entre o que François Hartog categoriza como regimes de historicidade antigo e moderno. Se o último, entre outros valores, reificava o caráter único e singular do fato histórico como experiência humana no mundo e no tempo, entende-se o quanto isso poderia vir a ser associado aos sentidos do conceito de gênio, nas formulações românticas. Em contrapartida, a história como mestra da vida, *tópos* de um regime de historicidade antigo, em muito sugeriria o virtuosismo do herói, como referência modelar, passível de alguma imitação.[80] Nesse quadro de ambiguidades e tensões, o biográfico veio a ser campo de experimentações, por vezes materializadas nos usos dos conceitos de gênio e herói.

A despeito das sobreposições e paralelismos entre os usos oitocentistas dos conceitos de gênio e herói, nos parece, todavia, que o impacto das formulações românticas no campo da crítica das letras e das artes acabou por interferir no que veríamos como uma espécie de projeção do primeiro, em especial, em enunciações comprometidas com a figuração do nacional e da literatura como questão histórica.

Se pela natureza da própria narrativa biográfica, o conceito de gênio ali encontraria campo profícuo para qualificar as condutas e perfis dos biografados, em textos outros, no caso específico de autores brasileiros, teve lá seu lugar, numa acepção deveras próxima das formulações românticas já apresentadas. A título de rápida exemplificação, cabe citar e recuperar alguns.

No já mencionado Discurso sobre a história da literatura do Brasil, publicado na *Revista Niterói*, em 1836, Gonçalves de Magalhães, finalizava seu texto de forma programática:

> Convém, é certo, estudar os antigos e os modelos dos que se avantajaram nas diversas composições poéticas, mas não escravizar-se pela cega imitação. O poeta independente, diz Schiller, não reconhece por lei senão as inspirações de sua alma, e por soberano o seu gênio (...) Como não estudamos a história só com o único fito de conhecer o passado, mas sim com o fim de tirar úteis lições para o presente; assim no estudo do que chamamos modelos não nos devemos limitar à sua reprodução imitativa. A estrada aberta pelos nossos ilustres maiores, que podemos considerar em caracol em uma montanha, ainda não tocou o seu cume (...) Quanto a nós, a nossa convicção é que — nas obras do gênio o único guia é o gênio; que mais vale um vôo arrojado deste, que a marcha refletida e regular da servil imitação.[81]

Cerca de sete anos depois, em 1843, num dos primeiros exemplares da revista *Minerva Brasiliense*, Santiago Nunes Ribeiro, no já abordado artigo Da Nacionalidade da Literatura Brasileira, parecia querer fazer ecoar, com marcas próprias, a proposição de Gonçalves de Magalhães:

> Fica, segundo nos parece, provado com os fatos que os brasileiros não estavam reduzidos a reproduzir as imitações portuguesas, que não era através dos escritos da mãe pátria que eles viam o que de melhor havia sido publicado (...). A poesia do Brasil é filha da inspiração americana. A inspiração não pode ser comunicada por nenhuma espécie de educação científica ou estética (...) O gênio dos brasileiros pertence ao clima, ao solo, ao Brasil finalmente (...).[82]

De forma lapidar, 22 anos depois, em 1865, era a vez de o já renomado José de Alencar redigir o prólogo de seu novo romance, *Iracema*, endereçando-o a um amigo pessoal e genérico, nos seguintes termos:

> Este livro o vai naturalmente encontrar em seu pitoresco sítio da várzea, no doce lar a que povoa a numerosa prole, alegria e esperança do casal. Imagino que é a hora mais ardente da sesta. O sol a pino dardeja raios de fogo sobre as areias natais; as aves emudecem; as plantas languem. A natureza sofre a influência da poderosa irradiação tropical, que produz o diamante e o gênio, as duas mais brilhantes expansões do poder criador.[83]

Em tempos de construção e de consolidação do império do Brasil como Estado e como nação, não nos parece fortuita a utilização do conceito de gênio nos termos presentes nas formulações de Magalhães, Nunes Ribeiro e Alencar. Para além da afirmação da autonomia e independência do sujeito autoral, há também uma concepção de indivíduo cujo poder de invenção dita a própria criação da nação brasileira na grandeza no caráter único de suas obras e ícones de pertencimento e identificação. Há nisso a cor local, singular, específica feita existir pelo poder dos gênios e do gênio brasileiro.

Nas biografias, o conceito de gênio, nas aproximações ao de herói, teve usos alargados, polissêmicos, diante da variedade de formas assumidas por essas histórias de vida. Como procuramos explicitar, essas histórias de vida em tempos do império do Brasil compuseram um conjunto rico e diversificado de narrativas conformadoras de subjetividades individuais e de pertencimentos nacionais. Os conceitos de gênio e de herói desempenharam papel central numa rede de significações em que as ações de sujeitos únicos puderam figurar como ícones de referência para o que foi categorizado pela adjetivação de ser brasileiro.

Pela exemplaridade, pela originalidade, ou pela mescla de ambas, as histórias de vida daqueles que fundaram a nação passaram a ser a própria nação na materialidade de sua existência. Histórias de gênios e heróis que, ao imprimirem marcas de autenticidade no mundo, elaboraram para sua contemporaneidade, e para os pósteros, a fisionomia, por vezes movediça, do nacional.

Notas

1. As reflexões apresentadas neste texto são derivadas de um projeto de pesquisa intitulado "Retratos em papel e letras: narrativa biográfica e imaginário nacional no Império do Brasil", desenvolvido junto ao IFCH/Uerj, com financiamento pelo Edital de Ciências Humanas do CNPq, em 2005-2006. Como bolsistas de iniciação científica, em momentos alternados desse período, destaco a participação de Rafael Pfaltzgraff Ferreira, Felipe Eugênio dos Santos Silva e Leandro Augusto Martins Júnior e, em 2007, de Nayara Emerick Lamb e Talita Daher Rodrigues. A todos meu fraterno agradecimento pelo trabalho de levantamento documental e, em especial, pela prestimosa e agradável colaboração intelectual.
2. *Cf.* Gonçalves Dias, *apud* Lúcia Miguel Pereira, *A vida de Gonçalves Dias*, Rio de Janeiro, Livraria José Olympio Editora, 1943, p. 9.
3. *Cf.* Iara Lis Carvalho Souza, *Pátria coroada: o Brasil como corpo político autônomo (1780-1830)*, São Paulo, Unesp, 1998.
4. *Cf.* Ilmar Rohloff de Mattos, *O tempo saquarema. A formação do Estado imperial*, São Paulo/Brasília, Hucitec/INL, 1987.
5. *Cf.* Ilmar Rohloff de Mattos, "Construtores e herdeiros: a trama dos interesses na construção da unidade política", *Almanack Braziliense*, nº 1, maio de 2005, p. 8-26, revista eletrônica, IEB/USP.

6. *Cf.* Benedict Anderson, *Imagined communities. Reflections on the origin and spread of nationalism*, edição revisada, Londres/Nova York, Verso, 1991.
7. *Cf.* Maria Helena Rouanet, *Eternamente em berço esplêndido. A fundação de uma literatura nacional*, São Paulo, Siciliano, 1991. Ver também Ana Beatriz Demarchi Barel, *Um romantismo a oeste. Modelo francês, identidade nacional*, São Paulo, Annablume/Fapesp, 2002.
8. *Cf.* José de Alencar, *Como e por que sou romancista*, Rio de Janeiro, Typografia de G. Leuzinger, 1893.
9. *Cf.* Antonio Candido, *Formação da literatura brasileira; momentos decisivos*, 6ª ed., Belo Horizonte, Editora Itatiaia, 1981, v. 2, p. 378.
10. *Cf.* Letícia Squeff, *O Brasil nas letras de um pintor. Manuel de Araújo Porto Alegre (1806-1879)*, Campinas, Ed. Unicamp, 2004, p. 29-53.
11. *Cf.* Flora Süssekind, "O escritor como genealogista: a função da literatura e a língua literária no romantismo brasileiro", *in* Ana Pizarro (org.), *América Latina. Palavra, literatura e cultura*, São Paulo/Campinas, Memorial/Unicamp, 1994, v. 2, p. 451-485.
12. *Cf.* Eni Puccineli Orlandi (org.), *Discurso fundador. A formação do país e a construção da identidade nacional*, São Paulo, Pontes, 1993, em especial o capítulo intitulado "Vão surgindo sentidos", p. 11-25.
13. Ver, entre outros, Carlos Antonio Aguirre Rojas, "La biografia como género historiográfico. Algunas reflexiones sobre sus possibilidades actuales" *in* Benito Schmidt (org.), *O biográfico. Perspectivas interdisciplinares*, Santa Cruz do Sul, Edunisc, 2000, p. 9-48. Sabina Loriga, "A biografia como problema", *in* Jacques Revel (org.), *Jogos de escalas. A experiência da microanálise*, Rio de Janeiro, FGV, 1998, p. 225-250. Daniel Madélenat, *La biographie*, Paris, PUF, 1984. Maria Helena Werneck, *O homem encadernado. Machado de Assis na escrita de biografias*, Rio de Janeiro, Eduerj, 1996.
14. *Cf.* Benedito Nunes, "A visão romântica", *in* Jacob Guinsburg (org.), *O Romantismo*, 4ª ed., São Paulo, Perspectiva, 2002, p. 51-55. Ver também Gerd A. Bornheim, *Aspectos filosóficos do Romantismo*, Porto Alegre, Instituto Estadual do Livro/Cadernos do Rio Grande, v. 8, 1958.
15. *Cf.* Paolo d'Angelo, *A estética do Romantismo*, Lisboa, Editorial Estampa, 1998, p. 13.
16. *Apud* Elias Thomé Saliba, *As utopias românticas*, 2ª ed., São Paulo, Estação Liberdade, 2003, p. 26.
17. *Cf.* Reinhardt Koselleck, *Futuro pasado. Por una semántica de los tiempos historicos*, Barcelona, Ediciones Paidós Ibérica, 1993, p. 333-357.
18. *Cf.* François Hartog, "Tempos do mundo, história, escrita da história", *in* Manoel Luiz Salgado Guimarães (org.), *Estudos sobre a escrita da história*, Rio de Janeiro, 7Letras, 2006, p. 15-25. E também, do mesmo autor, *Régimes d'historicité. Présentisme et expériences du temps*, Paris, Seuil, 2003.

19. *Cf.* Isaiah Berlin, "A revolução romântica: uma crise na história do pensamento moderno", *O sentido de realidade. Estudos das ideias e de sua história*, Rio de Janeiro, Civilização Brasileira, 1999, p. 233-267.
20. *Cf.* Ernst Cassirer, *A filosofia do Iluminismo*, 2ª ed., Campinas, Ed. da Unicamp, 1994, em especial o capítulo intitulado "A conquista do mundo histórico", p. 267-313. Ver também Roland Desné, "A filosofia francesa no século XVIII", *in* François Châtelet (dir.), *História da filosofia. Ideias, doutrinas*, 2ª ed., Rio de Janeiro, Zahar Editores, 1982, v. 4, p. 71-107.
21. J. Herder, *Une autre philosophie de l'histoire*, p. 271-272, *apud* Elias Thomé Saliba, *As utopias românticas, op. cit.*, p. 42-43.
22. *Cf.* François-Xavier Guerra, "A nação moderna: nova legitimidade e velhas identidades", *in* István Jancsó (org.), *Brasil: formação do Estado e da nação*, São Paulo, Hucitec/Ed. Unijuí/Fapesp, 2003, p. 52-54.
23. Mme de Staël, "De la litterature considerée dans ses rapports avec les instituitions sociales", p. 296-312, *in* Luísa Lobo, *Teorias poéticas do Romantismo*, Porto Alegre, Mercado Aberto, 1987, p. 100. Durante exílio nos reinos germânicos, Anne Louise Germaine de Necker Staël-Holstein (1766-1817) estabeleceu relações com August Wilhelm Schlegel (1767-1845), por meio das quais teve contato com as reflexões do grupo de Jena, círculo de letrados apontados como o núcleo do que veio a ser conhecido como a Escola Romântica. Desse grupo, inegavelmente referencial para ideias e valores da visão romântica quanto às artes e às letras, fizeram parte, entre outros, Friedrick Schlegel (1772-1829) e Friedrick von Hardenberg (1772-1801), mais conhecido pelo pseudônimo de Novalis. A despeito de apropriações muito particulares, no que se refere às ideias dos irmãos Schlegel, os textos publicados por Mme de Staël, *De la litterature*, em 1800, e *D'Allemagne*, em 1810, tornaram-se veículos de divulgação das proposições românticas na França e nos outros países nos quais circularam, entre eles, o império do Brasil. *Cf.* Paolo d'Angelo, *A estética do Romantismo, op. cit.*, p. 11-34.
24. *Cf.* Novalis, *Fragmentos sobre o Romantismo*, *apud* Álvaro Cardoso Gomes e Carlos Alberto Vechi (org.), *A estética romântica. Textos doutrinários comentados*, São Paulo, Atlas, 1992, p. 54.
25. *Cf.* João Adolfo Hansen, *Retórica*, *apud* Roberto Acízelo de Souza, *O império da eloquência: retórica e poética no Brasil oitocentista*, Rio de Janeiro, Eduerj/Eduff, 1999, p. 10-11.
26. *Cf.* Novalis, *Opera filosófica*, p. 201, *apud* Paolo d'Angelo, *A estética do Romantismo, op. cit.*, p. 172.
27. *Cf.* Stephen Bann, *Romanticism and the Rise of History*, Nova York, Twayne Publishers, 1995, p. 3-10.
28. *Cf.* Philippe Levillain, "Os protagonistas: da biografia", *in* René Rémond (org.), *Por uma história política*, Rio de Janeiro, Ed. UFRJ/FGV, 1996, p. 141-184.
29. *Cf.* Edgard Cavalheiro, *Biografias e biógrafos*, Curitiba, Editora Guairá, 1943, p. 19-20.

30. *Cf.* Pedro Paulo A. Funari, "Introdução a Plutarco", *in* Plutarco e Suetônio, *Vidas de César*, tradução de Antonio da Silveira Mendonça e Ísis Borges da Fonseca, São Paulo, Estação Liberdade, 2007, p. 133. Ver também François Hartog, "Plutarque entre les anciens et les modernes", *in* Plutarque, *Viés parallèles*, Paris, Gallimard, 2001, p. 9-49.
31. *Cf.* Sandra Guardini Vasconcelos, *Dez lições sobre o romance inglês do século XVIII*, São Paulo, Boitempo Editorial, 2002. Ver também Daniel Madélenat, *La biographie*, *op. cit.*, em especial a parte referente ao paradigma intitulado pelo autor biografia romântica.
32. *Apud* Edgard Cavalheiro, *Biografias e biógrafos*, *op. cit.*, p. 19.
33. *Cf.* Friedrich Schlegel, *Frammenti dell "Athenaeum"*, *apud* Paolo d'Angelo, *A estética do Romantismo*, *op. cit.*, p. 151. Athenaeum corresponde ao nome da revista criada pelos irmãos Schlegel, reunindo outros daqueles que formaram o grupo de Jena.
34. *Cf.* Michel Foucault, *O que é um autor?*, Lisboa, Vega, 1992, p. 29-87.
35. *Cf.* Marcio Suzuki, *O gênio romântico. Crítica e história da filosofia em Friedrich Schlegel*, São Paulo, Iluminuras, 1998. Ver também José Luís Jobim, "Subjetivismo" *in Introdução ao Romantismo*, Rio de Janeiro, Eduerj, 1999, p. 133-142.
36. *Cf.* Daniel Madélenat, *La biographie*, p. 56, *apud* Maria Helena Werneck, *O homem encadernado. Machado de Assis na escrita de biografias*, *op. cit.*, p. 43.
37. *Cf.* Ilmar Rohloff de Mattos, "Construtores e herdeiros: a trama dos interesses na construção da unidade política", *op. cit.*, p. 26.
38. *Cf.* Lúcia Maria Bastos Pereira das Neves, *Corcundas e constitucionais. A cultura política da independência (1820-1822)*, Rio de Janeiro, Revan/Faperj, 2003.
39. *Cf.* José Aderaldo Castello, *A literatura brasileira. Origens e unidade*, São Paulo, Ed. USP, 1999, v. 1, p. 166-168. Para uma análise do jornal O *Patriota*, ver Manoel Luiz Salgado Guimarães, "Entre as Luzes e o romantismo: as tensões da escrita da história no Brasil oitocentista" *in Estudos sobre a escrita da história*, *op. cit.*, p. 68-85.
40. *Cf.* Maria Helena Rouanet, *Eternamente em berço esplêndido. A fundação de uma Literatura Nacional*, *op. cit.*
41. *Cf.* Ferdinand Denis, "Resumo da história literária do Brasil" *in* Guilhermino César, *Historiadores e críticos do Romantismo*, São Paulo, Edusp, 1978, p. 36-38.
42. *Idem, ibidem*, p. 73-74.
43. *Cf. Revista da Sociedade Filomática*, São Paulo, junho de 1833, *apud* José Aderaldo Castello, *op. cit.*, p. 178.
44. *Cf.* José Aderaldo Castello, *op. cit.*, p. 182. Ver também Antonio Candido, *Formação da literatura brasileira*, *op. cit.*, v. 2, p. 9-44. Maria Orlanda Pinassi, *Três devotos, uma fé, nenhum milagre. Nitheroy, Revista Brasiliense de Ciências, Letras e Artes*, São Paulo, Ed. Unesp, 1998. João César de Castro Rocha, "História", *in* José Luís Jobim (org.), *Introdução ao Romantismo*, *op. cit.*, p. 31-63. Bernardo Ricupero, *O Romantismo e a ideia de nação no Brasil (1830-1870)*, São

Paulo, Martins Fontes, 2004, p. 85-111. Destaca-se, nesse texto, a interessante síntese que o autor constrói para situar e relacionar os diversos periódicos publicados entre as décadas de 1830 e 1870, entre os que apresentaram reflexões sobre a literatura no e do Brasil e sua história.
45. Gonçalves de Magalhães, "Discurso sobre a história da literatura do Brasil" *in* Afrânio Coutinho (org.), *Caminhos do pensamento crítico*, Rio de Janeiro, Editora Americana, 1974, v. 1, p. 11-26.
46. *Cf.* José Aderaldo Castello, *op. cit.*, p. 177-184.
47. *Cf.* Santiago Nunes Ribeiro, *Minerva Brasiliense*, Rio de Janeiro, novembro de 1843, *in* Afrânio Coutinho (org.), *Caminhos do pensamento crítico, op. cit.*, p. 32.
48. *Idem, ibidem*, p. 30-32.
49. *Idem, ibidem*, p. 33.
50. Para a análise criteriosa da concepção de história de Abreu e Lima e das polêmicas entre esse autor e Varnhagen, em particular quanto à obra *Compêndio da História do Brasil*, publicada em duas edições distintas em 1843, ver Selma Rinaldi de Mattos, *Para formar os brasileiros. O compêndio da História do Brasil de Abreu e Lima e a expansão para dentro do império do Brasil*, tese de doutorado, São Paulo, Programa de História Social da FFLCH/USP, 2007. Ver também Lúcia Maria Bastos Pereira das Neves, "A história para uso da mocidade brasileira" *in* José Murilo de Carvalho (org.), *Nação e cidadania no império: novos horizontes*, Rio de Janeiro, Civilização Brasileira, 2007, p. 43-70.
51. *Idem, ibidem*, p. 33.
52. *Idem, ibidem*.
53. *Idem, ibidem*, p. 40-41.
54. *Idem, ibidem*, p. 61.
55. Sobre o IHGB e sua revista, ver Manoel Luís Salgado Guimarães, "Nação e civilização nos trópicos: o Instituto Histórico e Geográfico Brasileiro e o projeto de uma história nacional", *Estudos Históricos*, Rio de Janeiro, n° 1, 1988, p. 5-27. Lilia Moritz Schwarcz, "Os institutos históricos e geográficos: guardiões da história oficial" *in O espetáculo das raças. Cientistas, instituições e questão racial no Brasil 1870-1930*, São Paulo, Cia. das Letras, 1993, p. 99-140. Lucia Maria Paschoal Guimarães, *Debaixo da imediata proteção de sua Majestade Imperial. O Instituto Histórico e Geográfico Brasileiro (1839-1889)*, Rio de Janeiro/Brasília, Revista do Instituto Histórico/Imprensa Nacional, 1997.
56. *Cf.* Ernest Renan, "O que é uma nação?", *in* Maria Helena Rouanet (org.), *Nacionalidade em questão*, Rio de Janeiro, Uerj, 1997, p. 39, Cadernos da Pós/Letras.
57. *Idem, ibidem*.
58. *Cf.* Antonio Cândido, *Formação da Literatura Brasileira, op. cit.*, p. 390. Para uma análise específica do *Plutarco Brasileiro*, ver Temístocles César, "Livros de Plutarco: biografia e escrita da história no Brasil do século XIX", *Métis. História & Cultura*, Revista de História da Universidade de Caxias do Sul, Porto Alegre, v. 2, n° 3, 2003, p. 73-94.

59. *Cf.* Temístocles César, *op. cit.*
60. *Cf.* Antonio Cândido, *op. cit.*, p. 391.
61. *Cf.* Antonio Cândido, *op. cit.*, p. 377.
62. Para uma análise dos textos constantes dessa seção do IHGB, ver Armelle Enders, "O Plutarco Brasileiro. A produção dos vultos nacionais no Segundo Reinado", *Revista Estudos Históricos*, Rio de Janeiro, FGV, 2000, v. 25.
63. *Cf.* Antonio Cândido, *op. cit.*, p. 352.
64. *Cf.* Temístocles César, *op. cit.*
65. *Cf.* Armelle Enders, *op. cit.*
66. Vale acrescentar que outras narrativas sobre trajetórias de vida também figuraram entre os materiais constantes da revista, destacando-se os necrológios e os elogios fúnebres, em particular dos próprios sócios e colaboradores do instituto.
67. Januário da Cunha Barbosa, "Discurso do primeiro secretário perpétuo", *RIHGB*, 1839, nº 1, *apud* Temístocles César, *op. cit.*, p. 74.
68. *Cf.* Michel de Certeau, "A operação historiográfica" *in A Escrita da História*, Rio de Janeiro, Forense Universitária, 1982, p. 31-119.
69. *Cf.* Raymond Williams, *Palavras-chave (um vocabulário de cultura e sociedade)*, tradução de Sandra Guardini Vasconcelos, São Paulo, Boitempo, 2007, p. 190-191.
70. *Idem, ibidem*, p. 307-309.
71. *Cf.* Márcio Suzuki, *O gênio romântico*, *op. cit.*, p. 98.
72. *Cf.* Kant, *apud* Nicola Abbagnano, "Gênio", *in Dicionário de filosofia*, São Paulo, Martins Fontes, 2003, p. 481.
73. *Ibidem*.
74. *Cf.* Novalis, *Schriften*, II, p. 524, *apud* Márcio Suzuki, *O gênio romântico*, *op. cit.*, p. 97.
75. *Cf.* Paolo d'Angelo, *op. cit.*, p. 93-123.
76. *Cf.* Sabina Loriga, "A biografia como problema" *in* Jacques Revel (org.), *Jogos de escalas*, *op. cit.*
77. *Cf.* Thomas Carlyle, *Os heróis*, 2ª ed., tradução de Antônio Ruas, São Paulo, Melhoramentos, 1963.
78. *Idem, ibidem*, p. 9.
79. *Idem, ibidem*, p. 79-112 e p. 149-186.
80. *Cf.* François Hartog, *Regimes d'Historicité. Présentisme et experiénces du temps*, *op. cit.* Ver também Manoel Luiz Salgado Guimarães, "A disputa pelo passado na cultura histórica oitocentista no Brasil" *in* José Murilo de Carvalho (org.), *Nação e cidadania no império: novos horizontes*, *op. cit.*, p. 93-122.
81. *Apud* Afrânio Coutinho (org.), *Caminhos do pensamento crítico*, *op. cit.*, p. 26.
82. *Idem, ibidem*, p. 46-47.
83. *Idem, ibidem*, p. 102.

CAPÍTULO XI A língua nacional no império do Brasil
Ivana Stolze Lima

O objetivo deste artigo é observar a formação da língua nacional no Brasil do século XIX em seus aspectos políticos, sociais e simbólicos. A abordagem deste processo pela história procura somar-se ao conhecimento da linguística e da literatura, e possibilita abrir algumas novas janelas para entender a experiência dos diferentes grupos sociais envolvidos. Escritores, deputados, ministros, senhores de escravos, tipógrafos, professores, nascidos no Brasil ou alhures foram alguns dos agentes da formação da língua nacional no Brasil. As janelas entreabertas levarão o olhar também aos homens comuns, a índios, africanos, paulistas, imigrantes, crianças, habitantes das cidades e vilas. Embora não haja a estatística específica sobre a situação linguística do Brasil em 1822, pode-se supor que o número de indivíduos que falavam a língua portuguesa talvez não fosse maior do que os que falavam nheenhgatu, quimbundo e muitas outras línguas indígenas e africanas. A visada vai mostrar ainda que a defesa da língua brasileira, aspecto do Romantismo literário já bem conhecido,[1] foi algo que teve uma dimensão mais ampla, não sendo apenas bandeira de escritores como José de Alencar e Gonçalves Dias, mas, ainda antes deles e de forma mais difundida, era algo que estava presente para os construtores do Brasil independente.

Esses construtores foram também herdeiros.[2] Língua nacional, língua brasileira, língua portuguesa. Procuraremos mostrar que, se de um lado a herança da língua portuguesa era algo de que aqueles supostos herdeiros não queriam abrir mão, quando falamos aqui em formação da língua nacional, trata-se de procurar olhar não só para a animada e continuada disputa com Portugal sobre a legitimidade dessa herança, mas para a expansão interna dessa língua, que vinha havia tempos adquirindo uma cor nova.

A educação, a imprensa, a literatura foram instituições decisivas para essa expansão interna, junto às demais condições sociais do processo de formação do Estado nacional no Brasil. Para que um africano fosse transformado em escravo, a imposição da língua era procedimento senhorial importante. Para que o Estado consolidasse sua soberania sobre o território e a população, a permanência das várias formas de especificidade cultural, étnica, linguística incomodava. Por outro lado — e este é um aspecto central da história linguística do Brasil —, a existência de muitas línguas faladas no território, bem como os usos diferenciados do português persistiram, em um processo pontuado por conflitos. Como já escrevera José Honório Rodrigues:

> Em uma sociedade dividida em castas, raças e classes, em um país como o Brasil onde, por três séculos as várias línguas dos indígenas e dos imigrantes africanos lutaram contra uma única língua branca, não poderia haver paz linguística ou cultural mesmo quando o processo da unificação linguística já era evidente.[3]

Antes de prosseguir, façamos um rápido esclarecimento. Os linguistas consideram que no Brasil hoje se fala a língua portuguesa, o que não invalida considerar que suas variações e singularidades são importantíssimas, nos aspectos do vocabulário, da pronúncia e da sintaxe. De acordo com a concepção técnica, abstrata, a língua seria uma só, por constituir um mesmo sistema de normas e oposições. Celso Cunha já demonstrou que a unidade e a diversidade não são aspectos extrínsecos em nenhuma língua: um mesmo sistema comporta elementos de unidade e elementos de diversidade. Para qualificar o processo de variação dentro desta língua portuguesa, usa-se a expressão português brasileiro, distinto do português europeu.[4] Nosso intuito específico aqui é olhar para os contemporâneos, e procurar entender suas motivações quanto a essa questão. Quando utilizamos neste artigo a expressão formação da língua nacional, trata-se de analisar o processo social de expansão interna da língua. Quando falamos em língua brasileira, o fazemos sempre entre aspas, pois se trata de citações exatas colhidas da documentação, para ilustrar os momentos em que os contemporâneos assim quiseram dar o nome à língua que falavam e que era um dos resultados da colonização. Por diferentes motivos ou em diferentes situações não queriam nomear a língua como portuguesa. A expressão língua nacional ou qualquer outra, quando citada entre aspas, terá sido também retirada de documentação ilustrando essas posições.

A SITUAÇÃO LINGUÍSTICA NO PERÍODO COLONIAL

O ano de 1757 é um marco na história da língua portuguesa no Brasil. Após quase 250 anos de colonização, a política metropolitana parecia suficientemente consolidada para fazer algo que entendia como urgente desde o século XVI, mas que seria então impossível: obrigar os habitantes da colônia a falar português.

As necessidades de comunicação foram mais fortes do que o princípio que estava começando a ser forjado no início do século XVI, de que a expansão colonial europeia poderia lucrar com a imposição da língua da metrópole. A fórmula "Língua, companheira do Império" fora cunhada por Antonio de Nebrija, na *Gramática da Língua Castelhana*, de 1492, afirmando que para ter a obediência dos súditos, a língua do príncipe deveria ser por todos entendida.

Mas a realidade não foi bem essa. A língua que predominou no cotidiano do processo de colonização foi a língua geral, cuja base foi o tupinambá. A língua portuguesa precisou de séculos para se difundir, e esse processo foi, além de lento, irregular e pontuado por conflitos. Hoje, o caráter multilíngue é uma realidade importante no país.[5]

Acompanhando a diversidade de culturas e povos, havia uma grande diversidade linguística na América. No território que se constituiu como o Brasil, há uma estimativa de 1.200 línguas indígenas existentes na época da chegada dos portugueses.[6] A língua portuguesa, entretanto, não foi imposta desde o início para "domesticar" essa diversidade. Talvez não tanto por opção, mas pela força das circunstâncias.

Um marco na colonização foi a elaboração da *Gramática da língua mais falada na costa do Brasil*, por José de Anchieta, publicada em 1595, mas que já circulava em cópias manuscritas. A *Gramática* serviu para que jesuítas e outros aprendessem a falar o tupi, estudá-lo nos colégios jesuíticos da Europa ou da Bahia, como muitos já vinham fazendo através do contato direto com os índios e demais falantes. Criava-se assim um instrumento para que os colonizadores se apropriassem de uma das línguas mais correntes, com o objetivo maior da conversão e do estabelecimento luso na América.

O tupinambá, assim, se transformou, surgindo uma língua geral usada por missionários, colonos, escravos africanos e povos falantes de outras línguas indígenas. Pode ser qualificada como língua geral justamente por esse caráter de difusão entre distintos grupos, provenientes de línguas maternas diferentes. A língua geral foi o caminho de uma unidade, estrategicamente decisiva para a colonização, partindo de uma dualidade entre os povos tupi e os "tapuia", isto é, todos aqueles que não falavam o tupi, que eram sociedades distintas entre si, mas que seria mais fácil para o colonizador rotular para impor a ordem colonial.

A relativa unidade era crucial mesmo que não estivesse desde já baseada na língua portuguesa. Era como se a coroa, os administradores leigos, mesmo sabendo que a imposição do português era importante, admitissem a situação como provisória.

> Sem dúvida, a língua portuguesa era a língua da elite administrativa, das autoridades jurídicas e eclesiásticas, dos donatários das capitanias hereditárias e, nessa medida, compartilhada com a corte. No entanto, ela não era a única falada na colônia e nem, talvez, a mais importante em muitos dos espaços de comunicação existentes.[7]

A difusão do português variava no período colonial, de acordo com o grau mais ou menos direto dos vínculos com a metrópole, como em São Paulo, onde era corrente a língua geral do sul, até o século XVIII.[8]

Voltemos então a 1757, observando o trecho do Diretório pombalino:

Sempre foi máxima inalteravelmente praticada em todas as Nações, que conquistaram novos Domínios, introduzir logo nos povos conquistados o seu próprio idioma, por ser indisputável, que este é um dos meios mais eficazes para desterrar dos Povos rústicos a barbaridade dos seus antigos costumes; e ter mostrado a experiência, que ao mesmo passo, que se introduz neles o uso da Língua do Príncipe, que os conquistou, se lhes radica também o afeto, a veneração, e a obediência ao mesmo Príncipe. Observando pois todas as Nações polidas do Mundo, este prudente, e sólido sistema, nesta Conquista se praticou tanto pelo contrário, que só cuidaram os primeiros Conquistadores estabelecer nela o uso da Língua, que chamaram geral; invenção verdadeiramente abominável, e diabólica, para que privados os Índios de todos aqueles meios, que os podiam civilizar, permanecessem na rústica, e bárbara sujeição, em que até agora se conservavam. Para desterrar esse perniciosíssimo abuso, será um dos principais cuidados dos Diretores, estabelecer nas suas respectivas Povoações o uso da Língua Portuguesa, não consentindo por modo algum, que os Meninos, e as Meninas, que pertencerem às Escolas, e todos aqueles Índios, que forem capazes de instrução nesta matéria, usem da língua própria das suas Nações, ou da chamada geral; mas unicamente da Portuguesa, na forma, que Sua Majestade tem recomendado em repetidas ordens, que até agora se não observaram com total ruína Espiritual, e Temporal do Estado.

As medidas pombalinas constituíram uma mudança na política linguística da América portuguesa. No século XVIII, além do declínio da língua geral no Sudeste, ocorreu uma disputa em relação ao português, cuja imposição como língua de Estado não apenas significou uma das formas de combate à influência da Companhia de Jesus, como foi revestida de projeto político mais geral, associando-se o uso uniforme da língua aos demais objetivos de reformulação administrativa e suposta racionalização dos laços entre o rei e seus vassalos.[9]

As mudanças esperadas foram incorporadas por determinados grupos, mas, por exemplo, no Grão-Pará, o nheengatu — forma regional da língua geral — continuou corrente. No século XIX, aliás, a língua geral voltou a ser cogitada por sua utilidade na relação com as populações indígenas.[10] E outras práticas e costumes se interpuseram ao projeto pombalino de uniformidade e clareza. Além das demais línguas indígenas e das línguas gerais que persistiram, as várias línguas africanas, bem como outras línguas europeias distintas do português, em locais ou momentos de disputa pelo controle da colonização, continuaram a ser realidade para diferentes grupos de habitantes e regiões. A língua portuguesa dominava nas áreas de maior vínculo com os interesses mercantilistas, como o litoral nordestino e do sudeste, e as áreas mineradoras.[11] Consequentemente, pode-se notar que a escravidão africana, predominante nas áreas de economia voltada para o mercado externo, articula-se à difusão do português. Ainda assim, lembre-se que os mecanismos irregulares de transmissão linguística, incluindo a educação restrita a certos grupos e localidades, a fraca circulação de impressos e a ausência de imprensa local, contribuíram para que o português falado na América se distanciasse do uso metropolitano. Somando-se a isso, o predomínio de vida rural, os fracos vínculos intrarregionais e a dimensão territorial levaram à diferenciação regional.

CONFLITOS LINGUÍSTICOS NO SÉCULO XIX

Línguas indígenas

A construção do Estado deparou-se com os diferentes povos indígenas no território. Em meio a práticas diretas ou indiretas de extermínio ou etnocídio, a política indigenista imperial entendia que deveriam ser tornados parte da nação, em um projeto assimilacionista em que as questões da mão de obra e da propriedade da terra foram decisivas.[12] O Regulamento acerca das Missões de Catequese, e Civilização dos Índios, de 1845 incluía a preocupação com o mapeamento das línguas indígenas, tanto dos aldeados como das "hordas errantes", e também estipulava a criação de escolas de primeiras letras onde não houvesse o missionário, a quem caberia ensinar a ler e escrever.

Parágrafo 6º. Mandar proceder ao arrolamento de todos os Índios aldeados, com declaração de suas origens, suas línguas, idades e profissões (...).
Parágrafo 7º. Inquirir onde há Índios, que vivam em hordas errantes; seus costumes, e línguas; e mandar missionários que solicitará do presidente da província, quando já não estejão à sua disposição, os quais lhes vão pregar a Religião de Jesus Cristo, e as vantagens da vida social.[13]

Para os dirigentes imperiais, esse quadro levava ao investimento em determinada forma de discurso sobre os índios, em que a situação linguística desempenhou função estratégica. De acordo com Joaquim Norberto, nação referia-se a "toda a reunião de homens que falam uma língua derivada de uma origem comum". Raimundo José da Cunha Mattos, um dos fundadores do IHGB, atribuía ao estudo das línguas indígenas, suas filiações em "línguas mães e irmãs", a possibilidade de uma história primeva dos índios, sua origem, migrações, separações.[14] Buscava-se recuperar uma unidade imaginária nas origens da nação, e a hipótese de uma língua original, relacionada quem sabe à própria língua de Adão, cumpria esse papel de reasseguramento, diante da fragmentação presente. A formação de um campo de conhecimento etnográfico naquela academia e o correspondente interesse pelo estudo das línguas indígenas — pela necessidade de circunscrever essas populações ao território e à administração do império — também se manifestaram em 1851 quando o IHGB criou um comissão dedicada à "arqueologia, etnografia e línguas indígenas". Esse campo etnográfico — gerando discurso que traduz projeto de hierarquização e territorialização — delineou-se em mapas, listas de população, glossários, notícias de usos e costumes, expedições, relatórios em que o conhecimento dessas línguas foi tentado, mas seu desconhecimento é também o que revelava os limites do projeto político do Estado imperial.

Alguns exemplos de estudos publicados na *Revista do IHGB* ilustram essa preocupação: "Notícia sobre os Botocudos" (1847), "Vocabulário dos índios Cayuaz" (1856), "Os Usos, Costumes e Linguagem dos Apiacás"

(1844), "Vocabulário da Língua Geral usada hoje em dia no Alto-Amazonas", de Gonçalves Dias (1854) e o de Varnhagen, "Memória sobre a Necessidade de Estudo e Ensino das Línguas Indígenas do Brasil" (1841). O eixo básico que nortearia esse mapeamento e hierarquização seria a oposição entre nações de língua tupi e nações de outras línguas.

Diante desse quadro, houve algumas tentativas de retomada da língua geral que Pombal havia combatido. Era como se, para os dirigentes imperiais, mais valesse alguma unidade, ainda que não a ideal, baseada na "língua civilizada".

Aqui cabe também citar Gonçalves de Magalhães, um dos mais reconhecidos literatos do nacionalismo literário brasileiro, que revela o projeto nacional assentado na língua. Seria a língua civilizada a única coisa que "faltaria" para que os filhos dos bosques fossem plenamente considerados parte da pátria:

> Vimos selvagens, apenas saídos dos nossos matos, vestidos em um dia à nossa maneira, afazerem-se de repente aos nossos costumes; e à exceção da língua ninguém os tomaria por filhos dos bosques.[15]

Gonçalves Dias publicou, a pedido do seu editor alemão, o *Dicionário da língua tupi chamada língua geral dos indígenas do* Brasil,[16] considerada preciosidade, algo em vias de decadência e desaparecimento. O imaginário em torno do tupi como um dos sinais da língua literária brasileira será retomado adiante.

Os africanos e a língua nacional

Estima-se que na primeira metade do século XIX entraram no país cerca de dois milhões de africanos. As tensões entre a formação da unidade nacional, a consolidação da soberania política da classe senhorial e a manutenção da escravidão marcaram a história social desse século. Vamos procurar entender essas tensões também em seus aspectos linguísticos. Primeiramente, dava-se o conflito entre a língua portuguesa em vias de nacionalizar-se no Brasil e a presença do grande contingente populacional africano, que trazia, com seus corpos, suas línguas maternas. As principais línguas africanas indicadas como importantes no Brasil, são o quibundo, o ambundo, o umbundo, o ewe-fon, o iorubá e o hauçá.[17] A categoria linguística banto foi definida no século XIX para analisar várias línguas da região central do continente africano, presentes por exemplo em Angola, Congo e Moçambique, para citar regiões de onde saiu importante fluxo de africanos para o Brasil. Robert Slenes indica como isso propiciou uma "comunidade de palavra", pois algumas línguas da família banto seriam muito próximas entre si, possibilitando a intercomunicação, que teria início já no continente africano. O autor lembra como essa comunidade da palavra, especialmente na região Sudeste, e mais especialmente na região cafeeira do Vale do Paraíba, criou condições para formas de resistência social e cultural entre os escravos. O jongo seria disso um exemplo, por reunir formas próprias de sociabilidade e recriação cultural em torno da experiência daqueles indivíduos submetidos à condição de escravos.[18]

Há indícios de que os africanos escravizados no Brasil usaram línguas gerais, como o nagô ou iorubá, na Bahia, e o quimbundo, em algumas regiões do Sudeste e Nordeste.[19] Nas comunidades quilombolas, a diversidade linguística também foi superada pelo uso de línguas gerais ou pelo português como língua de veículo. Na região amazônica, por exemplo, Flavio Santos Gomes indica várias situações em que se percebe como os habitantes dos quilombos transitavam por diferentes línguas.[20] Línguas secretas, para driblar a vigilância foram desenvolvidas, como a falange ou cupópia do Cafundó, interior do estado de São Paulo.[21] Formas de uma língua crioula são também consideradas em algumas comunidades de escravos.[22] Fenômenos semelhantes aconteceram nas demais regiões escravistas da América, como o papiamento, em Curaçao e o saramacano, no Suriname, entre muitos outros exemplos.

No Rio de Janeiro, a maior cidade escravista das Américas, havia acentuada concentração de africanos — estatística de 1849 apontou que os africanos constituíam um terço da população da cidade. Mary Karasch, procurando entender a vida dos escravos nesse contexto, destacou a importância da manutenção de suas línguas maternas:

> A conservação das línguas africanas era um dos aspectos mais importantes da vida dos escravos longe de seus donos. Quando se encontravam com seus conterrâneos nas ruas e mercados, os escravos conversavam em ioruba, quicongo ou quimbundo.[23]

Desde o período colonial houve estratégias, da parte dos senhores, em criar canais para que a condição de escravos fosse assegurada diante dessa diversidade linguística. O padre jesuíta Pedro Dias, que atuava em Salvador onde havia grande concentração de africanos que não falavam português, elaborou uma gramática, a *Arte da língua de Angola*, de 1697. O objetivo básico era a catequese, contribuindo para que esses africanos fossem culturalmente transformados em escravos. Em 1731 e 1741, em Minas Gerais, foram elaborados por Antônio da Costa Peixoto dois vocabulários manuscritos intitulados *Alguns apontamentos da língua Mina com as palavras portuguesas correspondentes* e *Obra Nova de Língua Geral de Mina, traduzida ao nosso idioma*. Segundo Sílvia Lara, traduzir para converter seriam as ações principais desses estudos, que visariam acima de tudo à continuidade do domínio senhorial. Antes de mais nada, cumpria entender a fala do outro, como forma de melhor controlá-lo, e, segundo o autor, "se todos os senhores de escravos (...) soubessem esta linguagem não sucederiam tantos insultos, ruínas, estragos, roubos, mortes (...)".[24]

Fosse mantendo as línguas maternas, ou usando uma língua comum como "veículo", fosse aprendendo o português, os africanos e descendentes iam driblando a situação da escravidão. O domínio do português não significava o abandono definitivo das línguas maternas africanas, nem excluía o uso de uma língua geral criada por eles. Raimundo Nina Rodrigues, no final do século XIX, percebia as diferentes estratégias — e línguas variadas usadas ao mesmo tempo.

De fato, ninguém iria supor que falassem a mesma língua todos os escravos pretos. Antes, no número das importadas, na infinita multiplicidade e matizes dos seus dialetos, elas eram tantas que, num exagero quase desculpável, se poderiam dizer equivalentes em número ao dos carregamentos de escravos lançados no país. Em tais condições, tornou-se uma necessidade imperiosa para os escravos negros adotar uma língua africana como língua geral, em que todos se entendessem.[25]

Em Salvador, certamente houve exemplos semelhantes a este anúncio que falava de uma *"escrava ladina, de Língua Geral,* moça e boa lavadeira", que seu dono tentava vender, sendo assim importante mencionar suas boas qualidades, entre as quais a possibilidade de comunicação — fosse em português, como o uso do adjetivo ladino indica, fosse na "língua geral" nagô.[26]

Nina Rodrigues, no final do século XIX, elaborou vocabulários de cinco línguas a partir de entrevistas com africanos de Salvador, e afirmava:

> Apenas de uma coisa me deixam certo os meus vocabulários com todos os seus defeitos: é de que eles provam de modo indiscutível terem sido e serem ainda faladas correntemente na Bahia as línguas a que pertencem. E esse foi o meu escopo.[27]

Sobre a proibição das línguas maternas, este depoimento de uma descendente de escravos é bastante claro:

> Meus bisavós vieram de Moçambique. Contam que ficavam entre eles, conversando a língua deles, quando o senhor via que eles estavam conversando na língua africana, gritava! Não era para falar mais. Tiveram que perder a língua à força. Não era para falar mais, então falavam escondido. Quando queriam conversar na língua deles, conversavam escondido. Diz que ficavam olhando assim: 'Senhor, olha o senhor lá!' E aí tinham que falar português, que eles não sabiam direito. Meu pai contava muito dos avós, mas não falava africano. Alguma palavra, ele contava para nós que era em lín-

gua africana, mas não falava mais nada. Não deixaram, foi proibido falar para os filhos não aprender. Os que vieram de lá não tinham licença para ensinar os filhos. Fizeram mesmo que acabasse a língua. (Benedita, SP, 80 anos, 15/8 e 16/8/1987)[28]

Escravos africanos aprendiam a falar o português, às vezes de forma bem rápida, e provavelmente antes de desembarcar. Em certos pontos da África o português foi também utilizado como língua franca, nas atividades intrínsecas ao império colonial português. Esse aprendizado obedeceria a exigências práticas para o trabalho, interessando a feitores e senhores de escravos, mas carregava todo um sentido simbólico mais amplo no Brasil imperial, segundo o qual ao aprender uma língua civilizada o escravo ganharia uma pátria. Dirigentes imperiais como escritores, publicistas, jornalistas, imaginavam que a unidade da língua serviria para constituir um sentimento de nacionalidade, mesmo entre os escravos.[29]

Os escravos africanos são considerados como agentes na difusão do português, marcando-o com seus acentos e usos próprios de um aprendizado irregular. Deixaram marcas nas formas de comunicação cotidianas e se tornou senso comum associar os africanos a uma fala "estropiada", um português apelidado de "caçanje" ou "nagô", como em Varnhagen, por exemplo:

> Sem identidade de língua, de usos e de religião entre si, só a cor e o infortúnio vinha a unir estes infelizes, comunicando-se na língua do colono, estrangeira a todos, e por isso sempre por eles cada vez mais estropiada, em detrimento até da educação da mocidade, que, havendo começado por aprender com eles a falar erradamente tinha depois mais trabalho para se desavezar de muitas locuções viciosas.[30]

Há aí, ao lado da imagem desqualificadora dos africanos, um indício muito interessante, que seria o papel atribuído aos mesmos como difusores do português. Varnhagen, sem a intenção, nos comprova a importância dos africanos na difusão do português brasileiro.[31]

Nem sempre, porém, esse aprendizado era inconsistente. Há também muitos indícios de que a possibilidade de circulação nessa língua não significaria apenas obedecer à lógica senhorial. Formas de oposição dos escravos, como as fugas, principalmente para as cidades, podiam também se basear nessa capacidade de falar bem a língua. Um anúncio de fuga em São Paulo, assim caracterizava José, escravo de nação: "mal encarado e *fala como crioulo*",[32] ou seja, como os que aqui nasceram.

Imigrantes

Os imigrantes vindos para o Brasil ao longo do século XIX, antes da onda imigracionista iniciada na década de 1880, também continuaram a usar suas línguas maternas, independente do fato de aprenderem ou não o português. Essa situação não parecia incomodar de forma tão marcada quanto no século XX, especialmente na Segunda Guerra Mundial, quando houve medidas explícitas de imposição da língua nacional na educação, através da Lei de Nacionalização de 1938. Logicamente, se a língua dos imigrantes pudesse ou não vir a incomodar os administradores do Estado nacional e os artífices da nacionalidade na primeira metade do século XIX, isso não seria mais grave do que os benefícios que eles trariam à nação: vistos como cidadãos industriosos, ocupantes privilegiados de um território, a quem cabia transformar em benefício da pátria. Em 1832, o ministro do império, debatendo na Câmara dos Deputados favoravelmente à concessão de naturalização aos colonos de São Leopoldo, no Rio Grande do Sul, comentava sobre a questão da instrução:

> Disse mais [o ministro] que também haviam pedido um mestre de primeiras letras, mas como queriam que fosse alemão e que ensinasse aquela língua, entendera que lhes não devia ser concedido, ou deviam haver dois, um para a língua nacional e outro para o alemão. Passou depois a mostrar a utilidade da naturalização desses homens (...)[33]

Assim, os imigrantes com suas línguas distintas do português eram, já no império, mais um elemento no mosaico de línguas que constitui o Brasil.

O PAPEL DA IMPRENSA NA FORMAÇÃO DA LÍNGUA NACIONAL

Em 1808 instalou-se no Brasil a Impressão Régia. Dos meios de transmissão linguística regular, a imprensa é meio de comunicação estratégico. A circulação da palavra impressa, que até então reduzira-se a material de fora da colônia, alcançou de forma bastante rápida dimensão muito significativa, que constituirá a base da vida social, intelectual e política do Brasil do século XIX.

A palavra impressa em jornais diários, panfletos políticos, folhetins, pasquins e livros irá disseminar ou realimentar o uso da língua portuguesa, tanto mais marcada pelos tons locais, pelo vocabulário aqui surgido, pelas variações gramaticais, quanto de forma mais ciosa com o que se entendia como vernáculo, a língua "pura", mantendo os laços mais estreitos com Portugal. Podemos lembrar que a variação do português no Brasil, na língua escrita, já acontecia, revelando ora mais, ora menos a variação na língua falada, que então estava cada vez mais evidenciada. O mais importante, seguindo os objetivos deste trabalho, é chamar a atenção para o aspecto da expansão interna da língua escrita, e a tão decisiva atuação que a imprensa teve no século XIX. Para avaliar seu alcance na difusão e padronização da língua ao longo do império, pode-se considerar não só a leitura individual e silenciosa, mas a leitura coletiva, os serões familiares e, mesmo, os diferentes exemplos de manifestações políticas nas praças públicas e ruas, em torno dos pasquins, que ocorreram no período regencial.

A Aurora Fluminense, jornal de Evaristo da Veiga publicado entre 1827 e 1837, era lido nas províncias do Norte e Nordeste. A navegação a vapor entre as províncias do litoral, também iniciada em 1827, incrementou essa circulação de homens, ideias e palavras.

Em 1832, em Ouro Preto, um tipógrafo chamado Luís Maria da Silva Pinto publicou um *Dicionário da língua brasileira*, volume "portátil", de pequena dimensão, que diminuiria a carência de dicionários volumosos e caros, como o de Antonio de Morais e Silva, o *Dicionário da língua portuguesa*, publicado em várias edições desde 1786 em Portugal.[34] Esse tipógrafo produziu ainda vários volumes voltados para o uso educacional, como a *Gramática e poesia latina extraída de vários compêndios para dar comodidade aos principiantes*, de Manoel Joaquim d'Oliveira Cardoso, de 1831.

Também vale mencionar um volume largamente utilizado ao longo do século XIX, elaborado por Antônio Pereira Coruja, que veio a se tornar professor do Imperial Colégio D. Pedro II: o *Compêndio da gramática da língua nacional*, de 1835. Manuais de retórica, gramáticas e lições constituíram filão importantíssimo das atividades tipográficas no século XIX — e ainda hoje. Sua importância na estabilização e padronização da língua é evidente.

A imprensa tem ainda outro impacto na nacionalização da língua, dado pela própria necessidade de profissionais nela envolvidos: aprendizes e oficiais das tipografias, revisores, tipógrafos cumpriam importante carreira profissional no século XIX, em trânsito com o mundo das letras, como foi o caso de Francisco de Paula Brito e Machado de Assis.

A escola e a centralização política

Alguns dos exemplos do tópico acima, como o *Dicionário da língua brasileira* e o *Compêndio de gramática da língua nacional*, nos remetem para a história da língua portuguesa se transformando em brasileira, ou sendo apropriada enquanto tal, mas também para um processo fundamental da imposição da língua nacional: a educação escolar. A Constituição de 1824 estabelecia em artigos:

> XXXII. A Instrução primária, e gratuita a todos os Cidadãos.
> XXXIII. Colégios, e Universidades, aonde serão ensinados os elementos das ciências, Belas Letras, e Artes.

A criação dos cursos superiores favoreceu a formação da variante brasileira da língua, uma vez que o contínuo fluxo dos filhos das classes ricas da colônia indo estudar em Coimbra, onde entravam em contato com a variante metropolitana já não era inevitável. Às vezes estes estudantes ou outros homens nascidos do lado de cá do Atlântico eram ridicularizados por seu "sotaque", como o caso do próprio dicionarista Antonio de Morais e Silva, natural de Niterói.

Mas, pondo novamente de lado a relação com Portugal, e avaliando o teor político fundamental da padronização das línguas nacionais, no sentido de forjar uma unidade em meio a comunidades díspares e particulares, Celso Cunha reflete sobre o poder centralizador e "capturante" da imposição de uma norma culta. A gramática prescritiva exerce sobre os indivíduos uma espécie de poder centralizador que os inclui ou retira de uma determinada forma de inserção social.[35]

Atendendo ao que a Constituição havia disposto, em 1827 foi feita a lei que "manda criar escolas de primeiras letras em todas as cidades, vilas e lugares mais populosos do Império". Uma das finalidades seria o ensino da "gramática da língua nacional".

O estabelecimento das escolas de instrução primária — gratuitas e particulares —, do ensino secundário — exemplificado pelo Imperial Colégio Pedro II — e dos cursos superiores de medicina e direito constituiu um movimento importante da construção do Estado no Brasil. A expansão da classe senhorial, formando o cidadão adequado aos seus valores políticos, acostumado a considerar a escravidão e a hierarquia elementos naturais daquela ordem social e que apoiasse a monarquia centralizada, atribuiu à "instrução da mocidade" peso decisivo.[36]

Esse processo, no entanto, foi tenso. Os regionalismos, as formas populares da linguagem se impunham e muitas vezes entravam em conflito com a norma que se impunha. Podemos acompanhar o testemunho de Ferreira de Rezende, ainda criança, na escola em uma cidade no sul de Minas Gerais, Campanha da Princesa:

(...) Eu já estava estudando gramática; e um dia julgava ter a lição tão sabida, que não acreditava houvesse na classe quem a desse tão bem como eu; e nesse meu entusiasmo, fui desasadamente colocar-me na ponta do banco, para ser o primeiro a dar a lição quando chegasse a hora. A presunção, porém, ou a soberba, é, como ninguém há que o ignore, a coisa que mais se paga neste mundo; e aquela minha soberba ou aquela minha presunção, eu a tive de pagar naquele mesmo dia; porque eu sabia, e sabia muito bem como disse a minha lição; mas muito criança ainda e convivendo com gente mais ou menos ignorante, eu algumas coisas pronunciava como via essa gente pronunciar; e assim, tendo de repetir um dos exemplos da gramática, disse duas águias "avoaram", uma do oriente e outra do ocidente. O mestre perguntou simplesmente — como? E eu, que estava bem certo do exemplo, e que não podia ter a menor consciência de o haver errado, o repeti pelo mesmo feitio com que antes havia feito e tomei nos bolos (...).[37]

Muitos porém lutaram para ingressar naquele mundo da cidadania para o qual não haviam sido convidados. Uma lei da província do Rio de Janeiro, de 1837, feita por Bernardo Pereira de Vasconcelos, excluía africanos e escravos das escolas. A pequena escola de Pretextato Passos da Silva, com registro de ter funcionado ao menos entre 1853 e 1872 na rua da Alfândega ensinando "meninos pretos e pardos" a ler e escrever, pode ser um indício interessante daquela luta. Mesmo que tratando provavelmente de livres ou libertos, formavam um grupo social próximo a africanos e escravos. Outro fenômeno é que na educação escolar havia as categorias matriculado e frequentador. Atualmente, pesquisas têm sido feitas sobre o uso da escrita por escravos, instrumento de poder e de identidade.[38] Assim, utilizando recursos formais e informais, a parcela da população que transitava na fronteira entre os livres pobres e os escravos procurou criar caminhos de incorporação social, entre os quais os caminhos da língua.

Literatura e língua literária brasileira

A relação entre a literatura e a formação da língua nacional leva-nos a dois fenômenos interligados. O primeiro é o papel desempenhado pela literatura, enquanto palavra impressa que circula, na disseminação da língua e na construção de certa padronização da escrita, mesmo que essa padronização no século XIX fosse ainda relativa em termos de ortografia. O segundo aspecto, que desenvolveremos melhor a seguir, foi a reflexão dos escritores e críticos sobre a especificidade dessa língua brasileira, como uma das expressões do Romantismo literário no Brasil. Os fenômenos estão relacionados — os escritores queriam ser lidos e começam a dar ouvidos aos falares comuns do povo, numa figura de vai-e-vem entre a língua literária e a oralidade, que começa a ser valorizada. Como escreve Flora Süssekind:

> No século XIX é que grande parte dos escritores brasileiros passaram a se formar no próprio país. E a buscar conscientemente uma forma brasileira de escrita. Com vocábulos e expressões locais, com ritmo e prosódia peculiares. Sendo que, quanto à pronúncia, o "acento do Brasil" — reconhecido, no que se referia à língua falada, até mesmo por alguém tão zeloso da filiação lusitana do idioma quanto Varnhagen — passou a ser usado estrategicamente, nessa escrita com marcas de oralidade propositais, como forma de afirmação da variante brasileira.

Joaquim Norberto de Sousa e Silva nasceu no Rio de Janeiro, em 1820, e faleceu em 1891. Como era próprio da época, aliou suas atividades intelectuais de historiador, escritor, autor de artigos diversos etc. com a carreira no funcionalismo público, chegando a ser presidente de uma das mais influentes academias do império, o Instituto Histórico e Geográfico Brasileiro.[39] Foi também um dos escritores românticos que saiu em defesa da língua brasileira.

O reconhecimento da literatura brasileira esteve articulado, por alguns românticos, à língua brasileira. Escritores portugueses contrários a tal reconhecimento, afirmavam que a língua e não a terra definiria a literatura. Se no Brasil os escritores escreviam em português, então a literatura seria portuguesa.[40]

Por um lado, a vontade de diferenciação em relação à ex-metrópole levava à busca dos fatores dessa identidade própria, valorizando a terra: Gonçalves de Magalhães era um dos que afirmavam que "(...) a terra é quem dá a nacionalidade a seus filhos, e não as raças adventícias que a povoam; e dessa nacionalidade não são excluídos os primeiros que aqui nasceram antes dos filhos dos seus conquistadores".[41] Alguns, porém, ainda teimavam em reconhecer que havia aqui uma literatura própria, e um dos argumentos era a identidade de língua com Portugal. Gama e Castro era categórico: a literatura toma o nome da língua e não da terra: "Deus nos livre que a literatura fosse mudando de nome com a independência ou independência dos povos a que ele se refere." Assim, os literatos brasileiros não fariam nada senão literatura portuguesa.[42]

Por outro lado, permanentemente, a ruptura com Portugal tinha que ser equilibrada, pois foi a garantia de uma civilização. Teríamos a herança da língua e da religião: eis por que não seríamos selvagens. Os brasileiros seriam "irmãos" dos portugueses, herdeiros da língua, tendo a ele, portanto, direito. Os limites da diferenciação estavam dados: "somos cristãos e falamos português".

Nas palavras de Joaquim Norberto:

> (...) ao menos cá de mim para mim tenho, que quando disser língua portuguesa, entenderão por tal o idioma de que se usa na velha metrópole, e quando disser língua brasileira, tomarão por tal a que falamos, que é quase aquela mesma, mas com muitas mudanças.[43]

Ainda segundo esse autor, herdeiros de tão grande herança, os brasileiros não se houveram como o filho pródigo esperdiçando as riquezas herdadas; não só conservaram o legado de seus maiores, como enriqueceram-no abundantemente, e o seu clima, modificando-o um tanto, deu-lhe essa doçura com que tão harmonioso e elegante se ostenta nos lábios americanos.[44]

Outro adepto da nacionalidade literária e linguística era Santiago Nunes Ribeiro, crítico da ideia de que a divisão das literaturas devesse ser feita invariavelmente segundo as línguas utilizadas:

> Se pois nas línguas europeias há diferenças radicais de estilo e de maneira, isto é, se numa mesma língua, mesmo falada por povos que estão debaixo do mesmo céu, a pequenas distâncias e com relações seculares, há literaturas diferentes, porque não se há de permitir que a de povos que habitam a duas e três mil léguas de distância, e cujos costumes, leis e usanças estão longe de ser perfeitamente idênticos, tomem a denominação de sua própria nacionalidade?[45]

Introduzir "marcas de oralidade" na língua literária era uma forma de defender a nacionalidade, algo que passou a ser feito com consciência e propósito, como aponta Flora Süssekind.[46]

Gonçalves de Magalhães, em 1836, falava em uma *língua viva*, nem sempre registrada pelos dicionários, mas que também ambientava sua poesia, pois "uma nova idéia pede um novo termo".[47]

José de Alencar[48] — o mais comentado escritor sobre a questão da nacionalidade da língua literária no Romantismo — em sua resposta às críticas de Pinheiro Chagas acerca da "mania de tornar o brasileiro uma língua diferente do velho português", situava no "espírito popular" a transformação da língua, cabendo ao escritor depurar e aperfeiçoar esta evolução natural, regida por leis invariáveis.[49]

> Que a tendência, não para a formação de uma nova língua, mas para a transformação profunda do idioma de Portugal, existe no Brasil, é fato incontestável. Mas, em vez de atribuir-nos a nós escritores essa revolução filológica, devia o Sr. Pinheiro Chagas, para ser coerente com sua teoria, buscar o germe dela e seu fomento no espírito popular, no falar do povo, esse "ignorante sublime" como lhe chamou.

Alencar também defendia a criação de termos novos — os neologismos — para dar vazão à espontaneidade do discurso literário. O uso popular iria adotar ou rejeitar os novos termos criados pelo escritor, mais preparado no manejo da língua. No caso das suas "fantasias etimológicas indianistas" também criou termos e explicações a partir da língua tupi, que usava em seus romances como marcante recurso estético.

Pode-se ainda lembrar que as vozes das ruas e cidades deixavam marcas no texto literário e ecoaram na própria popularidade que os folhetins alcançaram. Se os folhetins que desobedeceram aos clássicos eram avidamente lidos, essa é uma prova de que de alguma forma os leitores se reconheciam naqueles textos.

Em carta escrita de Portugal, em 1857, o poeta Gonçalves Dias traçou um manifesto teórico sobre o uso da língua na escrita literária, questionando uma "idolatria da forma" mas sem por isso desprezar os que seriam os autênticos clássicos, isto é, os que seriam muito mais que "bons cerzidores de palavras de lei", primando antes pela ideia. Dias recusa uma "ortodoxia de linguagem", que poderia levar à impossibilidade de exprimir coisas vulgares: "Para dizer o que hoje se passa, para explicar as idéias do século, os sentimentos desta civilização, será preciso dar novo jeito à frase antiga e é esse o grande merecimento de Garret."

Almeida Garret foi um dos escritores portugueses que apoiaram abertamente o movimento brasileiro. Isso, para não pensarmos que todos em Portugal pensavam como Gama Castro e Pinheiro Chagas. No caso específico da relação entre Brasil e Portugal, Dias arrola uma série de situações que aprofundam esse argumento, indicando a distância entre um uso que se impõe e a obediência cega aos clássicos. Destaquemos este comentário sobre o escritor fluminense, habitante do Rio de Janeiro e de Niterói, Joaquim Manoel de Macedo:

> Vês tu o nosso Macedo? o seu merecimento não é ser clássico, mas ser brasileiro: e ele não seria tão estimado, tão popular, se andasse alambicando frases, que os poucos conhecedores da língua mal compreenderiam a sopapo de dicionário. O que o simples bom senso diz é que se não repreenda de leve num povo o que geralmente agrada a todos. Nem se diga que o nosso ouvido é pouco musical, e a prova é que não há brasileiro, nem mesmo surdo, que tolere a rima de *mãe* com *também*, como aqui fazem os bons rimadores, ou que admitisse um *tambãim* impossível, como a gente culta de Lisboa.

Gonçalves Dias referia-se ainda ao tupi:

> Bom ou mau grado, a língua tupi lançou profundíssimas raízes no português que falamos e não podemos, nem devemos atirá-las para um canto a pretexto de que a outros parecem bárbaras e mal soantes. Contra isso protestaria a nossa Flora, a nossa Botânica, a nossa Topografia. Clássico ou não clássico — Pernambuco é Pernambuco, cajá, paca e outros semelhantes, não têm outro nome. Se isto desagrada a Portugal, é grande pena, mas não tem remédio.

Gonçalves Dias considera portanto que a língua usada no Brasil, na "conversação", independente de sua expressão literária, estaria já indelevelmente marcada pela introdução de vocábulos de origens diversas do português. E isto seria válido para palavras tanto indígenas como africanas. O escritor testemunha ainda sua inclusão em dicionários:

> Independente da Botânica, Geografia e Zoologia (o que todavia não é mau contingente) temos uma imensa quantidade de termos indígenas ou sejam africanos, que até nos dicionários se introduziram, mas que na maior parte só aparecem na conversação — nomes de comidas, termos de pesca, de lavoura etc., que não são clássicos, mas indispensáveis.

Assim, a língua literária não poderia simplesmente cegar-se diante da língua falada, ficando apenas submetida aos clássicos. No Brasil haveria modos de vida específicos, em certas regiões, que o "romance brasileiro" não pode ser impedido de tocar:

> Acontece também que em distâncias tão consideráveis como são as do Brasil, o teor da vida muda: e os homens que adotam esta ou aquela maneira de viver formaram uma linguagem própria sua, mais expressiva e variada.
>
> Os vaqueiros, os mineiros, os pescadores — os homens da navegação fluvial estão neste caso. Pois o romance brasileiro não há

de poder desenhar nenhum destes tipos, porque lhe faltam os termos próprios no português clássico?

Pelo contrário, escrevam tudo, tudo que é bom — e quando vier outro Morais tudo isso ficará clássico.[50]

Como se sabe, o indianismo[51] foi uma das expressões mais fortes do Romantismo no Brasil, e os escritores elegeram a língua tupi para representar a nacionalidade da literatura. Enxertavam nos poemas e romances palavras em tupi, algumas até recriadas pelos escritores.

Procurando adotar a forma mais adequada e verossímil ao romance que tivesse o índio como tema, José de Alencar comentava o uso da língua tupi pela literatura brasileira:

> Sem dúvida que o poeta brasileiro tem de traduzir em sua língua as idéias, embora rudes e grosseiras, dos índios; mas nessa tradução está a grande dificuldade; é preciso que a língua civilizada se molde quanto possa à singeleza primitiva da língua bárbara; e não represente as imagens e pensamentos indígenas senão por termos e frases que ao leitor pareçam naturais na boca do selvagem.
>
> O conhecimento da língua indígena é o melhor critério para a nacionalidade da literatura. Ele nos dá não só o verdadeiro estilo, como as imagens poéticas do selvagem, os modos de seu pensamento, as tendências de seu espírito, e até as menores particularidades de sua vida. É nessa fonte que deve beber o poeta brasileiro; é dela que há de sair o verdadeiro poema nacional, tal como eu o imagino.[52]

Nacionalizar a literatura tinha como requisito o conhecimento da "língua indígena". Com a expressão no singular, José de Alencar reduzia a multiplicidade a uma língua eleita.

Em 1858, o editor alemão a quem Gonçalves Dias havia encomendado a edição reunindo os *Cantos*, tendo notícia de que ele teria um dicionário de tupi já pronto, insta para publicá-lo. O *Dicionário da língua tupi, chamada língua geral dos indígenas do Brasil* seria como um relicário, composto de restos guardados por seu preciosismo. Assim o incansável estudioso justificava o dicionário:

> Cabia-me tratar dos caracteres intelectuais e morais dessas tribos; esse trabalho porém não podia ser feito senão com o estudo prévio da língua que elas falavam, da qual tantos vestígios se encontram, que não é de presumir que eles tenham em algum tempo de desaparecer completamente da nossa linguagem vulgar, nem mesmo científica.[53]

A língua usada pelo poeta não será diretamente a "língua indígena", mas a sua própria, civilizada; para ela deveria traduzir as ideias "rudes e grosseiras". As marcas que a língua bárbara imprimiu na literatura constituem-se de imagens e pensamentos indígenas, são formas de sentimento, seu próprio espírito, os pequenos detalhes de sua vida. As próprias palavras e expressões constituem imagens literárias ricas. O uso feito pelo autor postula um paralelismo entre língua e pensamento, por isso as palavras não podem simplesmente ser traduzidas, pois sua presença ali é um ponto de lembrança da história das "raças inimigas". Àqueles que criticavam a "poesia inçada de termos indígenas", Alencar afirmava que também condenava seu abuso, mas que há um uso digno do bom gosto literário, desde que reconhecedor da poesia e tradições indígenas.

O interesse de José de Alencar pela língua tupi é compartilhado com todo um interesse romântico, voltado para as línguas antigas ou para os estados de língua antigos. A inserção do tupi no texto literário concebia esta língua como elemento do passado, bem como os povos que foram seus criadores.

Para concluir, podemos nos remeter a uma interessante polêmica, emblemática de várias das linhas de força que atravessam algumas questões aqui discutidas. A polêmica envolve a vontade dos escritores de denominar a língua como sua, envolve as imagens conflitantes de nação, a vontade (aceita) de trazer a presença dos índios para a poesia e a língua, a proposição (negada) de que os africanos marcam a linguagem cotidiana. Vemos claramente duas posições, a do escritor espanhol Juan Valera e a dos editores da revista *Guanabara*, que se contrapõem ao autor em uma nota de rodapé. Por fim, o elogio rasgado aos poetas brasileiros, especialmente aos que o autor considera os melhores deles, que seriam os pardos.

Trata-se de um artigo intitulado "Poesia brasileira"[54] publicado originalmente na Espanha, e traduzido nas páginas da *Guanabara*, uma das revistas literárias e científicas que foi um dos fóruns do romantismo brasileiro. Ao falar da poesia brasileira, Valera reconhecia a preocupação dos escritores em cunhar uma língua própria, "a que chamam nacional para não denominá-la portuguesa". Testemunha o uso de palavras "tomadas nos dialetos americanos", mas vai além: "(...) atrevo-me a afirmar que [os poetas brasileiros] têm adicionado também palavras das línguas africanas, v. g. da língua *buda* [sic] da costa do Congo, que é uma das mais perfeitas, que falam os negros".

Detenhamo-nos na inexatidão tipográfica do termo *bunda*. A palavra é uma variação de bundo, "indivíduo dos bundos, indígenas bantos de Angola", expressando ainda "a língua dos bundos". Por extensão, seria também "qualquer língua de negros" ou uma "maneira incorreta de exprimir-se; linguagem estropiada; bunda".[55] O erro gráfico provavelmente trai, antecipando-a, as ressalvas feitas ao artigo pelos editores da revista, que exatamente nesse ponto abriram uma nota de rodapé com a seguinte advertência: "Parece-nos sumamente injusto o que diz o ilustre viajante; porque se algumas palavras dos dialetos africanos se acham introduzidas entre nós, não são elas jamais empregadas por pessoas instruídas e bem educadas."

Para terminar, fiquemos com as palavras do autor sobre a poesia brasileira:

> Porém onde verdadeiramente se admiram não só o primor e riqueza da linguagem, mas até a fecundidade e agudeza do engenho dos brasileiros é na poesia. Já disse que os negros, ainda que rudes e ignorantes compõem coplas em mau português; porque cedo esquecem-se dos seus pátrios dialetos. E como os negros são pela mór parte escravos não aprendem a ler, nem a escrever, e só realmente podem conservar os frutos da sua imaginação (...). Porém se não os negros, os pardos ao menos, são os melhores poetas do Brasil: o que prova, ao meu ver, que a raça negra é tão boa como a nossa, salva a diferença da cor e da civilização.

Notas

1. Flora Süssekind, "O escritor como genealogista: a função da literatura e a língua literária no romantismo brasileiro" *in* Ana Pizarro (org.), *América Latina: palavra, literatura e cultura*, São Paulo/Campinas, Memorial/Unicamp, 1994.
2. Ilmar Rohloff de Mattos, "Construtores e herdeiros: a trama dos interesses na construção da unidade política", *Almanack Brasiliense*, n° 1, 2005, p. 8-26.
3. José Honório Rodrigues, "The victory of the Portuguese language in colonial Brazil", *in* Alfred Hower e A. Richard Preto-Rodas (org.), *Empire in Transition. The Portuguese world in the time of Camões*, Gainesville, University of Florida Press, 1985.
4. Celso Cunha, *Língua portuguesa e realidade brasileira*, 3ª ed., Rio de Janeiro, Tempo Brasileiro, 1972. Edith Pimentel Pinto, *A língua escrita no Brasil*, São Paulo, Ática, 1986. Para mais informações, consultar o site "História da Língua Portuguesa em Linha", do Instituto Camões, que fornece outros conceitos úteis, como os de língua crioula, pidgin, características da difusão da língua portuguesa etc. http://www.instituto-camoes.pt/cvc/hlp/
5. Yonne Leite e Dinah Callou, *Como falam os brasileiros*, Rio de Janeiro, Jorge Zahar, 2002.
6. Aracy Lopes da Silva e Luís D. Benzi Grupioni (orgs.), *A temática indígena na escola*, Brasília, MEC/Mari/Unesco, 1995. Aryon Rodrigues, "Sobre as línguas indígenas e sua pesquisa no Brasil", *Ciência e Cultura*, n° 57, 2005, p. 35-38.
7. Bethania Mariani, *Colonização linguística*, Campinas, Pontes, 2004.
8. Sérgio Buarque Holanda (1936), *Raízes do Brasil*, Rio de Janeiro, José Olympio/MEC, 1971.
9. Bethania Mariani, "L'État, l'église et la question de la langue parlée au Bresil" *in* S. Auroux (org.), *History of Linguistics 1999. Selected papers from the Eighth International Conference on the History of the Languages Sciences*, Filadélfia, John Benjamins Publishing Company, 2003, p. 185-195.
10. João Paulo Coelho de Souza Rodrigues, *A pátria e a flor: língua, literatura e identidade nacional no Brasil, 1840-1930*, tese de doutorado em História, Campinas, Unicamp, 2002. No primeiro capítulo, o autor faz minucioso apanhado das concepções sobre a língua geral no século XIX, seja como objeto de reflexão intelectual, própria ao indianismo literário, seja em relação aos projetos de retomada e ensino das línguas gerais, no bojo da política indigenista.
11. Luiz Carlos Villalta, "O que se fala e o que se lê: língua, instrução e leitura" *in* Laura de Mello e Souza (org.), *História da vida privada no Brasil: cotidiano e vida privada na América Portuguesa*, São Paulo, Cia. das Letras, v. 1, 1997.
12. Para uma abordagem geral sobre a política indigenista imperial, ver Manuela Carneiro da Cunha (org.), *História dos índios no Brasil*, São Paulo, Cia. das Letras/Secretaria Municipal de Cultura/Fapesp, 1992.

13. Decreto nº 426, de 24 de julho de 1845. Contém o "Regulamento acerca das missões de catequese e civilização dos Índios", *Coleção das leis do império do Brasil*, Rio de Janeiro, Tipografia Nacional, tomo VIII, parte II, p. 86.
14. Kaori Kodama, *Os filhos das brenhas e o império do Brasil: a etnografia do Instituto Histórico e Geográfico do Brasil*, Rio de Janeiro, tese de doutorado, Rio de Janeiro, PUC, 2005, p. 103.
15. Gonçalves de Magalhães, "Os indígenas do Brasil perante a história", *Revista Trimensal do Instituto Histórico Geográfico e Etnográfico do Brasil*, tomo XXIII, Rio de Janeiro, Tip. de Domingos Luiz dos Santos, 1860, p. 65.
16. Gonçalves Dias, *Dicionário da língua tupi chamada geral dos indígenas do Brasil*, Lipsia, F. A. Brockhaus, 1858.
17. Yeda Pessoa de Castro, *Falares africanos na Bahia (um vocabulário afro-brasileiro)*, Rio de Janeiro, Academia Brasileira de Letras/Topbooks, 2001.
18. Robert Slenes, "Malungu, ngoma vem! África coberta e descoberta no Brasil", *Revista USP*, nº 12, 1992, p. 55.
19. Renato Mendonça, *A influência africana no português do Brasil*, prefácio de Rodolfo Garcia, São Paulo, Cia. Editora Nacional, 2ª ed., 1935, p. 87, Col. Brasiliana, v. 46.
20. Flavio dos Santos Gomes, *A hidra e os pântanos: mocambos, quilombos e comunidades de fugitivos no Brasil*, São Paulo, Unesp/Pólis, 2005, p. 80.
21. Peter Fry e Arno Vogt, *Cafundó, a África no Brasil — língua e sociedade*, Campinas/São Paulo, Unicamp/Cia. das Letras, 1996.
22. Alan N. Baxter e Dante Lucchesi, "A relevância dos processos de pidginização e crioulização na formação da língua portuguesa no Brasil", *Estudos linguísticos e literários*, nº 19, 1997, p. 65-83.
23. Mary Karasch, *Vida dos escravos no Rio de Janeiro. 1808-1850*, São Paulo, Cia. das Letras. 2000, p. 293-294.
24. *Apud* Silvia Lara, "Linguagem, domínio senhorial e identidade étnica nas Minas Gerais de meados do século XVIII", *in* Miguel Valle de Almeida (org.), *Trânsitos coloniais*, Lisboa, Imprensa de Ciências Sociais, 2002, p. 219.
25. Nina Rodrigues, *Os africanos no Brasil*, São Paulo, Cia. Editora Nacional, 5ª ed., 1977, p. 122-123.
26. "Idade do ouro do Brasil, 1821", transcrito em Marymarcia Guedes e Rosane de Andrade Berlinck (orgs.), *E os preços eram cômodos... Anúncios de jornais brasileiros, século XIX*, São Paulo, Humanitas, FFLCH/USP, 2000, p. 77.
27. Nina Rodrigues, *op. cit.*, p. 142-147.
28. Hebe Mattos e Ana Lugão Rios, *Memórias do cativeiro. Família, trabalho e cidadania no pós-abolição*, Rio de Janeiro, Civilização Brasileira, 2005, p. 67-68.
29. Esse tema foi desenvolvido em outro trabalho: Ivana Stolze Lima, "A língua brasileira e os sentidos de mestiçagem e nacionalidade no império do Brasil", *Topoi. Revista de História*, nº 4, 2003, p. 334-356.

30. Francisco A. Varnhagen (1854-1857), *História geral do Brasil antes de sua separação e independência de Portugal*, São Paulo, Melhoramentos, 3ª edição integral, s.d., p. 276.
31. Rosa Virgínia Mattos e Silva, *Ensaios para uma sócio-história do português brasileiro*, São Paulo, Parábola Editorial, 2004.
32. *O Constitucional*, São Paulo, 1º de abril de 1854, transcrito em Guedes e Berlinck, *E os preços eram cômodos*, op. cit., p. 400.
33. Sessão de 25 de maio de 1832, *Anais da Câmara dos Deputados*, 1832, *Anais do Parlamento Brasileiro*, Câmara dos Senhores Deputados, coligidos por Antonio Pereira Pinto, Rio de Janeiro, Tipografia de H. J. Pinto, 1879, p. 44.
34. Antonio Morais e Silva, *Dicionário da língua portuguesa recopilado*, Lisboa, Tipografia Lacerdina, 1813. José Horta Nunes, *Dicionários no Brasil: análise e história do século XVI ao XIX*, São Paulo/Fapesp, 2006. No site organizado por esse pesquisador há outras referências históricas sobre dicionários. http://www.ibilce.unesp.br/~horta/dicionario/index.htm
35. Celso Cunha, *A questão da norma culta brasileira*, Rio de Janeiro, Tempo Brasileiro, 1985.
36. Sobre a política educacional do império, em seus aspectos políticos e sociais, ver Ilmar Rohloff de Mattos (1987), *O tempo saquarema: a formação do Estado imperial*, 2ª ed., São Paulo, Hucitec, 1990, cap. 3.
37. Francisco de Paula Ferreira de Rezende, *Minhas recordações*, Rio de Janeiro, José Olympio, 1944.
38. Adriana Maria Paulo da Silva, "A escola de Pretexto dos Passos e Silva: questões a respeito das práticas de escolarização no mundo escravista", *Revista Brasileira de História da Educação*, nº 4, 2002. Marcus Vinicius Fonseca, "Educação e escravidão: um desafio para a análise historiográfica", *Revista Brasileira de História da Educação*, nº 4, 2002; Maria Cristina Wissenbach, "Cartas, procurações, escapulários e patuás: os múltiplos significados da escrita entre escravos e forros na sociedade oitocentista brasileira", *Revista Brasileira de História da Educação*, nº 4, 2002.
39. Recentemente sua obra tem sido objeto de novas edições críticas, e sua atuação como pioneiro nos estudos da "história da literatura brasileira" tem sido evidenciada. Joaquim Norberto de Sousa Silva, *História da literatura brasileira e outros ensaios*, organização, apresentação e notas de Roberto Acízelo de Souza, Rio de Janeiro, Fundação Biblioteca Nacional/Zé Mário Editor, 2002.
40. José Aderaldo Castello, *A literatura brasileira — origens e unidade*, São Paulo, Edusp, 1999, v. 1, p. 422-423.
41. Gonçalves de Magalhães, apud Joaquim Norberto de Sousa Silva, *História da literatura brasileira e outros ensaios*, op. cit., p. 63.
42. Gama e Castro apud Joaquim Norberto de Sousa Silva, *História da literatura brasileira e outros ensaios*, op. cit., p. 71.
43. Joaquim Norberto de Sousa Silva, "A língua brasileira" in *Guanabara*, tomo III, 1855, p. 100.

44. Joaquim Norberto de Sousa Silva, *História da literatura brasileira e outros ensaios*, *op. cit.*, p. 46.
45. Santiago Nunes *apud* Joaquim Norberto de Sousa Silva, *História da literatura brasileira e outros ensaios*, *op. cit.*, p. 76.
46. Flora Süssekind, "O escritor como genealogista...", *op. cit.*, p. 459.
47. Lede Gonçalves de Magalhães (Paris, 1836), transcrito em Edith Pimentel Pinto, *O português do Brasil: textos críticos e teóricos, 1 — 1820-1920, fontes para a teoria e a história*, São Paulo/Rio de Janeiro, Edusp/Livros Técnicos e Científicos, 1978, p. 15.
48. José Aderaldo Castello, *A polêmica sobre a "Confederação dos Tamoios"*, São Paulo, Universidade de São Paulo, 1953; Cavalcanti Proença, "José de Alencar na literatura brasileira", *in* José de Alencar, *Obra Completa*, Rio de Janeiro, Aguilar, 1959; Flora Süssekind, *O Brasil não é longe daqui. O narrador, a viagem*, São Paulo, Cia. das Letras, 1990.
49. José de Alencar, pós-escrito à segunda edição, *Iracema*, edição do centenário, INL, 1965, p. 240-243.
50. Gonçalves Dias, "Carta ao dr. Pedro Nunes Leal", transcrito por Edith P. Pinto, *O português do Brasil...*, *op. cit.*, p. 33-38.
51. Sobre o indianismo, ver o exaustivo levantamento feito por David Treece, "Victims, allies, rebels: towards a new history of Nineteenth-Century indianism in Brazil", *Portuguese Studies*, n° 1, 1985-1986.
52. José de Alencar, "Carta ao dr. Jaguaribe", *Iracema*, edição do centenário, INL, 1965, p. 226-227.
53. Gonçalves Dias, *Dicionário da língua tupi chamada língua geral dos indígenas do Brasil*, Lipsia, Brockhaus, 1858, p. v-vi.
54. Juan Valera, "A poesia brasileira", *Guanabara*, tomo III, 1855, p. 197-199. Viveu entre 1824 e 1905 e foi diplomata no Rio de Janeiro.
55. *Novo Dicionário Aurélio*, Rio de Janeiro, Nova Fronteira, 1ª ed., s.d., p. 233.

Sobre os autores

Dale Tomich é professor de Sociologia e História na Binghamton University. Publicou os livros *Slavery in the Circuit of Sugar: Martinique in the World Economy, 1830-1848* (The Johns Hopkins University Press, 1990) e *Through the Prism of Slavery. Labor, Capital and World Economy* (Rowman & Littlefield Publ., 2004).

Ilmar Rohloff de Mattos é professor do Departamento de História da PUC-Rio e autor de *O tempo saquarema. A formação do Estado imperial* (Hucitec, 2004).

Ivana Stolze Lima é doutora em História pela Universidade Federal Fluminense. Atualmente é pesquisadora da Fundação Casa de Rui Barbosa e professora da PUC-Rio. Publicou em 2003 o livro *Cores, marcas e falas — sentidos de mestiçagem no Império do Brasil* (Prêmio Arquivo Nacional). É bolsista de produtividade do CNPq e coordena o site www.coresmarcasefalas.pro.br, dedicado à pesquisa sobre a história social da língua nacional no Brasil.

Jaime Rodrigues é professor adjunto de História do Brasil na Universidade Federal de São Paulo (Unifesp), mestre e doutor em História Social pelo IFCH/Unicamp e fez pós-doutorado na Faculdade de Saúde Pública da Universidade de São Paulo. Dirigiu o Arquivo Histórico Municipal de São Paulo e publicou, entre outros, os livros *De costa a costa: escravos, marinheiros e intermediários do tráfico negreiro de Angola ao Rio de*

Janeiro, 1780-1860 (Cia. das Letras, 2005) e *O infame comércio: propostas e experiências no final do tráfico de escravos para o Brasil, 1800-1850* (Ed. da Unicamp/CECULT, 2000).

Keila Grinberg é professora do Departamento de História da Universidade Federal do Estado do Rio de Janeiro (Unirio), pesquisadora do CNPq e pesquisadora principal do projeto *Dimensões da cidadania* (Pronex/Faperj/CNPq), sob a coordenação de José Murilo de Carvalho. Publicou, entre outros, *O fiador dos brasileiros: cidadania, escravidão e direito civil no tempo de Antonio Pereira Rebouças* (Civilização Brasileira, 2002) e, com Sue Peabody, *Slavery, Freedom and the Law in the Atlantic World* (Boston, Bedford Books, 2007).

Magda Ricci é doutora em História Social pela Unicamp e professora da Faculdade de História da Universidade Federal do Pará (UFPA). Fundou e coordenou até 2006 o Programa de Pós-graduação em História Social da Amazônia da UFPA. A partir de 2007 tornou-se diretora do Arquivo Público do Estado do Pará. Desde 1995 desenvolve pesquisas no campo da história do movimento cabano e sua intersecção com a história social da Amazônia e do império do Brasil. É autora do livro biográfico sobre o padre regente Diogo Antônio Feijó, *Assombrações de um padre Regente* (Unicamp, 2002) e publicou vários artigos e capítulos de livros sobre a Cabanagem.

Marcello Basile é doutor em História Social pela Universidade Federal do Rio de Janeiro, pesquisador permanente do Centro de Estudos do Oitocentos (CEO)/PRONEX e professor adjunto de História do Brasil da Universidade Federal Rural do Rio de Janeiro — Instituto Multidisciplinar. Entre outras publicações, é autor do livro *Ezequiel Corrêa dos Santos: um jacobino na Corte imperial* (Editora da FGV) e dos capítulos "O império brasileiro: panorama político", publicado em *História geral do Brasil*, organizada por Maria Yedda Linhares (Campus, 9ª ed.); e, em colaboração com José Murilo de Carvalho e Lúcia Maria

SOBRE OS AUTORES

Bastos Pereira das Neves, "Documentação política, 1808-1840", publicado em *Brasiliana da Biblioteca Nacional — guia das fontes sobre o Brasil*, organizada por Paulo Roberto Pereira (Fundação Biblioteca Nacional/Nova Fronteira).

Márcia de Almeida Gonçalves é professora dos departamentos de História da Universidade do Estado do Rio de Janeiro e da PUC-Rio. Doutora pela FFLCH/USP na área de concentração História Social, com tese intitulada de "Em terreno movediço: biografia e história na obra de Octávio Tarquínio de Sousa".

Marcus J. M. de Carvalho é professor titular de História do Brasil da Universidade Federal de Pernambuco (UFPE), Ph.D. em História pela University of Illinois at Urbana-Champaign e autor de *Liberdade: rotinas e rupturas do escravismo, Recife 1822-1850* (Editora da UFPE, 1998).

Rafael Marquese é professor de história na Universidade de São Paulo. Dentre suas publicações, destacam-se os livros *Administração e escravidão. Ideias sobre a gestão da agricultura escravista brasileira* (Hucitec, 1999) e *Feitores do corpo, Missionários da mente. Senhores, letrados e o controle dos escravos nas Américas, 1660-1860* (Cia. das Letras, 2004).

Sandra Jatahy Pesavento é doutora em História pela Universidade de São Paulo e professora titular de História do Brasil da Universidade Federal do Rio Grande do Sul (UFRGS), onde atua no Departamento de História e no Programa de Pós-graduação em Planejamento Urbano e Regional. Realizou três pós-doutorados em Paris, é coordenadora do Grupo Internacional Clíope e publicou, entre outros, *Uma outra cidade: o mundo dos excluídos no final do século XIX* (Ed. Nacional, 2001) e *História & história cultural* (Ed. Autêntica, 2003).

Vitor Izecksohn é professor do Departamento de História e do Programa de Pós-graduação em História da Universidade Federal do Rio de

Janeiro. Sua pesquisa atual concentra-se no papel das guerras latino-americanas para a desestruturação do processo de construção dos estados nacionais no continente. É mestre em Ciência Política pelo Iuperj, e Ph.D. em História pela Universidade de New Hampshire (Estados Unidos).

*O texto deste livro foi composto em Sabon,
desenho tipográfico de Jan Tschichold de 1964
baseado nos estudos de Claude Garamond e
Jacques Sabon no século XVI, em corpo 11/15.
Para títulos e destaques, foi utilizada a tipografia
Frutiger, desenhada por Adrian Frutiger em 1975.*

*A impressão se deu sobre papel off-set 90g/m²
pelo Sistema Digital Instant Duplex da Divisão
Gráfica da Distribuidora Record.*